La mostra "Vetri dei Cesari",
presentata a Roma nel novembre 1988
nelle sale dei Musei Capitolini,
è stata organizzata da
The Corning Museum of Glass, Corning
The British Museum, Londra
Römisch-Germanisches Museum, Colonia
Olivetti

Comitato per il catalogo
Renata Cambiaghi
Donald B. Harden (D.B.H.)
Hansgerd Hellenkemper (H.H.)
Eugenio La Rocca
Friederike Naumann-Steckner
Martine Newby
Kenneth Painter (K.S.P.)
Hansgeorg Stiegeler
Paolo Viti
David Whitehouse (D.B.W.)

Contributi
Giandomenico De Tommaso (G.D.T.)
Giuliana M. Facchini (G.M.F.)
Christopher Lightfoot (C.S.L.)
Martine Newby
Angelo Pellegrino (A.P.)
Renate Pillinger
Lucia Pirzio Biroli Stefanelli (L.P.B.S.)
Carmen Ziviello (C.Z.)

Traduzione
Lucia Pirzio Biroli Stefanelli

Disegni
Susan Bird, The British Museum
Jo-Ann Sharp, The Corning Museum of Glass
Helga Stöcker, Römisch-Germanisches Museum

Altre fotografie
Jane Beamish, Helmut Buchen, Raymond Errett,
Rainer Gaertner, Paul Gardiner, Nicholas Williams,
The J. Paul Getty Museum, Malibu,
The Metropolitan Museum of Art, New York

Direzione editoriale
Renzo Zorzi

Progetto grafico
Egidio Bonfante

Redazione
Renata Cambiaghi

© 1988 Olivetti Milano, The Corning Museum of Glass,
The British Museum, Römisch-Germanisches Museum der Stadt Köln
e Donald B. Harden

Distribuzione Arnoldo Mondadori S.p.A.

Design della mostra
Alan Irvine

Gruppo di lavoro dei Musei Capitolini
Anna Mura Sommella
Margherita Albertoni
Carla Salvetti

The Corning Museum of Glass, Corning
The British Museum, Londra
Römisch-Germanisches Museum, Colonia

Vetri dei Cesari

Donald B. Harden

Hansgerd Hellenkemper
Kenneth Painter
David Whitehouse

Fotografie
Mario Carrieri

olivetti

La mostra "Vetri dei Cesari"
è posta sotto il patrocinio
del Presidente della Repubblica italiana

Indice

XI Prefazioni
XV Ringraziamenti

Vetri dei Cesari

1   Introduzione di Donald B. Harden

I. Il vetro romano prima della diffusione della soffiatura

Gruppo A: Vetri colati a stampo e molati

15 Introduzione di Donald B. Harden
21 1. Ritratto dell'imperatore Augusto
22 2. Medaglione
23 3. Busto miniaturistico
24 4. Busto di un principe
25 5. Coppa con scene del Vecchio Testamento
28 6. Zampa di cavallo
29 7. Statuetta di Venere
30 8. Medaglione con testa di Medusa
31 9. Frammento di pannello parietale con pesce
32 10. Pannello a mosaico con uccelli
34 11. Pannello in *opus sectile* con Tommaso
35 12. Coppa a mosaico
37 13. Brocca
38 14. Coppa ovoidale biansata
39 15. Coppa a mosaico (reticelli)
40 16. Coppa a nastri
41 17. Bottiglia a nastri d'oro
42 18. Scatola a nastri d'oro con coperchio
43 19. Coppa a mosaico con busti femminili
44 20. Coppa verde
45 21. Piatto verde
46 22. Scatola cilindrica con coperchio
47 23. Grande piatto
48 24. Navicella
49 25. Coperchio a forma di pesce
50 26. Coppa costolata
51 27. Coppa costolata in vetro-mosaico
52 28. Grande coppa costolata

Gruppo B: Vetri cammeo

53 Introduzione di Donald B. Harden
59 29. Il vaso Portland

66	30. Il disco Portland
68	31. Coppa biansata
70	32. Due pannelli in vetro cammeo
75	33. Anfora in vetro cammeo (Vaso blu)
79	34. La brocca Auldjo
80	35. La coppa Morgan
83	36. Bottiglia

II. Il vetro romano soffiato

87	Introduzione di Donald B. Harden

Gruppo C: Vetri non decorati

93	Introduzione di Donald B. Harden
95	37. Colombina
96	38. Urna cineraria
97	39. Urna cineraria
98	40. Grande piatto
99	41. Piatto ovale
101	Gruppi D e E: Introduzione di Donald B. Harden

Gruppo D: Vetri decorati a gocce e a spruzzo

109	42. Coppa biansata
110	43. Piccola olla
111	44. Olla
112	45. Vaso biansato
113	46. Coppa a gocce
114	47. Bottiglia globulare biansata
115	48. Coppa con gocce
117	49. Corno potorio

Gruppo E: Vetri con decorazione applicata

118	50. Brocca con maschera di Baccante
119	51. Brocca con maschera di Medusa
120	52. Piccolo unguentario
121	53. Brocca con filamento blu
122	54. Bottiglia a forma di barile
123	55. Calice verde
125	56. Il "Capolavoro"
127	57. Secchiello
128	58. Brocca e piatto con manico
130	59. Bottiglia
131	60. Bottiglia
132	61. Bottiglia
133	62. Bottiglia contagocce
134	63. Bottiglietta contagocce a forma di elmo
135	64. Bottiglietta contagocce a forma di elmo
136	65. Bottiglietta contagocce a forma di elmo
137	66. Due unguentari a forma di sandali
139	67. Bicchiere con delfini
140	68. Brocca
141	69. Brocca
142	70. Brocca con ansa scanalata
143	71. Brocca con nervature verticali
144	72. Brocca con decorazione a piume
145	73. Bottiglia biansata

146	74. Brocca
147	75. Brocca
148	76. Brocca
149	77. Unguentario a quattro scomparti

Gruppo F: Vetri soffiati a stampo

151	Introduzione di Donald B. Harden
156	78. Bicchiere in vetro e argento
157	79. Bicchiere
158	80. Scatola con coperchio
159	81. Scatola con coperchio
160	82. Bottiglia a forma di testa con iscrizioni
161	83. Bottiglietta portaprofumo biansata
162	84. Brocca con boccioli di loto
163	85. Bicchiere con figure mitologiche
164	86. Coppa biansata firmata da Ennion
166	87. Brocca firmata da Ennion
167	88. Vaso con gladiatori
168	89. Coppa con scene di circo
169	90. Coppa con gladiatori
170	91. Fiaschetta a grappolo d'uva
171	92. Bottiglia con figure mitologiche
172	93. Fiaschetta a forma di testa
173	94. Fiaschetta a forma di scimmia
174	95. Fiaschetta bifronte
175	96. Fiaschetta a forma di testa
176	97. Brocca con simboli cristiani
177	98. Bottiglietta con simboli cristiani
179	Gruppi G e H: Introduzione di Donald B. Harden

Gruppo G: Vetri intagliati e/o incisi

189	99. Coppa biansata
190	100. Bicchiere con decorazione vegetale
191	101. Brocca biansata
192	102. Bicchiere sfaccettato
193	103. Brocca a faccette
194	104. Coppa sfaccettata
195	105. Bicchiere sfaccettato
196	106. Coppa sfaccettata
197	107. Coppa con Artemide e Atteone
198	108. Coppa di Linceo
200	109. Coppa con scena egizia
201	110. Unguentario
202	111. Bottiglia con anse a delfino
203	112. Coppa con iscrizione greca
204	113. Coppa da sospensione con medaglioni applicati
206	114. Coppa biansata a calice
207	115. Vaso con l'iscrizione "Vita Bona"
208	116. Bottiglia di Populonia
210	117. Piatto con scene di circo
213	118. Frammento di bottiglia con scene bibliche
214	119. Frammento di piatto con scene di vita marina
216	120. Coppa con il riscatto del corpo di Ettore
219	121. Piatto con Bellerofonte e Pegaso
220	122. Secchiello con scena dionisiaca
222	123. Coppa con Cristo che guarisce il paralitico
223	124. Frammento di piatto per i Vicennali di un imperatore

225	125. Coppa con decorazione intagliata
226	126. Piatto con caccia al cinghiale
228	127. Piatto con Apollo e Diana
229	128. Coppa con Adamo ed Eva
230	129. Coppa con figure danzanti
233	130. Bicchiere con scene bibliche
234	131. Bicchiere
235	132. Ampolla decorata con figure e pesci
236	133. Coppa con danzatori

Gruppo H: Vetri lavorati a giorno

239	134. Coppa Trivulzio
240	135. Coppa a gabbia da Colonia-Braunsfeld
242	136. Coppa Constable Maxwell
243	137. Coppa Cagnola
244	138. Fiaschetta a gabbia frammentaria
245	139. Coppa di Licurgo
250	140. Fiaschetta con colombe
251	141. Bottiglia a tubetti
252	142. Calice con conchiglie
253	143. Kantharos Disch
255	144. Bicchiere con animali marini
256	145. Coppa con delfini
257	146. Bicchiere a proboscidi

259	Gruppi J e K: Introduzione di Kenneth Painter

Gruppo J: Vetri dipinti

270	147. Coppa con anitra
271	148. Vasetto con coperchio dipinto
273	149. Piatto di Paride
275	150. Brocca di Dafne
276	151. Bottiglia dorata e smaltata

Gruppo K: Vetri dorati

278	152. Medaglione con ritratto
279	153. Medaglione con il ritratto di Gennadios
279	154. Frammenti di coppa
282	155. Frammento di coppa: coppia di sposi con Ercole
283	156. Frammento di coppa: coppia di sposi con Eros
284	157. Frammento di coppa: coppia di sposi con Cristo
285	158. Frammento di coppa: Cristo giovane
286	159. Frammento di coppa: Cristo e santi
287	160. Frammento di coppa: Pietro e Paolo
288	161. Frammento di coppa: pastore col gregge

289	Bibliografia
303	Concordanze
305	Indice dei luoghi di rinvenimento e delle collezioni
307	Indice dei nomi

I pezzi esposti in questa mostra provengono dal Corning Museum of Glass, che possiede la più vasta raccolta di vetri di tutte le epoche, dal British Museum, che possiede la maggiore raccolta di vetri antichi, e dal Römisch-Germanisches Museum di Colonia, che possiede la più vasta raccolta di vetri romani. La mostra, arricchita da esemplari provenienti dai maggiori musei italiani, traccia, come mai prima d'ora, la storia completa dell'arte vetraria romana nell'età imperiale (100 a.C. - 500 d.C.). Insieme, queste collezioni offrono esempi di ogni progresso significativo avvenuto nella tecnica di lavorazione e decorazione del vetro durante questo periodo. Non si tratta quindi di una mostra solo affascinante, ma di una illustrazione senza eguali di problemi e di idee. Soltanto in questa sede sarà possibile, per esempio, vedere una così ampia raccolta di vetri cammeo romani o raffrontare la coppa di Licurgo con le coppe a gabbia di Milano e di Colonia.

Il progetto iniziale fu avviato alcuni anni or sono quando il Römisch-Germanisches Museum e il Corning Museum of Glass decisero di allestire l'esposizione di un centinaio di vetri scelti dalle loro collezioni e di presentarla in entrambe le sedi. In seguito fu evidente che per illustrare l'ampia gamma delle più belle realizzazioni dell'arte vetraria romana occorreva esporre non meno di centocinquanta pezzi e quindi i due musei invitarono il British Museum a partecipare all'iniziativa con un pari numero di pezzi della sua ricca collezione.

Ma presto ci si rese conto che una mostra così ambiziosa richiedeva un allestimento consono al valore intrinseco del suo contenuto. Era perciò auspicabile l'intervento fattivo di un quarto partner che trattasse con i musei italiani, curasse la pubblicazione del catalogo, si occupasse dei numerosi problemi organizzativi, dal trasporto al montaggio dei pezzi: un compito, come si vede, da non sottovalutare. La scelta naturale non poteva che essere Olivetti, che già aveva allestito con il British Museum e il Römisch-Germanisches Museum la mostra del Tesoro di San Marco. Ancora una volta la società Olivetti ha capito l'importanza artistica e storica dell'iniziativa e con l'entusiamo di sempre si è sobbarcata l'onere del trasporto, assicurazione dei pezzi e allestimento della mostra in Europa, ha fatto fotografare tutti i pezzi, ha curato la pubblicazione del catalogo e ha proposto una quarta sede espositiva a Roma, nei Musei Capitolini. Il nostro più caloroso ringraziamento va dunque alla società Olivetti e in particolare al suo presidente Carlo De Benedetti. Siamo anche molto grati al Governo e ai musei italiani per aver consentito che la mostra si arricchisse di esemplari delle loro raccolte. Il Corning Museum of Glass è anche grato al J. Paul Getty Museum di Malibu e al Metropolitan Museum of Art di New York.

A tutti coloro che con la loro collaborazione partecipe hanno reso possibile la realizzazione di questa mostra va il nostro vivo ringraziamento.

James R. Houghton	Lord Windlesham	Hugo Borger
President, The Corning Museum of Glass	Chairman of the Trustees of the British Museum	Generaldirektor der Museen der Stadt Köln

Dopo la mostra dei cavalli di San Marco, una delle grandi creazioni dell'antichità di cui la cultura archeologica internazionale sta ancora cercando di penetrare il mistero che ne avvolge l'origine, e la mostra del Tesoro di San Marco, il più ricco per varietà e qualità di manufatti tra i "tesori" tramandatici dal passato, è questa dei "Vetri dei Cesari" la terza esposizione di arte antica a cui Olivetti partecipa, o di cui si è fatta promotrice, insieme a istituzioni e personalità culturali di prestigio mondiale quali i musei che vi sono stati impegnati (British Museum, Römisch-Germanisches Museum e Corning Museum of Glass) e gli studiosi mobilitati a collaborarvi.

Già nella mostra del Tesoro di San Marco, che ha toccato, prima di rientrare a Venezia, nove città d'Europa e degli Stati Uniti d'America, una piccola parte delle opere esposte, tra le più suggestive e preziose, apparteneva alla storia dell'arte vetraria, ma solo una di esse, che non poteva mancare anche in questa mostra, era di provenienza romana, o di qualche officina sparsa nelle regioni dell'impero. Ma se per materia e soggetto quelle opere partecipavano di un'arte quale quella che questo catalogo illustra, per l'esiguità della presenza, i diversi periodi ed aree di produzione e la non rappresentatività delle tecniche, non potevano certo proporsi se non come appena un richiamo all'arte del vetro antico, che proprio nell'età che va dal primo secolo avanti Cristo al sesto dopo Cristo ha conosciuto grandi sviluppi e la cui varietà di espressioni e ricchezza inventiva si possono oggi constatare sfogliando queste pagine.

La cultura è anche coerenza di tematiche, persistenza di motivazioni, approfondimento ed esplorazioni successive su terreni non separati. Forse, attraverso queste tre mostre e le ricerche che le hanno rese possibili, responsabilità in primo luogo degli studiosi e dei musei che vi hanno posto mano o le hanno accolte o proposte, accanto alla qualità ed ai problemi suscitati per cui ciascuna basta a giustificare se stessa, sarà dunque possibile intravedere anche le intenzioni della presenza culturale e dell'impegno civile di una impresa che ha essenzialmente fini economici, che deve realizzare progresso tecnologico e innovazione e non può non avere per costante orizzonte il futuro, ma che non rinuncia a cercare nella memoria del passato e nella storia umana le ragioni e le virtù che hanno fatto il presente, e in primo luogo il lavoro, l'ingegno, quell'attitudine per la quale da quando vi è storia l'idea di uomo si accompagna con quella di *homo faber*, e in esso si riconosce e identifica.

Da questo punto di vista, nulla più che lo studio delle tecniche e delle arti del vetro sembra indicato a suggerire la natura, i fini e quasi l'immagine stessa del processo produttivo. Arte antichissima i cui primi reperti risalgono alla metà del secondo millennio avanti Cristo, il suo maggior sviluppo tecnologico, operatosi proprio nel tempo di cui la mostra documenta i momenti più significativi, è determinato dall'innovazione della soffiatura, che ottiene insieme gli scopi di una grande duttilità e varietà di forme, di una maggior purezza di materia, di una prima di allora impensabile velocità di produzione, di un abbattimento di costi e quindi capacità di diffusione, senza che si perda o scada quella aspirazione di bellezza che sembra aver costantemente accompagnato, come è solo in parte avvenuto nella ceramica, la produzione di questo tipo di manufatto.

Dunque, come nell'industria, della cui storia del resto fa parte – e sia pure nelle rudimentali officine sorte e diramatesi in ogni angolo dell'impero, poiché, come questo libro documenta, reperti si sono trovati dal Sahara all'Europa del Nord e dalla Russia alla Gran Bretagna –, all'innovazione tecnologica, e ad una specializzazione di maestranze, si è accompagnato ciò che dell'industria è stato ed è un segno connotativo: conoscenza ed aderenza al mercato, diffusione tendenzialmente universale, riduzione di costi, standard qualitativi. Al punto che chiunque sfogli queste pagine o contempli la mostra che esse documentano può vedere che su questa materia dall'epoca qui considerata non si sono quasi fatti progressi sostanziali, e che lo stesso vetro d'arte moderno, che ha successivamente trovato soprattutto a Venezia la sua officina produttiva più raffinata, forse per un'analogia e suggestione di trasparenza, di liquidità, di preziosità di colori, di illusione d'immaterialità e di luce di cui sembra fatta la stessa città, non ha potuto andare più in là dei maggiori raggiungimenti che qui si possono vedere. Come nelle immagini tramandateci da qualche rappresentazione antica, la soffiatura avviene oggi con metodi non diversi e gli impasti della materia usata sono in gran parte gli stessi. Ma basta di ciò, anche se questo rapporto di continuità-innovazione è la sostanza del lavoro di trasformazione nel quale tutta l'industria è da sempre impegnata. Del resto, se un altro ammonimento, di tipo che vorrei dire morale prima che estetico, si dovesse trarre dall'insieme delle opere studiate in questo libro, è quello di una costante dedizione ad una qualità formale che oggetti in gran parte d'uso come questi, nati dal bisogno di soddisfare non la pura espressività di un artista, la sua aspirazione a rivelare e comunicare soprattutto se stesso e il proprio mondo, ma da necessità pratiche, arricchimento della vita, della mensa, strumenti di una ritualità ripetitiva e formalizzata, dal desiderio di riporre e conservare cose personali, testimoniano. Anche se ovviamente gli oggetti esposti rappresentano i punti più alti di una produzione estesissima (come scrive in un suo saggio D.B. Harden superano il numero di centomila i reperti finora trovati e raccolti di una produzione che per la sua stessa fragilità e per l'uso quotidiano sembrava quasi fatalmente destinata alla distruzione), non certo essi soli mostrano questa volontà di bellezza, un segno insieme di identità e un sentimento della "forma", che tutta l'industria dovrebbe in realtà esprimere in ciò che produce, perché è una insopprimibile qualità umana, che non va avvilita in standardizzazioni mediocri, ma che proprio per i tempi relativamente lunghi, la complessità e i costi della progettazione moderna deve essere in ogni momento ricercata e ottenuta.

Tutto ciò forse basta a far capire la soddisfazione e l'orgoglio che una mostra come questa, la prima mai tentata di tali dimensioni e forse la sola che per lungo tempo potrà essere messa insieme, sia stata resa possibile anche per la nostra collaborazione e partecipazione. Anche di questo vogliamo vivamente ringraziare i nostri partners, i musei, le istituzioni, gli studiosi, i paesi e le autorità di tutela che l'hanno voluta e vi hanno collaborato. Nelle tre sedi in cui è stata presentata ed ora a Roma dove conclude il suo giro, e per tutti coloro che avranno il privilegio di poterla vedere, essa ha dato e darà la conferma, nella varietà del suo insieme e in ogni suo singolo oggetto, della universale verità che la bellezza è irrinunciabile, che essa può e quindi deve illuminare anche l'utile e il quotidiano, che il suo contributo alla storia umana e al senso della vita sta in primo luogo nella sua aspirazione a creazioni che vadano oltre il tempo, che possano vivere, almeno nella speranza, se non per sempre, più a lungo di chi le ha create e di chi le ha avute in uso. Di questa necessità siamo profondamente convinti, ma eventi come questo servono a confermarcene, ad accrescere il nostro impegno. Anche la nostra epoca, le cose che avremo saputo fare, in un tempo di tecnologie dai mutamenti quasi travolgenti e senza respiro, chiedono infatti nello stesso modo di venir testimoniate nei millenni futuri.

Carlo De Benedetti
Presidente della Società Olivetti

Ringraziamenti

La mostra "Vetri dei Cesari" è stata resa possibile dalla collaborazione di molti enti e persone, studiosi, traduttori, personale dei musei, segreterie, collaboratori vari. Nell'impossibilità di citarli tutti, Olivetti sente l'obbligo di accomunarli nel più vivo ringraziamento, limitandosi a citare le istituzioni che hanno prestato le opere, ai cui responsabili va il merito di aver reso questa mostra del tutto eccezionale per ampiezza e qualità di presenze:

The British Museum, Londra
Sir David Wilson, Brian Cook, Ian Longworth, Neil Stratford

The Corning Museum of Glass, Corning
Dwight P. Lanmon, David Whitehouse

Römisch-Germanisches Museum, Colonia
Hansgerd Hellenkemper, Hansgeorg Stiegeler, Friederike Naumann-Steckner

Musée National du Louvre, Parigi
Michel Laclotte, Alain Pasquier, Catherine Metzger

The J. Paul Getty Museum, Malibu
John Walsh, Marion True

Civico Museo Archeologico, Milano
Ermanno Arslan

Musei Capitolini, Roma
Anna Mura Sommella, Elisa Tittoni Monti

Musei Civici di Villa Mirabello, Varese
Silvano Colombo

Musei Vaticani
Carlo Pietrangeli

Museo Archeologico Nazionale, Napoli
Enrica Pozzi Paolini, Renata Cantilena, Maria Rosaria Borriello

Museo Nazionale Romano, Roma
Adriano La Regina, Pier Giovanni Guzzo, Rita di Mino, Anna Reggiani

Procuratoria di San Marco, Venezia
Giuseppe Fioretti, Ettore Vio

Soprintendenza Archeologica di Ostia
Valnea Santa Maria Scrinari, Angelo Pellegrino

Un ringraziamento particolare va infine all'Assessorato alla Cultura del Comune di Roma e all'Assessore Gianfranco Redavid, per aver voluto accogliere questa mostra nei Musei Capitolini, e per la preziosa collaborazione in ogni momento prestata.

Introduzione

A. Interesse e importanza dei vetri romani

Da tempo ormai si ritiene che i *Vetri dei Cesari*, come suona il nostro titolo, ossia i vetri romani dell'età imperiale, dall'ultimo secolo a.C. alla metà del VI d.C., meritino un'importante mostra internazionale; tuttavia non è mai stata offerta al pubblico l'occasione di vederli esposti da soli, senza altri oggetti di materiali diversi. Molte sono le ragioni per cui si doveva colmare questa lacuna e dedicare all'arte vetraria romana una attenzione particolare presentando in alcune città europee e negli Stati Uniti un'ampia ed accurata scelta dei suoi migliori prodotti.

1. I vetri romani possono essere considerati le più antiche testimonianze di quella tecnica tuttora in uso che consiste nel soffiarli con una canna e quindi dar loro la forma definitiva a mano libera oppure mediante la soffiatura in uno stampo liscio o lavorato. Questi semplici procedimenti permisero di produrre i vetri in un tempo assai inferiore a quello richiesto da tecniche più antiche quali la colatura a stampo, la modellatura su un nucleo o l'intaglio a freddo di una forma grezza; il nuovo metodo va dunque considerato a buon diritto rivoluzionario per le sue conseguenze sull'industria del vetro.

2. La sua origine risale a un'epoca in cui il mondo civilizzato, ormai sazio di guerre e di sconvolgimenti politici, aspirava a un periodo di pace e stabilità sotto un forte governo centralizzato, coadiuvato da una burocrazia efficiente. Tali circostanze si realizzarono con l'imperatore Cesare Augusto e i suoi successori, se non si tiene conto dei molti intrighi all'interno dell'ambiente imperiale, che per lo più non influirono sulla stabilità politica e sul progresso dell'impero in generale: la nuova *pax romana* favorì lo sviluppo dell'industria del vetro, trasformata da questa tecnica rivoluzionaria, e fece sì che i suoi prodotti potessero rivaleggiare per rapidità di fabbricazione e varietà di fogge e dimensioni con quelli in altri materiali, specialmente la ceramica e i metalli. Il vetro si trovò dunque a competere con i materiali più antichi per molti usi domestici e sociali, e tale fu l'incremento della sua produzione che divenne comune e diffuso quanto la ceramica e i metalli, che precedentemente avevano dominato il mercato del vasellame di uso domestico.

Agli occhi dell'utente il vetro presentava anche un altro vantaggio: grazie alla sua superficie liscia, impermeabile alla comune sporcizia, era facile pulirlo e riutilizzarlo: cosa del resto nota da tempo, cioè da quando si era cominciato a rivestire materiali come la ceramica con uno strato di vetrina, che infatti era sostanzialmente vetro.

3. A quanto pare, questi primi soffiatori padroneggiarono perfettamente la nuova tecnica quasi sin dal principio. Poiché era stata introdotta verso la metà del I secolo a.C., sorprende osservare (v. oltre, p. 53) come i vetri cammeo comportassero una conoscenza di questo procedimento: infatti erano realizzati con l'insufflatura di pasta di vetro scura per il fondo all'interno di un recipiente grezzo cavo di vetro bianco opaco; ed anche i primi vasi cammeo risalgono presumibilmente alla seconda metà del I secolo a.C. Com'è ovvio, prima che i maestri vetrai accettassero ed assimilassero questa tecnica, deve esserci stata una fase di sperimentazione; ma questo ed altri procedimenti di

soffiatura attestati da altri vetri coevi mostrano che tale sperimentazione preliminare fu di breve durata e che gli artigiani siriani attivi in Italia, e soprattutto a Roma, durante questo primo periodo augusteo, erano così ingegnosi che nell'arco di venti o trent'anni riuscirono ad applicare quasi tutte le varie tecniche di soffiatura tuttora in uso, a distanza di circa due millenni, nelle botteghe dei loro successori moderni.

4. Il numero dei vetri romani di questi primi secoli della nostra era a noi pervenuti è tale da superare quello dei pezzi di qualsiasi altro periodo sino al Quattro-Cinquecento, epoca in cui raggiunsero il loro pieno sviluppo le botteghe veneziane. E altrettanto numerose sono le loro varietà: dai vetri lisci senza decorazione per uso domestico e quotidiano a prodotti di tale maestria ed eleganza da poter reggere il confronto con analoghi capolavori moderni di ottima qualità ed anzi in genere superarli per la bellezza e semplicità della forma, per i procedimenti tecnici della lavorazione e per l'abilità e il livello artistico della decorazione.

Questi ed altri aspetti dei vetri romani di epoca imperiale attestano la capacità tecnica e la maestria dei primi soffiatori e mostrano come quest'arte, impostasi nel giro di poco più di alcuni decenni, si sia così rapidamente diffusa che cinquanta o cent'anni dopo le botteghe dei vetrai erano ormai attive in tutto il bacino del Mediterraneo nonché in quasi tutte le province periferiche dell'impero.

B. *I precursori dei vetri romani*

Non si deve pensare, tuttavia, che la produzione sistematica di vasi di vetro nel mondo antico abbia avuto inizio con la scoperta rivoluzionaria della possibilità di soffiare oggetti di vetro con una canna. Senza dubbio tale invenzione aumentò enormemente il numero di vasi che si potevano fabbricare in un dato tempo e pertanto il vetro cominciò ad assumere un'importanza sempre crescente in molti settori della vita domestica e sociale nonché nelle abitudini delle persone civilizzate di ogni ceto. Questa produzione entrò così in una nuova fase di carattere utilitario e i vasi di vetro, che originariamente erano oggetti di lusso conosciuti, usati ed apprezzati da una élite ristretta, in meno di un secolo si diffusero in tutto l'impero romano e ne varcarono anche i confini, giungendo sino ai limiti del mondo civile allora conosciuto, dall'Europa settentrionale all'Afghanistan[1].

In realtà, questa tecnica rivoluzionaria, che consentì quella che oggi si definirebbe "produzione in serie" del vetro, pur essendo nata improvvisamente si inseriva nel contesto di un diffuso artigianato del vetro che già esisteva da circa 1500 anni nelle regioni occidentali dell'Asia e in Egitto e forse da almeno 700 anni nel Mediterraneo orientale e centrale. Fin dalle origini questi vasi antichi furono tutt'altro che primitivi e rozzi. La lavorazione del vetro aveva rapidamente raggiunto un buon livello tecnico e tutte le usuali tecniche pre-romane – lavorazione a nucleo friabile, colatura a stampo, intaglio a freddo e molatura, cioè le tecniche fondamentali della lavorazione del vetro *eccetto* la soffiatura – furono impiegate quasi sin dal principio. Lo stesso vale per i molti tipi di decorazioni: fili applicati, intaglio in incavo e a rilievo e motivi a mosaico colati a stampo realizzati con sottili sezioni circolari di canne vitree.

Ma questa produzione, pur tecnicamente provetta, aveva un difetto inevitabile: i procedimenti erano lenti e laboriosi, i prodotti rari e costosi, praticamente fuori della portata della gente comune, per quanto fossero apprezzati da sovrani ed aristocratici.

L'arte vetraria era nata verso la metà del secondo millennio a.C., all'apogeo della tarda

---

1. Se ne sono ritrovati frammenti in siti d'abitazione dei primi britanni a partire dalla fine del I secolo d.C. e se ne conoscono altri più o meno coevi, fra cui frammenti di "cammei", che provengono dalla Scandinavia. La presenza di vetri romani è attestata in molti siti sahariani e lungo le vie mercantili al di là dei confini dell'impero, nel cuore dell'Asia, specie nelle penisole dell'India e della Malesia.

età del bronzo, e da allora aveva continuato a tramandarsi nel tempo, pur con alterne fortune ed anche se in certe aree e durante certi periodi, per quanto ci è dato di sapere della sua storia, fu spesso sul punto di estinguersi.

La sua origine si situa intorno alla fine del XVI secolo a.C. nelle regioni occidentali dell'Asia (Siria e Iraq settentrionale odierni), ove da tempo immemorabile erano nate molte tecniche e concezioni nuove. Ben presto, dopo che queste regioni furono conquistate dal potente faraone della XVIII dinastia Tutmosi III (1505-1450 a.C.), sorsero botteghe artigiane anche in Egitto, dove la lavorazione del vetro fiorì durante tutto il resto del Nuovo Regno sino all'XI secolo a.C. Nell'Asia occidentale, invece, l'arte vetraria coeva della tarda età del bronzo si spense un po' prima, all'inizio del XIII secolo. La pausa dei "secoli bui", quando la civiltà dell'età del bronzo sviluppatasi in queste aree si esaurì e in parte fu distrutta, ebbe ripercussioni nefaste sull'industria del vetro: ed è comprensibile, dal momento che i suoi principali sostenitori e clienti erano le famiglie reali ed aristocratiche.

La vediamo tuttavia rifiorire in Mesopotamia durante il periodo di massimo splendore dell'impero assiro e del secondo impero babilonese, fra il IX e il VI secolo a.C. ed ancora sotto la dinastia persiana degli Achemenidi sino alla fine del IV secolo, allorché Alessandro Magno sconfisse Dario III Codommanus, l'ultimo sovrano achemenide, a Isso (333) e Arbela (331), portando in Mesopotamia e in regioni ancor più orientali una ventata di cultura greca.

Frattanto, almeno a partire dal VII secolo a.C., diramazioni della manifattura del vetro di queste aree si erano diffuse verso occidente, nel Mediterraneo centrale e orientale. I primi centri importanti si annoverano a Rodi, in Etruria e all'estremità del mar Adriatico, al confine fra Italia ed Istria. Queste botteghe occidentali applicavano soprattutto la tecnica a nucleo friabile e verso la metà del VI secolo a.C. i vetrai di Rodi ideruno una varietà di vasetti modellati su un nucleo, diffusi in tutto il Mediterraneo, le cui fogge si ispiravano a modelli coevi greci o (più tardi) ellenistici. Queste varietà si tramandarono in complesso per cinquecento anni fino alla metà del I secolo a.C.: erano contenitori per unguenti o profumi decorati con filamenti a colori vivaci marmorizzati e talvolta una o due macchie. Se ne sono rinvenute molte migliaia in sepolture disseminate in tutta l'area mediterranea, nell'Europa continentale e nelle regioni occidentali dell'Asia. Nello stesso periodo anche le botteghe etrusche e istriane applicavano talvolta la tecnica a nucleo friabile, ma le fogge dei vasi si ispiravano a modelli diversi fino al momento in cui, nel corso del V secolo a.C., gli artigiani etruschi adottarono quelli ellenizzanti dell'area mediterranea e, dopo la fine del secolo, subentrarono ai vetrai di Rodi come principali produttori di tali modelli; infine, negli ultimi anni del IV secolo a.C., con la rinascita dell'arte vetraria ad opera delle botteghe sorte nel nuovo centro ellenistico di Alessandria e nei suoi dintorni, gli artigiani egizi mutuarono dall'Italia modelli ellenizzanti (o piuttosto, ormai, ellenistici) e li diffusero nel Mediterraneo orientale, soprattutto a Cipro e nel Levante. È improbabile che queste botteghe discendessero in linea diretta dai centri vetrari del Nuovo Regno, poiché l'intervallo temporale è troppo lungo: per più di 700 anni, dall'XI alla fine del IV secolo a.C., non devono praticamente essere esistiti vetri fabbricati in Egitto.

Questi vasi ellenistici a nucleo friabile e la produzione coeva di coppe tardo-ellenistiche costolate o con solchi intagliati, colorate o incolori, così comuni soprattutto nel bacino orientale del Mediterraneo durante il II e il I secolo a.C., furono, se non i diretti prototipi, certo i precursori cronologicamente immediati dei vetri soffiati romani della prima età imperiale.

C. British Museum, Römisch-Germanisches Museum, Corning Museum of Glass

I tre principali musei che partecipano a questa mostra si sono venuti formando secondo direttrici e modalità diverse, ma tutti e tre, in parte casualmente, ma soprattutto grazie a una precisa scelta, hanno raggiunto una posizione tale da potersi annoverare fra i pochissimi musei al mondo che primeggino per la ricchezza e qualità delle loro collezioni di vetri romani.

Il British Museum, sin dalla sua creazione, nel 1753, possiede esemplari dell'arte vetraria romana poiché facevano parte della collezione del suo fondatore, Sir Hans Sloane. Tra la fine del Settecento e l'inizio dell'Ottocento, si ebbero nuove acquisizioni, in particolare alcuni bei pezzi provenienti dall'Italia fra cui quelli delle collezioni Hamilton e Townley nonché lo stesso vaso Portland, lasciato in deposito permanente nel 1810 dal IV duca di Portland. Il British Museum cominciò a raccogliere in modo più sistematico pezzi antichi in generale, inclusi vetri romani e di altra origine, nel corso del XIX secolo mediante acquisti alle aste e scavi condotti in vari paesi (soprattutto in Egitto e Mesopotamia) nonché grazie a donazioni e legati testamentari (in particolare, il lascito Felix Slade del 1868). Non stupirà che la collezione sia stata realizzata in modo accorto e intelligente: i conservatori dei dipartimenti interessati sapevano quel che volevano e i prezzi, paragonati ai livelli attuali, erano sempre modesti e spesso persino irrisori anche per gli oggetti più belli.

Analoghe acquisizioni sono state effettuate durante la prima metà del nostro secolo, sia pure in misura più limitata poiché i paesi del Mediterraneo e dell'Asia occidentale hanno compreso il valore del loro patrimonio archeologico e sono ora decisi a tenersi non solo alcuni, ma in certi casi anche tutti i pezzi antichi rinvenuti nei loro territori. Tuttavia la raccolta del British Museum è stata avviata abbastanza presto da permettergli di vantare oggi una delle più belle collezioni del mondo – se non la più bella in assoluto – di vetri antichi, specialmente romani: una collezione che ai giorni nostri sarebbe ormai impossibile realizzare.

I vetri di epoca romana del British Museum sono conservati in cinque diversi dipartimenti ed ammontano complessivamente a cinque-seimila fra vasi e frammenti di una certa grandezza, cui vanno aggiunti mille-duemila frammenti di dimensioni più ridotte. Sebbene non tutti meritino di essere esposti, tutti hanno però un valore, almeno statistico e, poiché provengono praticamente da tutte le regioni del mondo antico in cui si diffuse il vetro romano, forniscono anche un'utile testimonianza sulla distribuzione geografica delle principali varietà di forme e decorazioni.

Lo Stadtisches Museum di Colonia fu inaugurato l'8 luglio 1827, assumendo poi il nome di Wallrafianum dal 1828 e Wallraf-Richartz-Museum dal 1861. Il suo nucleo originario era costituito dalla collezione messa insieme con grande passione e grandi sacrifici da Ferdinand Franz Wallraf (1748-1824), ultimo rettore della vecchia Università di Colonia, sua città natale, alla quale donò il suo patrimonio artistico. La collezione comprendeva anche un numero considerevole di antichità romane che formarono la base della sezione romana del museo. L'interesse per questo tipo di antichità crebbe successivamente e, a partire dalla metà dell'Ottocento, la sezione romana fu affidata a studiosi altamente qualificati che seppero mantenere buone relazioni, pur competendo con loro, con i più importanti collezionisti privati di Colonia. È questo il periodo in cui si formarono le grandi collezioni come quelle di Pepys, di Carl Disch, di Eduard Herstatt, di Maria vom Rath e del console inglese Carl Anton Niessen, che comprendevano tutte anche vetri romani trovati in Renania, in particolare a Colonia. Nella seconda metà dell'Ottocento il grande sviluppo industriale determinò l'espansione della città fuori delle mura medioevali e portò alla costruzione di parecchi nuovi quartieri soprattutto nella zona delle necropoli romane: in particolare quartiere di St. Severin, Aachener Straße, Luxemburger Straße. In quest'ultima C.A. Niessen intraprese scavi a proprie spese.

Frattanto la collezione dei vetri romani del Wallraf-Richartz-Museum si arricchiva di nuove acquisizioni. Dal 1888 al 1898 Anton Kisa fu "Museumsassistent" e catalogò le antichità romane locali. Prima di diventare direttore ad Aquisgrana nel 1899, pubblicò la già famosa collezione di Maria vom Rath che, acquistata dai Musei di Berlino, andò in gran parte distrutta nel 1945. A Colonia Kisa pose le fondamenta della sua opera monumentale in tre volumi *Das Glas im Alterthume*, apparsa postuma nel 1908. Le collezioni di vetri a Colonia furono ulteriormente incrementate da Josef Poppelreuter, che succedette a Kisa come curatore della collezione romana.

Con la nomina di Fritz Fremersdorf nel 1923 ebbe inizio a Colonia una nuova era nella storia della *Römische* (più tardi *Römisch-Germanisches*) *Abteilung* e nello studio del vetro. Fremersdorf prese a scavare sistematicamente nella chiesa di St. Severin e nella Jacobstraße, due siti le cui tombe romane contenevano un gran numero di vetri importanti. Con acquisti, donazioni e scambi arricchì notevolmente la collezione di vetri, che dalla fine degli anni venti costituirono il suo specialistico campo di studio. Come esempio si può menzionare il "pionieristico" saggio del 1930 *Die Herstellung der Diatreta*. Sempre a Fritz Fremersdorf si deve nel 1934 l'acquisto per il museo della collezione Niessen di antichità renane[2]. Le sue vaste ricerche e la sua attività collezionistica portarono, dopo il suo pensionamento, ad una serie di monografie sui diversi tipi di vetro nella collezione di Colonia (per la bibliografia di Fremersdorf si veda Fremersdorf e Polónyi 1984).

Il Römisch-Germanisches Museum di Colonia, comprendente le collezioni preistoriche e antiche salvatesi dalla seconda guerra mondiale, fu fondato nel 1946 con la supervisione di Fremersdorf. Otto Doppelfeld, giunto a Colonia dai Musei di Berlino nel 1939, fu il successore di Fremersdorf come direttore nel 1959 e da quel momento si dedicò a particolari problemi relativi alla produzione del vetro romano. Con la scoperta nel 1960 di un terzo *diatretum* a Colonia, le sue ricerche si concentrarono sul vetro romano. L'opera iniziata da Fremersdorf e Doppelfeld è stata infine portata a termine da Hugo Borger, direttore dal 1972, e il Römisch-Germanisches Museum ha inaugurato nel 1974 la sua nuova sede situata sopra il Mosaico di Dioniso nei pressi del duomo di Colonia.

Vi sono esposti oltre un migliaio di vetri di epoca romana, selezionati da circa 10.000 esemplari sia completi sia in frammenti di grandi dimensioni. Molti dei vetri di cui non è indicata la provenienza non appartengono alle tipologie diffuse in Renania: senza dubbio sono stati prodotti nella zona mediterranea orientale e lì rinvenuti; probabilmente facevano parte di collezioni private come la Niessen, e servono da raffronto in quanto illustrano somiglianze e differenze fra i prodotti di queste due aree. I vetri romani orientali ed occidentali sono sempre stati in rapporto fra loro e si sono reciprocamente influenzati, se non altro perché durante i primi quattro secoli della nostra era in entrambe le aree la lavorazione del vetro fu per lo più appannaggio di artigiani siriaci. Tuttavia è stata trovata a Colonia la maggior parte dei vetri del Römisch-Germanisches Museum, che può dunque essere considerato un museo "locale". La sua importante collezione di vetri romani si deve interamente alla prosperità dell'industria vetraria locale e all'eccellente qualità dei suoi prodotti. Per quanto sembri sorprendente, è proprio grazie a questi vetri di Colonia che la collezione del Römisch-Germanisches Museum può reggere il confronto con quella del British Museum che vanta pezzi provenienti da tutto l'impero *compresa* la stessa città di Colonia (ad esempio, nn. 54, 63 e 154).

L'origine del Corning Museum of Glass è del tutto diversa da quella degli altri due musei interessati a questa iniziativa. Fondato nel 1951, insieme con il Glass Center, dal Corning Glass Work per celebrare il centenario della fabbrica, il museo è un'istituzione culturale autonoma che si occupa dell'arte, della storia e della scienza del vetro.

---

2. Cfr. Fremersdorf 1938a, 117.

Ebbe, com'è ovvio, un avvio in tono minore, ma ben presto si sviluppò più rapidamente, soprattutto per quanto riguarda il settore romano, grazie al fervore con cui all'epoca si cercava di promuovere negli Stati Uniti la raccolta e lo studio dei vetri antichi, in particolare romani.

Durante i suoi primi anni di vita il museo ebbe tre conservatori giovani e attivi, che presto si avvalsero dell'esperienza e della competenza di un celebre studioso e collezionista di vetri antichi, Ray Winfield Smith. Il risultato di quella collaborazione fu una mostra della sua collezione privata allestita presso il Corning Museum of Glass nel 1957. Al contempo furono avviate trattative che permisero al museo di acquisire, nel corso di vari anni, circa 550 pezzi di quella collezione, il primo nucleo della sua notevolissima ed accurata raccolta romana e islamica (cfr. ad esempio nn. 7, 45, 96 ecc. del nostro catalogo). L'impulso iniziale non venne meno col tempo e negli anni sessanta e settanta il museo si arricchì di molti altri pezzi, fra cui una scelta di oggetti eccezionali provenienti dalla collezione di Giorgio Sangiorgi (v. nn. 10, 15, 123 e altri): il proprietario l'aveva costituita in gioventù, a Roma, prima del 1914, dato che a quell'epoca era già così importante e imponente da meritare la pubblicazione di un lussuoso catalogo. Grazie a questa e a molte altre acquisizioni, la collezione romana del Corning Museum, per lo più di altissima qualità, comprende oggi circa 1400 pezzi. Nonostante l'aumento dei prezzi, in poco più di trentacinque anni di vita questa istituzione è riuscita, con un po' di fortuna e con una saggia politica, a portare la sua collezione di vetri romani allo stesso livello qualitativo ed artistico di quelle del British Museum e del Römisch-Germanisches Museum, che pure vantano una tradizione molto più lunga.

Non stupirà dunque che la collaborazione di questi tre musei abbia permesso di allestire questa ricca ed affascinante esposizione di quanto vi è di meglio e di più interessante fra i capolavori pervenutici dell'arte vetraria romana.

D. L'organizzazione del catalogo

La superiorità della migliore produzione in vetro di epoca imperiale può essere facilmente valutata e apprezzata dopo aver attentamente esaminato i 161 esemplari esposti ed aver considerato il lungo arco temporale, sei secoli, al quale appartengono. Una scorsa ai luoghi di rinvenimento e di produzione (là dove sono noti o possono essere ipotizzati) farà anche capire quanto fosse vasta la loro area di diffusione e quanto lontano li si sia ritrovati dai loro luoghi di origine. Per facilitare la consultazione del catalogo, è opportuno precisare brevemente in quale ordine è organizzato.

I vetri sono divisi in dieci gruppi, indicati con le lettere A-H, J, K.

I primi due gruppi (A: colati a stampo e molati e B: vetri cammeo) comprendono tutti i recipienti e gli oggetti esposti prodotti interamente, o in modo prevalente, con le tecniche della colatura a stampo, dell'intaglio al tornio, della molatura della superficie e politura, con l'esclusione dei primi cinque pezzi del Gruppo G (vetri intagliati e/o incisi) ed alcuni, anche se non tutti i diatreta (nn. 134-138) del Gruppo H (vetri lavorati a giorno). Tuttavia tre esemplari del gruppo A (il n. 13 e probabilmente i nn. 17 e 18) forse sono stati sottoposti in qualche misura all'insufflatura e la stessa cosa vale per i recipienti in vetro cammeo del Gruppo B, le cui forme principali venivano inizialmente realizzate mediante rivestimento e soffiatura, e successivamente con uno o più di questi altri procedimenti. Non è naturalmente il caso del disco usato come fondo per il vaso Portland (n. 30) o dei due pannelli da Pompei (n. 32), ritagliati da pannelli piatti colati a stampo. Tutti i recipienti dei Gruppi A e B, con l'eccezione del n. 5 (degli inizi del IV secolo d.C.), sono tra i più antichi di età romana, essendo stati prodotti durante il I secolo a.C. e la prima metà del I secolo d.C. prima che la soffiatura prendesse il sopravvento, facendo rapidamente cadere in disuso tutte le altre tecniche usate in precedenza.

I recipienti degli altri gruppi (C-H, J, K), con l'eccezione dei dodici esemplari dei

Gruppi G e H citati, furono realizzati completamente o principalmente con la soffiatura. Coprono un periodo di tempo che va dal secondo quarto del I secolo d.C. alla metà del VI d.C. Al momento di suddividerli furono presi in considerazione tre criteri: datazione, luogo di rinvenimento e/o di produzione, decorazione. Dato che quest'ultimo era un criterio visivo e oggettivo mentre gli altri due erano soggettivi e incerti, alla fine fu prescelto in quanto era il più semplice e sicuro e non comportava difficili problemi di classificazione. In ogni gruppo si è cercato, per quanto possibile, di elencare i pezzi in un probabile ordine cronologico, ma senza essere legati inflessibilmente a questa sequenza. I luoghi di rinvenimento o di produzione sono riportati solamente quando documentati, ma non influiscono sull'ordine di classificazione.

Gli altri gruppi sono: C: Vetri non decorati. Si tratta in un certo senso di una classificazione negativa e vale la pena di osservare che i tre musei hanno incluso nella scelta solo cinque pezzi che si possono correttamente definire come non decorati. Va inoltre rammentato che questi vetri (ad esempio coppe, bottiglie, fiasche, brocche e unguentari lisci) sono molto più numerosi, nelle grandi collezioni, dei recipienti decorati.

I Gruppi D-G esemplificano le principali tecniche decorative: D (vetri decorati a gocce e a spruzzo) ed E (vetri con filamenti e maschere applicate) coprono tutte le varietà della decorazione applicata. F (vetri soffiati a stampo) e G (vetri intagliati e incisi) sono molto omogenei, esemplificando le altre due tecniche basilari, e cioè la soffiatura di recipienti in stampi lisci o decorati, e l'intaglio e l'incisione su recipienti grezzi colati a stampo o soffiati, realizzati dal *vitrarius* (maestro soffiatore) per il *diatretarius* (maestro intagliatore).

Il Gruppo H (vetri lavorati a giorno) comprende tredici pezzi, ma ognuno costituisce un capolavoro a sé stante: sei coppe "a gabbia" (a rete) e sette ampolle o bicchieri decorati con altri tipi di decorazione "a giorno".

Il Gruppo J (vetri dipinti) comprende solo cinque oggetti che esemplificano le principali tecniche di pittura e smaltatura di età romana.

Il Gruppo K (vetri dorati) comprende dieci esemplari decorati con motivi realizzati con una foglia d'oro applicata tra due strati di vetro incolore, sulla superficie esterna di quello inferiore. In molti casi si tratta di fondi di coppe o bicchieri fissati nella calce di chiusura dei loculi delle catacombe romane. Tuttavia i primi tre pezzi del gruppo sono di tipo diverso: i nn. 152-153 infatti sono dei raffinati medaglioni-ritratto della fine del II o degli inizi del III secolo d.C., mentre il n. 154 è un piatto frammentario al quale sono stati applicati medaglioni con la storia di Giona e altre scene bibliche, intervallati con altri più piccoli con una rosetta al centro.

Nelle singole schede si è cercato di dare tutte le informazioni disponibili: luoghi di rinvenimento e di probabile produzione, numero di inventario e le misure principali. Si sono omessi dettagli sulla forma e sulla tecnica di lavorazione quando sono facilmente desumibili dalle illustrazioni, ritenendo che molti particolari risultano più chiari tramite buone fotografie (specie se a colori) e buoni disegni che non tramite minuziose descrizioni. Ogni oggetto in catalogo è rappresentato da almeno una fotografia a colori e da uno o più disegni con il profilo e i dettagli della decorazione, ove questa esista. Troppi cataloghi di mostre si limitano ad illustrare solo i pezzi più importanti; nessun esemplare merita di essere esposto se poi deve essere degradato a non essere illustrato nel catalogo. Ci auguriamo che il sistema adottato in questa occasione incoraggi in futuro i curatori dei cataloghi a proseguire nella direzione da noi intrapresa.

D.B.H.

Catalogo

Il catalogo si articola in due parti. La prima comprende i vetri completamente o prevalentemente colati a stampo, intagliati al tornio e levigati, ed è suddivisa in due gruppi: il gruppo principale (A) include il vasellame colato, intagliato al tornio, molato e/o levigato, alcune piccole sculture, tutte colate, e i frammenti di tre pannelli parietali in mosaico o *opus sectile*; il secondo (B) comprende solo vetri cammeo che per maggior chiarezza si è preferito trattare separatamente.

La seconda parte comprende i vetri totalmente o parzialmente eseguiti con la nuova tecnica della soffiatura ed è suddivisa in otto gruppi (C-K) a seconda delle diverse tecniche decorative impiegate. È dunque l'innovazione apportata all'industria vetraria dalla soffiatura che determina una netta divisione tra i vetri della prima parte e quelli della seconda. La soffiatura compare, ma solo in forma rudimentale, in alcuni oggetti della prima parte, mentre è predominante nella seconda, ad esclusione degli oggetti per i quali non è utilizzabile.

L'IMPERO ROMANO
al tempo dell'imperatore Traiano (102-117 d.C.)

• Luoghi di rinvenimento citati nel catalogo

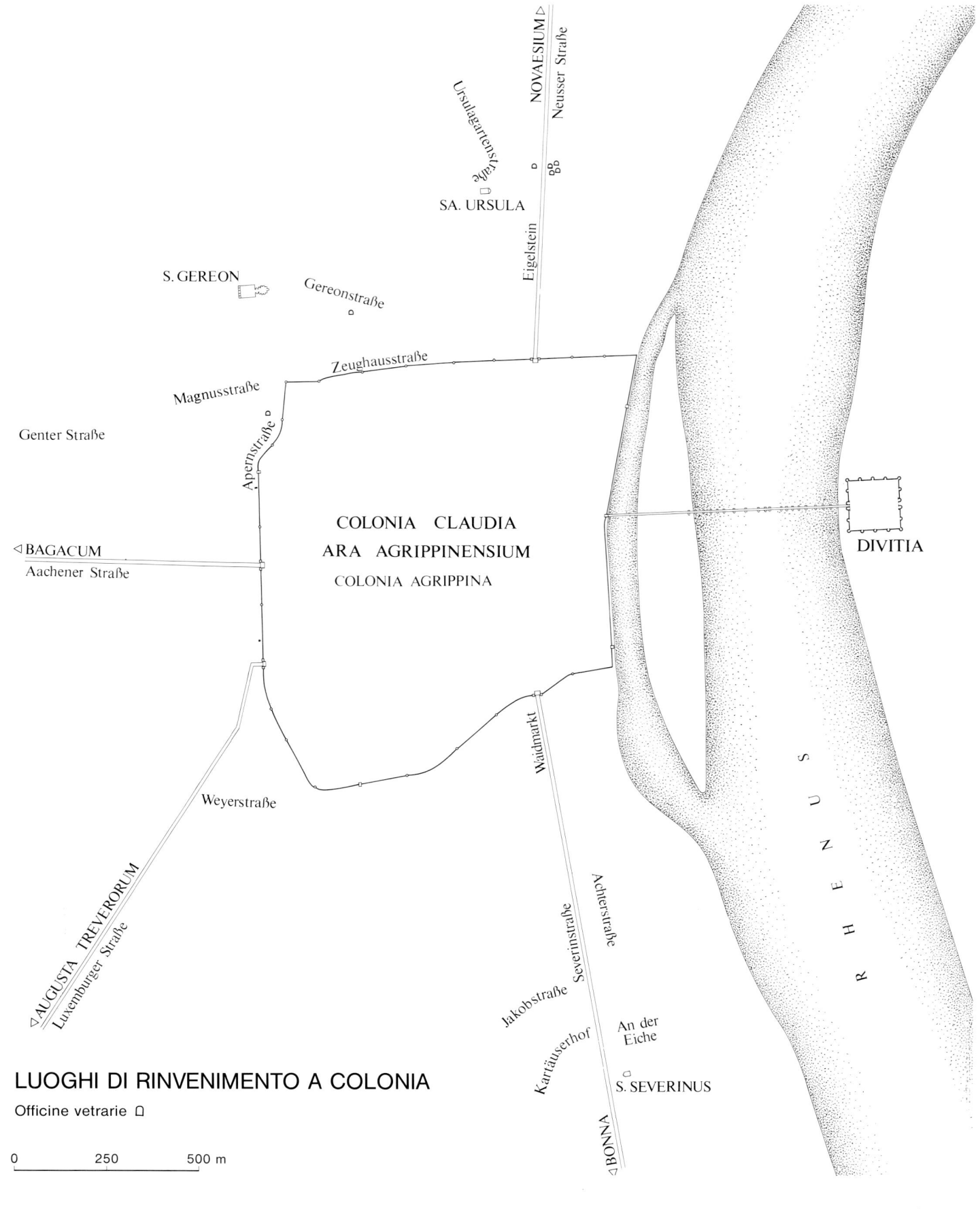

LUOGHI DI RINVENIMENTO A COLONIA

Officine vetrarie ◻

Parte prima
Il vetro romano prima della diffusione della soffiatura

Gruppo A: Vetri colati a stampo e molati

Questo gruppo comprende innanzitutto dieci piccole sculture, alcuni pannelli per decorazione parietale e una coppa blu con decorazione in oro, tutti ascrivibili a diversi periodi nell'ambito dei sei secoli coperti dalla mostra, dall'imperatore Augusto fino a Giustiniano, cioè dalla fine del primo secolo avanti Cristo alla metà del sesto secolo dopo Cristo; e inoltre diciassette recipienti prodotti con le tecniche più antiche: colatura, tagli, intaglio al tornio e alla ruota, molatura e politura, che erano i principali metodi di lavorazione in uso nella tarda età ellenistica.
In armonia con il titolo della mostra "Vetri dei Cesari", cominciamo con una testa miniaturistica di Augusto (n. 1), di vetro colato, tagliato al tornio, polito e colorato in turchese opaco, certamente degna di figurare in qualsiasi esposizione di piccole sculture; è un grande privilegio che figuri come pezzo introduttivo a questa mostra. Non se ne conosce la provenienza ma è senza dubbio un ritratto contemporaneo del fondatore dell'impero romano. Si ritiene che sia stato eseguito all'inizio del I secolo d.C. quando Augusto aveva poco più di sessant'anni o poco dopo la sua morte; se è vero, il ritratto è fortemente idealizzato. Il personaggio ha fattezze giovanili o comunque sembra nella prima maturità. Perciò il ritratto potrebbe risalire al 27 a.C., quando Ottaviano, trentaseienne, divenne *Princeps* e gli fu conferito il titolo di Augusto. Ci sono tuttavia anche validi argomenti in favore di una datazione più tarda.
Seguono altri tre oggetti di epoca imperiale (nn. 2-4). Il primo è uno dei numerosi esempi pervenutici di piccoli medaglioni in vetro con il busto a rilievo di un membro della famiglia giulio-claudia, spesso accompagnato da teste infantili. Soltanto alcuni esemplari, come questo, conservano ancora in buono stato la cornice di bronzo originale. Quali membri della famiglia giulio-claudia siano rappresentati in questi medaglioni è una questione controversa: per qualche tempo si è ritenuto che gli esemplari tratti dalla matrice usata per produrre il n. 2 recassero il busto del nipote di Tiberio, Germanico (15 a.C.-19 d.C.). Ora il personaggio è stato identificato come Claudio, imperatore dal 41 al 54 d.C., con tre dei suoi figli[1].
Il busto miniatura n. 3 risale al III o al IV secolo d.C. e raffigura uno dei Tetrarchi o forse l'imperatore Massenzio (306-312 d.C.).
Il n. 4 è degli inizi del IV secolo d.C. È il busto di un bambino, colato a stampo in vetro blu opaco ad imitazione del lapislazzuli, fatto per essere montato all'interno di una grande coppa d'argento o di bronzo argentato. Nel 1911 fu pubblicato da Loeschke nel catalogo della collezione Niessen come emblema di una coppa, ma con una generica datazione di epoca "romana". Fremersdorf[2] ha proposto una datazione agli inizi del III secolo ma senza portare argomenti che la avvalorino. La datazione più probabile è quella avanzata da Doppelfeld e Bracker negli anni sessanta, cioè che si tratti di un possibile ritratto di Costanzo II, uno dei quattro figli di Costantino il Grande, eseguito per i

---

1. Harden 1972, 350-353, 366, tav. 76; cfr. anche Toynbee 1964, 382; v. ora Boschung 1987.
2. Fremersdorf 1958a, 43, tav. 73.

vicennalia di questo imperatore nel 326 d.C. quando Costanzo, il terzo figlio, aveva sei anni. Sempre per la celebrazione di questi *vicennalia* fu probabilmente eseguito anche il pregevole piatto figurato (n. 124), purtroppo frammentario, che reca il nome di Acilius Severus, allora *praefectus urbis*, uno dei più importanti funzionari dell'impero.
Il Römisch-Germanisches Museum possiede anche la coppa globulare (n. 5) di vetro blu cupo con elaborata decorazione esterna a foglia d'oro (priva di uno strato di copertura): in nove medaglioni vi sono rappresentate cinque scene del Vecchio Testamento e quattro piccoli busti di giovani che in passato si riteneva rappresentassero i quattro figli di Costantino.
Le successive tre piccole sculture (nn. 6-8) non hanno alcun collegamento con la famiglia imperiale.
La prima (n. 6) è il frammento della zampa anteriore destra di un cavallo di ossidiana, accuratamente modellato per evidenziare i dettagli della muscolatura e delle vene. A quanto risulta, è un pezzo unico, parte di una statua a tutto tondo di grandi dimensioni in ossidiana o in vetro. Presenta fori per i perni ad entrambe le estremità che consentivano il fissaggio della parte superiore della zampa anteriore e dello zoccolo ed è modellata con la stessa eleganza del corpo e del collo del vaso Portland (n. 29) che è più o meno contemporaneo.
La seconda scultura è un torso di Venere (n. 7), di uno o due secoli posteriore, anch'essa di buon livello, ma interamente ricoperta da uno strato color carne prodotto dall'alterazione superficiale.
Il grande medaglione circolare di cm 15 di diametro (n. 8), con una testa di Medusa avvinta dai serpenti, è fuso a rilievo. Esistono numerosi medaglioni di dimensioni inferiori con lo stesso soggetto, ma esemplari così grandi e massicci sono molto rari.
I tre oggetti successivi sono frammenti di pannelli a mosaico per rivestimenti parietali (nn. 9-11) che esemplificano un tipo di decorazione non inusuale per edifici pubblici e ricche abitazioni, in particolare durante il I secolo d.C., epoca a cui risale il primo dei tre esemplari. Il metodo usato con più frequenza, come documentano in particolare le scoperte di Ercolano, è il mosaico costituito da cubetti di vetro colorato, ma frammenti come il n. 9, raffigurante un pesce, mostrano che si utilizzavano anche altre tecniche interessanti. Altrettanto significativo è il pannello (n. 10) con cinque uccellini in un boschetto che misura, con la cornice, poco meno di 30 cm di lato. Il terzo esemplare (n. 11), benché frammentario e più tardo di alcuni secoli (infatti è in stile copto e di soggetto cristiano), è eseguito a *opus sectile*, sempre nella tecnica del mosaico ma con caratteristiche molto diverse dai due esemplari precedenti. Vi è raffigurata in grande evidenza una *crux monogrammatica* e alla destra di questa un uomo anziano barbato che un'iscrizione greca designa con il nome Tommaso: dato che non è indicato esplicitamente come san Tommaso, e forse proprio per questo, non deve trattarsi dell'apostolo ma di un pio abitante di un monastero copto.
Gli altri vetri del gruppo A (nn. 12-28) sono recipienti, catalogati secondo lo stile della forma e della manifattura. Si comincia con tre oggetti che risalgono al primo, al secondo e al terzo quarto del I secolo a.C.; tutti e tre si rifanno a tipi tardo-ellenistici e quindi si differenziano dagli altri per talune caratteristiche stilistiche, rappresentando i nuovi tipi di vasellame romano-italico, colato, tagliato al tornio e polito. Questa produzione cominciò a diffondersi all'inizio dell'età imperiale, alla fine del I secolo a.C., e continuò durante la prima metà del secolo successivo, fino alla diffusione della soffiatura. Questa nuova tecnica, elaborata verso il 50 a.C., determinò l'abbandono (salvo alcune rare eccezioni) di questi metodi laboriosi e complicati. Mediante la soffiatura era infatti possibile produrre recipienti di vetro in tempi così brevi e a costi così bassi da farli diventare in pochissimo tempo di normale uso domestico, anche tra le classi meno abbienti.
I primi tre esemplari differiscono enormemente tra loro per stile e forma e devono per-

tanto essere discussi separatamente. Il n. 12, una coppa poco profonda, è stato incluso con lo scopo specifico di illustrare le analogie e le differenze tra il vetro-mosaico tardo-ellenistico e quello della prima età romana. La coppa appartiene alla varietà ben documentata e uniforme delle coppe eseguite a mosaico con segmenti di canne vitree, con una tecnica che risale ai lavori musivi tardo-ellenistici del III e degli inizi del II secolo a.C., come ad esempio gli esemplari rinvenuti a Canosa in Puglia e i gruppi affini. La forma piuttosto bassa si ricollega tuttavia a forme simili, ma con anello di base, del gruppo di Anticitera degli inizi del I secolo a.C.

Il n. 13, una brocca in vetro colato, intagliato al tornio e levigato, con una elaborata ansa verticale, è stato scelto perché alcune particolarità della sua lavorazione e decorazione, compreso l'uso limitato della soffiatura[3], richiamano l'analoga tecnica usata per i vetri cammeo del Gruppo B (v. pp. 53-57), in particolare per il vaso Portland (n. 29) e la brocca Auldjo (n. 34). Per la sua forma questa brocca appartiene al tipo delle cosiddette *lagynoi*, contraddistinto dal corpo largo e schiacciato con collo lungo e slanciato e un'ansa angolare molto ampia impostata sulla spalla e sulla parte alta del collo. Il tipo appartiene a una forma della ceramica ellenistica in uso senza grandi variazioni dal III al I secolo a.C., e particolarmente diffusa durante il I. Questo pezzo e uno analogo nel Corning Museum (CMG 68.1.11) sono gli unici esemplari in vetro conosciuti. A quanto pare, tale forma nel I secolo d.C. non è stata più usata, neppure in ceramica. Le caratteristiche peculiari della brocca n. 13 sono:

1) la forma e la decorazione dell'ansa: cfr. la brocca Auldjo (n. 34);
2) la lavorazione ricercata dei punti di attacco (superiore e inferiore) dell'ansa al collo e alla spalla: tali attacchi sono eseguiti in modo da non essere visibili, sì da far sembrare che il vaso e l'ansa non siano stati lavorati separatamente e successivamente uniti, ma intagliati da un solo blocco grezzo: cfr. il vaso Portland (n. 29) e la brocca Auldjo (n. 34);
3) l'intaglio accurato e la lavorazione della superficie del collo e del corpo, internamente ed esternamente, allo scopo di smussare le irregolarità e mettere maggiormente in risalto la linea del vaso: cfr. il vaso Portland (n. 29);
4) il disco del fondo lavorato separatamente, in origine certamente fissato con bitume o con altro forte adesivo: cfr., ma non direttamente, il vaso Portland (n. 29): ci si chiede se vi sia qualche nesso nella tecnica tra il disco della base del vaso Portland (n. 30) e i dischi simili del n. 13 e del frammento del Corning Museum 68.1.11 (non esposto); si veda a questo proposito quanto si è detto più estesamente nell'introduzione ai vetri del Gruppo B (pp. 55-56).

Il n. 14 è un prezioso esemplare di coppa ovoidale biansata con stelo a calice intagliato in modo elaborato. Probabilmente è stato rinvenuto nella Russia meridionale: venne infatti acquistato dal mercante e collezionista A. Vogell che visse a lungo in Ucraina a Nikolaev, quaranta chilometri a nord dell'antica Olbia sul Mar Nero, e acquistò molti dei suoi pezzi nei dintorni della città. La lavorazione è la stessa del n. 13, ma in questo caso sembra che le anse e lo stelo non siano stati lavorati separatamente, ma siano stati tagliati da un unico blocco grezzo insieme con il corpo. La forma è frequente per coppe metalliche, in particolare in argento. Un confronto molto pertinente è costituito da una coppa rinvenuta ad Alesia (Côte d'Or) e ora nel Musée des Antiquités Nationales di Saint-Germain-en-Laye, che ha un piede di forma molto simile con modanature con-

---

3. In *JGS* 25, 1983, 48 e 51, fig. 7 ho pubblicato una fotografia della parete interna della parte inferiore del collo e della spalla della brocca Auldjo che mostra delle striature verticali con una forma e una profondità che possono derivare solamente dalla soffiatura; ho notato lo stesso significativo particolare sulla parete interna del vaso Portland. Striature verticali di tale evidenza sono rivelate da una fotografia della parete interna della parte inferiore del collo e della spalla della *lagynos* frammentaria (CMG 68.1.11) che è effettivamente per forma, stile e datazione (ma non per la decorazione) un duplicato del n. 13 (CMG 71.1.18). Queste striature, come quelle nella brocca di Auldjo, documentano che non solo CMG 68.1.11, ma molto probabilmente anche il n. 13, è stato in parte eseguito con la soffiatura.

cave su entrambi i lati di un disco centrale con orli affilati. Posto che questa coppa fosse un retaggio del tempo in cui Giulio Cesare assediava le fortificazioni di Vercingetorige nel 52 a.C., si potrebbe pensare a una datazione intorno alla metà del I secolo a.C., benché la Strong[4] non accetti tale ipotesi. Altri argomenti si potrebbero addurre a conferma di questa datazione ma la definizione e la sequenza cronologica di queste coppe in vetro e in argento tardo-ellenistiche e della prima età romana necessitano ancora di studi più approfonditi.

I primi due esemplari del gruppo "romano-italico" sono coppe in vetro-mosaico di epoca augustea. La prima (n. 15) è lavorata "a merletto" (*reticella*) con le strisce sistemate una vicina all'altra anziché a spirale dal centro verso l'orlo, come ad esempio nelle coppe "a merletto" del gruppo ellenistico più antico di Canosa, ora nel British Museum[5]. La seconda (n. 16) è una coppa lavorata con la tecnica del mosaico "a nastri" e decorazione divisa in quadranti, molto simile al noto esemplare nel Musée d'Histoire et d'Art del Lussemburgo, rinvenuto nel 1853 in una sepoltura a Hellange, Lussemburgo. Benché frammenti di queste coppe "a nastri" con motivo a quadrante non siano inusuali, gli esemplari integri sono rari. Vale la pena di citarne un terzo, dato che ha fatto successivamente parte delle collezioni di A. Vogell, del barone L. von Gans e di Baurat Schiller[6], ma io ho qualche dubbio sulla sua antichità a causa del bordo svasato che è assai raro, se non addirittura sconosciuto, nelle coppe in vetro-mosaico prima della sua diffusione ad opera delle officine veneziane nell'Ottocento.

I due vasi "a nastri d'oro" (nn. 17-18) costituiscono una preziosa variante, ora databile con sicurezza alla prima metà del I secolo a.C. La tecnica di esecuzione tuttavia non è ancora ben definibile e sono state avanzate numerose ipotesi contrastanti. Sarebbe troppo complicato in questa sede addentrarsi nei particolari, dato che finora nessuna delle spiegazioni ha ottenuto un largo consenso.

Il n. 19, la coppa a mosaico con sagoma biconvessa, ha un accostamento di colori piuttosto monotono: il suo interesse consiste principalmente nelle quattro sezioni di canna vitrea simmetricamente disposte vicino al fondo della coppa a raffigurare un busto femminile con collana. Lo stesso motivo si ritrova anche in una grossa piastrina quadrata di un monile (lato cm 1,45, spessore cm 0,7) del Corning Museum (CMG 66.1.45), forata orizzontalmente[7].

I sei oggetti successivi (nn. 20-25) sono esempi caratteristici dell'abbondante produzione di vasellame in vetro monocromo, sia opaco sia traslucido, colato, intagliato al tornio e levigato, lavorato sembra principalmente in Italia (Roma e Campania) dalla fine del I secolo a.C. fino alla metà del successivo. I colori più frequentemente usati sono il verde e il blu intenso, ottenuti aggiungendo alla fusione appropriati coloranti, ma si trovano anche altri colori quali il rosso opaco, il bianco, il giallo, il bruno (nero in apparenza ad imitazione dell'ossidiana, senza dubbio il vetro che Plinio chiama *obsianum*). Rinvenuto in abbondanza in Italia, questo tipo di vasellame era anche esportato con frequenza soprattutto nelle province settentrionali e occidentali dell'impero sulla scia dell'esercito romano; era invece inusuale nel bacino orientale del Mediterraneo e nella zona del Mar Nero.

I due pezzi color verde smeraldo scuro nn. 20-21 ripetono le forme usuali della ceramica del I secolo d.C., come ad esempio la ceramica arretina o liscia. I nn. 22-23 sono due recipienti di dimensioni particolarmente notevoli. Il primo, una scatola cilindrica con coperchio in vetro verde-blu traslucido di oltre 40 cm di diametro e 18 di altezza (com-

---

4. Strong 1966, 115, tav. 33B.
5. Harden 1968a, 27, nn. 6, 41-43, 44-45 per la datazione.
6. Vogell: *Vogell* 1908, n. 997, fig. 51; von Gans: Zahn 1921, 49, n. 113, tav. 44; Schiller: *Sammlung Baurat Schiller*, Berlino 1929, 81, n. 189, tavv. 1, 3.
7. Goldstein 1979, 274, n. 822, ill.: CMG 66.1.45.

preso il coperchio), è un prodotto di notevole impegno, colato, intagliato al tornio e levigato, ma certamente troppo grande per essere un oggetto di uso quotidiano. L'altro (n. 23), pure in vetro verde-blu traslucido, è un piatto concavo del diametro di 39 cm e alto 9. Questi quattro oggetti (nn. 20-23) sono begli esempi di questa produzione, anche se nessuno presenta la raffinata colorazione che talvolta gli artigiani romani sapevano dare a questo tipo di vasellame colato.

Di forma inusuale e ragguardevole sono gli ultimi due vasi di vetro monocromo traslucido colato a stampo (nn. 24-25), l'uno verde cupo e l'altro blu cupo, lavorati con le stesse tecniche dei nn. 20-23 e sicuramente realizzati nello stesso periodo.

Il n. 24 è un modellino di barca rinvenuto a Pompei che si è pensato contenesse gioielli; che si creda o meno al suo contenuto, esso era sicuramente utilizzato come piccolo contenitore ornamentale in una famiglia benestante. Il n. 25, il coperchio a forma di pesce di un recipiente della stessa forma, è oggetto di discussione. Non tutti gli studiosi, infatti, concordano sulla datazione da noi attribuita; alcuni lo collocano alla fine dell'epoca romana, altri lo ritengono addirittura un vetro islamico dell'XI secolo d.C. Personalmente non ho dubbi che si tratti di un pezzo del I secolo d.C. e ritengo che, per stile e tecnica, appartenga al gruppo di recipienti colati a stampo e intagliati al tornio che venivano fabbricati nella prima metà del I secolo d.C. e che potevano essere in vetro sia opaco sia traslucido, ma sempre monocromo.

Gli ultimi tre pezzi di questo gruppo (nn. 26-28) esemplificano le molte varietà di coppe costolate, che possono presentare costolature molto brevi (poco più che protuberanze), di lunghezza media (a partire da sotto il labbro fino alla curva del fondo, o appena sopra o appena sotto di questa) e decisamente lunghe (che proseguono oltre la curvatura del fondo per dissolversi quasi al centro di esso).

I più antichi esemplari di questi tipi risalenti alla metà e alla fine del I secolo a.C. si trovano nel bacino orientale del Mediterraneo e si distinguono per le costolature molto brevi o per piccole protuberanze più distanziate, solo sulla parete del vaso. Negli esemplari orientali più tardi, degli ultimi decenni del I secolo a.C., le costolature diventano più lunghe e più regolari.

Sono da ricercare qui i prototipi di quella classe molto diffusa di coppe costolate del I secolo d.C. con grosse costolature prominenti, presente in grande abbondanza in Italia e nelle province occidentali e settentrionali dell'impero. Questo tipo, benché non sia così comune in Oriente, è abbastanza frequente da poterne ipotizzare una produzione in alcuni centri orientali, così come in Occidente. È questo il tipo di coppa che per quasi un secolo e mezzo è stata conosciuta e indicata da generazioni di archeologi inglesi come "pillar-moulded", una definizione appositamente coniata da Apsley Pellatt jr. delle Falcon Glassworks di Londra, nella prima metà dell'Ottocento, e divulgata dal suo amico, l'antiquario Charles Roach Smith. Il termine è stato sempre frainteso, ma essendo stato di uso comune così a lungo, non sembra necessario, e può essere perfino fuorviante, abbandonarlo ora. Esso è infatti usato per distinguere le coppe con grosse costolature, principalmente di origine occidentale, del I secolo d.C. e i loro paralleli orientali dalle altre coppe costolate dello stesso periodo o di poco precedenti, dalle quali sono senza alcun dubbio derivate. Si tratta di un termine che tutti gli studiosi della materia capiscono e nessuno ha ancora, per quanto mi consta, suggerito un equivalente che lo sostituisca.

La coppa n. 26 con una serie di piccole costolature regolari lungo la parete esterna[8] è probabilmente un prodotto del bacino orientale del Mediterraneo e costituisce un tardo esempio della serie più antica. I nn. 27-28 sono due buoni esemplari delle coppe "pillar-moulded" occidentali. La coppa costolata n. 27 in vetro-mosaico marmorizzato

---

8. Secondo Goldstein 1979, 154, alcune costolature continuano verso il fondo.

è stata rinvenuta con la brocca n. 68 in una sepoltura a cremazione della prima età flavia a Radnage nel Buckinghamshire (Inghilterra); il n. 28, di semplice vetro traslucido blu scuro, forse proveniente dall'Italia, è una grande ed elegante coppa con costolature estremamente regolari che insieme con un altro esemplare in vetro verde chiaro, molto vicino per bellezza e dimensioni (da Vaison, Vaucluse, Francia, già nella collezione Comarmond e ora nel British Museum, ma non esposto), esemplifica il massimo livello raggiunto dalla produzione occidentale delle coppe "pillar-moulded"[9].

D.B.H.

---

9. *Masterpieces* 1968, 45, n. 52.

1

Ritratto dell'imperatore Augusto

Secondo-terzo decennio del I secolo d.C. Presumibilmente dall'Italia. Acquistato nel 1963. RGM 64.33.

Altezza cm 4,7-4,9.

Rivestimento di vetro opaco di colore turchese con nucleo di vetro massiccio opaco scuro da fritta vitrea cristallizzata. Presumibilmente colato in uno stampo con la tecnica a cera persa. Lo spessore del rivestimento varia da mm 0,1 sulle orecchie a mm 1 sul collo. Ritratto dell'imperatore Augusto: guance glabre leggermente incavate che danno al volto un aspetto insolitamente scarno e giovanile; una ruga profonda solca la fronte e scende sulla radice del naso; naso leggermente arcuato con punta all'ingiù; bocca sottile socchiusa; capelli corti con riccioli accuratamente acconciati che dalla sommità del capo scendono sulla nuca e la caratteristica biforcazione sulla fronte. La testa è intatta, fatta eccezione per insignificanti scheggiature sulle orecchie e sulla parte posteriore del collo. Sottili fessurazioni irregolari forse prodotte durante la lavorazione. Numerose piccole bolle d'aria. Tracce di incrostazioni grigio-brune (in parte asportate) e iridescenza argentea sulla superficie.

Il ritratto idealizzato raffigura Augusto (63 a.C.-14 d.C.) quale *princeps*. Il ritratto originario dell'imperatore fu realizzato presumibilmente nel 27 a.C. quando gli fu conferito il titolo di *princeps* e l'appellativo onorifico di Augusto. Il ritratto "esprime la nuova consapevolezza di sé dell'uomo e mostra come egli volesse essere visto in quanto *Augustus*, come si identificasse nel nuovo titolo onorifico. Quali che fossero infatti i committenti delle statue celebrative per le quali il nuovo ritratto fu poi copiato migliaia di volte, l'originale ha sicuramente avuto l'approvazione di Augusto, o addirittura è stato realizzato su sua commissione" (Zanker 1987, 104). Fino a oggi si sono conservati più di 230 ritratti scultorei a tutto tondo dell'imperatore, ma la testa di Colonia spicca tra gli altri per le dimensioni minuscole e l'eccezionale qualità. Circa la datazione esatta, i pareri degli esperti sono ancora discordi e la questione risulta assai spinosa per motivi attinenti lo stile dell'opera. Che peraltro non è possibile classificare in base ai tratti che caratterizzano l'età dell'uomo, essendo le immagini di Augusto idealizzate. L'analisi di singoli elementi induce a considerarlo più un ritratto postumo che un'opera realizzata nell'ultimo decennio di vita dell'imperatore.
Il collo termina all'attaccatura delle spalle con una superficie intatta, ed è da escludere qualsiasi frattura. Attorno all'attaccatura del collo corre, per una larghezza media di 2 mm – eccezion fatta per un tratto sul muscolo cervicale – una striscia continua più chiara. Ciò significa che la testa era inserita in una statuetta destinata a essere esposta all'aperto. La ricostruzione suggerisce un'altezza complessiva di circa 30 cm. Forse la statuetta era lavorata in metallo nobile (oro o argento). Mancano esempi di raffronto immediato.

Per la localizzazione dell'officina non sono ancora disponibili elementi validi. La lavorazione di capolavori tecnicamente così complessi lascia presupporre una bottega sita in Italia (a Roma?), o anche ad Alessandria. Soltanto pochissimi ritratti in vetro di piccole dimensioni raffiguranti imperatori romani sono giunti fino a noi. Quanto all'uso e alla funzione di un ritratto imperiale di dimensioni così ridotte si possono avanzare soltanto alcune ipotesi. L'immagine, di grande qualità e certamente anche costosa, può essere stata destinata all'esposizione in luogo pubblico o privato: in ciò intervenivano sicuramente motivazioni politiche e religiose interconnesse.

H.H.

2

Medaglione

Secondo quarto del I secolo d.C. Da Colchester, Inghilterra; rinvenuto nel 1863 a Beverly Terrace in una "urna nera". Dalla collezione del Rev. J.H. Pollexfen. BM PRB 1870.2.24.2.

Diametro del medaglione cm 3,7; diametro con la cornice cm 5,5.

Vetro blu con sottile strato bianco opaco sulla parte posteriore; colato a stampo in due strati e poi montato su una sottile piastrina di bronzo, incurvata e scheggiata nella parte mediana destra e sinistra. Medaglione circolare integro, con orlo arrotondato e tracce di molatura; la testa dell'uomo è modellata ad alto rilievo. Busto ritratto di un giovane in veduta frontale, con corazza; su entrambe le spalle vi è una testa di bambino rivolta verso il centro, mentre sul petto una terza testa è volta leggermente verso sinistra. Non presenta tracce di alterazione superficiale. Alcune minuscole bolle.

In un ampio studio Boschung (1987, 192-258) ha esaminato tutti i busti ritratto su *phalerae* di vetro finora conosciuti. Le sue individuazioni iconografiche hanno portato a nuove interpretazioni. Basandosi sull'acconciatura Boschung identifica nel ritratto con il busto corazzato l'imperatore Claudio. A ulteriore sostegno della sua tesi, individua nelle teste infantili tre figli di Claudio, le figlie Antonia (sulla spalla destra) e Ottavia (sulla spalla sinistra) e al centro il figlio Germanico.

Probabilmente i medaglioni venivano distribuiti in serie di nove pezzi ai soldati come *dona militaria* e appesi come decorazione (*phalerae*) sulla corazza. Ci sono pervenuti altri esemplari di *phalerae* in argento o bronzo argentato, ad esempio le *phalerae* Lauersfort (K. Vierneisel, *Römisches im Antikenmuseum*, Berlino 1978, 73-75). I medaglioni vitrei montati in bronzo erano di minor valore e probabilmente venivano prodotti in grande quantità per essere distribuiti ai ranghi inferiori delle legioni e alle truppe ausiliarie.

K.S.P.

1. Un'analisi eseguita nel laboratorio di ricerca degli Staatliche Museen, Preußischer Kulturbesitz stima "trattarsi non già di vetro amorfo, bensì di una fritta cristallizzata, che rivela la struttura cristallina del quarzo. La colorazione è dovuta al rame e al ferro presenti in notevole quantità. Sono altresì riscontrabili elevate concentrazioni di piombo, stagno e manganese su elementi metallici" (J. Riederer, comunicazione epistolare 1981).

Bibl.: Doppelfeld 1965-1966, 7-11, tavv. 1-6; La Baume 1973a, K 2, tav. 47,1; Schneider 1976, 17; Vierneisel e Zanker 1978-1979, 10; Noelke 1979, 146-147; Hausmann 1981, 544, 581, 590; Simon 1982; Grimm 1984, 172, n. 39 (bibl.); Möbius 1985, 49; Noelke 1985, 7 G 2.

Bibl.: *Archaeologia* 39 (1863), 508, fig. 1, tav. XXIV; Toynbee 1964, 380-383; Harden 1972, 352, n. 1, tav. LVXXVI b; Walker e Burnett 1981, 21, n. 231; Boschung 1987, 252, cat. 37, fig. 7, 86.

3

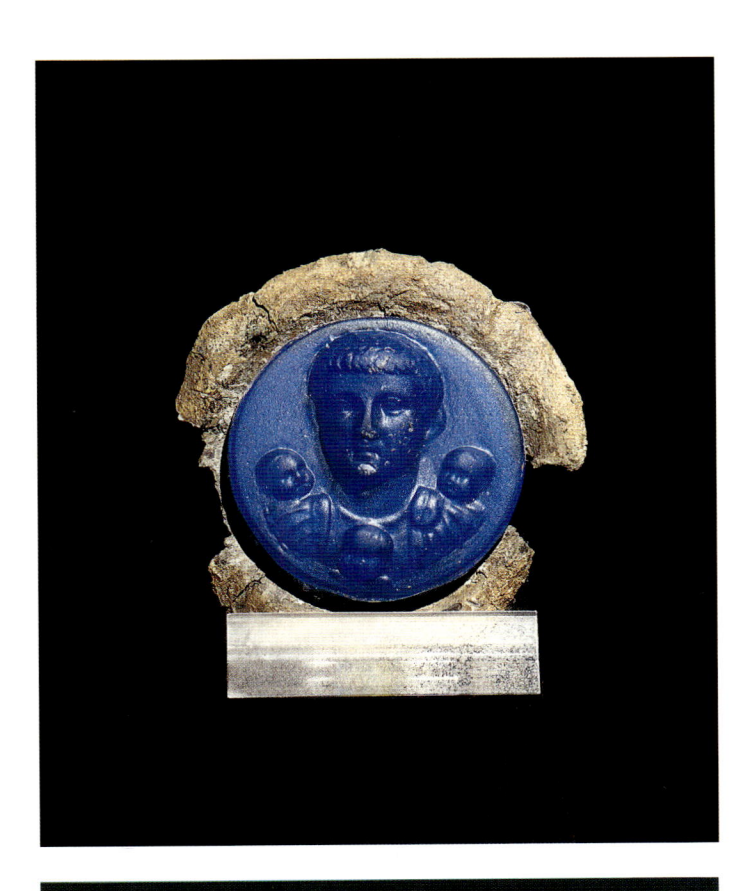

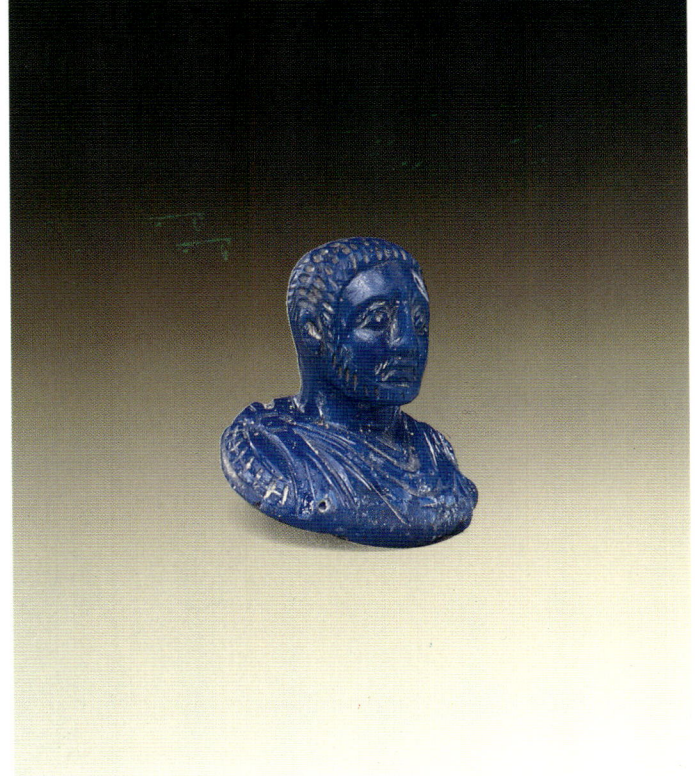

Busto miniaturistico

Fine del III - inizi del IV secolo d.C. Forse rinvenuto in Italia. Già nella collezione Ray Winfield Smith. CMG 59.1.85.

Altezza cm 2,1; larghezza alla base cm 2,4.

Vetro semiopaco blu cupo; probabilmente colato a stampo e intagliato. Il busto, se poggiato sulla base, si inclina all'indietro. Ritratto a tutto tondo di un uomo con capelli corti, forse rasati, baffi e barba accuratamente spuntata, occhi sporgenti con grandi pupille. Indossa tunica, corazza e mantello con fibula sulla spalla destra. È scheggiato sulla spalla sinistra e sulla base. La profonda intaccatura sopra l'occhio sinistro, così come quella sul mantello, è probabilmente prodotta da una puliga. La superficie è consunta nella parte anteriore e posteriore. Tracce di alterazione.

Il personaggio è in abiti militari, simili a quelli dei Tetrarchi in porfido di San Marco a Venezia. Gli occhi bulbosi con pupille profondamente incise ricorrono non solo nei Tetrarchi di Venezia ma anche nei due, Diocleziano e Massimiano, rappresentati sulla colonna di porfido in Vaticano, oltre che in numerose monete effigiate della fine del III e inizi del IV secolo d.C. È perciò molto probabile una datazione intorno al 300 d.C. Due dei Tetrarchi veneziani, Diocleziano e Galerio, sono barbati, così come lo sono anche sulle monete. Anche il personaggio della colonna Vaticana identificato come Massimiano è barbato. Tra i loro successori, sia Licinio sia Massenzio compaiono sulle monete con i capelli corti quasi rasati e la barba accuratamente spuntata. Di tutti questi personaggi solo Massenzio (306-312 d.C.) è effigiato sulle monete senza corona né diadema. Per questo è forse più probabile che la nostra figura barbata sia proprio Massenzio e non Licinio o uno dei Tetrarchi.

D.B.W.

Bibl.: Glass from the Ancient World 1957, 115, n. 190, fig. p. 116.

4

Busto di un principe

Prima metà del IV secolo d.C. Rinvenuto a Colonia, Berlich/Zeughausstrasse. Già nella collezione Niessen; acquistato nel 1934. RGM N 157.

Altezza cm 8,3; altezza della testa cm 3,8; larghezza cm 6,3.

Vetro opaco blu vivo, pieno, colato a stampo; capelli, volto e abito intagliati successivamente alla ruota. Busto ritratto a tutto tondo di un ragazzo che indossa la *toga picta contabulata* con pieghe intagliate profondamente intorno al collo e sulle spalle. Il *balteus* (bordo della *toga*) è decorato con un motivo a viticcio stilizzato con ramoscelli e bacche. La parte posteriore è smussata e presenta una cavità semiconica, forse il foro per un perno. La larga testa ovale poggia su un grosso collo. I lineamenti sono relativamente rozzi: guance larghe e piene, tempie sporgenti, sopracciglia larghe, grandi palpebre, fronte leggermente sporgente, naso curvo verso il basso, orecchie leggermente sporgenti. Corte ciocche di capelli si dipartono dalla sommità posteriore della testa in tutte le direzioni. Integro. Numerose piccole bolle in superficie.

In contrasto con la datazione proposta da Fremersdorf (1958 a, 42) agli inizi del III secolo d.C., Bracker (1965-1966, 18-20) ritiene con validi argomenti che la testa debba essere datata al tempo dei Tetrarchi o in età costantiniana (fine del III-inizi del IV secolo d.C.). Egli pensa infatti che si tratti del busto di Costanzo II, figlio di Costantino, all'età di sei anni (324 d.C.). È probabile che il personaggio ritratto sia un membro della famiglia imperiale, ma i tratti fisionomici non sono così ben delineati da permettere una identificazione precisa.
Questo tipo di busto doveva essere inserito sul fondo di una coppa come *emblema* o su una *phalera*, presentati come doni (*largitio*) in occasione di cerimonie ufficiali. Il vetro blu opaco può essere stato scelto in sostituzione di una pietra pregiata, forse il lapislazzuli. È interessante notare come questo stesso blu brillante sia stato usato anche per le *phalerae* in vetro (cfr. n. 3), numerose a partire dalla prima metà del I secolo d.C., con i busti dei condottieri dell'impero.
Da un punto di vista tipologico questi busti possono essere confrontati con i ritratti in miniatura di condottieri realizzati in metalli preziosi (Künzl 1983, fig. 3). H.H.

Bibl.: Kisa 1908, fig. 289; *Niessen* 1911, p. 18 s., n. 157, tav. 21; Fremersdorf 1958 a, p. 42 s., tav. 73; Bracker 1965-1966, pp. 18-23, fig. 1, tavv. 7 e 9; Doppelfeld 1966, p. 44, tav. 41; La Baume 1973 a, H8, tav. 46, 1; Stutzinger 1983, p. 442 s., n. 53.

5

Coppa con scene del Vecchio Testamento

Prima metà del IV secolo d.C. Rinvenuta nel 1907 a Colonia-Braunsfeld nel sepolcreto familiare della villa romana, sarcofago 1. Dono del proprietario del terreno, M. Harzheim. RGM Glas 991.

Altezza cm 8,6; diametro cm 12,4.

Vetro blu cobalto soffiato in uno stampo cavo, copertura dorata applicata (ora perduta), cerchi incisi alla ruota a due differenti profondità; orlo e superficie molati. Coppa emisferica con fondo arrotondato. Decorazione con linee intagliate alla ruota e scene figurate; queste ultime sono visibili solo come superfici opache essendosi perduta la foglia d'oro che le ricopriva. Decorazione intagliata alla ruota: a) una linea orizzontale appena sotto l'orlo; b) sulla zona principale del corpo quattro grandi medaglioni formati da due cerchi concentrici; c) quattro piccoli cerchi nei triangoli formati in alto dai quattro cerchi più grandi; d) una linea orizzontale sotto i quattro cerchi più grandi; e) sul fondo un cerchio formato da un'unica circonferenza. Decorazione figurata: a) gli spazi tra i due cerchi concentrici sono riempiti alternativamente con tralci di vite e corone di foglie; b) i quattro spazi residui a forma di cuneo tra i medaglioni più grandi sono riempiti con un motivo a penne di pavone in alto e foglie in basso; c) i cinque medaglioni più grandi presentano scene del Vecchio

Testamento: 1) Giona[1] è gettato in mare dall'equipaggio della nave; tre marinai si sporgono dal parapetto della barca fornita di un remo-timone, quattro remi più piccoli e vele ammainate; il grande pesce, qui rappresentato come un mostro marino, si avvicina al fianco della nave; lo spazio libero è riempito con un piccolo pesce e un mollusco; 2) sotto una linea orizzontale, il pesce sputa Giona dalla bocca; sopra, Giona riposa nudo sotto una pianta di cucurbitacee; 3) Noè nell'atto di pregare; l'arca ha la forma di un baule con serratura e borchie; sulla sinistra la colomba col ramoscello d'ulivo vola verso destra; sullo sfondo una mucca stesa sulla schiena mentre un corvo si avvicina a beccare la carcassa; 4) Mosè nel deserto del Sinai nell'atto di far scaturire con la sua verga l'acqua dalla roccia; i figli d'Israele si curvano a bere l'acqua; 5) Daniele, con una tunica, stante in atteggiamento di preghiera, tra due leoni ruggenti rivolti verso di lui con le fauci spalancate; 6-9) quattro medaglioni più piccoli: teste di giovani, tre dei quali presentano lo stesso volto e gli stessi capelli ma si diversificano per la posizione della testa e la direzione dello sguardo; il quarto ha i capelli ricci. Integra; rotta e restaurata; parecchie piccole lacune sull'orlo. Tracce di usura e altri graffi sul medaglione del fondo; la copertura d'oro è completamente perduta tranne che per poche tracce, forse già prima che la coppa fosse sepolta o forse a causa di una politura moderna. Bolle molto piccole, messe in evidenza sulla superficie dalla molatura.

Gli studiosi hanno dedicato particolare attenzione alle quattro teste giovanili. Delbrueck (1933, 132-134) ha ipotizzato che rappresentino i quattro figli di Costantino I, e da allora si è ritenuto che la coppa fosse una *largitio* (dono imperiale) prodotta in occasione dei *vicennalia* di Costantino nel 326 d.C. Recentemente Süssenbach, basandosi su numerose testimonianze archeologiche, ha sostenuto che non è attendibile l'interpretazione "dinastica" dei ritratti come "principi costantiniani" concludendo che le teste non vanno considerate come ritratti ma come simboli. Il numero dei ritratti è determinato dalla organizzazione grafica dello spazio sulla superficie esterna della coppa. Date le dimensioni ridotte dei ritratti, non si possono cogliere i dettagli fisionomici. La tecnica applicata nella realizzazione del disegno e della copertura d'oro non è ancora completamente chiarita. Fremersdorf (1930, 291-298) ipotizzava questo metodo: dapprima tutta la superficie esterna era stata ricoperta con una sottilissima foglia d'oro e poi con una punta sottile erano stati tracciati i contorni delle figure e inciso a mano libera lo sfondo; il vetro era poi stato riscaldato ad alta temperatura in modo da far legare la foglia d'oro alla superficie esterna del vetro; la diversa dilatazione del vetro e dell'oro aveva provocato le numerose piccole fessure nella foglia d'oro. Doppelfeld (1966, 68) propendeva per un altro metodo: un legante (chiara d'uovo?) era stato applicato sulle parti da dorare ed era poi stato scalfito il disegno interno sul collante fresco con una punta di legno; successivamente si era applicata la foglia d'oro facendola aderire con il riscaldamento. Il collante aveva prodotto le fessurazioni della foglia d'oro. Dopo il riscaldamento l'oro era stato strofinato via dai punti dove non era stato applicato il collante.

Fremersdorf e Süssenbach ritenevano che la coppa fosse stata prodotta in una officina di Colonia. La Baume, in base alla sua interpretazione iconografica, pensava che fosse stata fatta a Roma.

Che questa coppa sia stata fabbricata in Renania nel IV secolo è tecnicamente possibile. Tra i reperti renani figura una serie di esemplari in vetro blu di forme diverse. I vetri con foglia d'oro applicata sono rari, ma ne sono stati trovati a Colonia e a Treviri (ad esempio il n. 143). Il grande numero di vetri renani con scene cristiane dal Vecchio Testamento testimonia che nel IV secolo un ricco repertorio di immagini era diffuso in Renania. È più logico, perciò, cercare a Colonia l'officina che ha prodotto questi vetri d'oro.

Il vetro è stato rinvenuto nel 1907 in un sarcofago romano di arenaria rossa dagli operai che gettavano le fondamenta di un edificio e si è frantumato durante la ricerca del corredo funerario. Oltre a due monete (un sesterzio di Adriano del 134-138 d.C., *RIC* 749e, ed un *follis* di Massimiano Erculio del 293-305 d.C., C 305), sono stati rinvenuti una brocca (forma Niederbieber 95, ora perduta) e alcuni frammenti di vetro.

Questi reperti ci consentono soltanto di fissare nel IV secolo il *terminus post quem*, ma non di precisare la data di fabbricazione nell'ambito di quel secolo.

Le tracce d'uso sul fondo della coppa indicano che era già di proprietà del defunto quand'era in vita e che era stata collocata nella tomba come oggetto personale. Rinvenimenti paralleli nelle tombe adiacenti sono la coppa "a giorno" di Colonia (n. 135) e il piatto con scene di circo (n. 117). Sotto l'aspetto iconografico la coppa dorata non è anteriore al secondo terzo del IV secolo. Non è possibile appurare se la sepoltura sia precedente o posteriore all'invasione dei Franchi del 355-356 d.C.

H.H.

1. H. Sichtermann, 'Der Jonaszyklus', in *Spätantike und frühes Christentum* 1983, 241 ss.

Bibl.: Poppelreuter 1908, 67-71, figg. 1-2; Fremersdorf 1930a, 282-304; Delbrueck 1933, 132-134, figg. 35-36, tav. 45; Morey 1959, 68-69, n. 421; Doppelfeld 1960-1961, 13-14, fig. 4.4, tav. 12; La Baume 1965, 70-71, figg. 17-18; Bracker 1965-1966, 12-23; Schüler 1966, 50-51, figg. 8-11; Doppelfeld 1966, 68, tav. 167; Fremersdorf 1967, 203-207, tavv. 285-293; La Baume 1973a, I, 3, tav. 46,4; Gutmann 1977, 65-66, fig. 2; Kötzsche 1979, 420-421, n. 377; Süssenbach 1983, 11-28; Noelke 1985, 8-9, n. G 3.

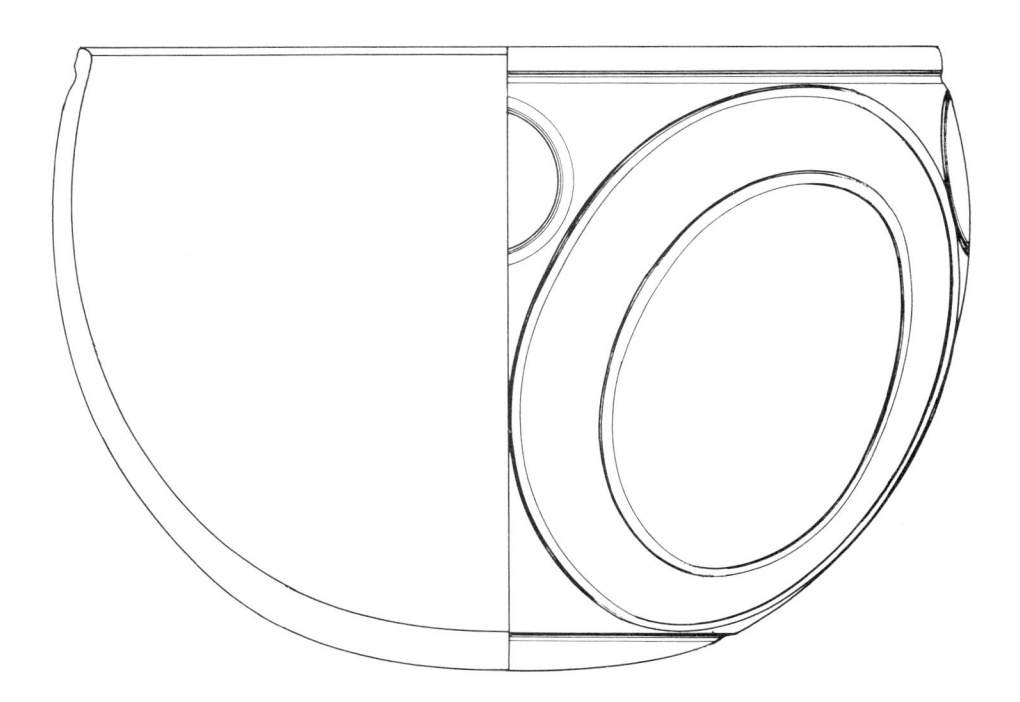

5 (1:1)

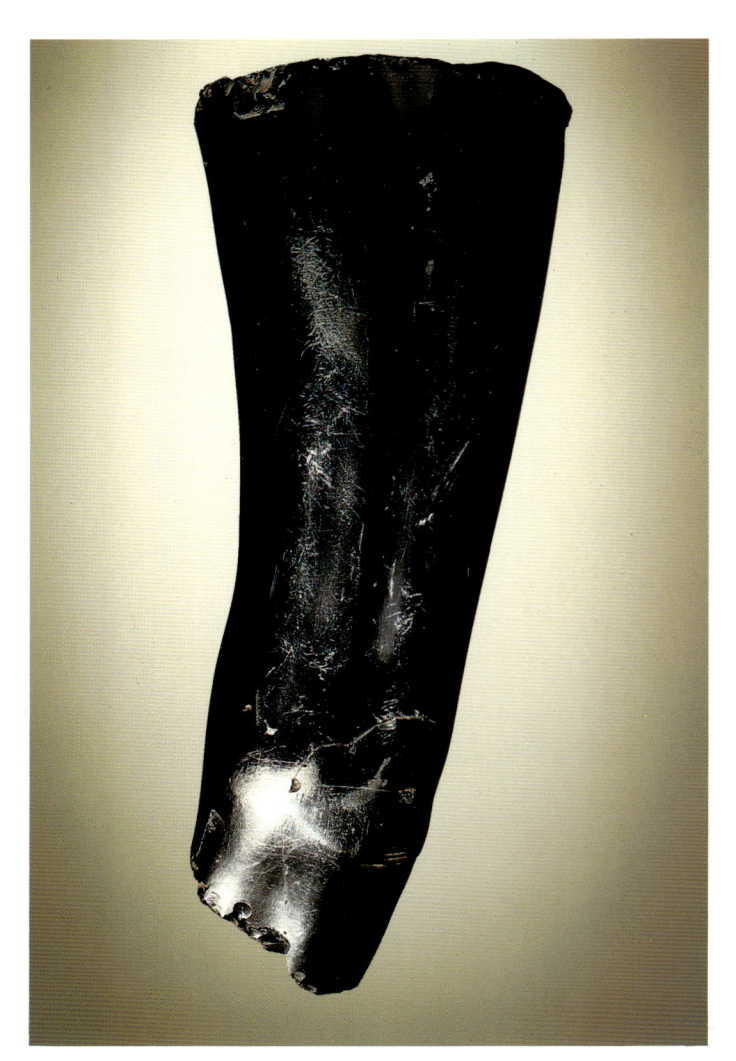

zo di ossidiana a forma di zampa equina". Talvolta, in seguito, si ritenne fosse di vetro colato. Ora le indagini eseguite nell'aprile 1987 da Mavis Bimson nel laboratorio di ricerca del British Museum hanno tolto ogni dubbio sul materiale. L'analisi è stata eseguita al microscopio elettronico a scansione su un frammento polito. I dati sotto riportati confermano l'identificazione come ossidiana dell'Inventario del 1824.

SiO_2	72.7	MnO	0.15	K_2O	4.5
TiO_2	0.2	MgO	0.2	P_2O_5	0.2
Al_2O_3	12.2	CaO	0.8	SO_2	0.2
FeO	2.6	Na_2O	4.3	Cl	0.2

L'analisi con l'isotopo di stronzio consente oggi di distinguere i quattordici tipi di ossidiana del bacino del Mediterraneo. Le rispettive zone di provenienza sono: Sardegna, Palmarola, Pantelleria, Lipari, Vulcano, Melos, Antiparos e Giali (Gale 1981). Questo pezzo sarà pertanto esaminato con tale tecnica e i risultati resi noti.

Plinio (*N.H.*, XXXVI, 196-197) riferisce che l'ossidiana fu utilizzata per statue di Augusto, per quattro elefanti che Augusto dedicò nel tempio della Concordia e per una statua di Menelao depredata a Eliopoli dal padre di Seiano ma restituita all'Egitto da Tiberio. Tuttavia finora questa zampa è il solo frammento conosciuto di tali sculture. Le sculture a tutto tondo in vetro artificiale sono in scala molto più ridotta, come ad esempio la zampa equina in vetro rosso opaco alta cm 3,8 (*Glass from the Ancient World* 1957, 33, n. 31).

K.S.P.

Inedito.

6

Zampa di cavallo

Ultimo quarto del I secolo d.C. Luogo di rinvenimento sconosciuto. Già nella collezione Townley. BM GR 1814.7-4.1191.

Altezza cm 23,5; larghezza cm 10.

Ossidiana nera tagliata e molata. Nell'estremità superiore foro per un perno profondo cm 4,5, nell'estremità inferiore fratturata solo traccia del foro. Si tratta probabilmente di parte della zampa anteriore destra di una statua equina a tutto tondo. I dettagli della muscolatura e delle vene intagliati nell'ossidiana evidenziano l'alta qualità del lavoro.

La zampa è di ossidiana, un vetro naturale; proviene dalla collezione Townley e nell'Inventario del 1824 (p. 27) della sala XII (Hamilton Room) è descritta come "un grande pez-

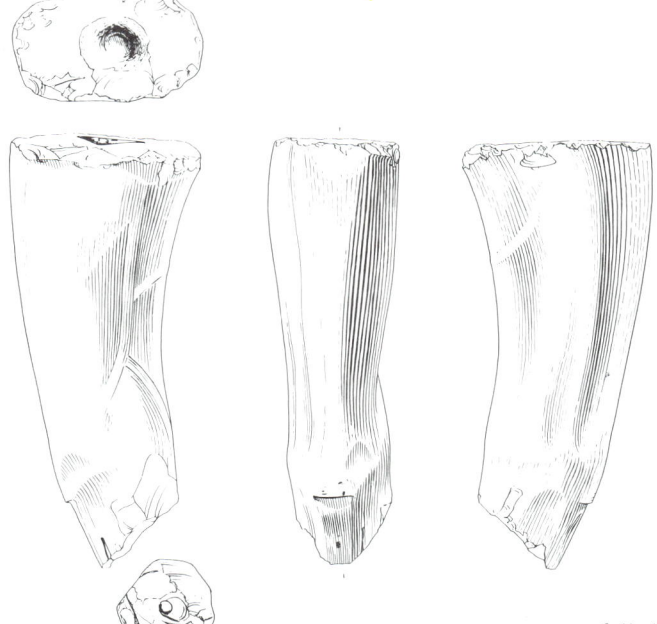

Statuetta di Venere

II secolo d.C. Dal Mediterraneo orientale o dall'Italia. Già nella collezione Ray Winfield Smith. CMG 55.1.84.

Altezza cm 9,4; larghezza massima cm 4,3.

Vetro traslucido verde giallognolo, colato a stampo; i dettagli sono intagliati alla ruota. Figura femminile nuda a tutto tondo. Le braccia sono fratturate sotto le spalle con fori quadrati per l'incastro delle parti mancanti; tracce di intagli alla ruota sulle ascelle e sull'addome. Mancano la testa, la parte inferiore delle braccia e le gambe a partire dal ginocchio. Uno spesso strato opaco color carne con alcune tracce di iridescenza copre tutta la statuetta, fatta eccezione per alcune grosse scaglie sul seno e sulla coscia destra che evidenziano profonde butterature nel vetro. Il color carne dell'alterazione è del tutto casuale.

La statuetta è una versione in miniatura dell'Afrodite di Cnido, scultura in marmo a grandezza naturale del III secolo a.C., spesso copiata nel I e II secolo d.C. (ad esempio la Venere de' Medici)[1]. Benché le braccia fossero certamente eseguite separatamente, non c'è motivo di pensare che lo fossero anche la testa e la parte inferiore delle gambe (ora mancanti).

D.B.W.

1. Von Saldern (1968, n. 28) descrive l'unica altra imitazione in vetro dell'Afrodite di Cnido (Boston, Museum of Fine Arts, H.L. Pierce Fund 99.452): di vetro verde, alta cm 8, tiene flessa la gamba sinistra anziché la destra.

Bibl.: *Berliner Museum* 1951, 1, 52, n. 304; Faider-Feytmans 1954, 14, n. 60; *Mariemont* 1954, 15, n. 32, tav. III; Smith 1954, 694, fig. 2; *Glass from the Ancient World* 1957, 112-113, n. 188, tav. IV.

7 (1:1)

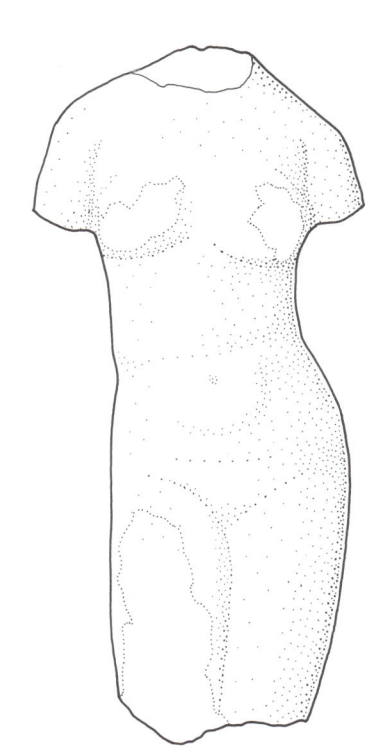

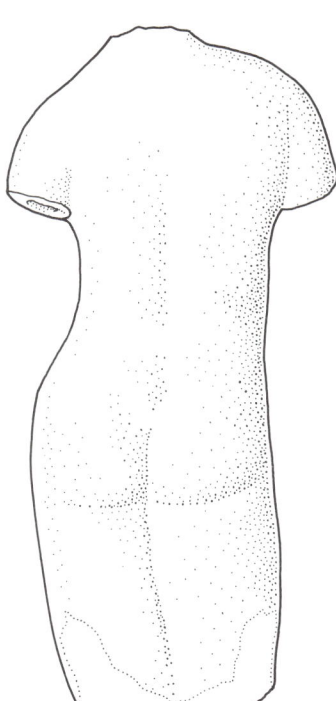

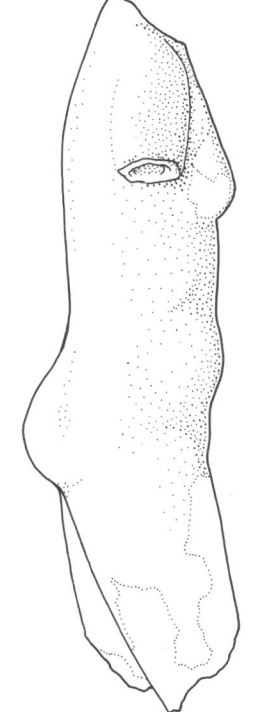

8

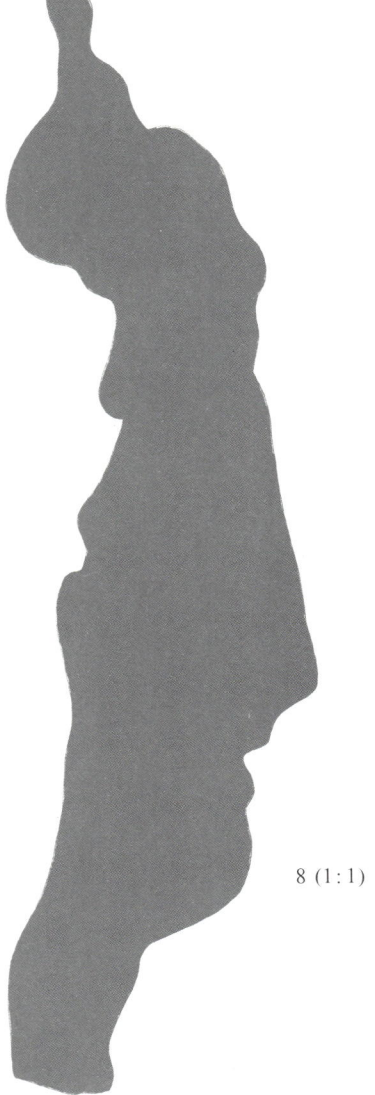

Medaglione con testa di Medusa

I-II secolo d.C. Rinvenuto a Roma. Già nelle collezioni Martinetti e Sangiorgi. CMG 66.1.236.

Altezza cm 15,3; larghezza cm 14; spessore massimo cm 4,4; spessore del bordo cm 0,9-1,3.

Vetro traslucido verde, pressato in uno stampo. Il disco pressoché circolare reca a rilievo, sulla faccia anteriore, una testa di Medusa avvinta da serpenti; occhi infossati con globi sporgenti, naso stretto, labbra semiaperte. La faccia posteriore irregolare mostra chiaramente che il vetro caldo è stato pressato in uno stampo. Rotto in almeno sette frammenti, restaurato, piccole lacune integrate. Superficie opaca e butterata con alterazione diffusa di colore variabile dal giallo-bruno al blu scuro iridescente.

Si ignora la precisa funzione del medaglione benché sia evidente che doveva essere incassato o applicato ad un supporto; né vi è alcun indizio di come venisse fissato. Tre sono le possibilità: che decorasse un mobile di grandi dimensioni, che facesse parte di una decorazione parietale a *opus sectile* o che fosse fissato sulla corazza di una statua a grandezza naturale.

D.B.W.

Bibl.: Sangiorgi 1914, 53, n. 181, tav. XXXVI.

9

Frammento di pannello parietale con pesce

Fine del I secolo a.C. - inizi del I d.C. Luogo di rinvenimento sconosciuto.
Già nella collezione Ray Winfield Smith. CMG 61.1.16.

Altezza cm 8,2; lunghezza cm 17,2.

Vetro blu scuro con motivo a squame rosso mattone e giallo opaco, alcune strisce bianco opaco. Eseguito a mosaico. Il supporto è costituito da uno spesso strato di gesso con inclusioni di pietra e frammenti di vetro-mosaico verde e giallo. Il pezzo è stato ricomposto da numerosi frammenti. L'occhio blu circondato da una striscia gialla e da una rossa più larga sembra sia stato intagliato e inserito dopo la fusione in loco della parte decorata a scaglie; dorso delineato in blu, branchie rosse, ventre bianco; le scaglie ricoprono tutto il corpo; le pinne e la coda sono sottolineate da strisce alternate blu, gialle e rosse. Rotto e ricomposto; mancano parte della testa e delle pinne dorsali, anale e pelvica. Numerose bolle.

I pesci in vetro-mosaico si suddividono in due gruppi: esemplari piatti a volte inseriti in mattonelle colorate ed esemplari concavi inseriti in pareti e nel fondo di piatti e coppe[1]. Questo esemplare dimostra che le mattonelle venivano anche usate per decorazione parietale.

D.B.W.

1. Per le mattonelle v. fra gli altri Eisen 1927, tav. 26 (in basso al centro); Fremersdorf 1975, 45, nn. 284-286; *Kofler-Truniger Sale Catalogue* 1964, 118, n. 226. Il frammento illustrato da Eisen e uno della coll. Kofler-Truniger sono i più simili a questo. Per gli esemplari inseriti in vasellame v. Weinberg 1962, con bibliografia.

Bibl.: Allentown Art Museum 1966; 'Recent Important Acquisitions', *JGS*, 4 (1962), 139, n. 3 (fig.); Goldstein 1979, 264, n. 792, tav. 26.

10

Pannello a mosaico con uccelli

IV secolo d.C. Luogo di rinvenimento sconosciuto. Già nelle collezioni Martinetti e Sangiorgi. CMG 66.1.215.

Altezza cm 26,5; altezza con la cornice cm 28,2; larghezza cm 26,1; larghezza con la cornice cm 28,2.

Fondo di vetro verdazzurro con intarsi in vetro opaco di vari colori. I singoli elementi sono eseguiti a mosaico e poi inseriti. A fine Ottocento al pannello rettangolare sono stati applicati un supporto in gesso e una cornice di gesso dorato. Cinque uccelli di differenti colori sono appollaiati sui rami, alcuni dei quali terminano con germogli; sul fondo vi sono numerose foglie o fiori tondeggianti. Ogni uccello è diverso dall'altro: quello in alto a sinistra ha contorno bruno, corpo giallo, ali verdi, quello in alto a destra corpo bianco e ala rossa, quello al centro corpo giallo, ala e zampe rosse, quello in basso a sinistra corpo bruno con strisce bianche, ala bianca e blu, quello in basso a destra corpo verde cupo con strisce bianche e gialle, ala verde e gialla, zampe gialle. I rami sono costituiti da canne vitree di vario colore: rosso e giallo, bruno e bianco, bianco. I germogli sono monocromi: bianco, verde chiaro, rosso. Le foglie e i fiori sono formati da sezioni di canna vitrea quasi circolari, perlopiù turchesi con nucleo rosso e giallo o verde pallido con nucleo bianco. Frammentato; numerose lacune poi integrate con gesso. Superficie opaca, in alcuni punti molto butterata; chiazze di alterazione color grigio-bruno.

Il pannello probabilmente decorava la parete di un'abitazione. Lo stesso soggetto si ritrova in pitture parietali: la cosiddetta stanza-giardino della Villa di Livia a Prima Porta nei pressi di Roma ha le pareti affrescate con la rappresentazione di un frutteto con uccelli sui rami degli alberi. In una lettera indirizzata a un amico tra il 104 e il 108 d.C., Plinio il Giovane descrive un affresco simile in una sua villa in Toscana: "Le pareti sono ricoperte di marmo fino alla cornice; nel fregio superiore sono dipinti alberi con uccelli tra le fronde" (*Epistulae* V, 6).

Un uccello eseguito con tecnica analoga, lungo 10 cm, con il corpo bianco opaco e ali violette striate di bianco, è stato rinvenuto a Roma nelle Catacombe di San Callisto (G.B. De Rossi, *Roma sotterranea cristiana*, III, 1872, 392, n. 8, tav. 17; Fremersdorf 1975, 71, n. 694).   D.B.W.

Bibl.: Sangiorgi 1914, 77, n. 285, tav. LV.

11

Pannello in *opus sectile* con Tommaso

Seconda metà del IV secolo d.C. o inizi del V. Si presume provenga dal Faiyûm, Egitto. CMG 86.1.1.

Lunghezza cm 79.

Vetro opaco e traslucido di diversi colori, sezioni di canne vitree gialle e verdi, rosse e bianche, porpora e bianche, e vetro d'oro "a sandwich". Fondo resinoso rinforzato sul dietro con frammenti rettangolari di anfore o tegole di terracotta. Il frammento appartiene alla parte superiore di un pannello rettangolare o quadrato, con la raffigurazione di una *crux monogrammatica* in vetro d'oro su fondo turchese traslucido. Al centro del frammento vi è la testa di un uomo barbato rivolta a sinistra verso la *crux monogrammatica* e identificata tramite l'iscrizione greca con Tommaso. Il fondo è blu scuro opaco. Sulla destra della figura vi sono i resti di una colonna con capitello ionico. Probabilmente la *crux monogrammatica* era al centro del pannello e aveva a entrambi i lati una figura stante. Rotto in molti frammenti di varie dimensioni.

Se escludiamo i frammenti, gli unici paralleli pubblicati sono gli importanti pannelli rinvenuti in Grecia a Kenchreai vicino a Corinto. Pur non essendo di soggetto cristiano, presentano tuttavia numerose analogie stilistiche e tecniche. Si ha motivo di credere che siano stati eseguiti, probabilmente ad Alessandria, tra il 350 e il 375 d.C.

Indagini preliminari di laboratorio confermano l'ipotesi che il pannello di Tommaso sia stato eseguito nella stessa regione (forse nella stessa bottega) ed epoca dei pannelli Kenchreai; corrispondono anche le analisi chimiche del vetro che mostrano le stesse inusuali caratteristiche. La determinazione dell'isotopo di piombo del vetro e le caratteristiche mineralogiche della terracotta dei supporti convalidano questa tesi. I fondi adesivi hanno la stessa composizione (resina di pino e polvere di marmo). Coincide anche la datazione delle resine col metodo del carbonio radioattivo. D.B.W.

Bibl.: Galerie Nefer, *Nefer* 3 (1985), n. 34; *Glaskunst* 1981, 117, n. 477; Klein e Lloyd 1984, 32 (fig.).

12

Coppa a mosaico

Prima metà del I secolo a.C. Luogo di rinvenimento sconosciuto. Già nelle collezioni Alexander von Minutoli e Ray Winfield Smith. CMG 55.1.81.

Altezza 3,9; diametro 13,2.

12 (1:2)

Sezioni di canna traslucidi, di vari colori: giallo-bruno con spirali bianco opaco e nucleo rosso porpora, porpora con spirali bianco opaco e nucleo giallo bruno, un segmento porpora con motivo a stella bianco opaco e nucleo giallo opaco; e inoltre piastrine rettangolari di vetro porpora traslucido con tre strisce bianche opache per il lungo, schegge di matrice verdazzurra con spirali giallo opaco, schegge blu, giallo e bianco opaco. Sezioni di canna preformate sono state fuse in uno stampo, la superficie interna molata al tornio, quella esterna levigata a fuoco. Coppa poco profonda con orlo arrotondato che termina con un segmento color porpora in cui è inserito un motivo a spirale bianco opaco, smerigliato e levigato a fuoco dopo la fusione dei singoli pezzi. Le pareti si incurvano a formare un fondo leggermente convesso. Due fori opposti (diametro cm 0,3) nella parete appena sotto l'orlo forse per il fissaggio di un coperchio. Integro. Piccole butterature sulla superficie esterna. Interno levigato, forse in tempi recenti.

La coppa, con dieci recipienti simili, costituisce un gruppo omogeneo in vetro-mosaico con le seguenti caratteristiche: coppa liscia poco profonda con diametro variabile tra 11,5 e 14,4 cm; superficie interna molata al tornio, esterna a fuoco; le sezioni di canna opache sono inserite nella superficie interna e non penetrano fino a quella esterna. Quattro degli undici vasi presentano una coppia di fori sotto l'orlo. Per vasi simili v. Oliver 1968, 65-68; per un esemplare a Londra nel Victoria and Albert Museum v. Eisen 1927, 193, tav. 34 (in alto).

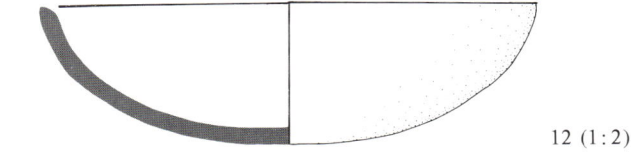

D.B.W.

Bibl.: *Minutoli Auktionskatalog* 1875, n. 735; *Mariemont* 1954, 21, n. 72, tav. 13; *Glass from the Ancient World* 1957, 79, 81, n. 126 (fig.); Oliver 1968, 48-70; Goldstein 1979, 179-180, n. 466, tavv. 24, 41.

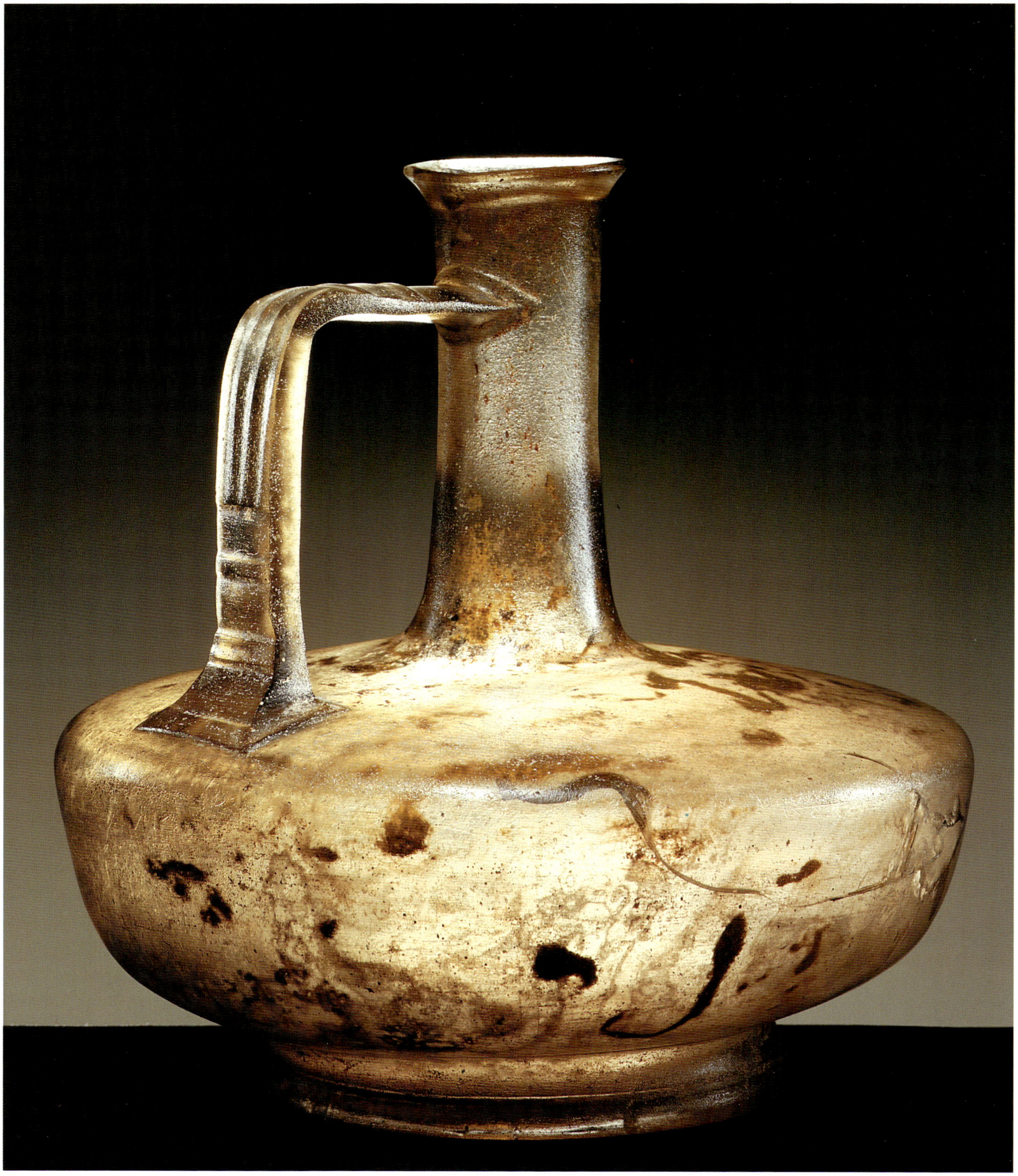

13

Brocca

Secondo-terzo quarto del I secolo a.C. Luogo di rinvenimento sconosciuto. Già nella collezione Edouard Guigoz, Chiasso. CMG 71.1.18.

Altezza cm 21,4; diametro cm 20,9.

Vetro giallo-verde. Colato, probabilmente in parte soffiato, intagliato al tornio e alla ruota e poi polito. Breve orlo svasato arrotondato mediante molatura; collo lungo e sottile quasi cilindrico espanso alla base; spalla larga leggermente obliqua con angolo arrotondato al di sotto del quale le pareti vanno rastremandosi verso il basso per poi piegarsi verso la base, con due solchi intagliati al tornio immediatamente sopra il fondo; piede ad anello leggermente svasato con solchi intagliati al tornio a circa 1 cm dal fondo; un corrispondente solco più profondo all'interno dell'anello in cui è inserito un disco piatto intagliato al tornio e levigato su entrambe le facce. Ansa ad angolo retto a sezione rettangolare con i lati smussati impostata verticalmente sulla spalla e unita al collo appena sotto il labbro svasato; la parte orizzontale è segnata da losanghe a basso rilievo. All'esterno l'ansa presenta una decorazione a ruota: in basso si assottiglia, poi sale con gradini poco profondi sui quali si trovano due solchi (larghi cm 1,9 e 1,1); sopra questi vi sono tre solchi verticali paralleli, che terminano sopra la curva dell'ansa; dopo la curva due bande a rilievo, perpendicolari ai solchi. La brocca, rotta e ricomposta, presenta un foro nel corpo sotto la spalla e una sbeccatura sull'orlo; dal foro si irradiano alcune lunghe fenditure. Superficie esterna opaca e profondamente butterata con tracce di alterazione color bruno; all'interno macchie d'acqua e incrostazioni giallo-verdi. Piccole bolle.

Goldstein (1979, 136) afferma, in contrasto con Oliver, che l'ansa è stata colata insieme con il corpo del vaso, che è stato colato e successivamente rifinito alla ruota.
All'esterno le pareti e l'anello di base sono stati molati al tornio e levigati come all'interno. Il collo, anche se levigato, non è stato rifinito allo stesso modo e quindi presenta la sezione trasversale irregolare. La superficie interna dell'orlo presenta un solco centinato che ha evidenziato una grossa bolla.
L'unico parallelo è una *lagynos* a cammeo (CMG 68.1.11), in cui il disco di base separato è stato originariamente cementato al corpo del vaso. Anche il vaso Portland (n. 29) ha un disco di base separato (n. 30). Forse un disco frammentario di vetro cammeo (CMG 59.1.117) aveva una funzione analoga. La *lagynos* è una forma ceramica di uso comune molto diffusa nell'età ellenistica[1]. In generale, i recipienti dal corpo schiacciato come questo sono anteriori a quelli più slanciati (come CMG 68.1.11), ma questa non è una regola costante e Harden (p. 17) data questa brocca al I secolo a.C.

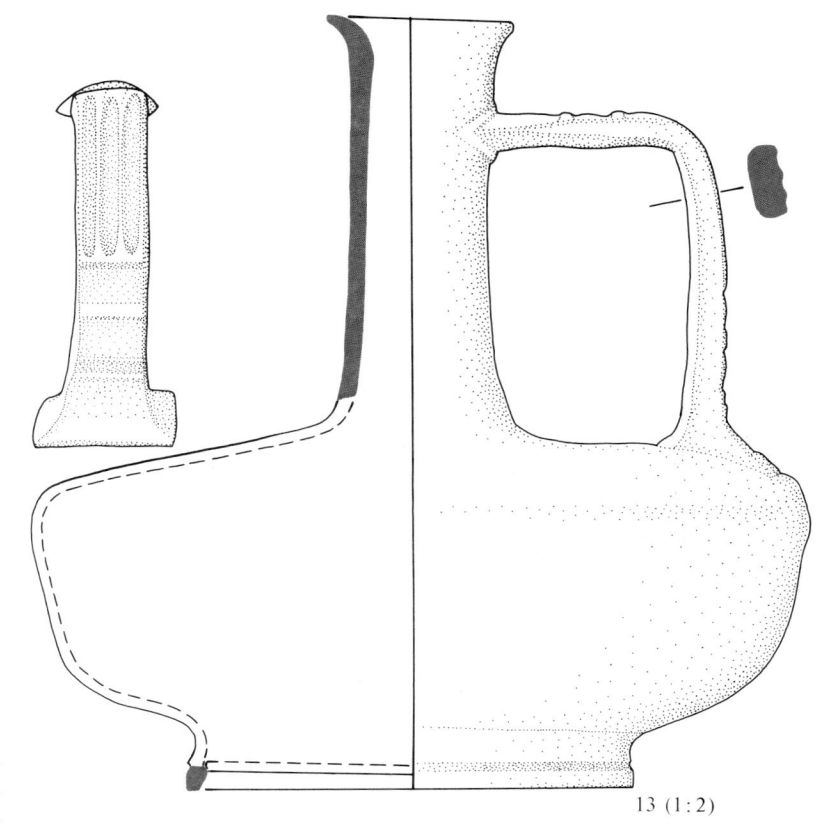

D.B.W

13 (1:2)

1. Per le *lagynoi* in generale v. Leroux 1913; Gunneweg e al. 1983, 108, riassume la documentazione per la datazione delle *lagynoi* fatte di *terra sigillata* (ETS-I), di uso comune circa dal 150 a.C. al 50 d.C.

Bibl.: Oliver 1972, 17-18, figg. 1-2; Newman 1977, 178 (ill.); Goldstein 1979, 136-137, n. 280 (ill.).

14

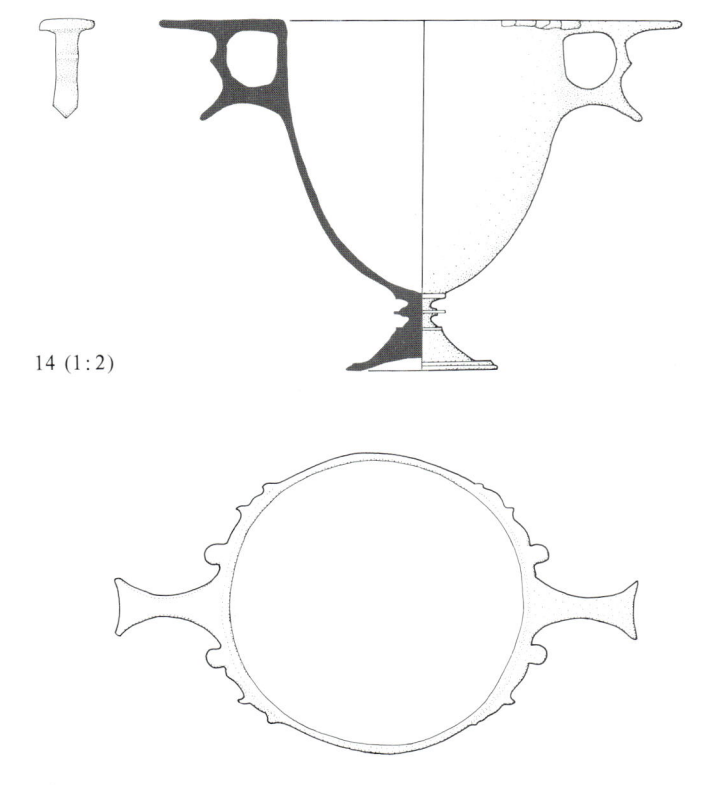

Coppa ovoidale biansata

Seconda metà del I secolo a.C. Luogo di rinvenimento sconosciuto, forse dalla Russia meridionale. Già nelle collezioni A. Vogell, Rudolf Hackl e James Hambeuchen. CMG 70.1.29.

Altezza cm 9,6; diametro cm 8,2; diametro comprese le anse cm 14.

Vetro blu scuro traslucido. Colato e intagliato al tornio. Coppa biansata: orlo molato e levigato, all'interno un solco intagliato al tornio; corpo semiovoidale su stelo intagliato al tornio costituito da due fusi a profilo concavo separati da un disco sottile con una striscia a rilievo a profilo rettangolare lungo l'orlo e una concavità sulla faccia inferiore. Le due anse verticali attaccate all'orlo sono intagliate a formare due larghe prese orizzontali con i lati concavi e hanno una decorazione a volute su entrambi i lati. Nella parte esterna le prese presentano una protuberanza ad angolo, mentre la parte inferiore è smussata lungo l'asse. Frammentato e ricomposto; due piccoli fori vicino ad un'ansa indicano un restauro antico. Alterazione superficiale con chiazze iridescenti.

Questo vaso straordinario è stato tagliato da un blocco fuso. Whitehouse e Brill hanno esaminato la coppa e non hanno riscontrato interruzioni tra le anse e il corpo né bolle schiacciate. Più difficile da spiegare è il punto di attacco tra il corpo e lo stelo, ma anche qui non sembra ci sia discontinuità. L'interno della coppa così come l'esterno fino alle anse è stato passato al tornio. Tuttavia la parte superiore presenta delle striature dovute a molatura eseguita con una ruota in tutti gli spazi allo scopo di eliminare le irregolarità anche in uno spazio poco agibile per la presenza delle anse. I due studiosi sono giunti alla conclusione che le anse quasi certamente e lo stelo molto probabilmente non furono fusi a parte e poi applicati, ma colati con il corpo del vaso. Questo punto di vista è rafforzato dall'esame di alcuni frammenti di una coppa intagliata a rilievo già nella collezione Sangiorgi (CMG 66.1.207: Sangiorgi 1914, 48, n. 158; Goldstein 1979, 141, n. 292) che presenta lo stesso profilo e quasi esattamente le stesse anse. È di vetro blu intenso con una striatura color ambra molto evidente che, partendo dall'orlo, attraversa tutta la parete includendo parte dell'ansa rimasta: è quindi indubbio che la parete e l'ansa sono state fuse contemporaneamente e questo supporta quanto si è concluso per la coppa ovoidale in discussione.

La forma imita quella del vasellame potorio d'argento usato dai romani, nota nella letteratura archeologica come *skyphos* (v. Strong 1966, 115, tav. 33 b per uno *skyphos* d'argento da Alesia). Per vasi simili in vetro cfr. CMG 66.1.30 (incolore senza il piede elaborato) e i confronti in Oliver (1967, 31) per forme meno elaborate nell'Ermitage di Leningrado e nel Louvre di Parigi.

D.B.W.

Bibl.: *Vogell Collection* 1908, 77, n. 973, tav. 11; Oliver 1967, 31, n. 29; 'Recent Important Acquisitions', *JGS*, 13 (1971), 135, n. 3 (ill.); Goldstein 1979, 140-141, n. 290, tavv. 18 e 39.

15

Coppa a mosaico (reticelli)

Fine del I secolo a.C. - inizi del I d.C. Dai pressi di Adria, Italia. Già nella collezione Sangiorgi. CMG 66.1.217.

Altezza cm 4,9; diametro cm 18,8.

Vetro incolore con spirali bianco opaco; lungo l'orlo una striscia verde-azzurro con spirale giallo opaco. Cinquantasette sezioni di canna preformate disposte l'una accanto all'altra, modellate in uno stampo; entrambe le superfici levigate. Coppa poco profonda con pareti ricurve e fondo leggermente concavo; orlo reso regolare da una e in alcuni punti due sezioni disposte orizzontalmente. Integra. Superficie opaca con alcune butterature sulle strisce bianco opaco e giallo opaco. Alcune bollicine nel vetro incolore.

Grose (1983, 38-45; 1984 a, 30, fig. 5) sostiene, sulla base della documentazione disponibile, che le coppe di questo tipo erano prodotte in Italia.

D.B.W.

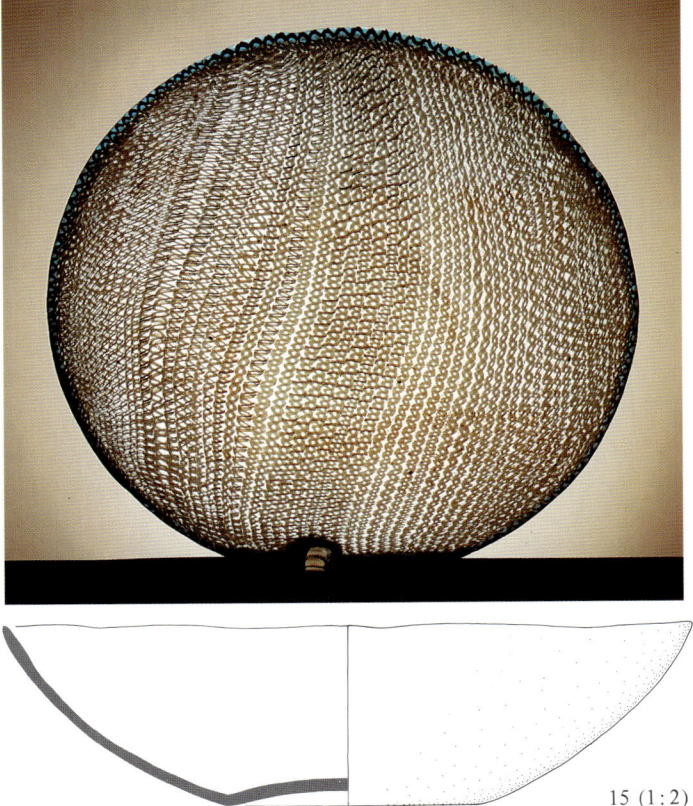

Bibl.: Conton 1906, 2, 5, fig. 1; Sangiorgi 1914, 62, n. 221, tav. XLII; Goldstein 1979, 193-194, n. 523.

15 (1:2)

16

Coppa a nastri

Seconda metà del I secolo d.C. Dai pressi di Adria. Già nella collezione Sangiorgi. CMG 66.1.214.

Altezza cm 4,3; diametro cm 13,5.

Sezioni di vetro traslucido giallo-verde, blu scuro, giallo-bruno, porpora, giallo e bianco opaco, e inoltre porpora con spirale bianco opaco e incolore con spirale gialla. Bastoncini e bacchette preformati fusi in o sopra uno stampo, successivamente levigati (per la tecnica vedi Grose 1984a, 28-29). Coppa poco profonda con orlo arrotondato mediante molatura. Parte alta della parete verticale; parte inferiore ricurva verso un piccolo fondo concavo. Il motivo decorativo è costituito da un bastoncino centrale con la parte interna gialla circondata da punti gialli in una matrice porpora circondata da bianco in un quadrato blu. Da questo quadrato si diparte una croce di strisce giallo-verdi che divide la superficie della coppa in quadranti, ognuno dei quali è riempito con strisce disposte ad angolo retto secondo il seguente schema che si ripete dal centro all'orlo: blu scuro, bianco opaco, porpora con spirale bianco opaco, giallo-bruno, incolore con spirale gialla, porpora con all'interno una spirale bianco opaco, giallo, blu con strisce porpora, giallo-bruno, incolore con strisce bianco opaco e verde-blu; l'orlo termina con una striscia di vetro verde chiaro con una spirale giallo-bruna. Integra. Sottile pellicola lattea di alterazione sulla superficie interna. Superficie esterna opaca con leggera butteratura e tracce di alterazione.

D.B.W.

Bibl.: Conton 1906, 5, fig. 1; Sangiorgi 1914, 61, n. 214, tav. XL; Goldstein 1979, 200-201, n. 545, tavv. 27, 42.

17

Bottiglia a nastri d'oro

Prima metà del I secolo d.C. Luogo di rinvenimento sconosciuto. Già nella collezione Ray Winfield Smith. CMG 59.1.87.

Altezza cm 7,3; diametro della bocca cm 2,2; diametro massimo cm 4,3.

"Nastri" di vetro traslucido blu scuro, verde e giallo-bruno, bianco opaco e incolore con foglia d'oro inglobata. Colato da sezioni separate su un nucleo, manipolato a formare un motivo ad onde, forse colato nuovamente e poi intagliato al tornio[1]. Alto corpo biconico, orlo espanso con solco intagliato alla ruota sul labbro, breve collo cilindrico; spalla stretta leggermente obliqua con un solco intagliato al tornio sullo spigolo; corpo allargato verso il basso a formare una carenatura prima di incurvarsi verso il fondo. Piccolo fondo leggermente concavo con due solchi concentrici intagliati al tornio. Integro, fatta eccezione per una scheggiatura circolare di circa 3 cm sulla carenatura. Macchie brune molto chiare di alterazione. Sull'orlo piccole concrezioni.

Secondo Goldstein (1979, 32-33, 203) il corpo allungato e la frantumazione della foglia d'oro fanno pensare che il vaso dopo la colatura iniziale sia stato riscaldato e rimodellato mediante soffiatura. Harden (1979, 26, n. 20) pensa che possa essere stato colato una seconda volta. Grose (1983, spec. 43-44) ritiene che le bottiglie e le scatole con coperchio "a nastri d'oro" venissero prodotte in Italia, e non nel Mediterraneo orientale.   D.B.W.

1. Per tentativi di spiegare la tecnica v. Fremersdorf 1932, 284 s.; Goldstein 1979, 32-33, 203; Cummings 1980, 4; Grose 1983, 31, il quale la definisce "perplexing".

Bibl.: *Glass from the Ancient World* 1957, 87-89, n. 145; Calvi 1966, 62, tav. 4; Oliver 1967, 23, n. 4; Vigil Pascual 1969, 110, fig. 76; Schüler e Schüler 1970, 20, fig. 32; Goldstein 1979, 203, n. 556, tavv. 31, 42.

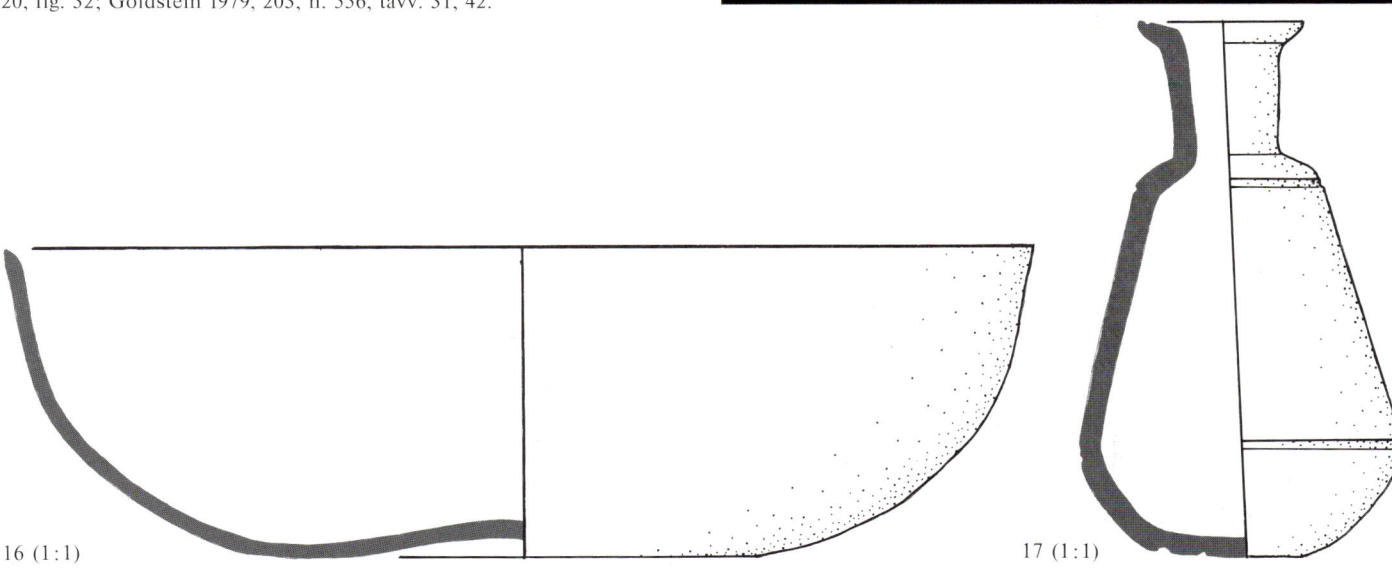

16 (1:1)   17 (1:1)

18

Scatola a nastri d'oro con coperchio

Prima metà del I secolo d.C. Luogo di rinvenimento sconosciuto, probabilmente Italia. Già nella collezione Ray Winfield Smith. CMG 55.1.3 a, b.

Altezza compreso il coperchio cm 5,2; diametro cm 4,3.

Strisce di vetro traslucido blu scuro, verde e porpora, unite a strisce bianco opaco e incolore con incorporata una foglia d'oro. Il coperchio e la scatola sono stati colati separatamente su un nucleo di sabbia per formare un motivo ondulato, poi forse colati nuovamente, intagliati al tornio e levigati. Ogni sezione del motivo consiste di una striscia centrale purpurea tra due più sottili bianche, il tutto all'interno di una larga fascia incolore con foglia d'oro frammentata, a sua volta tra due strisce di vetro verde. La scatola ha un orlo nettamente smussato e pareti verticali che si incurvano a formare il fondo piatto. Un solco intagliato leggermente appena sotto l'orlo all'esterno, un secondo in basso alla fine della parete verticale. Sulla base due cerchi concentrici intagliati superficialmente. Il coperchio poco profondo ha un orlo molato, una breve parete verticale e la parte superiore arrotondata con un pomello cilindrico al centro. Decorato con solchi poco profondi intagliati al tornio. Intatto con fratture sull'orlo della scatola; coperchio in due frammenti, riparato; scheggiatura sull'orlo. All'interno iridescenze da alterazione. Una seconda molatura è stata eseguita all'esterno del coperchio e della scatola.
Per la tecnica v. n. 17. La produzione delle scatole a nastri d'oro con coperchio è da attribuirsi all'Italia piuttosto che al Mediterraneo orientale (Grose 1983, 43-44). D.B.W.

Bibl.: *Mariemont* 1954, 18, n. 50; Smith 1954, 692, fig. 1; Fogg Art Museum 1954, 41, n. 353, tav. 95; *Glass from the Ancient World* 1957, 87, n. 143; Oliver 1967, 25, n. 5 (con catalogo degli esemplari conosciuti); Schüler e Schüler 1970, 20, fig. 33; Goldstein 1979, 204, n. 559, tavv. 31-42.

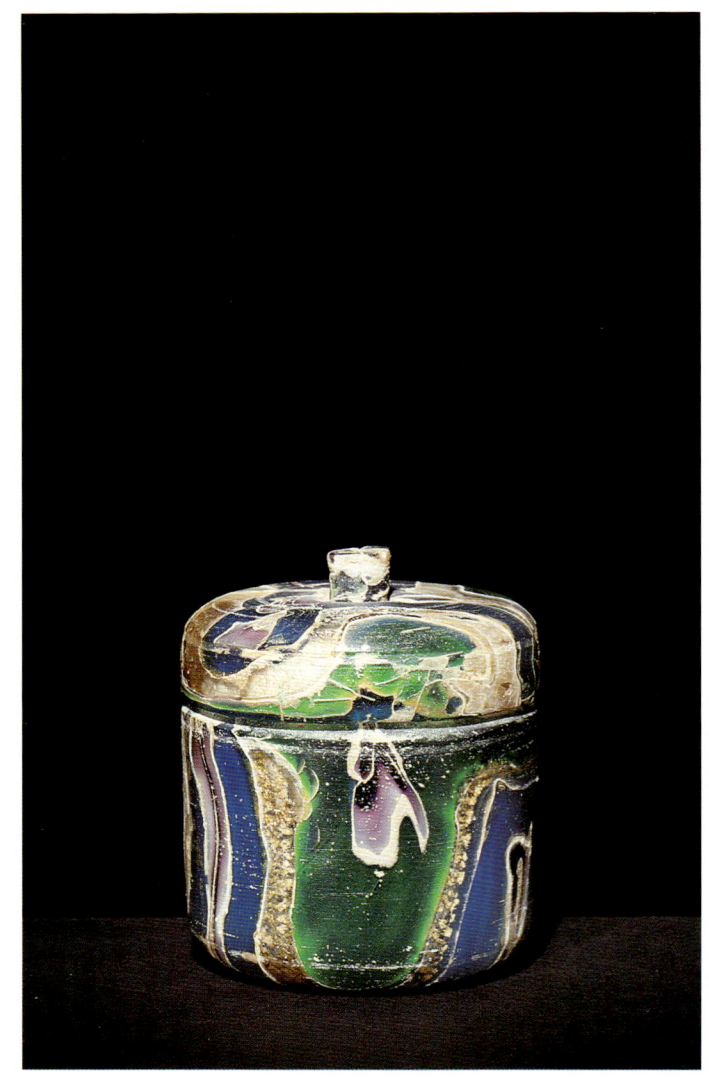

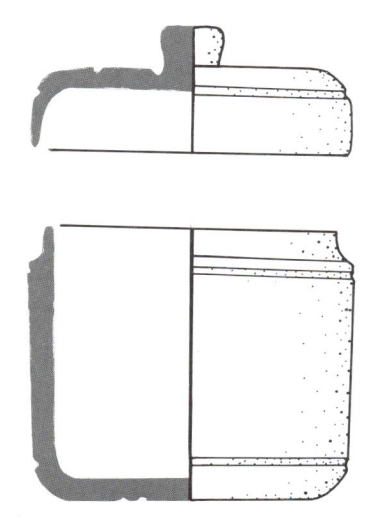

18 (1:1)

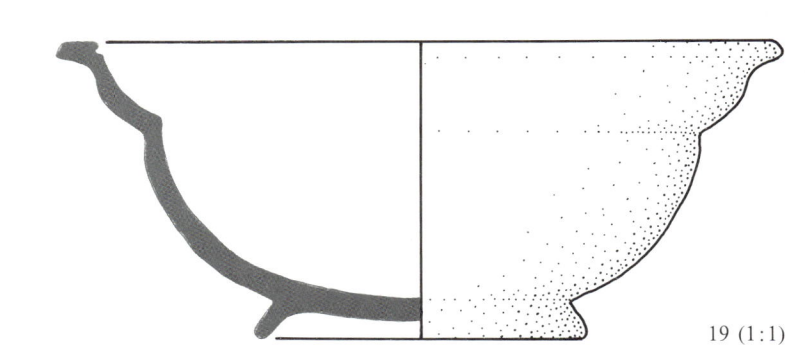

19 (1:1)

19

Coppa a mosaico con busti femminili

Prima metà del I secolo d.C. Luogo di rinvenimento sconosciuto. Già nella collezione Ray Winfield Smith. CMG 55.1.82.

Altezza cm 4,1; diametro cm 9,6.

Matrice di vetro incolore con intarsi di vetro color rosso, giallo, giallo-verde e bianco e una sezione in vetro opaco con busto femminile bianco, giallo, giallo-verde, e vetro traslucido porpora su fondo blu. Eseguito con la tecnica del vetro-mosaico, molato e levigato. Il piede applicato consiste di una spirale formata da sezioni di canna a mosaico. Coppa a profilo biconvesso, con piede ad anello; orlo sottile, superiormente piatto con un solco poco profondo all'interno subito sotto il labbro. Parete biconvessa con il rigonfiamento superiore più basso, quello inferiore più ampio che si arrotonda sul fondo. La coppa è composta di sezioni romboidali che a gruppi di quattro formano rombi più grandi; ogni gruppo consiste di due rombi rosso opaco e due giallo opaco o di due rombi giallo-verde opaco e due bianco opaco; i gruppi si alternano. Quattro sezioni quadrate con busti femminili più o meno equidistanti vicino al fondo del vaso. Ogni busto ha testa e spalle bianco opaco, capelli porpora traslucido, lineamenti sottolineati in porpora, fatta eccezione per la bocca sottile in verde. La collana è composta da una spirale gialla e verde[1]. Fratturata e ricomposta; alcune piccole lacune sul fondo; numerose butterature.

D.B.W.

---

1. Froehner 1903, 119, tav. 133, 17, 19, n. 828 descrive un frammento di vetro imitante l'agata con teste incorporate con la stessa tecnica.

Bibl.: *Mariemont* 1954, 20, n. 70 (il riferimento alla tav. VI è errato); *Glass from the Ancient World* 1957, 85-86, n. 139 (ill.); Goldstein 1979, 186-187, n. 497, tavv. 24 e 41; Stout 1986, cap. 2, p. 17, fig. 4.

20

Coppa verde

Prima metà del I secolo d.C. Da Vaison, Vaucluse, Francia. Già nella collezione Léon Morel, Reims (già a Châlons-sur-Marne). BM GR 1901.4-13.3188.

Altezza cm 5,5; diametro cm 12,8.

Vetro verde traslucido; colato a stampo e molato su entrambe le facce. Coppa profonda a profilo biconvesso: forma Dragendorff 27. Intatta. Alterazione tipo smalto, sfaldandosi lascia sulla superficie delle iridescenze. Bolle a punta di spillo e macchie nere.

Queste coppe, prodotte sia in vetro monocromo sia a mosaico, sono simili alle forme metalliche e ceramiche del periodo giulio-claudio (si confronti ad esempio una coppa d'argento, probabilmente proveniente dall'Asia Minore, e una coppa di ceramica arretina, entrambe nel British Museum:

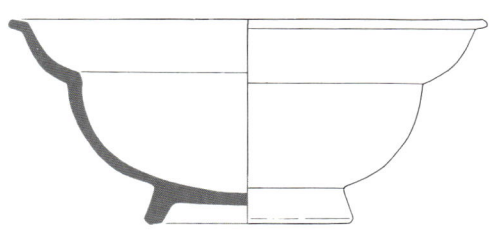

20 (1:2)

GR 1968.6-25.1 e GR 1814.6-4.1553). Il termine "patella" usato comunemente per recipienti di questa forma non ha riscontro nelle fonti antiche.   K.S.P.

Bibl.: *Masterpieces* 1968, 43, n. 47; Hayes 1975, 21, n. 55; Auth 1976, 47, nn. 36-37; *Constable Maxwell* 1979, 30-31, nn. 25 e 29.

21

Piatto verde

Prima metà del I secolo d.C. Dall'Italia settentrionale. Acquistato da Rollin e Feuardent, Londra. BM GR 1910.6-19.3.

Altezza cm 2,9; diametro cm 17,9.

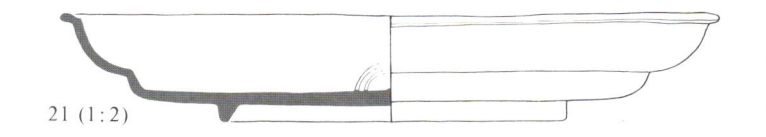

Vetro verde traslucido; colato, probabilmente in uno stampo doppio; entrambe le superfici successivamente molate e levigate al tornio, la cui centratura è ben visibile all'interno. Orlo rovesciato, pareti biconvesse, base piatta, piede ad anello obliquo. Un solco corre internamente lungo l'orlo; sul fondo due cerchi concentrici intorno alla centratura. Intatto con alcune incrinature prodotte dalla pressione. Iridescenza a scaglie che forma in alcuni punti una spessa pellicola opaca. Bolle a punta di spillo.   K.S.P.

Inedito.

21 (1:2)

22 In mostra solo a Londra

Scatola cilindrica con coperchio

Prima metà del I secolo d.C. Dai pressi di Roma. Acquistata da Alessandro Castellani, Roma. BM GR 1873.8-20.427.

Altezza: scatola cm 11,8, coperchio cm 6; diametro: scatola cm 39,5, coperchio cm 40,5.

Vetro blu verdastro traslucido; colato forse con la tecnica a cera persa, ripassato al tornio e levigato. Coperchio: convesso con pomello rotondo pieno e orlo sporgente; un solco intorno al pomello, due cerchi a rilievo vicino all'orlo; sulla superficie inferiore si intravede la centratura del tornio, molata. Scatola: cilindrica con pareti verticali e rigonfiamento in basso e fondo leggermente concavo; sulla parete esterna cerchi a rilievo, uno sotto l'orlo, due al centro e uno sopra il rigonfiamento; all'esterno del fondo quattro cerchi a rilievo, la coppia più interna con un rigonfiamento al centro; all'interno del fondo rimane la centratura del tornio come una piccola borchia a rilievo all'interno di un rigonfiamento e due cerchi a rilievo. Coperchio: rotto e ricomposto; alcune incrinature da tensione; pellicola lattea all'esterno. Scatola: larga crepa sulla parete e sul fondo, alcune incrinature; spesso strato di alterazione tipo smalto all'esterno, iridescenza e pellicola lattea all'interno.

È un esemplare unico per forma e dimensioni e, benché sia catalogato come urna cineraria, la sua funzione originale resta ignota. Il blu verdastro è una delle tonalità meno comuni per i vetri monocromi prodotti soprattutto in Italia nella prima metà del I secolo. Oltre a un piatto pure molto grande (n. 23), sono noti alcuni recipienti più piccoli[1]: tra questi una scatola con coperchio colata e intagliata al tornio che si presume provenga da Cuma e una bottiglia soffiata a canna libera da Pozzuoli[2].

K.S.P./C.S.L.

1. BM GR 1868.5-1.286, cfr. *Masterpieces* 1968, 43, n. 48; Newark Museum, inv. n. 50.1299, cfr. Auth 1976, 47, n. 37; collezione Oppenländer, inv. n. 2694, cfr. von Saldern 1975, 95, n. 251; Royal Scottish Museum, inv. n. 1966.64.
2. Cuma: CMG 66.1.32, a,b, cfr. Goldstein 1979, 142, n. 293; Pozzuoli; BM GR 1856.12-26.1145, già collezione Temple, cfr. Calvi 1968, 35 e 47, n. 83.

Bibl.: Harden 1936, 282, n. 3 (solo citato); *Masterpieces* 1968, n. 49.

23

Grande piatto

Prima metà del I secolo d.C. Luogo di rinvenimento sconosciuto, probabilmente Italia. Già nella collezione Sangiorgi. CMG 66.1.237.

Altezza cm 8,9-9,7; diametro massimo cm 39,2; diametro del piede cm 12.

Vetro blu verdastro traslucido; colato o pressato in uno stampo, intagliato al tornio e levigato. Larga coppa poco profonda con piede ad anello; breve orlo verticale arrotondato mediante molatura; poco sotto l'orlo all'interno e all'esterno due solchi intagliati; 3 cm sotto l'orlo le pareti formano una carenatura dal profilo arrotondato e poi si incurvano verso il fondo; sotto la carenatura tre solchi; sul fondo una borchia sagomata con un punto centrale rilevato è circondata da una striscia a rilievo (diametro 5,2 cm); piede basso ad anello rifinito al tornio, all'esterno intorno al fondo una linea abrasa; l'interno è irregolare dove il piede è attaccato al vaso, forse a indicare che il piede è stato fuso sul vaso, poi tagliato e levigato. Tutta la superficie presenta striature concentriche prodotte dal tornio. Il piede è decentrato. Rotto e ricomposto; le piccole lacune integrate. Chiazze di iridescenza.

D.B.W.

Bibl.: Goldstein 1979, 142-143, n. 294 (ill.).

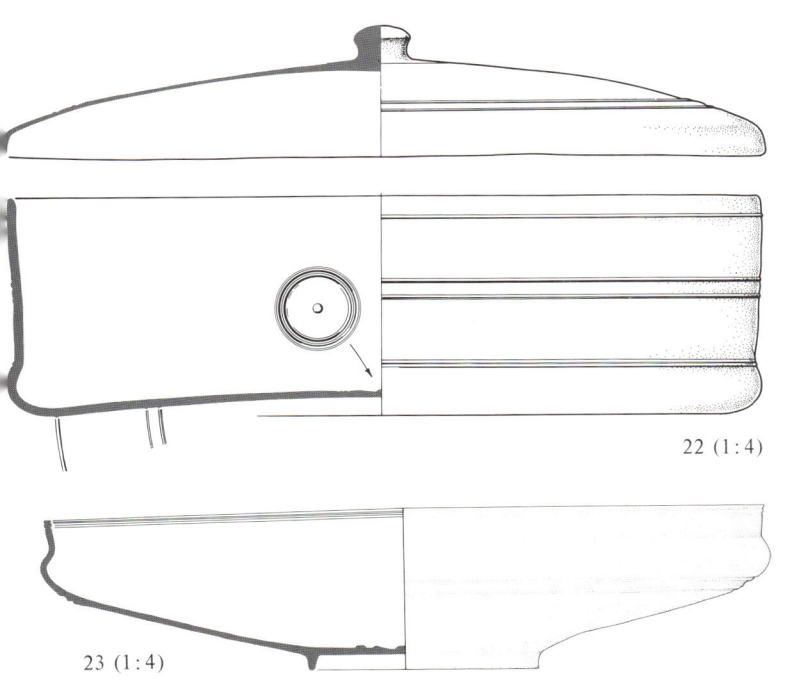

24

Navicella

Secondo quarto del I secolo d.C. Da Pompei. Lascito Slade. BM GR 1868.5-1.153.

Altezza cm 7,7; lunghezza cm 22,4.

Vetro verde traslucido, colato a stampo, tagliato e molato; piedi lavorati separatamente coi punti di giuntura poi leggermente molati. Interno cavo; prua e poppa appuntite e prominenti; quattro piedi triangolari. Prua sfaccettata, la parte superiore del parapetto è tagliata più bassa in corrispondenza della prua; tre scanalature orizzontali per tre quarti della lunghezza a partire dalla prua terminano con due intagli verticali e uno ad angolo; un'altra scanalatura dietro la poppa sotto il parapetto. Poppa ricurva con lati appiattiti; doppia scanalatura lungo la chiglia a partire dalla poppa fino alla parte ricurva della prua. Integro. Pellicola iridescente sul retro dello scafo e su quasi tutto l'interno. Bolle.

La navicella è modellata realisticamente e la sua forma corrisponde a quella delle navi da carico romane rappresentate su rilievi di pietra, mosaici e affreschi[1]. Quando venne rinvenuta a Pompei, pare contenesse alcuni gioielli, ora perduti. Dato che sono stati trovati altri esemplari analoghi in tombe femminili, è possibile che queste navicelle fossero usate come contenitori decorativi sui tavoli da "toilette" delle donne romane. Se ne conoscono almeno altri cinque esemplari[2].

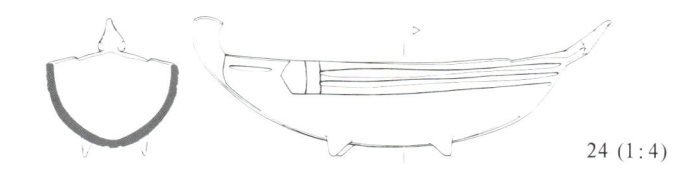

K.S.P.

24 (1:4)

1. V.L. Casson, *Ships and Seamanship in the Ancient World*, Princeton 1971, figg. 137-149. Cfr. anche il graffito della Casa della statuetta indiana a Pompei.
2. Palombara Sabina: Museo Nazionale Romano, inv. n. 73927 (cfr. G. Bordenache Battaglia, *Corredi funerari di età imperiale e barbarica nel Museo Nazionale Romano*, Roma 1983, a colori); S. Elena di Melma: Museo Civico di Treviso, inv. n. 908; St. Aldegund: Landesmuseum Koblenz, inv. n. 8 (FN7); Aquileia: British Museum, GR 1869.6-24.20; Pompei, Museo (ora perduto): Göttlicher 1978, 84, n. 503.

Bibl.: *Slade Catalogue* 1871, 26, n. 153, fig. 33; Haberey e Röder 1961, 134, fig. 4.6 (è erroneamente indicata la provenienza da Aquileia); Göttlicher 1978, 84, n. 501, tav. 40; Haevernick 1980, fig. 3 (erroneamente indicata come fig. 5).

25

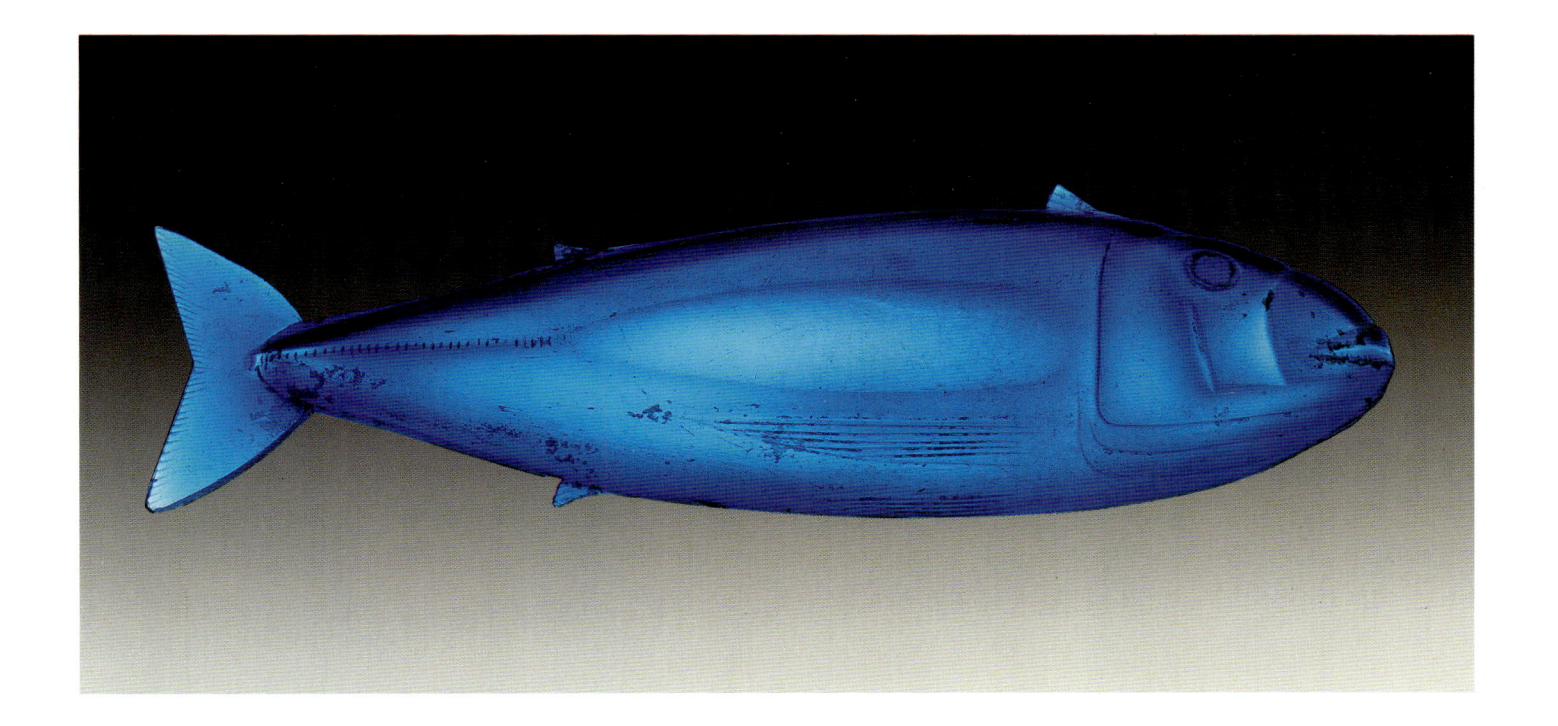

Coperchio a forma di pesce

Seconda metà del I secolo d.C. Luogo di rinvenimento sconosciuto. CMG 67.1.1.

Lunghezza cm 33,7; larghezza massima, esclusa la pinna dorsale, cm 9.2.

Vetro blu scuro traslucido, colato a stampo, tagliato alla ruota e levigato. Stretto coperchio o piatto ovale a forma di pesce con la coda e le pinne anale, caudale e dorsale sporgenti. L'interno è cavo; la superficie esterna è bombata a forma di pesce, tranne la parte centrale che è piatta. I dettagli anatomici sono incisi e intagliati a basso rilievo: bocca, occhio, opercolo. Le pinne pettorali sono indicate con linee incise, la linea laterale con una fila di piccole tacche. All'esterno la coda e le pinne sono lisce, all'interno linee incise rappresentano le spine. Integro, eccetto alcune piccole scheggiature all'estremità delle pinne e della coda e vicino alla bocca. Chiazze di alterazione bruno-argento; leggera iridescenza.

L'accurato intaglio della superficie ricurva fa pensare che il pezzo sia la parte superiore di un piatto con coperchio, simile a un vassoio rettangolare di vetro blu scuro decorato con un pesce a basso rilievo con la superficie superiore concava, rinvenuto a Beas (Spagna, provincia di Jaén) e ora nella collezione Macaya a Barcellona (Hurst Vose 1984, 45, fig.).

D.B.W.

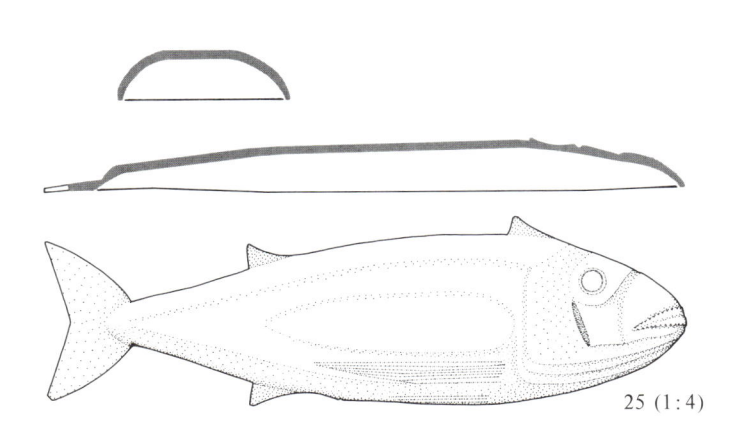

Inedito.

26

Coppa costolata

Fine del I secolo a.C. - prima metà del I d.C. Luogo di rinvenimento sconosciuto. Già nel Museo Minutoli a Berlino (10581) e nella collezione Ray Winfield Smith. CMG 55.1.77.

Altezza cm 5,7; diametro cm 15,4.

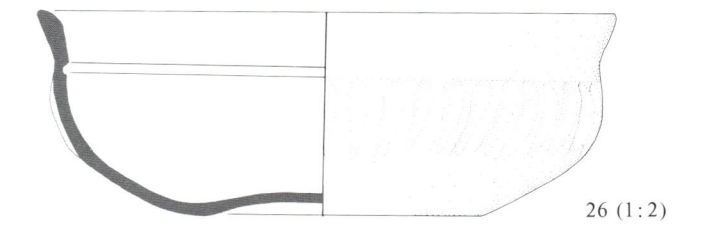

26 (1:2)

Vetro purpureo con striature incolori; probabilmente plasmato, lavorato a caldo con uno strumento e intagliato al tornio; evidenti segni dello strumento sotto l'orlo. Coppa poco profonda, l'orlo arrotondato mediante molatura si allarga verso l'alto leggermente svasato rispetto al corpo che si incurva verso il basso a formare un fondo concavo. Sulla parete esterna quarantotto costolature regolari più o meno verticali partono da sotto il labbro assottigliandosi verso il fondo: la maggior parte solo sulla spalla; all'interno, a 1,8 cm dall'orlo, si nota un grosso solco intagliato. Integro. Butterature e macchie di alterazione leggermente iridescenti. Numerose bollicine.

Goldstein (1979, 154) ritiene che la coppa vada collocata tra il vasellame a pareti spesse e pesantemente lavorate con stru-menti di tradizione ellenistica e quello a pareti sottili della metà del I secolo d.C. Per coppe simili cfr. Eisen 1927, 212-213, tav. 41 a,b; Isings 1957, 20, forma 3c; von Saldern 1974, 97, n. 257 e Hayes 1975, 19, n. 47, fig. 1, tav. 4. Per la tecnica v. nn. 27-28 e cfr. Cummings 1980, 24-29. Probabilmente il pezzo è stato prodotto nel Mediterraneo orientale (v. p. 19).

D.B.W.

Bibl.: *Minutoli Auktionskatalog* 1875, 24, n. 733; *Mariemont* 1954, 23, n. 96; *Glass from the Ancient World* 1957, 117, n. 198 (ill.); Goldstein 1979, 154, n. 329 (ill.).

27

Coppa costolata in vetro-mosaico

Secondo quarto - metà del I secolo d.C. Rinvenuta a Radnage, Buckinghamshire, Inghilterra, con il n. 68; da una sepoltura a cremazione di fronte a Two Shires Yew (residenza del donatore), Spriggs Alley, Chinnor Hill, Oxon., ora nella parrocchia di Radnage. Donato da W. Gordon Ross. BM PRB 1923.6-5.1.

Altezza cm 4,9; diametro cm 16,8.

Vetro blu scuro traslucido e bianco opaco. Modellato sopra uno stampo, costolature lavorate con uno strumento, orlo molato piatto. Tutto l'interno e l'esterno dall'orlo fino all'inizio delle costolature sono levigati con movimento rotatorio; il resto della superficie esterna è levigato a fuoco. Coppa poco profonda svasata, fondo leggermente concavo. Ventidue costolature partono da sotto il labbro e terminano quasi al centro del fondo; la marmorizzazione bianca opaca imita la venatura delle pietre dure. Integro, eccetto per un foro e una piccola scheggiatura sull'orlo. Alcune bollicine a punta di spillo e impurità.

Questa coppa appartiene al vasto gruppo di coppe colate costolate che vengono convenzionalmente definite "pillar-moulded" (v. Harden pp. 19-20). Probabilmente esse venivano prodotte nelle officine vetrarie dell'Italia settentrionale ed erano esportate su larga scala nelle provincie nordoccidentali dell'impero ed anche nella Germania non romana e nell'Europa centrale.

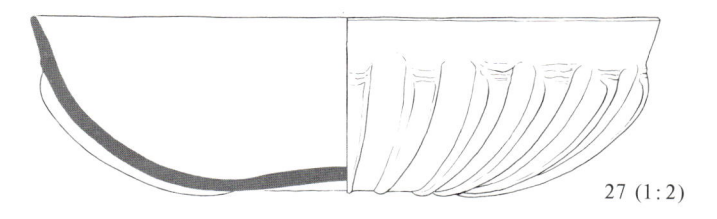

K.S.P.

Bibl.: Harden 1947, 293; Thorpe 1961, 4, tav. Ic; Brailsford 1964, 42, tav. XI; *Masterpieces* 1968, 44-45, n. 51; Harden 1970, 50 e 73, tav. IVc; Hayes 1975, 27, n. 78; Price 1976, 113, tav. V.

28

Grande coppa costolata

Terzo quarto del I secolo d.C. Luogo di rinvenimento sconosciuto, forse Italia. Già nella collezione Mrs. Joseph de F. Junkin. CMG 67.1.21.

Altezza cm 9,7; diametro cm 19,6.

Vetro blu scuro traslucido. Plasmato, intagliato al tornio e levigato. Coppa profonda, labbro leggermente svasato con orlo arrotondato, pareti con leggero rigonfiamento prima di incurvarsi verso il fondo, leggermente concavo e irregolare. All'esterno trenta costolature partono 1,6 cm sotto l'orlo e, assottigliandosi, terminano a 2 cm dal centro del fondo; la loro parte superiore è stata tagliata e molata durante la levigatura al tornio del labbro. Integra, se si eccettua una sbeccatura grande e una più piccola sull'orlo. Butterature specialmente vicino alle linee tagliate alla ruota all'interno, che presenta graffi profondi prodotti dall'uso. Superficie parzialmente opaca e con tracce di iridescenza. Alcune bollicine.
D.B.W.

Bibl.: 'Recent Important Acquisitions', *JGS* 10 (1968), 181, n. 4, fig. 4; Goldstein 1979, 154-155, n. 331.

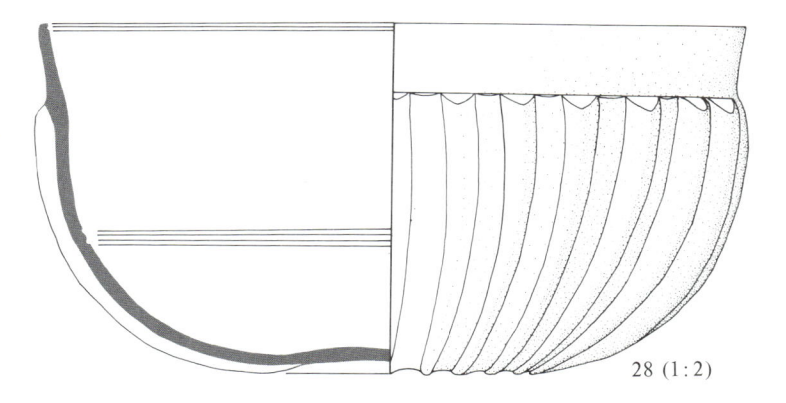

28 (1:2)

Gruppo B: Vetri cammeo

I vetri cammeo qui illustrati sono stati in buona parte prodotti con le stesse tecniche dei vetri del Gruppo A, e cioè colatura a stampo, intaglio al tornio, molatura superficiale e politura: fanno eccezione il disco Portland n. 30 e i due pannelli n. 32, semplicemente colati. I vasi in vetro cammeo tuttavia, con due o più strati di colore, devono essere stati preventivamente sottoposti ad una di queste tecniche preliminari, la "foderatura" (*casing*) o il "rivestimento" (*flashing*), necessarie per legare insieme gli strati in un unico pezzo; entrambi i procedimenti richiedevano anche l'uso, seppur minimo, della soffiatura. Nel caso del *casing*, dopo aver realizzato con la colatura del vetro in uno stampo un recipiente grezzo con pareti piuttosto spesse da utilizzare per lo strato esterno, l'artigiano prendeva dalla fornace con una canna da soffio un bolo incandescente di vetro destinato allo strato interno, lo inseriva nella forma grezza ancora calda, aspettava che i due strati aderissero, e quindi soffiava nell'unico pezzo così ottenuto sottoponendolo poi a successivi riscaldamenti fino ad ottenere le dimensioni, la forma e lo spessore richiesti per la decorazione a cammeo. Per la riuscita di questa operazione è determinante l'esatta composizione del vetro delle due infornate, poiché soltanto un identico coefficiente di dilatazione garantisce una perfetta coesione, riducendo al minimo i rischi di fratture naturali durante la lavorazione o l'uso. Il *flashing* invece implica l'immersione di un bolo incandescente del colore da usare per il fondo in un crogiuolo pieno di vetro bollente viscoso, destinato allo strato esterno. Anche in questo caso è necessaria una soffiatura almeno parziale, a meno che non si ritenga che dapprima si preparasse una forma completamente finita del colore del fondo (mediante colatura a stampo, molatura o intaglio a freddo?) e successivamente si applicasse il rivestimento: un procedimento alquanto difficile per un piccolo recipiente e praticamente impossibile per vasi delle dimensioni del vaso Portland (n. 29) o dell'anfora biansata di Napoli (n. 33)[1]. Ciò nonostante Robert Charleston, a proposito della coppa Morgan (n. 35), conclude che per questi vasi più antichi il metodo più plausibile fosse il *flashing*: egli si basa su un frammento conservato nel Corning Museum of Glass con sei strati di colore sovrapposti, che ritiene impossibile ottenere mediante successive "foderature" (*casing*)[2]. Questo frammento non è unico, come pensava Sidney Goldstein, ma ne esiste uno simile nel British Museum (GR 1956.3-51) e possono certamente essercene altri[3]. Ad ogni modo la maggior parte dei vasi romani in vetro cammeo, interi o frammentari, non presentano più di due strati. Si potrebbe pertanto pensare che per tutti la tecnica usuale fosse il *casing* e che si facesse uso del *flashing* o di *casings* successivi nei rari casi in cui si dovevano realizzare vasi a più strati. Occorre inoltre tenere ben presente che sul finire del I secolo a.C. e nella prima metà del successivo, l'industria del vetro e i suoi metodi di lavorazione subirono grandi cambiamenti e sperimentazioni:

1. Per un esame più dettagliato delle diverse tecniche v. Goldstein in Goldstein e al. 1982, 9-11. Non c'è da meravigliarsi che l'autore, data la difficoltà del problema, non arrivi ad una conclusione definitiva.
2. Charleston 1980, p. 35, n. 9.
3. Goldstein e al. 1982, pp. 100-101, n. 8, ill. p. 24.

alcuni si dimostrarono ottimi e applicabili, altri meno, e furono presto abbandonati. Possiamo pertanto supporre che se vennero realizzati col *flashing* alcuni vetri cammeo a più strati, il metodo risultasse così complicato da indurre gli artigiani più avveduti ad abbandonarlo passando al *casing* e limitandosi a produrre vetri a due strati, che tanto successo e diffusione avevano ottenuto. E dato che, quale che fosse la tecnica usata, è ormai certo che la produzione dei vasi in vetro cammeo implicasse un certo grado di soffiatura, essi sono riuniti in un gruppo a sé tra i vetri colati a stampo e i vetri esclusivamente soffiati.

Gli esemplari in buone condizioni sono rari; perciò questo gruppo comprende solo nove pezzi: il vaso Portland e il disco usato come fondo (nn. 29-30), la coppa biansata Getty (n. 31), due pannelli da Pompei (n. 32), l'anfora biansata di Napoli (n. 33), la brocca Auldjo (n. 34), la coppa Morgan (n. 35) e la bottiglia Getty (n. 36). Sono tutti di vetro blu scuro, o così scuro da sembrare quasi nero, con un rivestimento esterno di vetro bianco opaco dal quale è stato ricavato a cammeo un elaborato motivo decorativo ad opera di un maestro intagliatore (*diatretarius*); questi con grande precisione ha eseguito l'intaglio eliminando in piccola o grande quantità parte della fodera bianca, lasciando a volte solo un sottilissimo velo di bianco attraverso il quale si intravede il fondo blu, o addirittura proseguendo nell'intaglio sullo stesso fondo blu.

Molti ritengono che la tecnica per la produzione di vasi e pannelli in vetro cammeo si sia sviluppata in Egitto nella prima età tolemaica. Non c'è, tuttavia, nessuna prova sicura per una datazione così precoce, anche se una origine egiziana più tarda (I secolo a.C.) per questo tipo di lavorazione non è improbabile.

J.D. Cooney era fermamente convinto che un pannello frammentario di vetro cammeo opaco purpureo (fondo) e bianco, raffigurante un sacerdote o assistente (restano solo le gambe) che conduce un piccolo toro con un pendente a fiore di loto, e conservato nel Department of Egyptian Antiquities del British Museum dagli inizi dell'Ottocento (BM ED 16630), ma di cui è ignota la provenienza, fosse un'opera tipica della prima età tolemaica o un po' più antica dell'età neo-memfita [4]. Ma, a parte un altro frammento di vetro cammeo del British Museum (BM ED 16600) con la spalla e la parte superiore del busto di una figura maschile, anch'esso attribuito da Cooney all'età tolemaica [5], nessun altro frammento di vaso o pannello in vetro cammeo, nemmeno tra i molti esemplari con soggetti tipicamente egizi, è stato attribuito a un'età così antica, e ritengo impossibile accettare la datazione di Cooney per i due frammenti del British Museum. Tuttavia il prestigio di Cooney era tale che molti studiosi l'accettarono e tra questi Erika Simon, Denys Haynes e Robert Charleston [6]. In effetti, per quanto mi consta e malgrado il mio scetticismo di lunga data, la tesi di Cooney è stata messa in dubbio in una pubblicazione solo una volta, da Andrew Oliver Jr., e con grande cautela, dato il prestigio di Cooney: Oliver avrebbe dovuto avere il coraggio di fidarsi del suo istinto [7].

Dobbiamo concludere che i primi vasi e pannelli in vetro cammeo, in Egitto o altrove, risalgono al I secolo a.C. Ben presto si diffusero e le botteghe romane in Italia, che probabilmente crearono gli esemplari più belli, devono averli prodotti a partire dagli ultimi decenni di quel secolo, quando l'Italia divenne un polo di attrazione per gli artigiani del vetro, perché lì si accentrava il grosso della domanda. Questa produzione, iniziata attorno al 25 a.C., ebbe vita molto breve, forse non durò più di settantacinque anni, o al massimo un secolo.

Non è facile collocare questi recipienti in una precisa sequenza cronologica. Si può ipotizzare che il vaso Portland (n. 29) con le sue scene mitologiche sia uno dei più antichi –

---

4. Cooney 1976, p. 36, n. 331, tav. I.
5. Cooney 1976, p. 36, n. 330.
6. Simon 1957, 45; Haynes 1975, 23, tav. 9b; Charleston 1980, 35, n. 9.
7. Oliver 1972, p. 22.

forse il più antico in assoluto – e sia stato prodotto nell'ultimo quarto del I secolo a.C. o all'inizio del successivo mentre l'anfora di Napoli (n. 33) e la brocca Auldjo (n. 34), con le loro rappresentazioni floreali e di genere, possono essere collocate alla fine della produzione dei vetri cammeo, forse tra il 40 e il 60 d.C.

La coppa biansata a forma di *skyphos* (n. 31), da una tomba dell'Iran nordoccidentale, contiene scene molto vicine nel contenuto figurativo e nel disegno a quelle del vaso Portland e dei pannelli di Napoli (n. 32); questi quattro pezzi presentano sorprendenti analogie: le lastre di pietra sovrapposte su cui siedono le figure femminili e le figure stanti incorniciate da alberi. In ognuno l'artista ha privilegiato la composizione simmetrica delle figure all'interno delle scene. Questa coppa (n. 31) e il vaso Portland (n. 29) sono cronologicamente molto vicini; probabilmente la coppa si colloca in un arco di tempo un po' più lungo, cioè tra l'ultimo quarto del I secolo a.C. e il primo quarto del I secolo d.C. Si può ipotizzare una datazione analoga per la piccola bottiglia (n. 36) già nella collezione Kofler-Truniger e ora nel J. Paul Getty Museum di Malibu, California, in cui sono rappresentati figure e oggetti egizi o pseudo-egizi. Questa decorazione farebbe pensare ad una data molto vicina a quella della coppa biansata iraniana, ma le figure e gli oggetti sono delineati molto più sommariamente e, dal punto di vista artistico, la parte migliore è la elaborata rosetta del fondo con la sua cornice di foglie. La decorazione dell'altro vaso figurato, la coppa Morgan (n. 35), appartiene al rituale bacchico, un soggetto che si adatta meglio, nella sequenza cronologica di questi vasi, ad una data più tarda. Anche in questo caso il fondo è decorato con una rosetta, ma non lavorata così bene come quella della bottiglia n. 36. Si potrebbe forse collocare la coppa al più presto verso la fine del I secolo a.C., ma è più plausibile una datazione nella prima metà del I secolo d.C., periodo al quale si può ascrivere il disco usato per il fondo del vaso Portland (n. 30) che, sebbene antico, è strutturalmente e stilisticamente molto diverso dal vaso Portland. Ma certamente ogni studioso ha le sue idee: *quot homines tot sententiae*[8].

Resta da chiarire un altro punto sulla tecnica di lavorazione dei vetri cammeo. Nell'introduzione al Gruppo A (p. 17 e nota 3), a proposito della *lagynos* del Corning Museum (n. 13) e di un frammento dello stesso tipo (pure a Corning, CMG 68.1.11), ho rilevato determinate analogie stilistiche e tecniche tra questi due pezzi e alcuni vetri cammeo del Gruppo B, soprattutto il vaso Portland (n. 29) e la brocca Auldjo (n. 34). Ho evidenziato la linea e l'accurata lavorazione con strumenti delle anse, in particolare nei punti di attacco, che presentano stringenti analogie con alcuni dettagli del n. 29 o del n. 34, o di entrambi. Per esempio i solchi verticali (ottenuti con uno strumento) sulla superficie esterna dell'ansa della coppa Auldjo compaiono anche su entrambe le brocche di Corning, e in tutti questi vasi i punti di giunzione delle anse col corpo sono mascherati mediante intaglio alla ruota e molatura, così da eliminare ogni indizio che si tratti di elementi aggiunti e non di parte integrante del vaso, intagliati dalla stessa forma grezza. Ho notato anche l'accurato intaglio e lavorazione, eseguiti con uno strumento, sulla superficie del collo e del corpo del n. 13, per ammorbidire e smussare le irregolarità e sottolinearne la bellezza, e che si osservano nei nn. 29 e 34, specialmente sul collo e sulla spalla.

Infine ho attirato l'attenzione sui dischi del fondo delle due brocche di Corning, il n. 13 e il suo parallelo frammentario (CMG 68.1.11), che in origine erano senza dubbio fissati mediante adesivo, mentre ora sono liberi, anche se si incastrano facilmente nel solco orizzontale interno lungo l'anello di base, e mi sono chiesto se questi dischi e la loro posa in opera si potessero in qualche modo collegare con il disco di fondo applicato al vaso Portland dopo la rottura di quello originale. Nel 1982 in una relazione alla International

---

8. Terenzio, *Phormio*, 2.4.14.

Glass Conference negli Stati Uniti e in particolare nelle conclusioni, ho dimostrato, e mi auguro con successo, che il fondo originale del vaso Portland si era fratturato in età antica e che il disco (ritagliato da un pannello in vetro cammeo anch'esso già rotto e restaurato) era stato aggiunto a quell'epoca[9]. Anche Goldstein riteneva che il disco fosse stato applicato in antico, se non altro per la felice connessione tra la scena del vaso, che egli pensava rappresentasse Peleo e Tetide, e il busto di Paride sul disco, ma aveva qualche difficoltà ad accettare la sua stessa tesi perché pensava che il largo solco sulla superficie liscia superiore del disco fosse privo dell'alterazione che ricopriva il resto della superficie e che questo fatto, pertanto, indicasse un'aggiunta moderna[10]. La mia opinione personale sulla superficie liscia del disco era che "questa reca ancora tracce di alterazione calcarea, presente anche in minima parte nel profondo intaglio lungo l'orlo proprio vicino allo spigolo"[11] e in questo modo (senza rendermene conto) eliminavo la principale difficoltà di Goldstein a ritenere che il disco fosse una riparazione antica.

Se accettiamo la tesi che l'attuale disco di fondo del vaso Portland sia stato ritagliato in tempi antichi da un pannello più largo e adattato alla misura del vaso per sostituire l'originale perduto in seguito a rottura, non possiamo spingerci oltre, come Goldstein[12] suggerisce, e io asserirei con più decisione, e cioè mettere in relazione l'idea di applicare al vaso Portland questo disco separato con dischi aggiunti in modo simile alle due brocche *lagynoi* di Corning? È anche interessante che la brocca frammentaria (CMG 68.1.11), pur non essendo un vero e proprio vetro cammeo, si avvicini nello stile ai primi vasi cammeo romani per le tre applicazioni triangolari a rilievo in vetro bianco opaco sulla spalla e una quarta più larga, sotto l'ansa, tutte con intagli profondi ed equidistanti lungo la circonferenza, mentre il disco è piatto con due strati bianchi opachi, legati gli uni agli altri, a *sandwich* tra due strati di vetro blu chiaro opaco. Inoltre la parte esterna (il sotto) di questo disco è stata intagliata in modo che alcune parti dei due strati bianchi, benché per lo più ricoperti da quello blu, siano visibili in una larga striscia circolare esterna e in tre piccoli cerchi concentrici al centro. Questa brocca frammentaria, con i suoi accenni ad un vero *casing* del bianco sul blu e il suo disco, eseguito separatamente e fissato con adesivo, deve certamente aver avuto una certa influenza, non solo su quei maestri vetrari che alla fine del I secolo a.C. miravano a realizzare veri vasi in vetro cammeo, ma anche sull'artigiano che doveva affrontare il problema del recupero del collo e del corpo del vaso Portland, con il suo fregio a cammeo, in seguito alla irreparabile rottura del fondo. Egli si sarà certamente ricordato delle *lagynoi* un po' più antiche con i dischi del fondo lavorati separatamente e, avendo avuto la fortuna di trovare un pannello cammeo con il busto di Paride (un'occasione insperata data la particolare destinazione), non esitò a livellare la parte inferiore del vaso tagliandola per potervi applicare il nuovo fondo. È stato poi facile ritagliare dal pannello un disco della misura giusta, aggiungervi il solco mediano lungo l'orlo e infine fissarlo saldamente al vaso.

Un'ultima considerazione. Nel 1948, discutendo del vaso Portland con Bernard Ashmole, allora Keeper of Greek and Roman Antiquities del British Museum, avanzai l'ipotesi che si dovesse correttamente restaurare il vaso Portland come un vaso terminante a punta, più o meno simile all'anfora biansata di Napoli (n. 33). L'ipotesi fu accettata[13] ed è attualmente ritenuta valida tra gli studiosi che hanno scritto in proposito. Tuttavia dal 1982 i miei ulteriori studi sul problema mi hanno convinto ad abbandonare

---

9. Harden 1983, 45-54, in particolare 46-47.
10. Goldstein e al. 1982, 99-100.
11. Harden 1983, 45.
12. Goldstein e al. 1982, 100, 128.
13. Citato nel mio articolo del 1970, p. 72, tav. IA.

questa tesi e ad ipotizzare per il vaso Portland un anello di base come quello della brocca Auldjo[14]. Ora sono più che mai convinto che questa sia l'ipotesi giusta dato che concorda così bene con la congettura (come ora sappiamo) che le due brocche di Corning a forma di *lagynoi* tardo-ellenistiche con anello di base e i vasi cammeo come la brocca Auldjo e il vaso Portland siano interconnessi così strettamente da poterli considerare prodotti delle stesse o di analoghe botteghe artigiane.

D.B.H.

---

14. Harden 1983, p. 53.

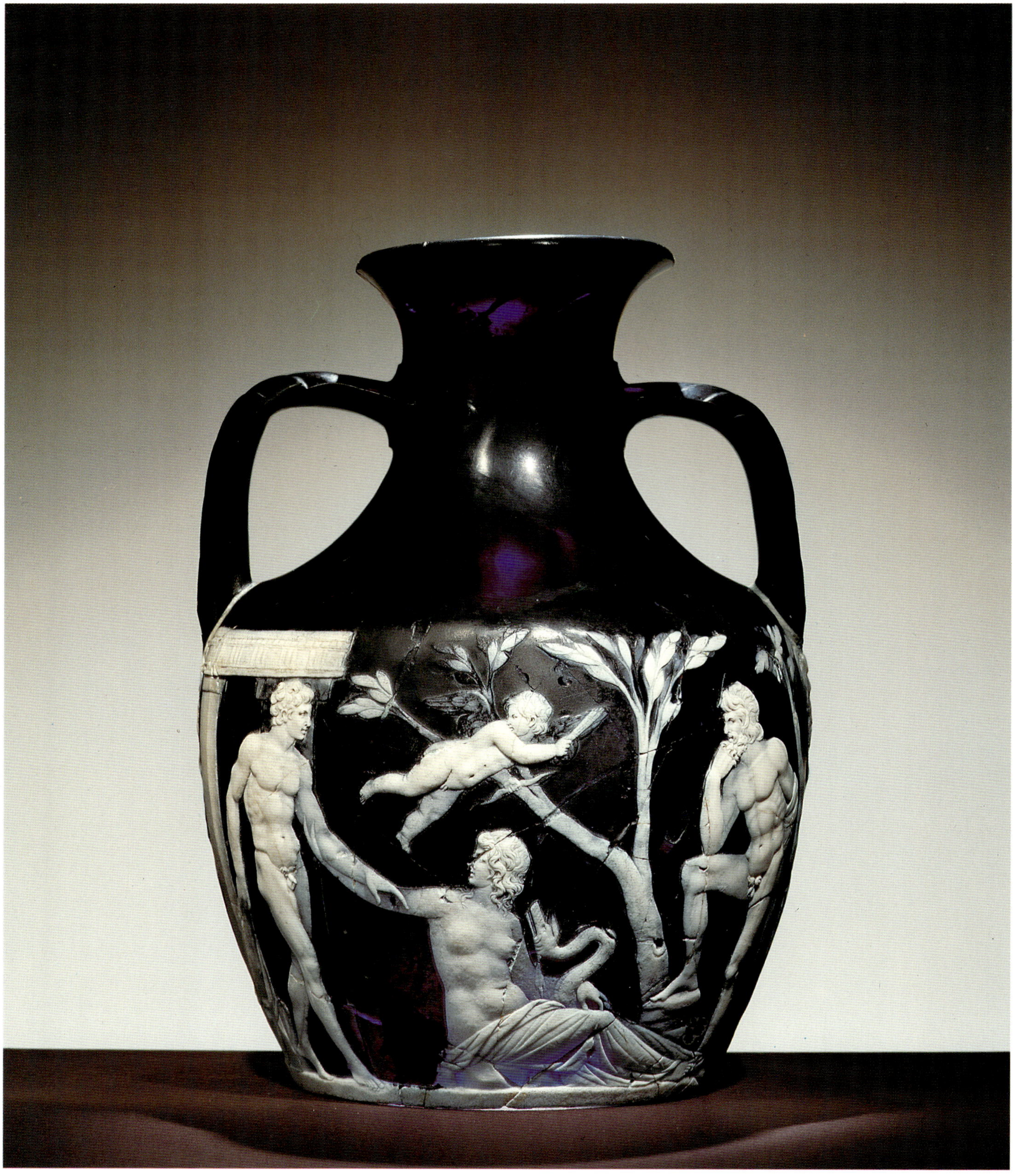

29 In mostra solo a Londra

Il vaso Portland

Fine del I secolo d.C. Rinvenuto forse a Roma. Acquistato nel 1945 con un lascito di James Rose Vallentin. BM GR 1945.9-27.1.

Altezza cm 24,8; diametro cm 17,7; diametro della bocca cm 9,1; altezza dell'ansa cm 9,6; larghezza dell'ansa cm 1,8.

Vetro blu intenso e bianco opaco. Rivestito mediante l'inserimento di una massa viscosa di vetro blu in un pezzo di vetro bianco opaco colato e cavo all'interno e successivamente soffiati insieme. La decorazione a rilievo sul fondo blu è ottenuta, dopo il raffreddamento, tagliando via parte dello strato bianco; l'ansa è colata sul collo dopo la soffiatura e tirata giù sulla spalla, poi tagliata alla ruota e levigata per definire meglio la forma. All'interno segni orizzontali di molatura.

Orlo arrotondato con doppio solco all'interno; labbro rovesciato: collo cilindrico che si incurva dolcemente fino alla carenatura della spalla; corpo rastremato verso il basso; fondo mancante. Le anse fissate al collo con placchette a forma di losanga, a spigolo verticale all'esterno con incisioni parallele a forma di V, terminano sul corpo sopra il rivestimento bianco.

Sotto l'attacco inferiore delle anse si trova una testa con capelli scomposti, baffi cespugliosi e barba irsuta, pupille delineate, bocca aperta e denti ben visibili. Le teste dividono le figure del fregio in due gruppi di quattro e di tre personaggi.

Lato A: (A) Davanti a due pilastri con architrave decorato con triglifi e dentelli, da cui spunta un arbusto, un giovane nudo con un drappo trasparente nella mano destra avanza verso destra; il suo braccio sinistro si allaccia al braccio destro di una figura femminile (C). (B) Davanti al giovane, Eros con un arco nella mano sinistra e una torcia nella destra vola verso destra con lo sguardo rivolto all'indietro verso sinistra. (C) Una figura femminile, verso sinistra, siede su una bassa roccia con la testa rivolta all'indietro, le gambe distese avvolte in un mantello. Con la mano sinistra tiene un serpente che si allunga verso il suo volto; il braccio destro è allacciato al sinistro della figura A. (D) Un uomo barbato sta in piedi di tre quarti di profilo verso sinistra, la mano sul mento, il piede destro su una pila di pietre collocate alla base dell'albero. Un altro albero è collocato tra questa figura e la testa sotto l'ansa vicina.

Lato B: Accanto a un pilastro quadrangolare con capitello quadrato un giovane (E) siede verso sinistra su un mucchio di pietre, con il capo volto all'indietro verso una figura femminile seduta. È nudo, ma un drappo è steso sulle sue cosce e copre parte delle rocce. Al centro una giovane donna (F) semidrappeggiata è distesa sulle rocce verso sinistra, il capo volto per tre quarti a destra, una torcia con la punta verso il basso nella mano sinistra, il braccio destro piegato ad arco sopra la testa; ai suoi piedi un blocco squadrato con i lati obliqui e un incasso centrale; dietro di lei un albero. (G) Un'altra figura femminile semidrappeggiata siede verso destra sopra un altro mucchio di pietre più piccole, lo sguardo rivolto a sinistra, uno scettro nella mano sinistra.

Il vaso è ricomposto da più frammenti; manca la parte inferiore; l'orlo sotto la linea bianca che costituisce la base del fregio è rozzamente rifinito; mancano piccoli frammenti del corpo.

Alterazione calcarea sulla superficie interna (eliminata sul collo mediante molatura) e su quella esterna nelle zone vicine all'intaglio del cammeo difficilmente accessibili agli strumenti di politura; simile alterazione calcarea sull'orlo del fondo; leggera iridescenza a macchie sulla maggior parte dell'interno, nessuna iridescenza all'esterno. Butterature a punta di spillo e bolle allungate verticalmente molto piccole sul collo, più larghe verso il fondo. Molte strisce rosse nel vetro blu; alcune macchioline nere nel bianco.

Il disco e la data del restauro
La presenza del disco come fondo nel vaso Portland è attestata per la prima volta dal pittore P.P. Rubens nel 1635. Tuttavia l'associazione delle due parti può attribuirsi ad un'epoca molto anteriore. La sedimentazione calcarea sulla superficie interna del disco, presente anche nel solco all'interno dell'orlo, e l'analoga alterazione sull'orlo livellato del fondo del vaso inducono a concludere che il vaso abbia perduto il fondo originale già in epoca antica e che il disco sia stato aggiunto nel corso di un restauro. Tre considerazioni supportano questa tesi.
1) Le fratture documentate dai calchi Pichler-Tassie eseguiti intorno al 1780, prima cioè dei danni provocati dalla Duchessa di Gordon, mostrano che il vaso e il disco sono stati rotti separatamente e che le fratture sono anteriori alla loro unione; il disco è stato usato come fondo per il vaso per riparare un danno più antico.
2) Due vasi della metà del I secolo a.C. (il n. 13 di questo catalogo e CMG 68.1.11) forniscono il confronto per fondi di vasi eseguiti separatamente e uniti mediante un adesivo, forse bitume.
3) Se d'altra parte il vaso Portland aveva in origine un fondo eseguito insieme con il corpo, i segni orizzontali di molatura presenti sulla superficie interna devono essere posteriori alla rottura del vaso e, dato che compaiono sotto lo strato calcareo di alterazione superficiale, la molatura è probabilmente antica.

Forma
Alcuni studiosi hanno recentemente sostenuto che la forma originaria del vaso fosse quella di un'anfora con il fondo a punta come il vaso blu di Pompei, ora a Napoli (n. 33). Harden (1983, p. 53) ha tuttavia osservato che il vaso Portland ha un corpo ovoidale, come la brocca Auldjo (n. 34), e non cilindrico come il vaso blu di Napoli, e se venisse restaurato con un fondo a punta (cfr. Simon, tav. V, 1) risulterebbe molto appesantito nella parte superiore. Il vaso Portland è probabilmente da integrare, sul modello della brocca Auldjo, con un anello di base, lasciando forse, rispetto a questa, una porzione maggiore di vetro blu sopra la base.
Il piede ad anello potrebbe essere stato della stessa forma di quelli delle due brocche del Corning Museum sopra menzionate.

Stile e tecnica
La tecnica usata per la fabbricazione del vaso Portland è già stata discussa in dettaglio da Harden (pp. 53-54). Qui, tuttavia, è bene sottolineare nuovamente che esso deve provenire dalla stessa officina del vaso blu (n. 33) e dei due pannelli a cammeo (n. 32) del Museo di Napoli. Questi tre pezzi, tuttavia, sono un prodotto più tardo della stessa bottega, ma non è così per la coppa Getty (n. 31) e per una gemma ora a L'Aia, con la rappresentazione di Venere e Anchise sul monte Ida (Simon 1986, 163). Le osservazioni della Simon sui punti di confronto con la gemma gettano nuova luce sui rapporti intercorrenti tra gli artefici di vasi cammeo e gli incisori di pietre preziose. Questi elementi rafforzano la teoria della Simon sulle possibili origini della coppa Morgan (n. 35) riportata più oltre.

Storia
Nel 1697 si sostenne che il vaso era stato rinvenuto pieno di ceneri in un sarcofago di marmo nel Monte del Grano, un monumento funerario nei pressi di Roma, a tre miglia da Porta San Giovanni. Il sarcofago del III secolo d.C. (Musei Capitolini, inv. n. 774) sembra sia stato ritrovato nel 1582 o poco prima. È stata tuttavia messa in dubbio l'associazione del vaso con la sepoltura in base al fatto che il resoconto della scoperta del sarcofago scritto nel 1594 (e pubblicato nel 1771) non menziona affatto il vaso e che l'affermazione del 1697 è posteriore di oltre un secolo alla scoperta del sarcofago.
Il vaso era certamente già noto nell'inverno del 1600-1601 quando N.C.F. de Peiresc, un amico di Rubens, lo vide a Roma nella collezione del cardinale del Monte a Palazzo Madama. Nel 1627 alla morte del cardinale gli eredi vendettero al cardinale Francesco Barberini, nipote di papa Urbano VIII, il vaso che rimase nella medesima famiglia fino al 1780 circa, allorché donna Cornelia Barberini Colonna, principessa di Palestrina, lo vendette a John Byres, un gentiluomo scozzese residente a Roma.
Byres incaricò l'incisore in pietre dure Pichler di fare un calco del vaso e da questa matrice James Tassie trasse sessanta copie in gesso. Per volere di Byres, una volta eseguite le copie la matrice fu distrutta.
Entro il 1783 Byres vendette il vaso a Sir William Hamilton, ambasciatore inglese alla Corte di Napoli, che a sua volta nel 1784 lo vendette a Londra alla vedova del duca di Portland. La duchessa morì nel 1785 e il 7 giugno 1786 il vaso, messo all'asta, fu acquistato da Mr. Tomlinson. Si sussurrava che Tomlinson avesse agito per conto del duca di Marlborough, ma il mandante era quasi certamente il figlio della duchessa, il terzo duca di Portland. Alcuni giorni dopo averlo acquistato il duca prestò il vaso a Josiah Wedgwood per consentirne la riproduzione nella sua produzione di "diaspri".
Nel periodo in cui fu in possesso del terzo duca di Portland, tra il 1786 e il 1809, il vaso fu danneggiato accidentalmente dalla duchessa di Gordon, Jane Maxwell (Jenny of Monreith in Galloway) moglie di Alessandro, quarto duca di Gordon, dal 1767 e morta nel 1812. Si approfittò del danno per staccare il disco di base e rafforzarne l'attacco al vaso mediante l'aggiunta di un disco di vetro, che sembra sia stato eliminato nel 1845.
Fu probabilmente nella speranza di proteggere il vaso da questi rischi domestici che nel 1810 il quarto duca di Portland decise di affidarlo in deposito al British Museum.
Malgrado queste precauzioni vi fu un nuovo incidente. Il 7 febbraio 1845 un giovane ruppe la vetrina e frantumò il vaso: il solo disco rimase intatto. Il vaso era ridotto in più di duecento frammenti ma John Doubleday, l'artigiano al quale il British Museum aveva affidato il restauro, lo ricompose con tale abilità che dal settembre 1845 il vaso poté nuovamente essere esposto nelle sale del museo. Il disco cammeo fu sostituito con uno tutto blu e da allora è stato esposto accanto

61

al vaso, dapprima con una cornice di metallo, poi senza. Nei successivi cento anni il vaso restò in deposito al British Museum, tranne nel triennio 1929-1932, quando fu messo in vendita da Christies's, ma non raggiunse il prezzo richiesto. Nel 1945 il deposito ebbe termine con l'acquisto del vaso da parte del British Museum dal settimo duca di Portland. Nel 1948 il museo ricevette in dono una scatola contenente 37 piccolissimi frammenti del vaso che Doubleday non aveva utilizzato nel 1845 e fu così indotto nel 1949 a far ricostruire il vaso da J.H.W. Axtell, conservatore del Department of Greek and Roman Antiquities. In questa occasione non furono ricollocati in sede né il disco cammeo né quello di Doubleday.

Tentativi di interpretazione delle scene
Le scene rappresentate sul vaso Portland sono state oggetto di grandi discussioni sin dall'apparire del vaso. Le diverse teorie hanno in prevalenza messo in relazione le raffigurazioni con la mitologia greca o con soggetti romani contemporanei, di fattura ellenizzante. Vi sono pure opinioni discordi sul fatto che le scene raffigurate sui due lati siano episodi di una stessa narrazione (Venuti 1756; Polacco 1958; Haynes 1964; Bastet 1966) oppure due narrazioni distinte che le anse delimitano (Simon 1957; Möbius 1965; Ashmole 1967; Harrison 1976).
Molti degli studiosi che per primi si occuparono del vaso (Capitelli 1663; Teti 1642; de la Chausse 1690; King 1787; Marsh 1787) collegarono le figure alla nascita di Alessandro Magno e al suo regno, mentre per alcuni tali scene simboleggiavano il regno dell'imperatore romano Alessandro Severo (222-235 d.C.). Nel 1697 Bartoli aveva scritto che il vaso era stato trovato nel "sarcofago di Alessandro Severo" nella tomba del Monte del Grano, e questa affermazione ha sicuramente influenzato gli scrittori che dopo questa data lo mettono in relazione con l'imperatore. Il riferimento ai due Alessandri compare per l'ultima volta in una lettera dei signori Christie, Manson e Woods pubblicata nel *Times* e nel *Morning Post* del 30 marzo 1929, poco prima che il vaso fosse messo in vendita, senza successo, il 2 maggio.
E. Simon (1957) è la prima a collegare il vaso ad eventi della Roma contemporanea, vedendovi raffigurata l'unione di Azia, madre dell'imperatore Augusto (27 a.C.-14 d.C.), con Apollo-Veiove che, sotto forma di serpente, si dice si fosse avvicinato a lei, mentre dormiva in un santuario dopo una festa. Polacco (1958, 1984), in una variante della teoria della Simon, interpreta le figure come una celebrazione del matrimonio di Giulia, figlia di Augusto, con il nipote di questi C. Claudio Marcello, nel 25 a.C. Tuttavia nel 1964 Haynes ha sostenuto con forti argomentazioni che l'essere in grembo alla figura C non è un serpente terrestre ma un mostro marino, un *ketos*, e da allora la maggior parte degli studiosi si è astenuta dall'identificare le figure con personaggi storici romani. E. Simon tuttavia non si è spaventata e ha replicato che serpenti con barba e orecchi possono dopotutto essere messi in relazione con Apollo e perciò la sua interpretazione resta valida nel suo specifico collegamento con l'imperatore Augusto e la sua famiglia (Simon 1986, 163-164, 247).

Molte interpretazioni che collegano le scene alla mitologia greca conducono ad alcuni aspetti della vita di Achille. La relazione intercorrente tra personaggi divini e mortali è la seguente:

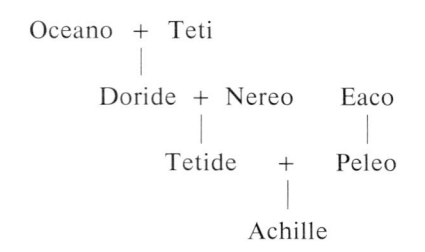

```
Oceano + Teti
          |
   Doride + Nereo    Eaco
              |        |
           Tetide  +  Peleo
                   |
                Achille
```

Winckelmann fu il primo ad identificare nel 1776 le figure A e C del lato A come Peleo e Tetide e a vedere nel serpente il simbolo delle trasformazioni di Tetide durante la lotta con Peleo. Hanno seguito Winckelmann Millingen (1829) e Lloyd (1869). Ashmole (1967), più recentemente, ha ripreso l'interpretazione di Winckelmann del lato A, ma nel lato B ha visto Achille ed Elena sull'Isola Bianca. Altri (Clairmont 1968; Hind 1979; Smart 1984) hanno seguito Ashmole per il lato A ma hanno proposto varianti per il lato B. Haynes (1964) segue Winckelmann per la storia di Peleo e Tetide ma li identifica nelle figure A e F; gli altri sarebbero Doride o Teti (C), Nereo o Oceano (D), Hermes (E), Afrodite (G). Brown a sua volta (1970, 1972) con diverse variazioni del medesimo ciclo vede nei personaggi principali (A, F) Achille e Ifigenia (seguito da Smart 1984, per il quale E = Achille, F = Ifigenia), o Achille e Deidameia.
Altre interpretazioni basate sulla mitologia greca si rifanno alla storia di Teseo. Möbius nel 1965 sviluppa l'idea di Klein (1879) che il lato A rappresenti Teseo (A) mentre visita il fondo del mare con l'aiuto amichevole di una divinità marina (C), Anfitrite, con un serpente marino in grembo. Il lato B sempre secondo Möbius rappresenterebbe Teseo (E) nell'atto di abbandonare Arianna (F) a Nasso, mentre Afrodite (C) lo guarda. Bastet (1966) concordava nell'identificare la figura F con Arianna, ma riteneva che i due lati costituissero un'unica scena con Dioniso (A) e una possibile personificazione di Nasso (C). Della stessa opinione di Möbius sono Becatti (1967) e Harrison (1976). La discussione prosegue ora con F. Felten (1987).
Il vigore e l'ingegnosità con cui molti studiosi hanno affrontato il problema dimostra che allo stato attuale delle nostre conoscenze le sottili distinzioni sulle quali si basa la maggior parte delle identificazioni non costituiscono una solida base per l'interpretazione. Si può tuttavia essere certi che un ragionamento ben preciso abbia determinato la scelta del soggetto e che il suo significato dovesse essere di immediata comprensione da parte dei committenti del vaso. Al momento l'interpretazione della Simon sembra la più attendibile.

Il vaso Portland nell'antichità
Il primo a riconoscere che nell'antichità il vaso Portland do-

veva essere un oggetto di importanza eccezionale fu Teti che nel 1642 ipotizza possa trattarsi dell'urna per le ceneri dell'imperatore Alessandro Severo. Che questo non possa essere è evidente per motivi cronologici ma la Harrison nel 1976, a sostegno della sua teoria che la scena rappresenti Teseo, vittima di una morte prematura, suggeriva che il vaso fosse l'urna funeraria di uno dei legittimi eredi di Augusto morti in età giovanile, Marcello (morto nel 23 a.C.), Gaio Cesare (morto nel 4 d.C.) o Lucio Cesare (morto nel 2 d.C.). L'ipotesi che il vaso sia stato eseguito per un membro della famiglia imperiale va oltre la teoria della Simon e di Polacco per i quali il vaso rappresenta semplicemente la famiglia imperiale o nella forma della procreazione di Augusto o in quella del matrimonio di sua figlia Giulia con Marcello nel 25 a.C. (o il matrimonio di Germanico e Agrippina).

Le interpretazioni della Simon e di Polacco che si tratti di dirette rappresentazioni non sono sicure, ma il loro tipo di approccio corrisponde alle idee di Hind per il quale il vaso collega il mito greco (Peleo, Tetide e Poseidone con allusione alla guerra di Troia) con la contemporanea leggenda romana (Enea, Didone e Venere o Giunone, con allusione alla conseguente inimicizia tra Roma e Cartagine) e ha una pertinenza diretta con Augusto e la casa giulio-claudia. Egli considera che "per i nobili possessori di età augustea" il vaso potrebbe essere stato "un tentativo della prima età imperiale di adattare la leggenda greca al passato di Roma e più in particolare alla presente età augustea".

Haynes, seguendo la sua interpretazione delle figure come Peleo e Tetide, desume che il vaso non fosse un'urna cineraria, ma più probabilmente un dono di nozze, direttamente paragonabile a un carme di Catullo (87-47 a.C. circa; *Carmen* LIV) che narra la storia delle nozze ideali di Peleo e Tetide e che Haynes sostiene sia stato composto per essere declamato in occasione di un matrimonio. Möbius e Ashmole, come Haynes, seguono la mitologia greca che essi vedono sul vaso, Teseo per Möbius e Achille per Ashmole. Tutti e tre, e gli altri studiosi che essi rappresentano, non accettano perciò di riconoscere nel vaso un riferimento storico o politico diretto a fatti romani. Ma a differenza di Haynes, Ashmole vede nelle scene non la rappresentazione di un matrimonio felice ma un riferimento alla vita dopo la morte. Benché Ashmole non considerasse il vaso come un romantico dono di nozze, il suo giudizio su che cosa rappresentasse nell'antichità può essere accettato da chiunque abbia studiato il pezzo: "Il vaso deve essere sempre stato un oggetto prezioso, eseguito su commissione e forse per uno scopo o una occasione speciale".

L'importanza del vaso in età moderna
Il vaso Portland ha da sempre eccitato la fantasia non soltan-

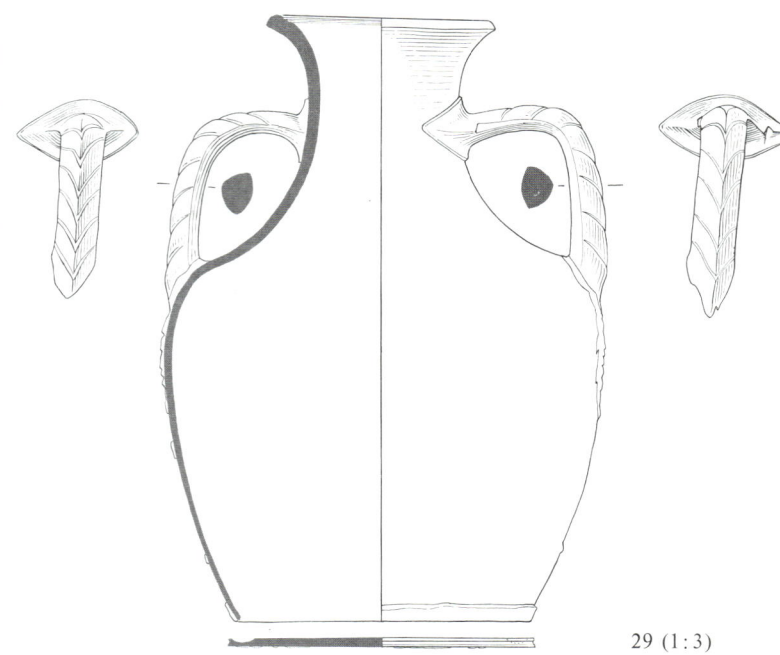

to per le ipotesi sulla sua appartenenza e significato nell'antichità, ma anche per la fama e notorietà dei suoi possessori in epoca moderna e per le sue vicissitudini anche dopo la sistemazione relativamente definitiva; a parte ovviamente l'ammirazione per il virtuosismo della tecnica e della decorazione.

Il primo proprietario noto fu l'influente cardinale Francesco del Monte (1549-1627), persecutore di Galileo e protettore del giovane Caravaggio. Il vaso fu presto noto a Rubens che, con il dotto de Peiresc, sperava di pubblicarlo nel 1624. Ma il permesso di pubblicazione era già stato concesso a un altro eminente erudito, Cassiano Dal Pozzo, accademico dei Lincei e della Crusca e bibliotecario della famiglia Barberini. Cassiano Dal Pozzo intendeva pubblicare una raccolta di disegni dall'antico, compresi i primi disegni del vaso, nel suo *Museum Chartaceum*. Ma i disegni di Dal Pozzo passarono alla famiglia Albani e nel 1762 furono per la maggior parte venduti a Giorgio III d'Inghilterra, mentre altri, tra i quali alcuni del vaso Portland, rimasero in Italia e sono oggi conservati a Firenze (Conti 1983, 45-49). Nel frattempo il progetto di Dal Pozzo venne accantonato e sostituito da un'opera simile più vasta, *L'Antiquité expliquée* di Montfaucon, che ambiva a riunire in un'unica opera tutte le immagini reperibili dell'arte antica; fu pubblicata a Parigi a partire dal 1719 (la tavola del Bartoli con la rappresentazione del vaso pubblicata nel 1697 è in Montfaucon 1722, v, 56, tav. 19). L'opera di Montfaucon è stata per oltre un secolo un indispensabile volume di riferimento e ha diffuso la conoscenza del vaso: alla metà del Settecento ben pochi europei colti non ne avevano sentito parlare.

Il vaso non rimase a lungo a Palazzo Madama, residenza del cardinale del Monte. I suoi eredi lo vendettero al cardinale Francesco Barberini, nipote di Urbano VIII, e nel catalogo di Teti della collezione Barberini (1642) esso è descritto tra i tesori di Palazzo Barberini. Nel Settecento sia l'enciclopedia di Montfaucon sia le guide erudite segnalavano agli stranieri che visitavano Roma la presenza del vaso nel Palazzo.

La fama del vaso spinse Sir William Hamilton ad acquistarlo e a portarlo a Londra dove lo rivendette quasi subito, nel 1784, alla vedova del duca di Portland, ma solo dopo averlo mostrato, su specifica richiesta, alla regina Carlotta. La storia successiva del vaso è stata raccontata più sopra, compresa la rottura del 1845 quando era esposto nel British Museum. Ma più importante della distinzione tra proprietà del vaso e luogo di esposizione, è l'interesse che suscitò nei circoli intellettuali del tempo, e tra questi la Lunar Society, i cui membri si riunivano regolarmente a Birmingham tra il 1775 e il 1791. Non c'erano requisiti o norme precise per esservi ammessi: si trattava piuttosto di un gruppo di amici con interessi comuni, qualcosa come l'Accademia dei Lincei. Due suoi membri ebbero un ruolo importante nelle vicende del vaso: Erasmus Darwin, nonno di Charles Darwin, e Josiah Wedgwood.

Wedgwood ebbe notizia per la prima volta del vaso nel febbraio 1784, solo alcune settimane dopo che Hamilton aveva concluso la vendita alla duchessa di Portland. Lo scultore John Flaxman Junior scrisse a Wegdwood il 5 febbraio descrivendogli il "W. Hamilton's Vase", più di un mese prima che Hamilton lo mostrasse alla Society of Antiquaries, l'11 marzo. Nel 1786, tre giorni dopo l'acquisto da parte del terzo duca di Portland, Wedgwood prese a prestito il vaso con il preciso scopo di copiarlo nei suoi "diaspri" neri. Il progetto lo occupò in diversi modi fino alla sua morte nel 1795. Le copie ebbero grande successo sia in Inghilterra sia sul continente. Nel 1790 Wedgwood ne espose un esemplare per il pubblico nella sua Sala di esposizione a Soho, ma lo mostrava anche in privato a influenti uomini di gusto nella abitazione di Sir Joseph Banks in Soho Square. Tra i visitatori del sabato 1° maggio vi erano Sir Joshua Reynolds, Mr. Locke e l'Hon. Horace Walpole. Alla regina Carlotta la copia fu presentata personalmente, e la principessa Guglielmina di Orange ne fu particolarmente colpita, in occasione dell'esposizione in diverse capitali europee, come L'Aia, Amsterdam, Francoforte e Berlino.

La prima persona in Inghilterra a ricevere da Wegdwood una copia perfetta del vaso, nel settembre 1789, fu Erasmus Darwin (1731-1802), amico e medico di famiglia, membro della Lunar Society. Per Darwin l'interesse primario di questa "urna mistica" era il soggetto delle raffigurazioni che secondo lui non avevano a che fare con una "storia privata" ma costituivano un emblema morale, un'allegoria della vita umana e della morte. In questa ottica Darwin inserì una lunga descrizione del vaso in *The Economy of Vegetation* (1791), la prima parte di un lungo poema, *The Botanic Garden*, accompagnata da incisioni del vaso di William Blake. L'intento di Darwin era di "coltivare l'Immaginazione sotto la bandiera della scienza" e scopo principale di *The Botanic Garden* era di mettere in versi il nuovo simbolo della botanica di Linneo. Molti giovani appresero la biologia dalle sue eleganti poesie che ebbero grande successo in Inghilterra e in tutta l'Europa e furono tradotte in italiano, francese e portoghese. Darwin e Wedgwood erano entrambi uomini di scienza, tra i primi promotori della rivoluzione industriale, e nello stesso tempo erano affascinati dall'arte. L'idioma dei versi di Darwin rieccheggia la vecchia scuola di Pope e di Gray più che lo stile dei nuovi poeti romantici Wordsworth, Coleridge, Burns e Blake. Tuttavia nella sua essenza la poesia di Darwin apparteneva completamente alla nuova concezione della natura. Wedgwood e Darwin volevano creare una cultura moderna che spaziasse dal pensiero astratto alla vita pratica e dalla cultura del passato alla scienza del presente. In queste concezioni di Darwin e di Wedgwood il vaso Portland ebbe un ruolo centrale. Furono loro due più di chiunque altro a stabilirne l'importanza in età moderna. Le copie di Wedgwood ebbero tale successo che ne furono prodotte grandi quantità fino ai tardi anni trenta e una nuova copia in diaspro blu fu eseguita nel 1980 per il 250° anniversario della nascita di Josiah. È stato più difficile riprodurre il vaso in vetro: la prima copia fu completata da Northwood nel 1876 e da allora ne sono state prodotte solo cinque. Questa difficoltà a riprodurlo in vetro evidenzia un problema che ha suscitato grande interesse negli ultimi anni: l'alto livello tecnico dei maestri vetrari dell'antichità. Ed è per questo, oltre che per le implicazioni storiche e artistiche, che il vaso Portland occupa un posto di primo piano nella storia del vetro.

K.S.P.

Bibl.: Per la bibliografia più antica v.: Walters 1926, Simon 1957 e Haynes 1964. Möbius 1964, Möbius 1965; Haynes 1966; Ashmole 1967; Bastet 1967; Becatti 1967; Clairmont 1968; *Masterpieces* 1968, 49-51, n. 57; Möbius 1967-1968; Haynes 1968; Brown 1970; Rakow e Rakow 1971; Brown 1972; Haynes 1975; Harrison 1976; Hind 1979; Wills 1979; Goldstein e al. 1982, 13-14, fig. 5; Rakow e Rakow 1982; Bimson e Freestone 1983; Harden 1983; Dawson 1984; Polacco 1984; Simon 1986, 162-165, 247, 254-255; Felten 1987, 205-222.

30

Il disco Portland

Prima metà del I secolo d.C. Forse da Roma. Acquistato con il vaso Portland nel 1945 con un lascito di James Rose Vallentin. BM GR 1945.9-27.2.

Diametro cm 12,2; spessore (blu) cm 0,4; spessore (bianco) cm 0,15.

Vetro blu e bianco opaco. Disco piatto, colato in due strati; disegno a rilievo ottenuto intagliando parte dello strato bianco. Lungo il bordo è stato intagliato un solco, presumibilmente per adattare il disco al vaso Portland; sulla superficie non decorata vi è un altro solco a sezione arrotondata, largo 0,8-1 cm. L'intaglio raffigura il busto di un giovane uomo di tre quarti verso destra, con la testa di profilo e piegata in avanti; ha la mano destra alzata con le dita alla bocca in atteggiamento di dubbio o costernazione. Porta un copricapo frigio, con nastro trasparente che scende sulla guancia e sul collo. I lineamenti, comprese sopracciglia e pupilla, sono ben delineati. Indossa una tunica a maniche corte sopra una veste a maniche lunghe, ripiegate sul polso; il mantello svolazzante è fissato con una fibbia sul davanti. Foglie dietro e sopra la figura.

Ricomposto da più frammenti; completo, fatta eccezione per una scheggia sotto l'orlo. Superficie decorata opaca con un breve tratto dove rimane la molatura originale; probabilmente in origine ricoperto da alterazione superficiale calcarea come quella della superficie interna, che presenta depositi calcarei anche nel largo solco all'interno dell'orlo. Numerose piccole bolle.

Il disco non è certamente il fondo originale del vaso: a) il colore blu del vetro è molto più pallido di quello del vaso; b) la composizione del vetro bianco è diversa: quella del vaso contiene il 12% di ossido di piombo, mentre il disco non ne contiene affatto; c) pur essendo probabilmente di età augustea o poco più tardo, il disco non è della stessa mano che ha eseguito i rilievi del vaso; il volto ad esempio è modellato in modo assai diverso, in particolare le labbra e le narici, e la pupilla, vuota nel fregio del vaso, è qui incisa; d) il disco è stato ritagliato da una composizione più ampia, riducendo la figura e l'albero, che comprendeva senza dubbio le tre dee e Hermes.

Il disco fu sicuramente utilizzato come fondo del vaso Portland, già nell'antichità, in occasione di un restauro (v. n. 29). A proposito delle connessioni tra il vaso e il disco, Harden (1983) aggiunge alcune considerazioni. In una lettera del 1635 indirizzata a de Peiresc, Rubens parlando del busto di Paride dice: "der auf den Boden steht". De Peiresc vide per la prima volta il vaso nel 1600 e, se il disco e il vaso non fossero già stati attaccati, avrebbe certamente menzionato che tale cambiamento era avvenuto tra quella data e il 1635, quando inviò a Rubens un calco in piombo del vaso. Dal momento della sua unione al vaso, il disco è rimasto al suo posto almeno fino al 1786: compare in numerose incisioni, nelle quali si può riconoscere il disco dal solco lungo l'orlo; la più notevole è il frontespizio del *Portland Museum Sale Catalogue* (1786). Il solco si vede molto chiaramente anche nei calchi eseguiti nel 1780 circa da James Tassie con una matrice che Giovanni Pichler aveva eseguito a Roma per John Byres che lo aveva appena acquistato dagli ultimi proprietari, i Barberini. I calchi Pichler/Tassie, eseguiti prima delle fratture moderne del vaso a noi note, mostrano che il disco era rotto in tre pezzi. Dato che non si ha alcuna notizia, prima del 1780, di una rottura del disco nel vaso, questa deve essersi verificata al momento di ritagliare il disco da una placca più grande, o può essere naturale come sembra suggerire la linea particolare di una di queste fratture.

Si possono pertanto trarre le seguenti conclusioni. L'alterazione superficiale sull'orlo livellato del fondo del vaso indica che questo ha perduto il fondo originale in epoca antica e che il disco e il vaso furono uniti nel corso del restauro per rimediare a questa rottura; dal fatto che sia il vaso sia il disco presentano un'alterazione superficiale biancastra molto simile si desume che già dall'antichità si trovavano nelle stesse condizioni ambientali e atmosferiche; i calchi di Pichler/Tassie del 1780 circa mostrano che vaso e disco erano già rotti prima di venire uniti.

Nella decorazione il giovane asiatico dall'aria perplessa è probabilmente Paride, figlio del re di Troia Priamo, chiamato a scegliere la più bella tra Era, Atena e Afrodite. Questa disputa ebbe inizio durante la cerimonia nuziale di Peleo e Tetide, probabilmente raffigurata sul vaso Portland[1]. Il giudizio di Paride è uno dei temi favoriti dell'arte classica. Ad esempio in un pannello di stucco della tomba dei Pancrazi (150 circa d.C.) a Roma, Paride accompagnato da Hermes è rappresentato nell'atto di decidere tra le tre divinità e così pure in un affresco di una casa pompeiana, di datazione più vicina al disco[2]. Un altro esempio è il piatto dipinto n. 149 dove Paride è raffigurato in una posa analoga a questa del disco. Una stretta somiglianza con il giovane del disco si nota in una figura a rilievo su una coppa cnidia ad Atene (Museo Archeologico Nazionale, inv. n. Mn. 1604).

K.S.P.

1. Su Paride v. E. Paribeni, in *Enciclopedia dell'Arte Antica*, V, Roma 1963, pp. 949-953, s.v. "Paride".
2. Tomba dei Pancrazi: E.L. Wadsworth, 'Stucco reliefs of the first and second centuries still extant in Rome', *Memoirs of the American Academy in Rome*, IV, 1924, p. 74, tav. XXVII; Pompei V 2, 15 [1]: K. Schefold, *Vergessenes Pompeji*, Berna e Monaco 1962, tav. 172, 2.

Bibl.: Walters 1926, 376-378, n. 4036; Simon 1957; *Masterpieces* 1968, 46, n. 54; Goldstein e al. 1982, 99-100, n. 5, fig. p. 22; Bimson e Freestone 1983; Harden 1983.

31 In mostra solo a Corning

Coppa biansata

Ultimo quarto del I secolo a.C. - primo quarto del I secolo d.C. Presumibilmente parte di una coppa rinvenuta in Iran in una tomba partica. Malibu, The J. Paul Getty Museum, 84.AF.85.

Altezza della parte conservata cm 10,5; diametro cm 10,6; larghezza con le anse cm 17,6.

Vetro blu e bianco opaco. Probabilmente colato in uno stampo e poi ricoperto da uno strato bianco; intagliato, molato e levigato. Coppa biansata, originariamente su piede a stelo: orlo arrotondato; solco intagliato alla ruota sotto l'orlo; il corpo si allarga in corrispondenza dell'attacco inferiore dell'ansa e si incurva restringendosi verso il basso a formare uno spigolo con il fondo arrotondato della coppa. Le due anse verticali, evidentemente ritagliate dal vetro non lavorato e attaccate all'orlo e al punto di massimo diametro del corpo, hanno prese orizzontali e lunghi appoggi inferiori volti all'ingiù.

La coppa è decorata a rilievo bianco su fondo blu. Il fregio copre lo spazio tra il solco intagliato sotto l'orlo e la linea bianca di base sopra lo spigolo tra la parete e il fondo ed è ripartito in due scene separate dalle anse, sotto le quali si trovano due teste di Sileno.

Su un lato vi è un albero di fico con larghe foglie e due rami, uno dei quali si estende dietro e sopra la testa di un satiro. Il satiro nudo di tre quarti in movimento verso sinistra ha la testa di profilo volta a destra; nella mano destra tiene una siringa (*syrinx*) e nella mano sinistra un *pedum* (bastone bacchico ricurvo). Al centro siede una figura femminile di tre quarti di profilo a sinistra e con la testa di profilo a destra; ha il braccio destro sollevato sopra la testa con la mano che tocca la fronte, la mano sinistra poggiata piatta sulla roccia su cui è seduta, il busto nudo, le gambe coperte da un mantello che si avvolge anche intorno al braccio destro. Alla sua destra vi è un assistente, in piedi di profilo a sinistra, con la testa inghirlandata, le braccia tese nell'atto di offrire alla donna seduta un oggetto ora non più identificabile per l'alterazione del vetro; ha il torso nudo e la parte inferiore del corpo drappeggiata. Chiude la scena un noce dal fitto fogliame.

Sull'altro lato, qui riprodotto, a sinistra vi è un albero di fico con larghe foglie. Davanti sta ritta una figura di profilo a destra, nell'atto di portare alla bocca con la mano destra una coppa semisferica; il braccio sinistro teso poggia la mano sull'orlo di un cratere; la parte inferiore del corpo è drappeggiata. Al centro una figura maschile nuda è in piedi di tre quarti verso destra, mentre la testa con ghirlanda è volta all'indietro di profilo a sinistra; suona la lira che regge con entrambe le braccia, ha le gambe divaricate, il peso del corpo sul piede sinistro, le dita del piede destro sulla linea di base. All'estrema destra si trova una figura maschile, di tre quarti di profilo a sinistra, seduta forse su delle rocce, il braccio destro teso, il sinistro piegato con un *rython* nella mano, la parte inferiore del corpo drappeggiata. Dietro a questa figura sporge un albero dai rami biforcuti che in parte nasconde un pilastro sormontato da una figura seduta.

La qualità dell'intaglio non è uniforme: da un sapiente trattamento del drappeggio e della muscolatura si passa ad errori di proporzione che sono particolarmente evidenti nella figura vicina al cratere. Alcuni elementi figurativi sono simili a quelli del vaso Portland (n. 29) e dei due pannelli a cammeo (n. 32), in particolare la figura femminile adagiata sulle rocce e le figure in piedi tra gli alberi.

La figura principale del primo lato, la donna adagiata sulle rocce, ricorda la figura F del vaso Portland sia nella posa sia nel tipo di pietre a strati su cui è seduta. La sua posizione rilassata con il braccio ad arco sopra il capo è tipica delle figure dormienti dell'arte greco-romana, e in particolare della "bella creatura che sta per essere sorpresa dall'amante nelle cosiddette 'invention-scenes' dell'arte romana" (Haynes), come Arianna, Rea Silvia e Endimione [1]. Poiché quella rappresentata è una figura femminile, non può essere Endimione, ma neppure Rea Silvia dato che i diversi attributi della scena rimandano tutti a Dioniso. A prescindere dal fatto che la figura principale del lato opposto è appunto questo dio, riconoscibile dal tipico *rython*, alludono a un contesto dionisiaco anche la siringa, il *pedum*, la lira e il cratere, vino e musica, nonché la probabile identificazione degli alberi come noci e fichi. Perciò la donna seduta dev'essere Arianna e la roccia su cui siede l'isola di Nasso. Ne deriva che l'assistente maschile inghirlandato forse porge il *liknon*, il contenitore del fallo sacro, che veniva svelato agli iniziati, come sappiamo anche dalle pitture della Villa dei Misteri a Pompei.

Rotto e ricomposto; una larga incrinatura su entrambi i lati fa pensare che la coppa si sia rotta in due parti e sia stata riparata; il piede a stelo si interrompe poco sotto il fondo: il resto è andato perduto. Chiazze scure di alterazione superficiale ben visibili sulle anse e sui due lati; iridescenza; alcune bolle.

La datazione della coppa e la sua relazione con gli altri cammei notevoli sono discusse da Harden più sopra (pp. 54-55). Essa può essere confrontata con la coppa Morgan per il fatto che in entrambe almeno una parte dello strato bianco sembra sia stata applicata come un filamento a striscia e ciò sembra confermato dalla presenza vicino al fondo di una breve striscia ricurva di vetro bianco incastonata nel vetro blu (e che quindi l'intagliatore non poté rimuovere). Questo fenomeno non è altrimenti spiegabile se non ipotizzando che la striscia bianca sia stata pressata dentro il vetro blu ancora caldo, e questo si spiega facilmente se si suppone che una striscia bianca sia stata attaccata alla coppa e che la pressione esercitata per farla aderire abbia causato l'incastro della parte iniziale. La documentazione relativa all'uso di strisce per realizzare il rivestimento dei vetri cammei romani è per ora limitata a quanto si può osservare su questo vaso e sulla coppa Morgan.

D.B.W.

1. K. Lehmann-Hartleben e E.C. Olsen, *Dionysiac Sarcophagi in Baltimore*, Baltimora 1942, 14, 38; Haynes 1968, 67; P.J. Connor, 'The Dead Hero and the Sleeping Giant by the Nikosthenes Painter at the Beginning of a Motif', *Archäologischer Anzeiger*, 1984, 387-394.

Bibl.: Goldstein e al. 1982, 103-104, n. 36, tav. a p. 28; Anonimo 1985, 173-174, n. 38.

32

Due pannelli in vetro cammeo

Primo quarto del I secolo d.C. Sepolti dall'eruzione del Vesuvio del 79 d.C. Da Pompei, Casa di Fabio Rufo. Napoli, Museo Nazionale, inv. 153652, 153651.

A: Larghezza cm 39,9-40; altezza cm 25-25,3; spessore cm 0,7-1.
B: Larghezza cm 39-39,4; altezza cm 25,2; spessore cm 0,6-0,7.

Vetro cammeo a doppio strato: quello inferiore è di colore azzurro cupo; quello superiore sul quale è intagliata la scena, di spessore minore, è bianco opaco; vetro blu opaco di diversa tonalità e spessore per il restauro triangolare in basso a destra nel pannello B. Colati a stampo con strati successivi, intagliati a rilievo; levigati al fuoco. Rettangolari con angoli arrotondati. Non vi sono tracce di sostanze adesive o fissative sulla superficie posteriore.
I pannelli mostrano due episodi del ciclo dionisiaco ambientati in un contesto rurale:
Pannello A: *Apparizione di Dioniso ad Arianna*. Tutte le figure e gli oggetti poggiano su una linea di base continua bianca. Decorazione da sinistra a destra: albero con larghe foglie, forse una vite nascente dalle rocce alla sinistra del tronco; anfora per il vino, carenata e priva di anse; Dioniso (A), in piedi di tre quarti verso sinistra ma con lo sguardo rivolto a destra verso Arianna, un tirso appoggiato sulla spalla destra, il torso nudo, è vestito del solo *himation* drappeggiato sui fianchi e ricadente fino ai piedi, ha il capo cinto dalla simbolica corona di foglie di vite e pampini, il braccio destro sollevato ad arco con la mano poggiata sopra il capo; il gomito sinistro poggia sulla parte superiore di un cippo quadrangolare, la mano sinistra tiene un ramoscello; albero con foglie lanceolate, forse un alloro, la base del tronco è coperta dal cippo; un cupido alato (B) vola verso destra tra i rami dell'albero ma guarda indietro a sinistra verso Dioniso, regge una scatola sulla spalla sinistra, la destra sollevata con un corno potorio; un giovane satiro (C) di profilo a destra ma con il capo rivolto all'indietro verso Dioniso, mano sinistra alzata che forse regge un *pedum* appoggiato sulla spalla sinistra, braccio destro alzato ad indicare Arianna a Dioniso, manca la parte centrale del suo corpo e la parte superiore delle gambe, la gamba destra è tesa all'indietro con il piede poggiato sull'orlo delle rocce a strati su cui poggia insieme con Arianna, peso sul piede sinistro visibile sotto l'orlo della veste di Arianna; un erote (D) alato nudo, vola di profilo a sinistra con lo sguardo rivolto a destra verso Arianna, la mano destra sollevata tiene un ramoscello; la sinistra, tesa verso Arianna, una face; Arianna (E) seduta di profilo a sinistra sui gradini di un mucchio di rocce a strati, testa piegata all'indietro, capelli legati con una benda, braccio destro sollevato e piegato dietro la testa, il gomito sinistro poggia su un piccolo pilastro alle sue spalle, la parte inferiore del corpo avvolta in un mantello con un'estremità intorno al braccio sinistro, gamba destra piegata con il piede poggiante sulla punta delle dita, gamba sinistra tesa; sotto il seggio di Arianna è disposto obliquamente un oggetto lenticolare con presa ad anello, probabilmente un *tympanon*; a destra, alle spalle di Arianna, due colonne a fusto liscio, a rocchi, con capitelli lisci, sormontate da un trave sul quale si trovano due oggetti semisferici. A destra delle colonne, in posizione arretrata, un terzo albero con i rami che si protendono tra le colonne. Manca la parte inferiore sia dell'albero sia della colonna di destra.
Pannello B: *Iniziazione di Arianna ai misteri*. Tutte le figure e gli oggetti poggiano su una linea di base bianca continua, che termina un po' prima dell'angolo destro, restaurato in antico. Decorazione da sinistra a destra: scatola cilindrica, con il coperchio mezzo sollevato, due costolature orizzontali sulle pareti, parte superiore decorata con linee diagonali; dal recipiente esce la testa di un serpente; un Sileno barbato (A) sembra accennare un passo di danza sulla punta dei piedi verso destra ma con la testa rivolta a sinistra, il braccio destro sollevato e piegato sul capo cinto da una ghirlanda di foglie di vite e pampini, il braccio sinistro piegato dietro il corpo ma si vedono le dita che reggono una coppa biansata dal fondo piatto, corpo nudo con un mantello intorno al collo e al busto e svolazzante ai due lati del corpo; sullo sfondo albero con larghe foglie, la base del tronco nascosta dietro ad Arianna, con due rami verso sinistra sopra il Sileno e a destra sopra Arianna; ai rami dell'albero a sinistra è appesa una siringa a otto canne; in piedi sul tronco un erote (B), nudo e alato, di profilo verso destra, sorregge l'estremità di un drappo appeso a mo' di tenda all'albero di destra ed è nell'atto di fissarlo per proteggere Arianna: al ramo di destra è legato un sacco contenente grappoli d'uva e attraverso l'occhiello è infilato di traverso un *pedum*; Arianna (C) seduta verso sinistra su un sedile di pietra con poggiapiedi, ma con la testa rivolta a destra, i capelli legati sulla nuca, con il braccio destro teso verso destra porge ad una figura femminile (E), perché venga riempita, una coppa con piede a due anse ricurve, con il braccio sinistro teso si appoggia a una roccia ai piedi del secondo albero, indossa una corta tunica sopra una veste senza maniche lunga fino ai piedi, la gamba sinistra semitesa con le dita del piede che poggiano sul terreno sotto al poggiapiedi, gamba destra sollevata nello sforzo di voltarsi, così che il piede destro rimane sospeso in aria; una capretta (D) di profilo a sinistra si tende verso Arianna, con la zampa anteriore destra sollevata, la sinistra poggiata su una piccola pietra; un piccolo cespuglio, forse parte del secondo albero, riempie lo spazio tra la capra e il braccio sinistro di Arianna; ai rami di un secondo albero con foglie a piccoli mazzetti, alla destra di Arianna, è legata l'estremità della tenda; ai piedi

del tronco è poggiato su alcune rocce un cratere biansato a campana; una giovane donna (E) con lo sguardo di profilo a sinistra, il corpo di prospetto, le gambe in movimento verso destra, il braccio destro teso verso sinistra nell'atto di versare con una piccola brocca il vino, preso dal cratere, nella coppa di Arianna; il braccio sinistro è piegato ad arco sopra la testa e con la mano tiene alto un tamburello; una sciarpa poggia su entrambe le braccia passando dietro le spalle; indossa una veste allacciata sotto il seno che arriva all'altezza delle anche e una gonna lunga fino alle caviglie; a sinistra è visibile il piede destro; l'altro piede era nell'angolo inferiore destro del pannello andato perduto.
I due pannelli sono stati rinvenuti in frammenti, alcuni pezzi mancanti, e ricomposti; l'angolo inferiore destro del pannello B rotto e perduto in antico, è stato sostituito con un pezzo triangolare di vetro blu scuro di differente tonalità e di spessore diverso dal supporto.
Leggero deterioramento per usura di alcune parti della superficie levigata; in particolare si riscontra un annerimento del coperchio della cista mistica e dell'orlo del mantello del Sileno. Lo strato superiore bianco ha una superficie alquanto scabra con molti forellini. Bolle d'aria circolari, alcune nel vetro blu, numerose nel bianco.

Durante la pulizia del materiale di sterro di vecchi scavi tra Porta Marina e l'insula a ovest, fu trovata una nuova casa i cui scavi iniziarono nell'autunno del 1960. Si tratta di una ricca abitazione dalle cui logge e terrazze si può ammirare la Baia di Napoli. Iscrizioni parietali la identificano come appartenente a Fabio Rufo; la sala da pranzo, dove questi pannelli furono rinvenuti, era lussuosamente arredata con un portalampade in bronzo a forma di Efebo, una tavola per pranzare in bronzo, e letti con piedi figurati e borchie di bronzo. I due pannelli di vetro sono stati rinvenuti in questa stanza in frammenti, ma sono praticamente completi. Per il contesto da cui provengono e per le loro dimensioni, si era in un primo tempo pensato che potessero essere inseriti nella decorazione delle pareti, come altri pannelli simili, dipinti o di marmo, rinvenuti in decorazioni parietali del secondo e terzo stile pompeiano. La decorazione della stanza, tuttavia, è di puro quarto stile e non vi è alcuna traccia di stucco o calce sul retro dei pannelli; questi sono molto più fragili, eseguiti con un materiale molto più raffinato e con una lavorazione più accurata rispetto ai normali riquadri delle decorazioni parietali. Maiuri riteneva pertanto che molto più probabilmente facessero parte della decorazione di un mobile in legno pregiato, così come avveniva per gli intarsi di avorio. Froning ha più recentemente ribadito che si tratta di elementi per decorazione parietale (*pinakes*), ma non discute le valide argomentazioni di Maiuri a favore di un uso decorativo per oggetti di arredamento.

Questi mobili pregiati potevano essere molto costosi; Plinio (*N.H.*, XIII, 29) menziona un tavolo in legno di cedro appartenente a Cicerone che era costato un milione di sesterzi; e pertanto tali manufatti non sono certamente una collocazione poco consona per opere artistiche di alta qualità, come Froning parrebbe suggerire. Maiuri (1961, 19-20) ha pensato che il restauro antico del pannello B e le condizioni di alcune parti della superficie indicassero che i pannelli non erano nuovi al momento dell'eruzione del Vesuvio. Questo significa che essi erano stati tenuti in gran conto e per lungo tempo dalla famiglia che li possedeva.

L'elemento mistico della scena del pannello B è dato dalla libagione di Arianna, che ricorda quella della sacerdotessa tra due assistenti nel dipinto della Villa dei Misteri, e dal Sileno danzante mentre la cista mistica nell'angolo sinistro e la capretta belante e assetata richiamano il gruppo composto da fauni e Pan sempre nella Villa dei Misteri.

L'atmosfera di misticismo dionisiaco pervade il mito di Arianna. Molti degli affreschi pompeiani mostrano il Dio che appare a Arianna abbandonata a Nasso, mentre Arianna, come sposa mortale e divina, iniziata ai misteri, è il tema degli affreschi della stessa Villa dei Misteri o, più tardi, dei sarcofagi scolpiti come quello di Villa Medici (Matz 1969, 375-376). Mentre esiste una relazione tra i temi dei due pannelli in vetro cammeo e le medesime scene rappresentate negli affreschi, lo stile di questi pannelli appare ispirato piuttosto al rilievo e alla glittica, tanto da far pensare che l'artista abbia forse lavorato tenendo presente una serie di rilievi in marmo con i diversi episodi del mito di Arianna e le celebrazioni della liturgia dionisiaca. Infatti, è stato suggerito che una serie di pannelli dipinti nella Casa del Criptoportico a Pompei fossero usati per istruire gli iniziati (Cagiano de Azevedo 1942) essendo il mito dionisiaco molto diffuso a tutti i livelli nella società pompeiana. Pochi sono i vetri cammei con i quali i pannelli possono essere confrontati: il vaso Portland (n. 29), la coppa biansata Getty (n. 31), l'anfora di Napoli (n. 33), la brocca Auldjo (n. 34), un piatto ansato con maschera di Sileno dalla Casa del poeta tragico[1], e il vaso Torrita[2] da una tomba della Val di Chiana. La composizione dei pannelli richiama le figure del vaso Portland e ancora di più quella della coppa Getty dove coincide anche l'identificazione dei personaggi. Particolarmente sorprendenti sono le figure sulle rocce a strati, gli elementi architettonici, gli alberi, e le figure muliebri tutte sedute nella medesima posizione.

A questi vasi bisogna aggiungere una gemma (una sardonica) ora a L'Aia, che deve appartenere ai primi anni di produzione della stessa officina[3].

Il vaso Portland è stato datato alla fine del I secolo a.C. o all'inizio del I d.C., la coppa Getty è solo un poco più tarda. La brocca Auldjo, il piatto ansato e l'anfora di Napoli, tutti da Pompei, sono forse di età claudia (41-54 d.C.). I due pannelli con le scene figurate sono probabilmente più vicini ai vasi figurati, cioè al vaso Portland e alla coppa Getty, che non ai vasi pompeiani con decorazione vegetale. Maiuri (1961, 22) suggerisce perciò che essi debbano essere datati alla fine del regno di Augusto o in età tiberiana intorno al 10-30 d.C. Non deve tuttavia sorprendere che in una famiglia di un certo livello sociale come quella di Fabio Rufo si conservassero e si restaurassero con cura alcuni dei tesori della loro lussuosa casa ricostruita dopo il terremoto del 62 d.C.

C.Z./K.S.P.

1. Napoli n. 1843; Ruesch 1908, 397, n. 1843; Simon 1957, 47-48; *Real Museo Borbonico*, XI, tav. 29; Kisa 1908, II, 387, fig. 191.
2. Firenze, Museo Archeologico; Caetani Lovatelli 1884; Maiuri (1961, 23) nota come il vetro sia di colore blu molto puro e come la tecnica e il colore della parte a rilievo siano pari a quelli degli altri vetri cammeo.
3. La gemma rappresenta Venere e Anchise sul monte Ida: Maaskant-Kleibrink 1978, 370, n. 1166, tav. 184; Simon 1986, 163, 247, fig. 213.

Bibl.: Maiuri 1961; Maiuri 1962, 638, tavv. LXXIX-LXXX; Simon 1964; De Franciscis 1967, 89; Bianchi Bandinelli 1970, 206-207, figg. 225-226; Froning 1981, 30-31; Ziviello 1981-1983, 163-164; Simon 1986, 255.

74

33

Anfora in vetro cammeo (Vaso blu)

Secondo quarto del I secolo d.C. Rinvenuta a Pompei in una nicchia della camera tombale pertinente alla cosiddetta Casa delle colonne a mosaico. Napoli, Museo Archeologico Nazionale, inv. n. 13521.

Altezza cm 31,7; diametro all'orlo cm 6.

Vetro cammeo a doppio strato: quello inferiore, di colore blu cupo, appare a tratti più chiaro in trasparenza; quello superiore, bianco opaco, su cui è intagliata la scena, ha la superficie alquanto abrasa. Anfora con due anse, orlo espanso; collo cilindrico, con solco orizzontale tagliato alla ruota, che si allarga verso la spalla; pareti del corpo verticali. Fondo che si prolunga verso il basso con una protuberanza a pareti concave e fondo piatto. Due anse probabilmente attaccate sopra il bianco all'altezza della spalla, tirate verso l'alto e attaccate alla base della parte verticale del collo con un angolo acuto. Le nervature sulle anse sono forse il risultato di un successivo intaglio e molatura.

Il vaso è stato ricoperto con lo strato bianco probabilmente partendo dal fondo fino all'altezza dell'attacco inferiore delle anse. La decorazione è stata realizzata intagliando il bianco in modo da lasciare una zona figurata principale dalla spalla fino alla base della parete verticale, dove è delimitata da una spessa costolatura orizzontale bianca; la base inferiore del corpo è decorata con un basso fregio figurato.

Il fregio principale presenta quattro scene alternate, ma idealmente collegate: A e C, sotto le anse, presentano amorini vendemmianti, mentre B e D mostrano tralci di vite intrecciati con grandi maschere.

Scena A: Un erote (A) di tre quarti di profilo a sinistra con la testa rivolta a destra, braccia tese nell'atto di raccogliere grappoli d'uva pendenti dai tralci della vite della scena D, intorno alla vita un drappo con estremità svolazzanti, è in piedi su un basso podio colonnato; un erote (B) seduto verso destra nell'atto di suonare la lira appoggiata sul ginocchio sinistro, gamba destra tesa verso il basso, le dita del piede poggianti su una lastra di un letto in muratura ricoperto da un drappo; un erote (C) adagiato sulla *kline*, il braccio destro sollevato nell'atto di prendere l'uva dal grappolo tenuto dalla figura D, appoggiato sul cuscino con il braccio sinistro, tiene nella mano sinistra un calice, parte inferiore delle gambe nascoste dietro la figura B; letto ricoperto da un drappeggio costituito da lastre sovrapposte; un erote (D) di tre quarti di profilo a sinistra, braccio sinistro sollevato nell'atto di sorreggere sopra la testa una ciotola concava colma di uva, in piedi su un podio colonnato identico a quello su cui sta l'erote A. La scena è racchiusa da una ricca e composita ghirlanda di foglie e bacche.

Scena B: Maschera maschile, con baffi, poggiante sulla linea di base, il mento inserito tra foglie di acanto, fronte con un solco a V tra gli occhi, testa coronata con una ghirlanda di foglie e fiori formata dai tralci delle due piante di vite che nascono dalla linea di base e, incrociandosi, dirigono i loro rami principali con frutti e foglie verso l'alto a destra e a sinistra, formando due viticci con due coppie di fiori al centro, sulla sommità dei quali è posato un uccello di profilo a sinistra.

Scena C: un erote (E), seduto su un pilastro verso destra, nell'atto di suonare con le due mani il doppio flauto, ginocchio sinistro piegato e gamba destra stesa a penzoloni; un erote (F) di profilo a destra, chinato nell'atto di rovesciare in un tino l'uva da una piega del mantello legato intorno al collo e al braccio sinistro, gamba sinistra avanzata con il piede poggiante su una pietra; un erote (E) di tre quarti di profilo a sinistra, capo rivolto all'indietro verso destra con una piccola ghirlanda (?) intorno al collo, il braccio destro sollevato in alto con un bastone, il sinistro con una coppa, pigia l'uva in un tino, con modanature in alto e in basso; un erote (H) seduto su un pilastro, di profilo a sinistra, regge con entrambe le mani una siringa a otto canne; festone di frutti sopra le teste appeso alla pianta di vite della scena B e a quella della scena D.

Scena D: Maschera femminile poggiante sulla linea di base, il mento tra due foglie di acanto, testa coronata con una ghirlanda di foglie e fiori formata dai tralci delle due piante di vite che nascono dalla linea di base e, incrociandosi, dirigono i loro fusti principali con frutti e foglie a destra e a sinistra formando due viticci con due coppie di fiori al centro, sulla sommità dei quali è poggiato un uccello di profilo a destra. La zona inferiore del vaso presenta un fregio composto da otto alberi, sei capre e tre pecore, alcune accovacciate, di profilo a destra e a sinistra; sull'albero in corrispondenza della maschera maschile nella scena B è appeso un tamburello. Completa; una piccola parte rotta in tre frammenti al momento della scoperta, ricomposta; manca solo un piccolo frammento in una delle maschere bacchiche. Uno dei lati dell'anfora è in qualche modo deteriorato (Kisa 1908, 583: "Die eine Seite der Amphora hat etwas durch Schmutz gelitten").

L'anfora è comunemente nota come "Vaso blu". È stata trovata nella "Strada delle Tombe" a Pompei il 29 dicembre 1837 alla presenza di Ferdinando II di Borbone, re delle due Sicilie. Le circostanze del rinvenimento hanno suscitato molti dubbi fin dall'inizio perché è noto che, in occasione della visita di membri della famiglia reale, alcuni settori dello scavo venivano in precedenza predisposti. Tombe già aperte venivano richiuse, e di nuovo riaperte alla presenza degli ospiti illustri così da farli partecipare direttamente al piacere della scoperta. Per questa ragione occorre molta cau-

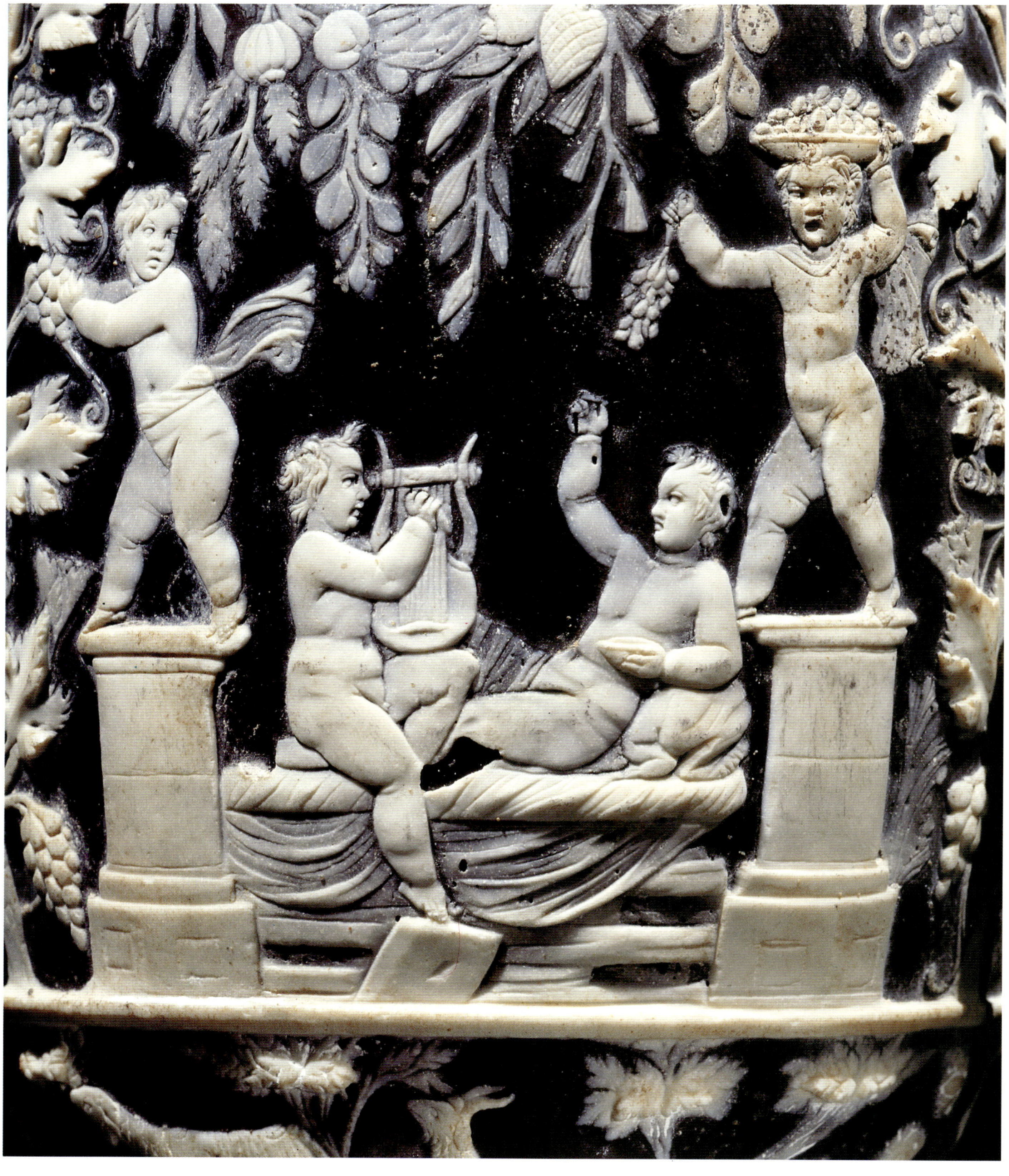

tela nell'accettare come vero il fatto che l'anfora fosse, al momento della scoperta, piena di ceneri, anche se era in queste condizioni quando il re la vide per la prima volta. L'anfora fu trovata con altre due urne, una di vetro con coperchio ed una di terracotta; tutte e tre erano collocate in nicchie. Sul pavimento si trovavano tredici statuette e una maschera con berretto frigio di terracotta. In questo contesto il vaso in vetro cammeo emergeva come oggetto di lusso, distinguendosi sia per la qualità artistica sia per l'intrinseco valore. Tenendo conto dello stato di conservazione particolarmente buono, e anche ammesso che contenesse delle ceneri al momento della scoperta, è impensabile che sia stato fatto con la funzione di urna cineraria, non foss'altro per la forma inusuale, che non consente stabilità autonoma e per la difficoltà di chiudere un vaso di questo tipo. Sia il soggetto della decorazione, una scena bacchica con banchetto e vendemmia, sia la forma del vaso con duplice ansa suggeriscono trattarsi di un recipiente per la mescita del vino durante i banchetti.

La tomba nella quale il vetro è stato trovato è pertinente a una abitazione oggi nota come Casa delle colonne a mosaico. L'edificio funerario, a forma di ara, ha una camera sepolcrale alla quale si accede da una porta posteriore; è simile nella struttura alla tomba Est 2 della necropoli pompeiana fuori Porta Nocera, e così può essere datato in un periodo compreso tra il terremoto del 62 d.C. e l'eruzione del Vesuvio del 79 d.C. (Kockel 1983, p. 158). Nessuna notizia ci è pervenuta circa il proprietario dell'anfora, ma particolarmente interessante è il fatto che l'edificio sepolcrale appare collegato tanto all'asse viario della necropoli fuori Porta Ercolano quanto con il complesso della Casa delle colonne a mosaico. Il soggetto della decorazione e la tecnica di lavorazione collegano strettamente l'anfora ai principali vasi in vetro cammeo, come ad esempio il vaso Portland (n. 29). L'anfora è stata soffiata, come ha notato Schulz (1839, 85) nella prima pubblicazione: "pare soffiava un abile vetraio quel vetro azzurro con il bianco sovrapposto dentro una forma di luto...". Il vaso è stato ricoperto di uno strato bianco fino al punto di attacco dell'estremità inferiore delle anse, che si appoggiano sulla parte superiore del bianco. Stilisticamente, nonostante le figure non siano intagliate con la stessa sicurezza di quelle del vaso Portland (n. 29) e della coppa Getty (n. 31), l'anfora appartiene certamente alla stessa officina. Si confrontino i seguenti elementi: la *kline* su cui è sdraiato l'erote B con le rocce a strati del vaso Portland, della coppa Getty, dei due pannelli (n. 32) e anche della gemma con Venere e Anchise dell'Aia; le maschere sileniche sotto le anse con quella del piatto ansato dalla Casa del poeta tragico di Pompei; i tralci di vite e edera con la decorazione della brocca Auldjo (n. 34). In altri termini, il confronto sia con vetri cammeo con soggetto narrativo, come il vaso Portland, sia con vasi con motivi puramente decorativi come la brocca Auldjo mostra che l'anfora di Napoli si può considerare il "trait-d'union" tra i due gruppi. Le particolarità stilistiche della decorazione dell'anfora e dei vasi ad essa collegati non solo consentono di attribuire l'anfora alla stessa officina, ma aiutano anche a datare questi pezzi. Nel caso dell'anfora un elemento importante è il confronto che si può stabilire tra i festoni delle scene B e D e quelli dell'Ara Pacis (13-9 a.C.). La Simon (1957, 48) ha rilevato che i festoni sull'anfora sono piatti e rigidi rispetto a quelli dell'Ara Pacis, e che sono molto più simili alle ghirlande scolpite sull'ara funeraria di Amemptus del 41 d.C. (Parigi, Louvre: Altmann 1905, 116-117, tavv. I-III). Questa deve essere all'incirca la data dell'anfora. L'analogia esistente tra i festoni dell'Ara Pacis e di altri rilievi in pietra e le ghirlande dei vasi in vetro cammeo costituisce una prova, secondo Dusenbery (1964, 33), che questi ultimi sono stati prodotti in Italia. La Simon (1957, 45-46) concordava, sulla base della sua identificazione delle figure del vaso Portland con divinità di Roma, come Quirino e Veiove. In seguito (1986) ha modificato la sua opinione ritenendo che la figura barbata non rappresenti Quirino ma Crono o Aion; ma questa nuova interpretazione in realtà rafforza la sua ipotesi.

C.Z./K.S.P.

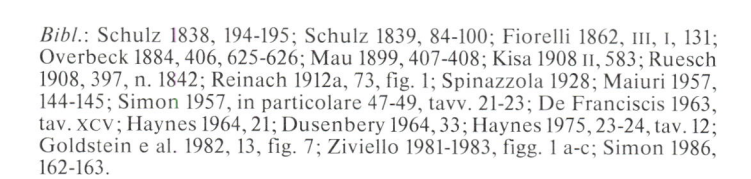

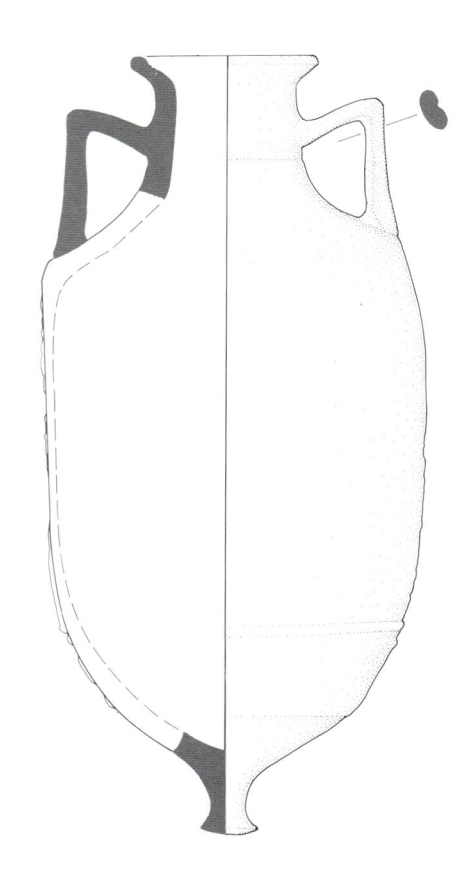

Bibl.: Schulz 1838, 194-195; Schulz 1839, 84-100; Fiorelli 1862, III, I, 131; Overbeck 1884, 406, 625-626; Mau 1899, 407-408; Kisa 1908 II, 583; Ruesch 1908, 397, n. 1842; Reinach 1912a, 73, fig. 1; Spinazzola 1928; Maiuri 1957, 144-145; Simon 1957, in particolare 47-49, tavv. 21-23; De Franciscis 1963, tav. XCV; Haynes 1964, 21; Dusenbery 1964, 33; Haynes 1975, 23-24, tav. 12; Goldstein e al. 1982, 13, fig. 7; Ziviello 1981-1983, figg. 1 a-c; Simon 1986, 162-163.

33 (1:3)

34

La brocca Auldjo

Fine secondo o terzo quarto del I secolo d.C. Rinvenuta tra il 1830 e il 1832 a Pompei nella Casa del Fauno. Il fondo fu acquistato dal dott. J.B. Hogg; il collo e l'ansa furono donati da Miss M.H.H. Auldjo. BM GR 1840.12-15.41 (fondo) e 1859.2-16.1 (collo e ansa).

Altezza con l'ansa cm 22,8; diametro cm 14,3; diametro del fondo cm 7,8.

Vetro blu scuro e bianco opaco; un bolo di vetro blu parzialmente inserito nel bianco e poi soffiato a canna libera; parte superiore del "paraison" probabilmente tagliata via, lasciando una striscia poi ripiegata sulla spalla a formare l'ansa; bocca, collo e ansa tagliati alla ruota e molati; decorazione a cammeo intagliata; anello di base tagliato alla ruota e molato dal medesimo "cased paraison". Brocca monoansata; bocca trilobata; collo largo svasato fino alla carenatura della spalla; corpo rastremato verso il fondo.
L'ansa è decorata esternamente con due larghi solchi separati da uno più stretto centrale, che partono dal punto più alto della curva per terminare al punto di attacco sulla spalla con due nervature orizzontali. La decorazione a cammeo sulla spalla, delimitata in basso da una sottile linea bianca, presenta due coppie di uccelli affrontati, di fronte e di schiena, alternate con tre germogli di acanto e girali fioriti; quella sul corpo un tralcio di vite orizzontale frammisto con tralci di edera e alloro e un uccello appollaiato al centro di un germoglio.
Rotta, incompleta e restaurata; in tutto quindici frammenti. Un piccolo frammento unisce la parte superiore a quella inferiore consentendo di delineare il profilo verticale completo del vaso. L'alterazione della superficie levigata è stata parzialmente eliminata da una molatura moderna, lasciando però tracce di alterazione calcarea. La superficie interna non polita presenta un sottile strato di alterazione calcarea. All'interno del collo striature verticali dovute alla soffiatura; alcune bolle.

Recenti analisi scientifiche hanno stabilito che il vetro bianco opaco della brocca Auldjo ha un alto contenuto di piombo: il 23% contro il 12% del vaso Portland. La presenza di piombo nel vetro ha facilitato l'intaglio a cammeo dell'intricato disegno della decorazione.

K.S.P.

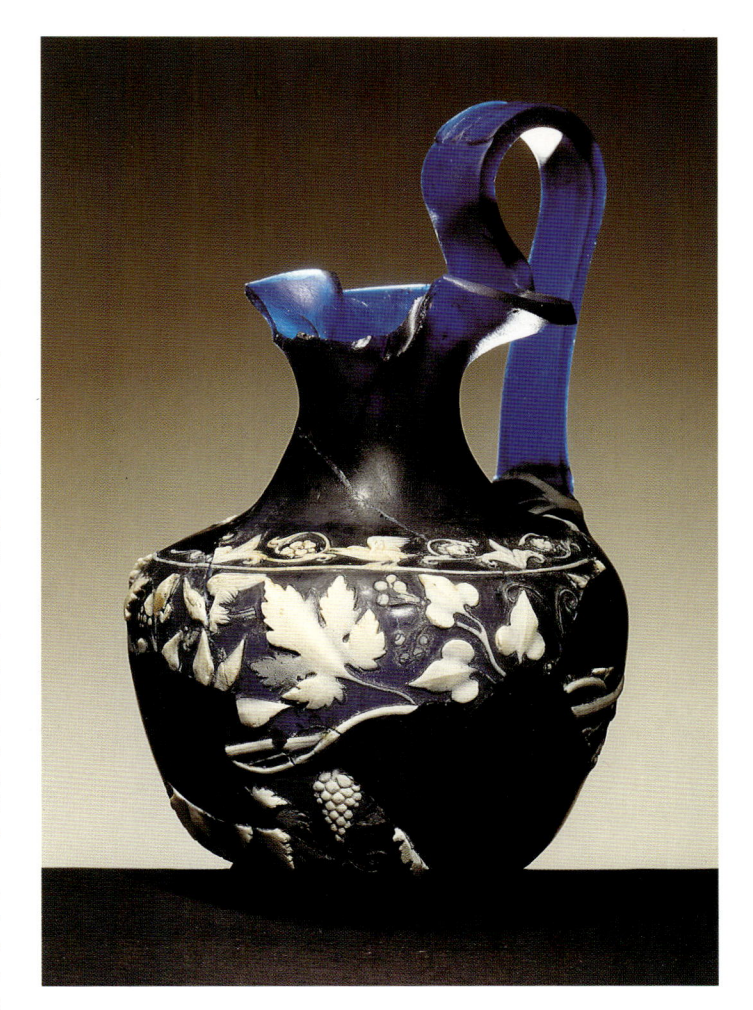

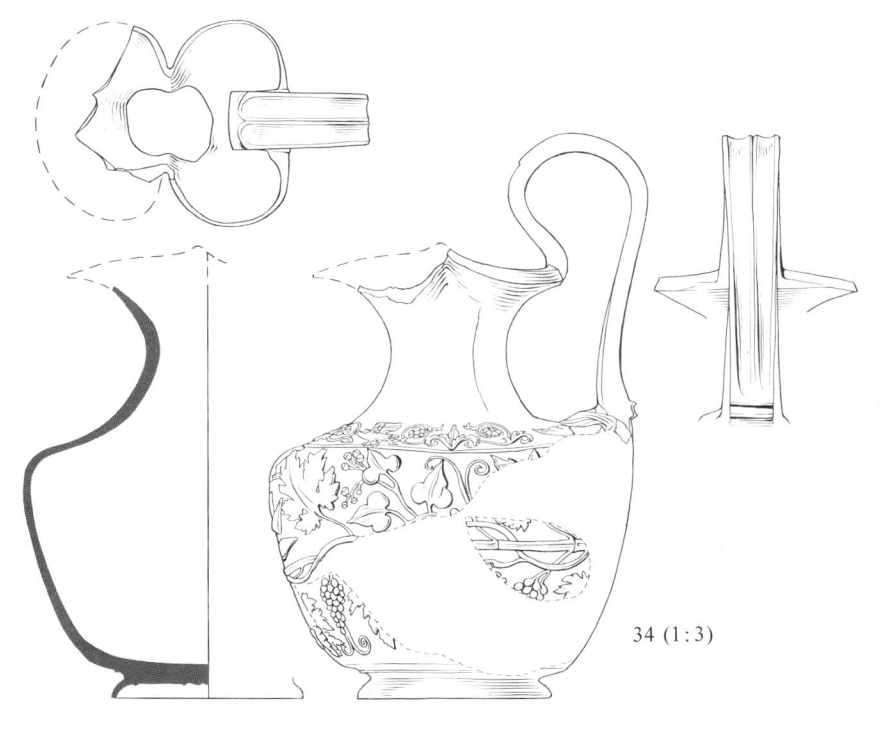

Bibl.: Nuber 1973, 75-76; Goldstein e al. 1982, 100, n. 6; Harden 1983; Bimson e Freestone 1983; Jackson 1985.

34 (1:3)

35

La coppa Morgan

Prima metà del I secolo d.C. Si ritiene rinvenuta a Eraclea Pontica, odierna Ereğli, sulla costa turca del mar Nero. Già nella collezione Durighello dal 1903 circa, poi nella J. Pierpont Morgan, New York. CMG 52.1.93.

Altezza cm 6,2; diametro dell'orlo cm 7,6.

Vetro blu e bianco opaco. Prima è stato colato a stampo il recipiente blu, poi parete e base sono state rivestite da uno strato bianco, forse sovrapponendo una striscia bianca fino a una certa altezza sotto l'orlo; lavorato alla ruota e intagliato per realizzare la decorazione bianca a rilievo su fondo blu; rifinito al tornio. Coppa semiovoidale con fondo appiattito; orlo liscio smussato internamente; la parete, in alto quasi verticale, si incurva verso il fondo. Fondo piatto.
Sulla parete fregio continuo racchiuso tra una linea sottile appena sotto l'orlo e una striscia bianca con intagli orizzontali appena sopra il fondo, a formare la linea di base per la scena rappresentata; sul fondo, un fiore asteroide tra due circonferenze. Il fregio rappresenta una scena rituale; da sinistra a destra: a) un pino; b) un canopo teso tra il pino e una colonna; c) una giovane assistente, coi capelli raccolti sulla sommità del capo, una corta tunica, legata all'altezza del petto, sopra un abito lungo fino alle caviglie, in ginocchio di profilo verso destra, prende un drappo da uno scrigno con decorazione a graticcio; d) un giovane satiro di profilo a sinistra, con una pelle animale legata alla vita annoda un'estremità del baldacchino alla cima della colonna, mentre l'altra è già legata ai rami di pino; e) grande cratere privo di anse su piede scanalato; f) una seconda assistente, con il corpo di tre quarti di profilo a destra e la testa di profilo a sinistra, una brocca nella mano destra, porta all'altezza della spalla sinistra un cesto con pigne, mele e dolci a tre punte; è vestita e pettinata come l'altra assistente, ma un lembo della veste forma un breve strascico; g) una donna incinta, con una veste riccamente drappeggiata e un manto sul capo, in piedi di profilo verso destra, ha la mano destra sollevata in atto di preghiera e nella sinistra tiene una torcia accesa; h) su un basso tavolo con piedistallo centrale e base a scalini è posato un brucia-incenso a forma di ara con pigne brucianti e tre frutti; i) un'erma di Sileno di tre quarti di profilo a sinistra, nudo, senza braccia e non itifallica, su un piedistallo ornato con una ghirlanda dai nastri svolazzanti; j) a un ramo del pino è legato un asino; tiene il muso basso, ha le briglie, una sella con impugnatura e una campana al collo. Sulla superficie esterna del fondo un fiore a stella formato da quattro petali ovali a punta, con nervatura mediana, sovrapposti e alternati a quattro petali triangolari, sempre con nervatura centrale. Intatto; una lunga crepa a S, partendo dall'orlo, attraversa la tenda, l'assistente inginocchiata, l'erma e le zampe dell'asino, fin sotto il braccio sinistro della figura g. Chiazze di alterazione superficiale gialla internamente ed esternamente, in particolare vicino all'asino.

Tecnica di lavorazione
Appena sopra il bordo bianco superiore tra il tavolo e l'erma c'è una goccia di vetro bianco che sembra pressata nella superficie blu. Questo fa pensare che i due strati di vetro non siano stati ottenuti né con il "casing" né con il "flashing", ma che la coppa sia stata ricoperta con lo strato bianco avvolgendola con un filamento fino ad ottenere uno strato abbastanza spesso da poter essere intagliato. Se l'ipotesi è corretta, evidenzia un'altra tecnica sperimentale (v. introduzione pp. 1-2) che non fu adottata su larga scala e che non durò a lungo.
Vi è persino motivo di supporre che l'autore o gli autori della coppa abbiano perso interesse al loro lavoro prima di averlo finito. Il vetro bianco della figura del satiro è stato abbondantemente intagliato onde lasciare la figura ben modellata, e la figura terminata è stata ben levigata. Entrambe queste operazioni sono normali nei vetri cammeo. Invece il vetro della figura femminile g è stato lasciato più spesso, le pieghe dell'abito sono poco profonde ed eseguite senza cura, la superficie bianca è ruvida e non levigata. Tutto ciò può far pensare che l'artigiano abbia perso la pazienza e abbia cercato di finire il lavoro al più presto. Questa ipotesi non è fondamentale per dire che la coppa è stata eseguita con un metodo sperimentale, ma può aiutare a pensarlo.

Interpretazione della scena
Spesso è stato sostenuto che l'erma rappresentasse Priapo; ma la testa calva e le orecchie appuntite da satiro lo identificano come Sileno, il tutore di Dioniso. Supportano questa identificazione della scena come dionisiaca (Simon 1964, 14-21) la presenza di oggetti come la pigna bruciata, il dolce a tre punte nel cesto della assistente, il cratere, la *cista mystica* e, infine, il pino. La scena è unica e comincia e termina col pino, mentre il cratere la divide in due parti. L'assistente in piedi dietro la donna incinta che volge lo sguardo dietro di sé per attirare l'attenzione su quanto accade davanti al cratere collega le due parti.
Il fregio si può così interpretare: la donna è venuta al sacello dionisiaco e qui ha pregato e fatto offerte in un'atmosfera di rituale mistico (indicato ad esempio dalla *cista*) e purezza. Gli elementi necessari alla purezza sono il fuoco, il vento, l'acqua. Il fuoco è indicato dalla pigna che brucia, il vento dai nastri svolazzanti della ghirlanda. Simon (1964, 17-18) suggerisce che in questo caso la presenza dell'acqua sia simbolizzata dal cratere. Il prodotto di questi tre elementi è un processo di pulizia, *lustratio*, dei partecipanti.

Con le sue preghiere la donna ha implorato dal dio fertilità e benedizione per i figli.

Nella Grecia classica le donne con questo desiderio visitavano in particolare i santuari di Asclepio e, dopo aver pregato, cadevano nel sonno rituale durante il quale venivano fecondate da serpenti. In età ellenistica e romana tali preghiere venivano spesso espresse nei santuari dionisiaci. L'idea di poter ottenere la fertilità con le preghiere, il sonno rituale e i serpenti si riflette nella leggenda che Azia avesse concepito l'imperatore Augusto in questo modo. Sulla coppa Morgan la connessione è effettuata attraverso le preghiere della donna, che è rappresentata già gravida, in una condizione di purezza, appena prima di cadere nel sonno rituale (*incubatio*) sotto la tenda. Durante l'*incubatio* essa sarà raggiunta dal serpente che uscirà dalla *cista mystica*, come avviene di solito nei riti dionisiaci.

La Simon ipotizza che anche il vaso Portland (n. 29) implichi una simile concezione con la rappresentazione della stessa Azia e del serpente. Per quanto concerne la coppa Morgan la sua idea è convincente.

Stile e datazione

Secondo Harden (v. p. 55) la coppa Morgan rientra cronologicamente nel gruppo più tardo dei vasi cammeo qui illustrati che va datato all'incirca tra il 40 e il 60 d.C. Altri studiosi propendono per una datazione più antica influenzati, come Harden ha rilevato, dalla datazione più antica per tutta la classe dei vetri cammeo proposta da Cooney. La Simon (1964, 20) per esempio data la coppa Morgan al terzo quarto del I secolo a.C. (in base al fatto che il suo stile è più ellenistico e orientale di quello del vaso Portland ascrivibile a Roma), e poiché lo stile romano dopo Augusto e l'Ara Pacis è predominante, la coppa Morgan deve essere preromana. Anche la Isings (1957, 29-30) la data nella prima età augustea, confrontando lo stile delle acconciature di due delle figure femminili della coppa con ritratti romani del tardo periodo repubblicano e della prima età imperiale (per i ritratti cfr. Felletti Maj 1953, 51, n. 79).

Le argomentazioni della Isings e della Simon per una data più antica non sono abbastanza convincenti; ma la Simon ha certamente ragione quando osserva che lo stile è diverso da quello del vaso Portland e dei pezzi ad esso collegati. Le figure delle due assistenti sono lavorate in modo insicuro e imperfetto sia nel corpo sia nel drappeggio. Il braccio sinistro di quella inginocchiata, per esempio, non è attaccato al corpo, il velo della figura muliebre in preghiera non ha un disegno corretto, e il tronco del satiro è troppo lungo rispetto alle gambe e all'insieme del corpo.

La Simon aggiunge poi l'interessante osservazione che questi "sbagli" sono frequenti nell'intaglio di pietre dure, dove l'artista ha il problema di costringere le naturali (e perciò irregolari) strisce di colore nella desiderata scena decorativa. Solo occasionalmente egli poteva avere a disposizione un'onice così uniforme come nel caso della Gemma Augustea ora a Vienna.

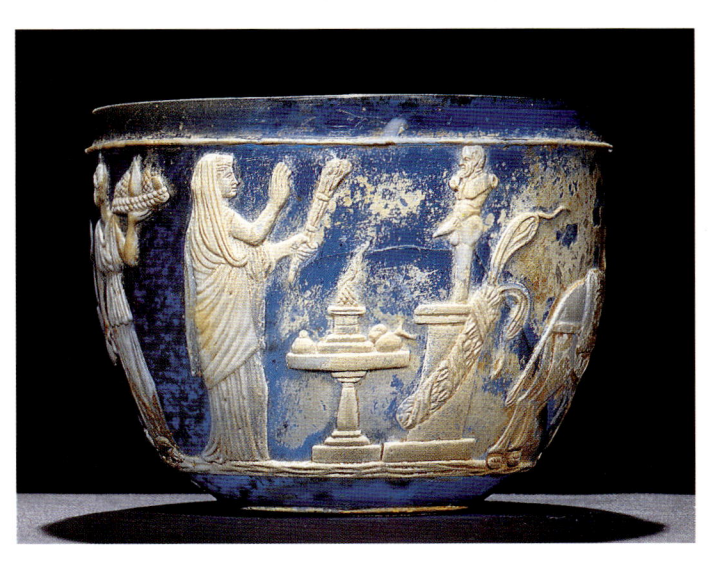

La Simon ipotizza pertanto che l'intagliatore della scena della coppa Morgan abbia avuto come modello un originale in onice ora perduto e arriva a supporre che questo originale raffigurasse Olimpia, madre di Alessandro Magno, che si diceva avesse concepito il figlio dall'unione con un serpente durante la celebrazione dei misteri dionisiaci. Noi non vogliamo spingerci così lontano ma facciamo notare che l'ipotesi di un modello in pietra dura per la coppa Morgan non è compatibile con la data suggerita da Harden.

D.B.W.

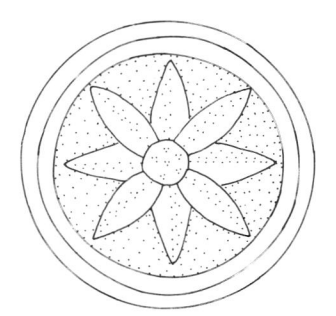

Bibl.: Reinach 1912 a, III, 529-530, fig. 8; Reinach 1912 b, 172-173, ill.; Eisen 1927, 157; Simon 1964, 14-21, figg. 1-5; Charleston 1980, 34-35, n. 9, ill.; Juckner 1980, 444-446; Goldstein e al. 1982, 21, n. 3.

36 In mostra solo a Corning

Bottiglia

Ultimo quarto del I secolo a.C. - primo quarto del I d.C. Si dice rinvenuta nei pressi di Eskişehir, Turchia. Già nella collezione Kofler-Truniger, Lucerna. Malibu, The J. Paul Getty Museum, 85.AF.84.

Altezza cm 7,6; diametro massimo cm 4,2.

Vetro blu intenso e bianco opaco. Soffiato; intagliato e molato. Bottiglia con corpo piriforme, lungo collo, orlo rovesciato, fondo piatto. Sul fondo è intagliata una rosetta a cinque petali incorniciata da otto foglie con venatura. La parte inferiore del corpo è intagliata a lasciare una zona decorata a rilievo bianco, che poggia su una spessa linea di base bianca continua. Da sinistra a destra: a) un albero nodoso, il cui tronco si biforca in due rami con grandi foglie alle estremità; b) un bambino nudo, in movimento verso destra, regge con le braccia aperte una ghirlanda da poggiare sull'altare; c) un altare con cornice, su alto piede, a rilievo su uno dei lati un uccello (ibis?) con lungo collo e becco ricurvo; sopra l'altare è accovacciato verso sinistra il dio egizio Thot rappresentato come un babbuino, con il disco della luna sulla testa; d) un bambino nudo stante verso destra, con un corto mantello svolazzante sulle spalle, tiene davanti a sé con le due mani un oggetto con un'asta ricurva che in cima si divide in tre; e) un altare con base a scalini e modanatura superiore sormontato da corni appuntiti e ricurvi tra i quali vi sono delle fiamme; su uno dei lati a rilievo l'*uraeus*, il serpente sacro, sormontato dal disco del sole; f) una figura maschile stante di profilo a sinistra, che gli attributi identificano come un faraone: la doppia corona, la parrucca con i due lembi, il bastone ricurvo nella mano destra, il vaso nella sinistra, il gonnellino pieghettato; g) obelisco appuntito, su base rettangolare, ricoperto di geroglifici per tutta l'altezza: cerchio con un punto; scarabeo ad ali aperte; probabilmente un occhio col sopracciglio; un serpente; un oggetto simile a un fuso; un triangolo; un falco; sulla base: due linee oblique; un cerchio, tre linee, due gambe in movimento.
Integra, fatta eccezione per l'orlo rotto; sottili graffiature sul vetro blu nella parte lavorata a cammeo. Alcune incrostazioni, butterature e chiazze di alterazione superficiale.

Storia
L'unguentario si trovava nella collezione Kofler-Truniger a Lucerna, con il numero K 2851M. Il proprietario riteneva attendibile la provenienza da Eskişehir in Bitinia (Jucker 1965, 47) fornita dal venditore. La collezione fu venduta alla Christie's il 5-6 maggio 1985.

Forma e tecnica
Per quanto concerne la forma e la tecnica del vaso vanno evidenziati due punti:
1) La rosetta incorniciata da foglie sul fondo della bottiglia la collega alla coppa Morgan (n. 35) pur differendo le due rosette per forma e funzione. La rosetta della coppa è più sche-

matica di quella della bottiglia e la bottiglia si regge sui petali della sua rosetta mentre la coppa poggia sulla linea di base del fregio e la rosetta serve solo per decorare la base.
2) Jucker (*loc. cit.*) si è chiesto se i sottili graffi sulla superficie blu della zona decorata siano stati causati da un restauro moderno, ma, data la loro regolarità, ha concluso per la loro antichità. Ha anche osservato che era stata ricoperta di bianco solamente la parte inferiore del vaso, dove si prevedeva il disegno a rilievo. Probabilmente per il fatto che nella parte alta lo strato bianco è relativamente sottile, il rilievo è parzialmente intagliato nel sottostante strato blu, ad esempio la parte superiore del bastone del faraone.

Decorazione e datazione
I geroglifici sull'obelisco sembrano privi di significato; potrebbero essere una libera imitazione di una iscrizione reale. Jucker ha proposto per l'intero fregio la seguente interpretazione: Horus, figlio di Iside, rende omaggio a sua madre e a Thot, che ha riportato Horus in vita con un sortilegio dopo che è stato punto da uno scorpione. Thot è stato inviato dal dio Sole Aton-Rê, qui rappresentato come un faraone. Il luogo dove Horus è stato ferito e risanato è Eliopoli, indicato qui dall'obelisco e dall'albero (Jucker 1965, 49-50, citato da Rütti 1981), che si trova nove chilometri a nord-nordest del Cairo e sei chilometri a est del Nilo. Al tempo di Erodoto (II, 3) il luogo era un santuario, e la visita di Strabone nel 24 a.C. mostra come in epoca romana fosse ancora meta di viaggiatori, anche se già in rovina (*Geografia*, XVII, 805).
Harden (v. p. 55) data la bottiglia all'ultimo quarto del I secolo a.C. o entro il primo quarto del I d.C. La sua datazione è basata sul confronto con altri vetri cammeo. Jucker (1965, 53) collega questa bottiglia con un altro unguentario, a forma di anfora, il cosiddetto vaso Torrita, considerandoli come prodotti miniaturistici della stessa officina, e in base allo stile del vaso Torrita li data al tempo dell'Ara Pacis (13-9 a.C.). Benché questa datazione li collochi artisticamente quasi all'inizio del terzo stile pompeiano, egli fa notare come la pienezza delle figure e la composizione dei due vasi abbiano molto in comune con il secondo stile, quando i motivi egizi ed egizzianti divennero attuali. Il luogo di rinvenimento del vaso Torrita, in Etruria, e la sua relazione con questa bottiglia, fanno ipotizzare per entrambi una fabbricazione italica (vaso Torrita, Firenze, Museo Archeologico 70811: Simon 1964, 21-24; Gasparri 1986, 553, n. 172).
Esiste anche la possibilità che questo unguentario con la sua decorazione fosse un costoso ed elaborato ricordo di Eliopoli, un luogo famoso che era forse di moda visitare. In tal caso andrebbe confrontato con la più tarda bottiglia da Baia (n. 116). È forse più probabile che gli artefici italici di questa bottiglia fossero venuti a conoscenza di Eliopoli, dei suoi obelischi, di Horus e dei faraoni attraverso vicende della stessa Roma. Nel 10 a.C. l'imperatore Augusto aveva infatti trasportato a Roma da Eliopoli due obelischi che erano stati collocati nella *spina* del Circo Massimo e nel Campo Marzio (Humphrey 1986, 269-272). Quello nel Circo Massimo è spesso rappresentato nelle coppe di vetro soffiate a stampo con le corse nel circo (n. 89). Forse il Circo Massimo è rappresentato in queste serie più tarde semplicemente perché mostra una forma e un luogo popolare di divertimento. Ma il Circo era anche dedicato al Sole e il dio Sole come divinità protettrice del circo era l'auriga supremo, come si può vedere nella coppa intagliata da Colonia (n. 117) (Humphrey 1986, 232). Gli obelischi in Egitto erano ugualmente legati al dio Sole e al potere del sovrano. Le enormi difficoltà e le grandi spese sostenute per trasportare gli obelischi a Roma erano per Augusto giustificate proprio perché legavano in maniera spettacolare il potere del dio Sole a quello del sovrano. Pertanto la rappresentazione sulla bottiglia della storia di Horus e il riferimento a Eliopoli potrebbero riferirsi proprio al trasporto dei due obelischi da parte di Augusto ed essere una dimostrazione dell'effetto della propaganda augustea sui suoi sudditi. Se questa interpretazione è corretta, la bottiglia va datata negli anni prossimi all'erezione degli obelischi.

D.B.W.

Bibl.: *JGS* 4 (1962), 140, n. 5; Jucker 1965, 46-53; Rütti 1981, 72, n. 226; Goldstein e al. 1982, 99, n. 4, tav. p. 23; *Christie Manson e Woods* 1985, n. 150.

Parte seconda
Il vetro romano soffiato

Introduzione

Gli oggetti della prima parte sono in prevalenza anteriori al periodo in cui la soffiatura diventa il metodo primario per la fabbricazione di recipienti in vetro, mentre quelli della seconda parte sono per lo più prodotti con l'impiego della soffiatura.
L'invenzione, se così la vogliamo chiamare, del processo di soffiatura o insufflatura ha determinato una netta spaccatura nella storia del vetro, che si riflette in questo catalogo. Sembra perciò opportuno inserire a questo punto un breve resoconto di quel poco che sappiamo o possiamo supporre relativamente al tempo e al luogo in cui avvenne questa grande rivoluzione nell'industria vetraria, che ebbe effetti quasi immediati sulla diffusione della manifattura del vetro nell'impero romano e conferì status e importanza agli artigiani ad essa collegati.

La tecnica della soffiatura

Descriviamo innanzitutto in che modo l'artigiano soffia e rifinisce un recipiente di vetro usando un procedimento che non si è mai modificato, almeno nei principi essenziali, dal momento della sua scoperta. Il metodo, pur richiedendo grande abilità e destrezza, è sostanzialmente semplice. Il soffiatore raccoglie da un recipiente nella fornace un certo quantitativo di vetro fuso all'estremità di un tubo di ferro lungo un metro o un metro e mezzo, detto canna da soffio, e soffiando forma un bolo. Gli fa poi assumere la forma desiderata ruotandolo, o facendolo rotolare su una superficie piatta, o modellandolo con appositi strumenti o in uno stampo. Il bolo viene poi di nuovo soffiato e manipolato con strumenti fino ad ottenere la forma finale, quindi staccato dalla canna da soffio in modo da rifinire il collo e l'orlo con uno strumento. A questo scopo una barra massiccia di ferro lunga circa un metro, chiamata pontello, veniva fissata al fondo del vaso con un sigillo di vetro. A questo punto il recipiente può essere staccato dalla canna da soffio e tenuto con il pontello mentre si rifinisce l'estremità superiore; successivamente si stacca anche il pontello e il recipiente finito, non più viscoso ma ancora molto caldo, viene collocato in un forno apposito dove si raffredda molto gradualmente. È essenziale che il raffreddamento sia molto lento per consentire alla temperatura di ridursi anche attraverso le pareti spesse del vaso ed evitare così che il vetro sia soggetto a tensioni interne. Il raffreddamento dura almeno un giorno o più. Nel caso di una forma semplice l'intero processo di esecuzione non dura più di due o tre minuti. Se la forma è più complessa ed occorre più tempo, a volte è necessario un nuovo riscaldamento in fornace del recipiente per mantenere il vetro sufficientemente viscoso da essere lavorato. Di solito, il lavoro viene eseguito da un gruppo di quattro artigiani con un maestro soffiatore che effettua la soffiatura principale e dà la forma all'oggetto, aiutato dagli altri quando occorre. Al giorno d'oggi il maestro soffiatore siede su uno scanno di legno con braccioli sporgenti sui quali durante la lavorazione tiene in equilibrio sia la canna che il pontello.

Origine e sviluppo della soffiatura del vetro

Si è già parlato nell'Introduzione (pp. 1-8) degli inizi della soffiatura nel I secolo a.C., del suo impatto sulla manifattura del vetro nell'età imperiale romana e delle conseguenze culturali ed economiche provocate dal suo rapido successo. Ma queste considerazioni concernono prevalentemente il come e il perché fu utilizzata la soffiatura e forniscono solo incidentalmente notizie sul dove e quando questa abbia avuto origine. Molto imprecise sono le informazioni che si possono ricavare dagli autori antichi e nel migliore dei casi sono assai scarse. Due sono gli autori che forniscono alcune precisazioni. Strabone (circa 63 a.C.-22 d.C.), nato ad Amasia nel Ponto (Asia Minore), dice che ai suoi tempi i due maggiori centri del Mediterraneo orientale per la produzione del vetro erano Alessandria sul delta del Nilo e Sidone sulla costa fenicia, e che la stessa Roma costituiva un terzo importante centro. Egli accenna inoltre ad un'altra manifattura romano-italica fiorente in Campania a nord di Napoli dove veniva utilizzata la sabbia bianca del Volturno. Plinio il Vecchio (23-79 d.C.) dà notizie più dettagliate della produzione campana (*N.H.*, XXXVI, 194) e menziona anche uno degli altri centri indicati da Strabone, cioè la costa fenicia, ma non lo colloca nei pressi di Sidone (che tuttavia chiama in un altro passo *artifex vitri*[1]), bensì circa ottanta chilometri a sud, dove il piccolo fiume Belus (l'odierno Na'aman) sfocia nel mare a sud di Acri (la Tolemaide ellenistica, oggi Akko). Egli dice che la pianura del Belus (*N.H.*, XXXVI, 191) è stata un'area di produzione del vetro "per molti secoli" (*multa per saecula*) e coglie l'occasione per narrare di alcuni mercanti di *natron* (soda) che sulla spiaggia avevano appoggiato le pentole per cucinare su alcuni blocchi di soda del loro carico; questi al calore del fuoco si fusero con la sabbia facendo fluire rivoli trasparenti di una nuova sostanza (*novi liquoris*). E fu così che il vetro ebbe origine.

Il racconto, vero o falso che sia, non ha nulla a che vedere con l'origine della soffiatura, che non è mai menzionata dagli scrittori antichi. Occorre pertanto rifarsi esclusivamente alla documentazione archeologica.

Fino agli anni sessanta si riteneva che l'insufflatura del vetro fosse iniziata nel I secolo d.C. anche se chi scrive ed altri studiosi erano convinti che sarebbero venuti alla luce elementi atti a dimostrare come questa fosse già in uso nel I secolo a.C. Non fui pertanto sorpreso quando nel 1961 il professor Nahman Avigad dell'Università Ebraica di Gerusalemme, durante lo scavo in una grotta di alcune tombe ebraiche del periodo degli Asmonei (fine del II e I secolo a.C.) nell'oasi di Ein Gedi sulla costa occidentale del mar Nero, rinvenne in una tomba una coppa poco profonda colata a stampo con brevi costolature e in un'altra una bottiglia in vetro soffiato[2]. Questo cimitero fu abbandonato poco dopo l'inizio del regno di Erode il Grande nel 40 a.C., al più tardi nel 31 a.C., e per un certo periodo non fu più usato.

Questo reperto non rimase a lungo isolato. Nel 1971 N. Avigad, durante lo scavo del quartiere ebraico nella città vecchia di Gerusalemme, rinvenne un complesso di cisterne a volta e piscine a gradini al di sotto di una strada pavimentata, che copriva una casa del periodo tardo-asmoneo o primo erodiano. In una di queste piscine si trovavano scarti di lavorazione di un'officina vetraria, tra cui coppe colate a stampo coniche e emisferiche (fine II e inizi I secolo a.C.) con solchi intagliati sulla superficie interna; molti frammenti di ampolle di vetro, alcuni terminanti con bulbi ovali a goccia, apparentemente soffiati attraverso la parte terminale della fiala; frammenti di unguentari con labbro svasato e spalla, apparentemente soffiati con una canna da soffio; e inoltre una grande varietà di residui di vetro, tra i quali frammenti di bastoncini a spirale con una estremità arrotondata e una appuntita, frammenti di bastoncini con le estremità a

---

1. Plinio, *N.H.*, V, 76.
2. I particolari sono in Barag 1981. Si veda anche Avigad 1962, 183 e Mazan e Dunayevsky 1964, 128.

spatola, oltre a molti frammenti informi, scorie miscellanee e molto materiale vitreo di scarto. La bottega che aveva prodotto questo materiale non doveva essere lontana e doveva appartenere a un periodo di transizione durante il quale, forse per non molti anni, erano state prodotte coppe tardo-ellenistiche colate a stampo e sperimentate le prime forme di soffiatura attraverso un tubo cavo di vetro o con la canna da soffio[3]. Avigad conclude: "Dato che questo deposito di vetri è ben datato sia dalla stratigrafia sia dalle monete (contiene circa cento monete, tutte di Alessandro Ianneo), sembra documentare per la prima volta con una data certa l'inizio della soffiatura del vetro"[4]. Bisogna prudentemente aggiungere: "almeno in un'area di produzione di quel tempo". Ma anche se oggi si accetta la seconda metà del I secolo a.C. come data di inizio di questo processo rivoluzionario, si può scorgerne alcuni sintomi in un certo tipo di vetro utilizzato nella produzione dei precedenti cento anni. Parte del vetro usato per gli oggetti a nucleo friabile, comuni alla fine del II e agli inizi del I secolo a.C., e in particolare il vetro usato per le anse e i filamenti, è vetro chiaro, molto diverso da quello scuro e semi-opaco usato per gli oggetti a nucleo friabile dei secoli precedenti. Questo vetro più chiaro è usato nello stesso periodo anche per le diffusissime coppe colate a stampo, colorate e incolori. È evidente che per produrre bei recipienti soffiati chiari questo nuovo tipo di vetro era molto più adatto del vetro opaco blu scuro o di altri colori cupi che veniva usato per i recipienti a nucleo friabile più antichi. Questo cambiamento può anche essere stato fortuito e non una deliberata anticipazione della rivoluzione imminente. Tuttavia si impose e fu accolto dai primi soffiatori come il materiale ideale per la soffiatura di recipienti comuni.

Ma che cosa accadeva in quel tempo negli altri importanti centri di produzione, ad esempio nella vicina costa fenicia dalla foce del Belus a Acri, verso nord fino a Tiro e Sidone, una zona famosa per i suoi vetri almeno a partire dall'epoca romana se non da un millennio prima? Non si sono trovate tracce di lavorazione del vetro in età romana o precedente mentre esistono molti siti di lavorazione di età post-romana, in particolare a Tiro e dintorni. Ma noi sappiamo che nella prima metà del I secolo d.C. alcuni artigiani, Artas, Philippos e Neikon, hanno prodotto alcune coppe biansate soffiate con il loro nome e quello della loro città, "Seidon", spesso in caratteri greci e anche latini, impresso sulla parte piatta dell'ansa. Contemporaneamente a loro erano attivi Ennion, Aristeas, Jason, Meges che con la soffiatura a stampo produssero coppe, bicchieri, brocche e bottiglie biansate, firmandole in caratteri greci (ad esempio "Ennion fece questa [coppa]"), ma nella maggior parte dei casi senza indicare la loro città natale. Aristeas, tuttavia, su una delle due coppe di sua produzione note, si qualifica come "Kuprios", cipriota.

Si è supposto che Artas e altri, che usano caratteri sia greci sia latini e indicano come città natale Sidone, fossero attivi in Italia (a Roma) e non a Sidone o in un'altra località della costa fenicia. Per spiegare la ragione e l'epoca in cui tutto ciò avvenne occorre esaminare l'origine dell'industria del vetro romano-italica. Infatti non esiste alcuna testimonianza che provi l'esistenza della manifattura del vetro a Roma prima della fine della repubblica, il che spiegherebbe le scarse notizie sul vetro degli scrittori del periodo tardo-repubblicano.

D'altra parte non vi è alcuna prova che siano stati questi sidoni a fondare l'industria romano-italica. È molto più probabile che artigiani alessandrini li abbiano preceduti nell'Italia centrale, recando con sé vasellame tardo-ellenistico del I secolo a.C., colato a stampo, molato e polito (come alcuni esemplari del Gruppo A), e vi abbiano impiantato delle botteghe, anzitutto a Roma. Questi artigiani producevano tipi già in uso prima

---

3. A questo proposito v., tra gli altri, Avigad 1972, 199 s., fig. 4, tavv. 45-46; Barag 1981, 72, figg. 1-3; Grose 1984a, 31-32 e 1984b, 26 che vede in questi reperti solo la prova della soffiatura di una canna di vetro. Cfr. anche Avigad 1983.
4. Avigad 1972, 200. Alessandro Ianneo regnò dal 105 al 78 a.C.

dello sviluppo della soffiatura del vetro, e che, come è ovvio, continuarono ad essere usati a Roma fino al completo consolidamento della soffiatura che monopolizzò presto il mercato romano e dell'Italia centrale per la velocità e la facilità con cui si potevano produrre gli articoli più diversi. La produzione principale di questa manifattura tardo-ellenistica consisteva in piatti e coppe a merletto e a strisce di stili diversi, in recipienti di vetro monocromo opaco o traslucido in svariate forme, come coppe, piatti, scatole, bottiglie per unguenti e profumi, brocche e mestoli. La loro produzione continuò durante i primi anni del I secolo d.C. in concorrenza con i primi recipienti soffiati, come le coppe con nervature verticali e filamenti bianchi opachi marmorizzati (chiamate dagli archeologi tedeschi "zarte Rippenschalen") e altri semplici recipienti monocromi usati per la tavola; tipi che, come ha puntualizzato David Grose, sono copie soffiate di forme correnti, colate e molate [5]. Il suo punto di vista sull'argomento è ben sintetizzato nel suo articolo in *Archaeology*, 36 (1983), 45: "I reperti di Cosa, Morgantina e Roma dimostrano in maniera definitiva che furono i recipienti colati a stampo a rendere edotti i romani dei pregi del vetro... Vasellame da tavola colato a stampo appare in grande quantità prima di quello corrispettivo soffiato con il quale entra successivamente in concorrenza durante la prima metà del I secolo [d.C.]. La soffiatura, come metodo principale per la produzione di vasellame, non sostituisce le varie tecniche di colatura e modellatura a caldo fino al secondo quarto dello stesso secolo". È probabile che lo stesso sia avvenuto anche per le manifatture campane.

Durante la prima età imperiale artigiani provenienti dalla Siria impiantarono l'industria vetraria anche nell'Italia settentrionale, in particolare nella Valle padana. Questa manifattura settentrionale ci interessa nella discussione dei tipi più antichi del Gruppo D (pp. 101-102), poiché Fremersdorf[6] ha dimostrato che uno dei suoi prodotti più diffusi erano i vetri decorati a spruzzo o con gocce di vetro policromo lasciate a rilievo o livellate nella parete con la marmorizzazione e dilatate con l'insufflatura. È sufficiente indicare due elementi in comune tra questi recipienti e i prodotti dei primi artigiani siriani: su almeno una delle coppe di Artas con doppio bollo, le anse sono di vetro blu spruzzate e striate di bianco opaco[7]; due brocche soffiate a stampo e decorate con gocce marmorizzate da Kerč in Crimea (l'antica Panticapaeum), ora nell'Ermitage di Leningrado, sono così simili per forma e decorazione alle brocche firmate da Ennion da poterle considerare, anche se prive di bollo, prodotti di una delle sue botteghe[8]. Sia la coppa ansata di Artas sia le due brocche soffiate a stampo nello stile di Ennion devono rientrare nell'ambito della produzione soffiata e non colata. Sono così documentati in Italia due importanti tipi dei primi recipienti soffiati.

Per quanto concerne la datazione, mi sembra difficile trovare argomenti avversi a una datazione per entrambi i tipi alla fine del I secolo a.C., ma non sono anteriori sicuramente al 50 a.C. e probabilmente all'ultimo quarto del secolo anche se Grose[9] ritiene che le botteghe romano-italiche soltanto "nell'ultimo decennio del I secolo a.C. sperimentarono le tecniche di soffiatura". Si tratta secondo me di un'opinione troppo tradizionale. Tuttavia non vi è alcun dubbio che per ora la più antica documentazione relativa alla soffiatura è costituita dai rinvenimenti in Palestina che dimostrano che già esisteva, almeno in via sperimentale, poco dopo la metà del I secolo a.C. e che è stata portata in Italia (Roma, Campania e settentrione) durante il regno di Augusto, iniziato nel 27 a.C. Ma in quale momento dopo questa data?

Infine ritorniamo ai vetri cammeo del Gruppo B e alla conclusione che questo tipo di

---

5. Per questa interazione tra vetri colati e soffiati negli ultimi decenni del I secolo a.C. e nei primi del I d.C. in Italia v. Grose 1975, 1977, 1982, 1983, 1984 a e b.
6. Fremersdorf 1938 a.
7. *Ibid.*, 119 s., fig. 1, nn. 3 a-b e tav. 14, n. 3.
8. Kunina 1973, 107 ss., figg. 8-9.
9. Grose 1983, 45.

produzione era in pieno sviluppo in Italia a partire più o meno dallo stesso periodo, l'ultimo terzo del I secolo a.C. Si è già visto (p. 53) come il rivestimento di uno strato di vetro con un altro, un procedimento che richiedeva l'insufflatura, fosse la chiave per la produzione del vetro cammeo che richiedeva strati diversi di colore. Supporre che il "casing" fosse il primo tipo di lavorazione nel quale si impiegava la insufflatura sarebbe troppo fantasioso; certamente fu uno dei tanti che andavano sviluppandosi più o meno contemporaneamente.

Allo stato attuale della documentazione si possono trarre solo limitate conclusioni sulla storia dell'origine e della prima diffusione del vetro soffiato. Non vi è dubbio che lo sviluppo iniziale di questa tecnica – non importa dove e come sia nata – fu molto rapido (anche se non la sua preminenza nel mercato del vetro): poco dopo la sua invenzione, i recipienti di vetro soffiato divennero di uso quotidiano. Il tempo occorso per realizzare questo processo rivoluzionario può essere valutato solo da reperti archeologici databili. Grose (cfr. 90) ha espresso le sue opinioni in base alla documentazione offerta dall'Italia centrale, ma non sembra essercene una analoga per la Fenicia e il Mediterraneo orientale. Potrebbe anche darsi che, dopo aver esaminato un maggior numero di reperti delle regioni orientali, si arrivasse alla conclusione che l'importanza e l'influenza delle manifatture di Sidone e la loro precedente padronanza della soffiatura a stampo abbiano prodotto in Oriente la diffusione della soffiatura in tempi ancora più brevi che in Italia.

D.B.H.

Gruppo C: Vetri non decorati

Questo gruppo comprende solo cinque esemplari. Un numero così limitato può in un primo momento sorprendere se si considera l'enorme quantità di vetri soffiati lisci giunti fino a noi, e databili nell'arco dei sei secoli documentati da questa mostra. Non conosciamo il totale complessivo, ma i tre musei che partecipano alla mostra (escludendo i musei italiani), posseggono più di 10.000 esemplari in vetro soffiato non decorato. È perciò naturale che, dovendo esporre una cinquantina di pezzi ciascuno, abbiano dato la preferenza ai più pregevoli vetri decorati. La scelta di questi cinque vetri lisci è stata determinata dalla forma, dalle dimensioni o dalla tecnica di lavorazione e il fatto che non presentino decorazione di alcun genere è puramente fortuito e accidentale. In effetti, qualora si presti attenzione al loro significato e interesse intrinseco, si vedrà che la loro presenza in mostra sta a dimostrare che con una scelta attenta di 150 vetri lisci tra le molte migliaia in possesso dei musei di Colonia e di Corning e del British Museum si sarebbe potuto realizzare un'esposizione molto avvincente di oggetti dai molteplici usi e forme, piccoli e grandi, semplici e molto elaborati: urne cinerarie, vasellame da tavola, bottiglie, lampade ed altri oggetti di uso domestico, contenitori per il trasporto di derrate solide, di vino, olio e altri liquidi; la varietà è infinita. Vediamo brevemente come questi cinque oggetti siano rappresentativi della produzione vitrea non decorata dei primi secoli dell'impero.

Il primo (n. 37) è un contenitore per cosmetici in polvere o profumo a forma di colombina: è stato soffiato e modellato in modo semplice così da ottenere la sola sagoma dell'uccello omettendo zampe, piume, ali, becco, occhi, ecc. Era una forma abbastanza frequente nel I secolo d.C. soprattutto nell'Italia settentrionale e nelle regioni alpine ed era probabilmente un prodotto dell'industria vetraria locale. Questi oggetti erano essenzialmente contenitori per il trasporto; una volta riempiti venivano sigillati a caldo – è relativamente facile trattandosi di vetro – e poi, per utilizzarne il contenuto, si dovevano rompere: solitamente si spezzava in punta la coda dell'uccello.

I nn. 38 e 39 sono begli esemplari di due delle principali varietà di urne cinerarie romane in vetro dei primi due secoli d.C., quando la cremazione dei morti era molto più diffusa dell'inumazione. La prima urna (n. 38), alta 36,7 cm, è stata trovata a Southfleet nel Kent (Inghilterra). Molte di queste urne conservano ancora il coperchio; qui manca, ma l'appiattimento della superficie superiore della bocca ne indica l'esistenza. Il corpo è molto ben modellato ed equilibrato; il vaso appartiene ad un tipo abbastanza comune di urna con le anse impostate sulla spalla ripiegata a formare una doppia M; altre urne hanno le anse a forma di D con la curva rivolta verso l'alto; un terzo tipo molto comune è costituito da una grande olla ovoidale priva di anse con un labbro espanso che si stacca ad angolo retto dalla spalla.

Il n. 39 appartiene a un quarto tipo di urna a forma di grande bottiglia cilindrica usato comunemente per la cremazione, anche se originariamente aveva piuttosto la funzione di recipiente per la conservazione e il trasporto di vino o altri liquidi. Specialmente nelle province occidentali le grandi bottiglie cilindriche e le coeve bottiglie poligonali (a quattro lati) venivano spesso usate come urne cinerarie. L'urna n. 39, alta 28,5 cm e del diametro di 28,7 cm, è ben costruita, con il corpo parzialmente realizzato in uno stampo cilindrico e successivamente levigato rullandolo su una piastra di marmo per ottenere la forma definitiva. Ha un'ansa ad angolo acuto con più costolature realizzata partendo dalla spalla, tirandola poi verso l'alto con una piega verso il collo dove si attacca proprio sotto l'orlo. È curioso che di norma queste urne cinerarie in vetro non si trovino a est della verticale che parte dalle Alpi orientali e dall'alto Adriatico. Alcuni esemplari sono arrivati nei Balcani, ma non in Grecia e nell'Egeo o più a est, e benché molti provengano dalla Tripolitania, pochi, se non nessuno, hanno raggiunto la Cirenaica e nessun pezzo è stato trovato in Egitto. Il n. 38 è un esemplare particolarmente grande della fine del I secolo o della prima metà del II d.C., quando queste urne avevano raggiunto il massimo della popolarità. Il n. 39, quasi altrettanto grande, è più o meno coevo.

Il quarto vetro di questo gruppo (n. 40) è un piatto circolare di dimensioni alquanto inusuali (diametro cm 50) in vetro trasparente verdognolo, con bordo sporgente sotto l'orlo e piede ad anello piuttosto alto. Faceva parte della collezione Niessen e si ritiene sia stato trovato a Colonia con il bicchiere incolore n. 131 della metà del IV secolo d.C., decorato con un fregio inciso composto da quattro soldati in veduta frontale con lance e scudi. Questo piatto, il cui bordo ripiegato e l'alto piede ad anello potrebbero indicare una data tarda, forse appartiene alla metà circa dello stesso secolo e quindi è accettabile il suo collegamento con il bicchiere n. 131 sia per il luogo di rinvenimento sia per la datazione.

L'ultimo oggetto di questo gruppo (n. 41) è databile più o meno come il n. 40, trattandosi di un piatto ovale romano-egizio di vetro giallo chiaro con strisce purpuree, un esempio del vasellame da tavola comune a Karanis nel Faijûm nel IV secolo e agli inizi del V d.C.[1]. Come il n. 40, ha un alto piede ad anello applicato mediante la *post-technique* e non direttamente con un pontello[2]. I piatti ovali sono comuni nell'Egitto tardo-romano, ma rari altrove sia in questo periodo che in precedenza[3].

Questi cinque oggetti hanno date diverse e sono stati ritrovati in luoghi diversi. Nessuno è molto elaborato, ma non sono neanche quei banali vetri dal comunissimo colore verde-azzurro o verde diffusissimi in tutto l'impero in questi secoli. Essi perciò forniscono un'utile esemplificazione dei migliori prodotti di vetro non decorato e, anche se in numero limitato, hanno una grande importanza nell'ambito di questa mostra.

D.B.H.

1. Harden 1936, *passim* per il vasellame in generale, pp. 51-53, tavv. I e XI per i piatti ovali con l'orlo ripiegato e i piedi ad anello applicati con la *post-technique*.
2. Per una spiegazione della tecnica v. *ibid.*, 18, n. 10.
3. *Ibid.*, 48-49.

37

Colombina

Dal secondo al terzo quarto del I secolo d.C. Luogo di rinvenimento sconosciuto. Già nella collezione Sangiorgi. CMG 66.1.223.

Altezza cm 6; lunghezza (compresa la coda di restauro) cm 11,7.

Vetro blu chiaro. Soffiato. Contenitore a forma di uccello; becco lungo e stretto rivolto verso l'alto, testa e collo rappresentati da un solo elemento tubolare che si attacca decisamente al corpo stilizzato; lunga coda affusolata. Integro, fatta eccezione per la punta della coda di restauro. Superficie opaca con chiazze di alterazione argentea e leggera iridescenza.

Il contenitore è stato sigillato mediante fusione della coda cava, la cui punta deve essere stata fratturata per prelevare il contenuto. Isings (1957, 27, forma 11) osserva che alcuni esemplari contengono ancora residui di una polvere rossa o bianca e suppone che fossero contenitori per cosmetici. Ma è anche possibile che fossero contenitori per profumi.

D.B.W.

Inedito.

38 Esposto solo a Londra

Urna cineraria

Fine del I secolo - prima metà del II d.C. Rinvenuta a Southfleet, Kent, Inghilterra, nel 1801. Dono del Rev. G. Rashleigh. BM PRB 1836.2-13.18.

Altezza cm 36,7; diametro cm 29,4; diametro dell'orlo cm 16,9; diametro della base cm 11,7.

Vetro verde-azzurro chiaro, soffiato e lavorato con uno strumento. Orlo sporgente verso l'esterno e più volte ripiegato. Labbro appiattito; collo svasato su corpo piriforme; fondo costituito dalla parete del vaso che si allarga e si introflette a formare un piede ad anello. Due anse a forma di M, formate da un unico filamento molto spesso e applicate alla spalla da sinistra a destra. Integra. Inizio di iridescenza sulla superficie esterna, concrezioni intorno alla base; pellicola lattea e chiazze sulla superficie interna; butterature. Molte bollicine a punta di spillo nel corpo; anse con molte bolle e con strisce di inclusioni scure.

Il vaso è stato usato come urna cineraria e contiene ancora frammenti di ossa cremate.

K.S.P.

Bibl.: Rashleigh 1803, 221, tav. 38,4; Brailsford 1950, 42, n. 1.

39

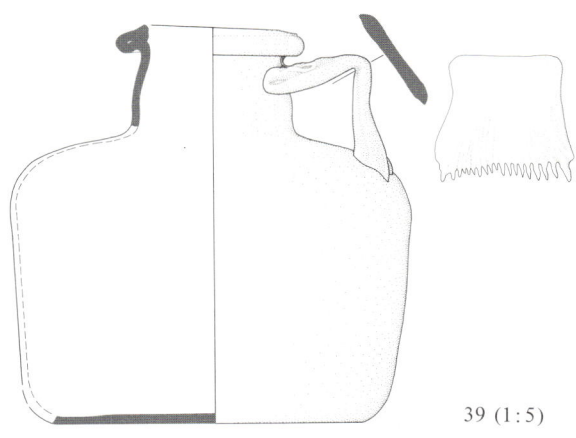

Urna cineraria

Fine del I secolo - inizi del II d.C. Da Flamersheim, Renania. CMG 66.1.241.

Altezza cm 28,5; diametro massimo cm 28,7; diametro dell'orlo cm 12,9.

Vetro verde-azzurro, soffiato. Orlo ripiegato all'esterno e poi all'interno a formare uno spesso labbro leggermente obliquo rispetto al collo; collo cilindrico con un leggero rigonfiamento e svasato verso il basso; spalla spiovente arrotondata; largo corpo cilindrico che si restringe leggermente verso il basso e si incurva a formare un fondo piatto; nessun segno di pontello. Larga ansa a nastro impostata sulla spalla, tirata verso l'alto, piegata ad angolo acuto e attaccata alla parte superiore del collo, la parte residua del vetro ripiegata superiormente; la parte inferiore dell'ansa presenta diciannove costolature. Integra, fatta eccezione per un terzo del labbro mancante e un'altra parte fessurata. Superficie opaca con butterature; chiazze di alterazione grigio-argentea e leggera iridescenza. Numerose bolle.

I confronti con contesti datati vanno dal 70-96 d.C. (a Colchester) alla seconda metà del II secolo (a Bartlow Hills, Barrow 2). Per altri esempi v. Isings 1957, 67-68, forma 51a e Isings 1971, 34, n. 112, fig. 112 e n. 3 da Maastricht-Belfort, tomba 2.

D.B.W.

Inedito.

40

Grande piatto

IV secolo d.C. Probabilmente rinvenuto a Colonia con il n. 131. Già nella collezione Niessen. Acquistato nel 1934. RGM N 1099.

Altezza cm 8-8,8; diametro cm 49,8-50,4.

Vetro verde chiaro. Soffiato. Piatto di dimensioni inusuali; orlo arrotondato, ripiegato verso il basso e poi verso l'interno a formare un bordo pendulo; corpo molto sporgente rispetto al piede; piede ad anello. Integro. Leggere tracce di alterazione calcarea.

Non si conoscono finora esemplari analoghi per dimensioni e forma. Il profilo del piatto con il suo spesso bordo pendente può essere confrontato soltanto con i piatti in ceramica del IV secolo d.C. Tuttavia in generale nel IV secolo il numero dei piatti di vetro di grandi dimensioni andò aumentando: questo fa pensare che sia intervenuto un cambiamento per cui, ai costosi piatti di metallo si andarono sostituendo quelli di vetro.

H.H.

Bibl.: Niessen 1911, 65, n. 1099, tav. 48.

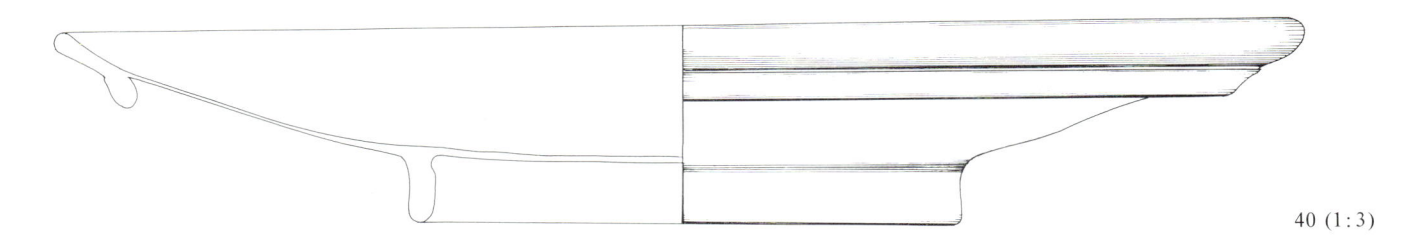

40 (1:3)

41

Piatto ovale

IV-V secolo d.C. Dall'Egitto. Già nella collezione Sobernheim. CMG 53.1.108.

Altezza cm 5,6; lunghezza cm 22,8; larghezza cm 13.

Vetro giallo chiaro con strisce blu scuro a spirale in senso orario verso il fondo, soffiato. Piatto ovale, in parte deformato; orlo arrotondato alla fiamma, labbro cavo ottenuto mediante piegatura verso il basso e verso l'interno in maniera disuguale; parete obliqua che va ispessendosi verso il fondo; piede a forma di anello leggermente svasato, costituito da una porzione di cilindro prodotto da un secondo "paraison". Integro. Superficie in parte opaca, molti graffi, soprattutto all'interno. Molte bolle, alcune vicino alla superficie rotte.

L'orlo dell'anello di base presenta ruvidità in alcuni punti dovuta al fissaggio del piede con la *post-technique* anziché direttamente con un pontello (Harden 1936, 17-18, nn. 9-10). La forma è *Karanis* classe A Ia, 52-53, nn. 1-14, costituita da piatti ovali con anelli di base ottenuti con la *post-technique*. Harden (1936, 49, fig. 1 e nota 2) illustra anche un piatto ovale da Colonia-Müngersdorf rinvenuto in un sarcofago del 370 d.C. circa che è così simile al tipo *Karanis* A Ia da poter essere un'importazione dall'Egitto.

D.B.W.

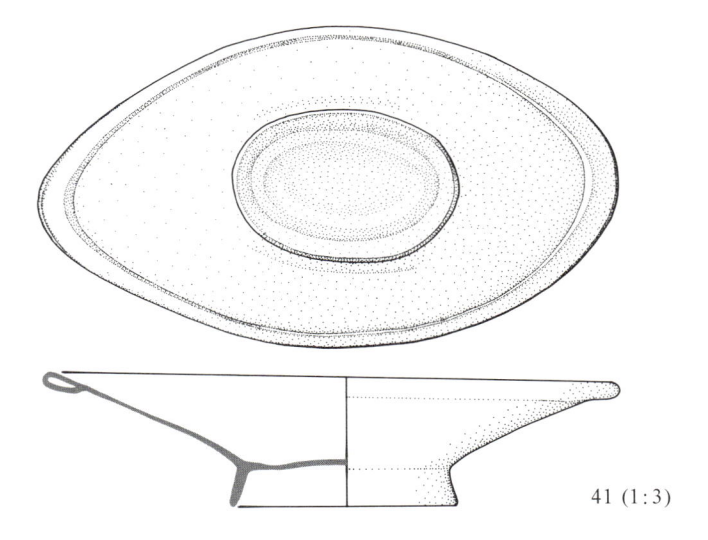

Bibl.: *Sobernheim Collection* 1952, 18, n. 128, tav. 2; Smith 1955, 59, n. 4 (ill.).

Gruppi D e E: Introduzione

È preferibile trattare unitamente questi due gruppi dato che i diversi tipi di decorazione si basano sullo stesso principio generale, cioè l'applicazione di elementi decorativi sul vaso quando il vetro è ancora caldo e perciò duttile.

Il *Gruppo D* comprende non solamente importanti recipienti della prima metà del I secolo d.C. con frammentini, granelli e gocce di vetro applicati sulla parete del vaso, lasciati a rilievo o livellati mediante marmorizzazione e successivamente dilatati con una ulteriore insufflatura del recipiente, ma anche vasi del IV e V secolo dove le gocce, lasciate semplicemente cadere sulla superficie, sono fuse saldamente con il recipiente mediante un ulteriore riscaldamento, senza l'uso di una nuova soffiatura.

Il *Gruppo E* è molto vasto e comprende molti esempi di decorazione realizzata con semplici o elaborati filamenti o altri motivi decorativi applicati al recipiente ancora attaccato alla canna da soffio e perciò nella condizione di poter essere ruotato per facilitarne l'applicazione. I pezzi più belli esemplificano le ben note produzioni della Renania e del bacino orientale Mediterraneo definite "Schlangenfadengläser" o "Snake-thread ware", cioè a decorazione serpentiforme.

Gruppo D: Vetri decorati a gocce e a spruzzo

Si deve a Fritz Fremersdorf la prima ricerca fondamentale sulle varietà e la provenienza dei *Nuppengläser*[1], i vetri la cui superficie è decorata con frammenti, granelli e gocce di vetro. Egli riteneva che i principali centri di produzione, se non gli unici, fossero le officine dell'Italia settentrionale, fondate dai siriani agli inizi del I secolo d.C.; tuttavia la documentazione più recente fa ritenere possibile che fossero prodotti anche nelle officine dell'Italia centrale. Fremersdorf ha diviso questi vasi in tre gruppi: 1) vasi come il n. 42 con frammenti di vetro, alcuni di dimensioni abbastanza grandi, aderenti alla parete ma non marmorizzati, e sottoposti a fusione solo quanto bastava perché aderissero saldamente; 2) vasi come il n. 43 con piccolissimi granelli di vetro applicati sulle pareti ma non marmorizzati e sottoposti a fusione quel tanto che bastava per farli aderire; 3) vasi come il n. 44 dove i frammentini di vetro sono stati applicati, riscaldati *in situ*, marmorizzati e poi dilatati con una successiva soffiatura del vaso. David Grose presume[2] che forse questi vasi con gocce marmorizzate, essendo tra i primi soffiati in Italia, fossero intesi come imitazioni dei preziosi vetri-mosaico con decorazione floreale policroma colati a stampo.

I vasi del terzo gruppo sono molto più comuni di quelli degli altri due gruppi con decorazione a rilievo. Tutti e tre i tipi appartengono al I secolo d.C. e sono diffusi a Vindonissa, Locarno, Pompei, ecc. Probabilmente la loro produzione cessò prima del 100 d.C.

---

1. Fremersdorf 1938a, 116-121.
2. Grose 1983, 45.

anche se alcuni esemplari sono stati trovati in contesti degli inizi del II secolo. Fremersdorf[3] riteneva che la prima varietà fosse un po' più tarda delle altre due; ma questa è un'opinione personale, dato che tutti e tre i tipi sono così strettamente inseriti nei primi tre quarti del I secolo. Poiché se ne sono trovati molti esemplari nell'area egea e nella Russia meridionale, può darsi che esistessero una o più officine molto più a est di quelle italiane. Il n. 45, che si presume provenga dal Libano (o dall'entroterra siriano), può appartenere a questo gruppo orientale, così come la bella brocca gialla con gocce bianche marmorizzate dall'area egea (BM GR 1868.5-1.85; non esposta)[4]. Quest'ultima è ricoperta con bolle molto più fitte rispetto ai più antichi esemplari italici, anche se tre duplicati esatti della forma del n. 45, di diversi colori, sono stati trovati a Locarno[5].

Gli altri quattro esemplari del Gruppo D appartengono al IV secolo e agli inizi del V. Sono tutti decorati con gocce che sono state sistemate sui vasi semplicemente in piccoli gruppi, mentre i vasi e le protuberanze erano ancora caldi, così che le gocce si sono fuse con le pareti aderendovi perfettamente. Nell'area occidentale (nella valle del Reno) la produzione di questo vasellame a gocce non è cominciata prima della metà del III secolo d.C. e raggiunse il suo apice durante la prima parte del IV secolo, proseguendo fino alla fine del IV o forse, al più tardi, fino agli inizi del V[6]. In Oriente copre lo stesso periodo, ma durò più a lungo continuando ad essere in uso per la maggior parte, se non per tutto, il V secolo.

Le varietà principali sono due: A) vasi con motivi a gocce monocrome (quasi sempre blu scuro) e B) vasi con gocce che possono essere anche di tre o quattro colori (blu scuro, verde, bruno o giallo) e incolori, ma la maggior parte non presenta più di due o tre colori.

I vasi della varietà A, con gocce blu scuro, si trovano in tutto l'impero. A Karanis nel Faiyûm sono più o meno sempre a forma di coppa o di recipienti conici usati principalmente, se non sempre, come lampade[7]. Nella regione siro-palestinese e nella Russia meridionale le bolle blu sono usate più spesso su coppe e tazze prive di anse. In tutti i vasi di provenienza orientale le bolle sono di solito distribuite in una o due file (non sempre allineate o continue) intorno alla parte superiore del corpo. Il n. 46 è una coppa dalle pareti spesse già nella collezione di L. Palma di Cesnola e da questi scavata a Cipro: presenta tre fasce orizzontali di profonde incisioni alla ruota attorno al corpo, tra la seconda e la terza è disposta una fila di grandi gocce blu, raggruppate a formare dei triangoli rovesciati. È un pezzo inusualmente ben realizzato rispetto alla maggior parte dei vasi con gocce blu. Deve essere datato agli inizi del IV secolo d.C.

Alcuni recipienti conici con gocce blu scuro sono documentati in Italia e nelle province occidentali ma di solito presentano un fondo più largo e anche anelli di base. I tipi occidentali più comuni con gocce blu sono simili alle coppe e tazze siro-palestinesi; ma a volte, oltre a queste coppe, tazze e recipienti conici, si trovano anche recipienti di forme completamente diverse, come la bottiglia globulare biansata n. 47, da Colonia. Ha le anse attaccate alla spalla e tirate verso l'alto con un arco molto ampio fino a formare una spirale orizzontale appoggiata sul collo. Le gocce blu sono modellate con più cura e simmetria rispetto a quelle orientali, sono anche più spesse e convesse, alcune delle più grandi ombelicate, come quelle così sporgenti della coppa n. 48. Le gocce sono disposte sul corpo in quello che sembra un motivo regolare a quinconce in sette file orizzontali, ma si tratta di una simmetria apparente come si può rilevare da un esame accurato. Sia

---

3. Fremersdorf 1938a.
4. *Masterpieces* 1968, 58, n. 71, ill.; *Slade Catalogue* 1871, 16-17 e 28, n. 85.
5. Simonett 1941, tavv. 10, n. 5; 11, n. 4 (due esempi).
6. Fremersdorf 1962, 7 e 13-14.
7. Harden 1936, 155-165.

la forma del vaso sia la buona qualità della decorazione portano a collocare il pezzo nella prima metà del IV secolo d.C., nel momento della migliore produzione del vetro a gocce blu a Colonia.

Gli ultimi due esemplari di *Nuppengläser* (nn. 48 e 49) sono di produzione occidentale; appartengono al tipo di vasellame a protuberanze con larghe gocce di vari colori (per lo più blu, verde e bruno) di produzione esclusivamente occidentale. Secondo Fremersdorf[8], questi recipienti con grandi gocce di vari colori sono una specialità occidentale, la cui produzione era iniziata nel tardo III secolo d.C., al tempo in cui l'afflusso di germani dalla sponda destra del Reno nell'impero portò gli artigiani provinciali a produrre oggetti più consoni al gusto germanico, e cioè una maggiore policromia nella decorazione dei vetri e, come egli specifica, decorazioni a *Kerbschnitt* (*chip carved*) su oggetti metallici.

Il n. 48 è una grande coppa poco profonda ad arco di cerchio di vetro incolore, databile probabilmente dalla metà del IV secolo d.C.; ha un diametro di cm 22,8 ed è alta cm 5,3, con fondo arrotondato sul quale è applicato, per dargli una relativa stabilità, un anello formato da un filamento di vetro bruno. Presenta inoltre due fasce concentriche di gocce, quella interna con tre gocce appiattite verde muschio alternate con tre gocce brune ombelicate, quella esterna con dodici gocce degli stessi due colori, per lo più ombelicate, ma alcune piatte. Fremersdorf[9] crede che la coppa frammentaria con medaglioni d'oro (n. 154) rinvenuta a Colonia nella necropoli romana presso S. Severin e queste coppe con bolle policrome siano stilisticamente collegate con influenze reciproche: egli perciò include il pezzo di S. Severin nel vol. VII ed anche nel vol. VIII dei suoi *Denkmäler des Römischen Köln*[10].

Il bel corno potorio (n. 49) è una scoperta relativamente recente: è stato trovato a Colonia in un sarcofago, che conteneva, tra altri oggetti, alcune monete del IV secolo, che hanno permesso di datare i reperti alla fine della prima metà del IV secolo. Il corno potorio costituisce un nuovo sottotipo, non elencato nella serie tipologica di Evison del 1955, ma incluso nell'*addendum* di venti anni dopo[11]. Un filamento si avvolge a spirale intorno al corno, due occhielli per la sospensione sono attaccati lungo la curva interna, e quattro grandi gocce blu ombelicate e quattro verdi sono inserite sulla parte superiore del recipiente. Si tratta di una delle più antiche varietà della serie dei corni potori diffusasi in Occidente dal tardo III secolo fino al VII d.C.

Gruppo E: Vetri con decorazione applicata

Passiamo ora ai vetri del Gruppo E, che presentano altre varietà di decorazione applicata a caldo quando il vetro del recipiente e degli elementi decorativi è ancora duttile. Nella maggior parte la decorazione è lasciata cadere sul vaso da un bolo attaccato ad un pontello, dal quale viene tirata realizzando motivi a filamento, alcuni semplici, in forma di linee che si avvolgono a spirale attorno al vaso, altri molto elaborati, tra i quali, in particolare, una rappresentativa selezione di vasi a "motivi serpentiformi", alcuni di produzione orientale, mentre la maggioranza è occidentale, prodotta principalmente a Colonia o nelle vicinanze. È istruttivo il confronto tra due pezzi con decorazione semplice e lavori a motivi serpentiformi assai più complicati eseguiti dagli artigiani romani che mostrano di avere la piena padronanza del loro mestiere realizzando sempre reci-

---

8. Fremersdorf 1962, 8-9.
9. *Ibidem*, 14-15, tav. 48.
10. Fremersdorf 1962, 34, tav. 48, e 1967, 217-218, tavv. 300-303.
11. Evison 1955, 159-195; Id. 1975, 74-87 (in particolare 75-76, fig. 6 e 85, n. 16). Per il n. 49 v. anche Doppelfeld 1966, tav. 136 e La Baume 1967-1968, 56-57, tav. 12, n. 4.

pienti raffinati e fantasiosi e talvolta un vero e proprio capolavoro di abilità come la bottiglia n. 56, che non ha eguali nel suo genere né antichi né moderni.

Oltre ai recipienti con decorazione a fili, il Gruppo comprende due belle brocche (nn. 50 e 51) del terzo quarto del I secolo d.C., sulle quali è applicato all'estremità inferiore dell'ansa un medaglione colato a stampo. La maschera di Baccante del n. 50 è di vetro blu opaco e contrasta vivacemente con il giallo opaco del corpo del vaso. Stilisticamente e cronologicamente il pezzo è affine alla grande brocca ovoidale di vetro traslucido color vino (BM GR 1856.12-26.1122) con due anse ad arco orizzontale impostate sulla spalla, ognuna delle quali presenta applicate sull'estremità inferiore due maschere di attori in vetro bianco opaco. Questo vaso proviene da Sant'Arpino nei pressi dell'antica Atella in Campania ed è stato donato al British Museum da Sir William Temple, ambasciatore inglese alla corte di Napoli. Il n. 50 è stato acquistato dal Corning Museum of Glass dalla collezione Sangiorgi, una collezione formatasi in Italia, per cui è molto probabile che qui sia stato rinvenuto. Il n. 51 è stilisticamente diverso, ma appartiene anch'esso al terzo quarto del I secolo d.C. e può essere confrontato con una brocca non dissimile (ma senza maschera applicata) da Barnwell, Cambridgeshire, Inghilterra (BM PRB 1868.5-1.264) il cui corpo triangolare è decorato con costolature molto fitte che si espandono verso il basso da sinistra a destra e che è stata rinvenuta insieme con la coppa sfaccettata n. 104. La brocca n. 51, in comune vetro verde-azzurro, è molto ben lavorata e ha un elegante motivo decorativo con costolature verticali forse prodotte a stampo e poi rifinite con uno strumento. Anche la maschera di Medusa è verde-azzurra, colata in maniera eccellente, con i dettagli del volto ben eseguiti. Proviene da una tomba della Bonner Straße a Colonia insieme con una moneta di Antonino Pio (138-161 d.C.), il che fa supporre che fosse un cimelio di famiglia, vecchio di 50-100 anni, al momento della sepoltura. Le brocche con maschere applicate alla base dell'ansa come i nn. 50 e 51 non sono eccezionalmente rare e appartengono per lo più alla fine del I o al II secolo d.C. Anche altre forme di appliques (come rosette, medaglioni, teste di leone e così via) sono comuni sui vetri romani di varie epoche.

I recipienti decorati con una semplice spirale non richiedono un lungo commento. I nn. 52 e 53 appartengono alla fine del I secolo d.C. Il n. 52, un lascito di Sir William Temple, è un piccolo unguentario con corpo ovale, il fondo allungato a punta, in vetro blu scuro con una spirale del medesimo colore applicata intorno a tutto il corpo. Il n. 53, rinvenuto tra le rovine dell'antica *Albintimilium* (Ventimiglia), sulle sponde del fiume Nervia[12], è una brocca di vetro bianco opaco con piede a calice svasato con orlo grezzo; un filamento blu chiaro applicato da un secondo bolo, lasciato cadere sul collo, si avvolge in una spirale uniforme fino al fondo del vaso. L'ansa con una costolatura centrale e una presa è attaccata alla spalla e tirata verso l'alto fino all'orlo dove si allarga congiungendosi con una striscia separata applicata di rinforzo lungo l'orlo. È una delle prime imitazioni dei manici che compaiono regolarmente nelle contemporanee brocche di metallo del I secolo d.C.

Il n. 54, acquistato da Franks nel 1881 alla vendita della collezione Disch, è una bottiglia portaprofumi a forma di barile che poggia orizzontalmente su quattro piedini ed ha al centro un breve collo e due piccole anse a forma di delfino; le due estremità sono decorate con filamenti di vetro giallo opaco avvolti a spirale. Il recipiente appartiene a un piccolo gruppo uniforme che si data attorno al 200 d.C.[13] ed è un oggetto grazioso, ovviamente di uso femminile.

Altri quattro esemplari (nn. 73-76) decorati con semplici filamenti sono grandi brocche o bottiglie con forme del IV secolo d.C.; provengono tutte dall'Oriente. La bottiglia

---

12. Cfr. *Masterpieces* 1968, 86, n. 116 dove si dice che il pezzo proviene da "Nervia vicino a Bordighera" scambiando il nome del fiume per una località.
13. Cfr. Fremersdorf 1959, 68-69, tavv. 96-99 che cita il n. 54 come confronto per la tavola 97.

biansata n. 73 e la brocca n. 74 non necessitano di alcun commento. Le brocche nn. 75 e 76 sono duplicati della stessa forma, ma il n. 75 ha il corpo liscio e solo uno o due filamenti sullo stelo, mentre il n. 76 presenta un filamento orizzontale con piccole tacche intorno al collo e sotto alcuni filamenti con un motivo a graticcio che formano delle losanghe al cui interno si trova una piccola bolla blu non livellata mediante marmorizzazione.

Il n. 77 non è anteriore al v secolo d.C. ed è eccessivamente decorato. Si tratta di un contenitore per unguenti e profumi a quattro scomparti, di tipo orientale, con una sorta di gabbia "a canestro" realizzata con filamenti estremamente elaborati tra il labbro della bottiglia e il manico molto sporgente. L'interesse è dato unicamente da questo complicato motivo, molto difficile da trovare altrove, perfino in una serie così prolifica di unguentari decorati a filamenti a noi pervenuta.

Prima di esaminare i tredici esemplari con decorazione serpentiforme (nn. 55-67) che costituiscono il nucleo più importante del Gruppo E, altri cinque vetri necessitano di commento: anche se sembrano molto semplici, molti dubbi sono sorti sulla tecnica della loro decorazione. Sono stati applicati prima i filamenti soffiando di nuovo il corpo del vaso per renderlo più bulboso? Oppure il vaso è stato prima soffiato in uno stampo costolato, e poi soffiato liberamente ruotando contemporaneamente la canna da soffio per ottenere un motivo spiraliforme? Oppure è stato colato a stampo? Solo se è affermativa la risposta alla prima domanda, i cinque pezzi appartengono giustamente al Gruppo E. Se invece si risponde sì alla seconda domanda, sarebbe più corretto includerli nel Gruppo F. Se infine fosse affermativa la risposta alla terza domanda, andrebbero trasferiti nel Gruppo A. Fortunatamente quest'ultima domanda non si pone perché accurate indagini hanno dimostrato che in tre casi (nn. 68, 71 e 72) la decorazione a fili è stata applicata al vaso, lasciata a rilievo (nn. 68, 71) o marmorizzata (n. 72) e poi dilatata mediante una ulteriore soffiatura del vaso; negli altri due casi (nn. 69 e 70) la costolatura è ottenuta mediante la soffiatura del vetro caldo in uno stampo cilindrico costolato, e sottoponendo il vaso, dopo averlo tolto dallo stampo, ad un'altra soffiatura, ottenendo così un motivo spiraliforme con la rotazione del cannello. Come ipotizzato, sarebbe forse più esatto trasferire questi due pezzi nel Gruppo F, ma è preferibile lasciarli qui così da evidenziare, affiancandoli, i diversi metodi per ottenere le costolature. Si noti che i nn. 68 e 69 sono della fine del I secolo d.C. mentre gli altri tre sono da collocare intorno al 300 d.C.

Esaminiamo ora i tredici esemplari con decorazione serpentiforme (nn. 55-67). Gli studiosi soprattutto renani hanno dedicato molta attenzione a questa classe di vasi e in particolare al loro sviluppo e diffusione, ma non sembra che tutti i problemi siano stati completamente risolti. Inizialmente si riteneva, ad esempio da Anton Kisa[14], che tali vasi venissero fabbricati solo in Renania. Kisa sosteneva che perfino il n. 60, rinvenuto da L. Palma di Cesnola a Idalio (l'odierna Dali) nell'isola di Cipro, fosse stato realizzato a Colonia ed esportato, e così anche, a suo parere, alcuni frammenti con analoga decorazione trovati a Ostia e ora nel Museo Lateranense[15]. R Zahn[16] nel 1921 fu il primo ad indicare come orientale una bottiglia contagocce con decorazione serpentiforme e fu seguito da Fremersdorf nel 1931[17] in occasione della pubblicazione di un nuovo acquisto del Wallraf-Richartz Museum (RGM inv. n. 29.34) che si sapeva provenire dalla Siria. Io stesso nel 1934 pubblicai un breve articolo intitolato *Snake-thread glasses found in the east* in cui presentavo nove esemplari orientali con diversi tipi di decorazione serpentiforme (e non solamente per la maggior parte ampolle contagocce) e che

---

14. Kisa 1908, 444-492, in particolare 457-458 e 466-467.
15. *Ibidem*, 452, 467.
16. Zahn 1921, 59, tav. 69, n. 165 (= Harden 1934, 51, n. 3).
17. Fremersdorf 1931, col. 148, figg. 14 e 18.

fu un primo tentativo di puntualizzare che i recipienti con decorazione serpentiforme esistevano non solo in Gallia e in Renania ma anche nelle province orientali dell'impero, dove almeno alcuni esemplari non solo erano rinvenuti, ma anche fabbricati[18]. Ipotizzavo inoltre che questa tecnica decorativa fosse nata in Oriente (ad Alessandria e in Siria) e che di lì molto presto fosse stata introdotta nelle manifatture di Colonia da artigiani immigrati. Questo è quanto era possibile concludere oltre cinquant'anni fa sulla base di soli nove esemplari.

Nel 1959 Fremersdorf[19] pubblicò un elenco completo degli esemplari con decorazione serpentiforme a lui noti, che comprendeva circa sessanta pezzi da Colonia, numerosi altri dall'Europa occidentale e centrale (soprattutto Germania, Francia e Paesi Bassi) e ventidue dall'Oriente, per lo più dalla Siria; nel 1963 Clairmont ne aggiungeva una ventina oltre a diciotto frammenti di Dura-Europo[20]. La maggior parte di questi esemplari orientali sono ampolle contagocce di vetro incolore o verdino ed è questo il tipo che ancora predomina nei reperti orientali. È difficile che in una vendita di vetri romani a Londra non siano presenti uno o più esemplari con decorazione serpentiforme di provenienza orientale. Tuttavia in Grecia e altrove si trovano esempi di una varietà molto diversa, decorata a nastri con le estremità annodate in un bel filamento policromo del tipo esemplificato dal bell'esemplare n. 56. Gladys Davidson ne ha trovato un frammento a Corinto[21] e nella recensione del V volume dei *Denkmäler* di Fremersdorf[22] cita altri due esemplari dalla Grecia e uno dalla Siria; due dei tre esemplari greci sono sicuramente databili dalla metà del II secolo d.C.

La documentazione relativa ai vetri orientali e occidentali con decorazione serpentiforme e ai loro collegamenti è stata esposta successivamente da Dan Barag in una relazione al Congresso di Ravenna del 1967, pubblicata nel 1969[23] col titolo *"Flower and bird" and snake-thread glass vessels*. Il suo obiettivo principale è di discutere un nuovo gruppo di vetri orientali, diciannove dei quali presentano motivi floreali con o senza uccelli e alcune varietà della decorazione serpentiforme. Essi provengono principalmente dall'Oriente; uno o due esemplari hanno raggiunto l'Europa, nessuno la Renania. Tutti possono essere datati a partire dalla fine del II secolo d.C. fino alla prima metà del III e costituiscono in effetti un sottogruppo della produzione orientale di vasellame con decorazione serpentiforme. Nel suo articolo comunque, prima di illustrare dettagliatamente le sue opinioni sui vasi con fiori e uccelli, Barag fa una concisa e chiara sintesi dei problemi generali dei vasi sia orientali sia occidentali con decorazione serpentiforme.

Che cosa si può dire oggi di questi problemi? Bisogna innanzitutto accettare l'idea che un'origine renana di questa decorazione è impensabile. A parte il fatto che sarebbe in contrasto con tutti gli altri movimenti e flussi migratori dell'industria del vetro, che nell'epoca romana furono sempre da est a ovest e non viceversa, noi ora sappiamo che i vasi con fiori e uccelli, che compaiono raramente in Occidente e mai nella Renania, sono contemporanei ai primi tipi orientali con decorazione serpentiforme, in particolare le comunissime ampolle-contagocce. Vediamo anche che questi vasi orientali, sebbene di forme e colori più limitati, sono così numerosi che l'industria orientale può mantenere gli stessi livelli quantitativi di quella occidentale, per questo tipo di vetro, accentrata a Colonia. Sappiamo anche che l'industria orientale produceva vasi non solo con la ben riconoscibile decorazione serpentiforme, ma anche in uno stile molto diffe-

---

18. Harden 1934, 50-55, tavv. 4-5.
19. Fremersdorf 1959, 23-24.
20. Clairmont 1963, 42-46, nn. 161-178. Dura-Europo è un'antica città della Mesopotamia, ora Siria orientale, sulla riva destra dell'Eufrate.
21. Davidson 1952, 98, n. 614, fig. 7 e tav. 54.
22. In *Gnomon* 1962, 90-91.
23. *Annales de l'AIHV*, 4, Liegi 1969.

rente, con filamenti molto sottili, così ben rappresentato in Occidente dal cosiddetto "Capolavoro" di Colonia (n. 56).

Al piccolo gruppo di vasi occidentali con analoga decorazione appartengono i nn. 55, 63 e 64. Se noi accettiamo la tesi di Barag che la prima decorazione serpentiforme sia stata ideata in Oriente nel II secolo d.C., partendo dallo stile "fiore e uccello" che non è mai arrivato a Colonia, allora dobbiamo anche noi ritenere che molto presto, sempre nell'ambito del II secolo, artigiani orientali si siano trasferiti a Colonia e vi abbiano impiantato officine dove producevano vetri analoghi a quelli che eseguivano in Oriente, ma diversificando e rendendo molto più raffinata ed elaborata la decorazione policroma e monocroma e inventando per essa un nuovo repertorio di forme.

Vediamo ora come i tredici pezzi esposti esemplifichino la produzione orientale ed occidentale, ora esaminata.

Tre pezzi sono senza alcun dubbio di produzione orientale: la bottiglia con un lungo collo da Idalio (n. 60) tutta in vetro verdastro, l'ampolla contagocce in vetro incolore (n. 62) acquistata da Ray Winfield Smith in Libano e il vaso contagocce in vetro verde a forma di elmo (n. 65), acquistato nel Vicino Oriente e probabilmente di provenienza siriana. Si noti che i tre pezzi sono tutti monocromi e in particolare si confrontino la forma e il tipo di lavorazione del n. 65 con la bellezza e la vivacità degli altri due recipienti analoghi trovati a Colonia (nn. 63 e 64).

Un quarto pezzo, il n. 59, che si dice provenga dalla Genter Straße a Colonia, potrebbe benissimo essere di origine orientale, essendo monocromo, anzi cristallino secondo Fremersdorf, il quale osserva inoltre che i lunghi filamenti verticali con tacche e gradini sono tipici di molti vetri siriani tardo-romani[24], ma tuttavia non prende in considerazione una origine siriana per questo vaso. Come ulteriore prova di una possibile origine orientale si confronti un'ampolla simile con un lungo collo e pareti dentellate da Marion, Cipro[25], che rappresenta un'altra varietà dei vetri monocromi con colorazione verde oliva pallido.

Gli altri nove pezzi presentano elementi caratteristici della produzione occidentale, cioè di Colonia. Possiamo suddividerli in due gruppi: 1) i vetri con filamenti serpentiformi piuttosto spessi, per lo più con tacche a croce e solitamente policromi; 2) un gruppo meno numeroso, caratterizzato dai sottili filamenti serpentiformi policromi che contraddistinguono il "Capolavoro" n. 56, rinvenuto nel 1893 a Colonia nella Luxemburger Straße in un sarcofago. I vasi del primo gruppo sono quelli usuali fabbricati dagli artigiani siriani attivi a Colonia e sono per lo più decorati con filamenti policromi su fondo colorato o incolore. Si distinguono facilmente dai paralleli recipienti monocromi prodotti dalle officine orientali (nn. 60, 62, 65) e sono qui rappresentati da recipienti i cui filamenti più spessi anticipano qualche caratteristica tipica della seconda variante più sottile. Appartiene a questo gruppo la bottiglia n. 61 – anche se il vaso e i filamenti sono incolori – nonché i recipienti a forma di sandalo con decorazione rada (n. 66) e l'alto bicchiere con decorazione inusuale a delfini (n. 67) del tardo IV secolo, trovato a Worms, altro esemplare monocromo di colore verde chiaro. Il pezzo più bello del secondo gruppo è il n. 56, un'alta bottiglia biansata dal corpo piatto su piede a stelo in vetro incolore con sfumatura verdina, decorata con sottilissimi fili di vetro opaco blu, rosso, bianco e dorato. Il pezzo è particolarmente importante perché presenta elementi di vari tipi della decorazione a sottilissimi fili che compaiono anche su alcuni altri pezzi paralleli di questo tipo qui esposti. Il motivo decorativo a spirale al centro delle due facce piatte del n. 56 è presente in una forma analoga nel n. 55 (svastica), nel n. 58 (coppia di volute alle estremità dei fili) e nei nn. 63 e 64 (le aperture per gli occhi sulle visiere degli elmetti); le grandi foglie con contorni dorati e nervature blu si trovano nei

---

24. Fremersdorf 1959, 42, tav. 19.
25. Harden 1934, 51, tav. V.

medesimi colori sul n. 57. I nastri policromi annodati non si ritrovano in nessuno dei pezzi esposti ma compaiono in forma meno elaborata su una serie di recipienti di origine orientale[26] o in colore diverso, con il nodo bianco opaco, come sull'esemplare della collezione Niessen[27]. Il cosiddetto "Capolavoro" (n. 56) da solo esemplifica quasi tutta la gamma dei motivi decorativi a sottili filamenti serpentiformi di provenienza sia orientale sia occidentale e costituisce la migliore conferma della unità di fondo delle due produzioni.   D.B.H.

26. Cfr. note 21 e 22.
27. Fremersdorf 1959, 54, tav. 64.

Gruppo D: Vetri decorati a gocce e a spruzzo

42

Coppa biansata

Metà del I secolo d.C. Rinvenuta a Colonia, Bonner Straße, nella seconda metà del XIX secolo. Già nelle collezioni Greven e Reimbold. Acquistata nel 1915. RGM Glas 1044.

Altezza senza anse cm 10,5.

Vetro blu trasparente; sulla parete sono applicati pezzetti prismatici di vetro bianco opaco fusi in superficie. Cantaro campaniforme su stelo con protuberanza e piede convesso. Orlo spesso ripiegato verso l'esterno. Le anse originarie inarcate a forma di orecchio sono conservate solo nel punto di attacco; la parte mancante è stata integrata in base ad altri prototipi.

La forma del vaso si ricollega ai *kantharoi* classici, coppe biansate su piede a stelo. Questa forma, come dimostrano diversi gruppi di reperti, è stata riprodotta in vetro soltanto nel corso del I secolo d.C. e si presume che i centri di produzione fossero nell'Italia settentrionale, da dove venivano esportati nelle province nordoccidentali dell'impero romano. Per la forma v. Isings 1957, 53-54, forma 38a. Per vasi simili da Vindonissa (Svizzera): Berger 1960, 38-39, e da Valkenburg (Paesi Bassi): van Lith 1978-1979, 64-66.

H.H.

42 (1:2)

Bibl.: Fremersdorf 1938a, 116-121, tav. 14,7; Fremersdorf 1958a, 23-24; Berger 1960, 40; Doppelfeld 1966, 32-33, tav. 13; La Baume 1973a, L 3, tav. 49.

43

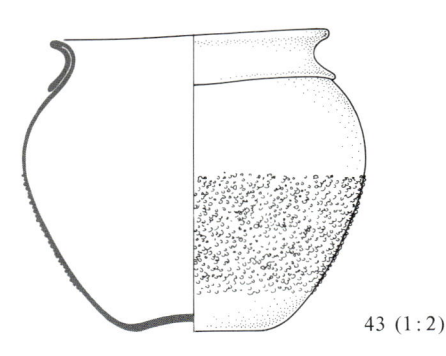

Piccola olla

Metà del I secolo d.C. Da Pozzuoli. Già nella collezione Castellani. Dono degli eredi di Felix Slade. BM GR 1809.6-24.30.

Altezza cm 8,2; diametro cm 9,2.

Vetro blu con granelli opachi gialli e pochissimi verdi. Soffiato e poi decorato rullandolo su granelli sciolti di vetro opaco; orlo ripiegato verso l'esterno a mo' di collare sopra il collo concavo; corpo ovoidale; fondo concavo privo del segno del pontello. I granelli formano una fascia a partire dalla spalla verso il fondo. Integro. Lieve iridescenza. Alcune piccolissime bolle.

La decorazione con granelli di vetro non marmorizzati non è frequente. Esiste tuttavia per questa olletta un confronto molto stretto a Bologna (Meconcelli Notarianni 1979, 74, n. 66). Con granelli bianchi e blu non livellati ed anche grandi gocce bianche è decorato un esemplare di vetro porpora da una tomba di Albintimilium (Ventimiglia) (BM GR 1887.6-13.3, inedito). Anche una serie di bottigliette con piede formato da tre pinzature è decorata con granelli multicolori (Stern 1976, 532-534). Entrambi i tipi di recipienti erano probabilmente prodotti in Italia, forse in officine campane.

K.S.P./C.S.L.

Bibl.: Christie, Manson and Woods 1869; *Masterpieces* 1968, 59, n. 72.

44

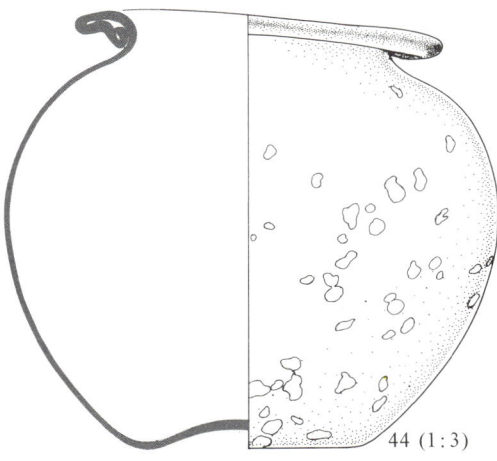

Olla

Metà del I secolo d.C. Rinvenuta ad Arles, in Francia, nel 1831. Già nella collezione Comarmond, n. 512. BM GR 1851.8-13.524.

Altezza massima cm 17,9; diametro dell'orlo esterno cm 14,4; diametro del corpo cm 19,4.

Vetro porpora, soffiato. Orlo orizzontale espanso, ripiegato verso l'esterno ed appiattito; corpo ovoidale; fondo concavo. Decorata con gocce di vetro bianco applicate e livellate. Integra, leggera fessurazione sull'orlo che si diparte da inclusione sabbiosa. Iridescenze con butterature in alcune parti.

Le olle ovoidali (Isings 1967, 86-87, forma 67a) sono documentate in notevole quantità in Italia e nelle province occidentali, alcune complete di coperchio. La versione liscia serviva da contenitore domestico, come testimoniano i reperti di Ercolano e Pompei (Scatozza Horicht 1986, 68-70, n. 250, tav. XXXVIII, n. 1747), ma si trova generalmente nel suo uso secondario di urna cineraria. Le olle con decorazione policroma livellata erano meno diffuse e forse riservate ad occasioni speciali o ai ceti più ricchi. Due esemplari di forma e decorazione analoga, ma un po' più piccoli, sono nel Museo di Aquileia (inv. n. 12016-7; Calvi 1968, 91, nn. 228-229, tav. 15, 2-3). Si conoscono altri due vasi di questo tipo: uno nel Museo di Lubiana (inv. n. 6235); l'altro, rinvenuto a Gravellona Toce in un sepolcreto del I secolo d.C., è conservato a Torino (Fremersdorf 1938, 116, n. 2, e 121, tav. 14, 1). Questo gruppo di vasi era probabilmente prodotto in una manifattura del Nord Italia.

K.S.P./C.S.L.

Inedito.

45

Vaso biansato

I secolo d.C., probabilmente 50-75 d.C. circa. Acquistato in Libano; già nella collezione Ray Winfield Smith. CMG 59.1.88.

Altezza cm 11,7; diametro (orlo esterno) cm 3,3; diametro massimo cm 5,7.

Vetro blu; soffiato, con gocce spruzzate e livellate. Corpo piriforme, labbro ripiegato verso il basso, poi verso l'alto e verso l'interno; collo svasato che si fonde impercettibilmente con il corpo; base concava. Due anse applicate con prolungamento inferiore arricciato. Il corpo e le anse sono decorati con gocce spruzzate di vetro opaco bianco, giallo e rosso, fuse nella superficie a formare chiazze di vari colori. Integro. Superficie leggermente opaca e butterata ma praticamente inalterata. Alcune gocce sono deformate dallo scoppio di bolle superficiali.

Per la tecnica v. Fremersdorf (1938, 116-121). Secondo Isings questa forma, creata in età giulio-claudia, era particolarmente in voga nel periodo neroniano e ricorre fino alla fine del I secolo d.C.[1].

D.B.W.

1. Forma: Isings 1957, 32, forma 15. Per reperti simili: Grose 1973, 31-52, n. 22 (sepolto non dopo il 40-45 d.C.); von Saldern 1976, 44, n. 34; La Baume 1976, 26, n. 17; von Saldern 1974, 139, n. 391; Thill 1975, 76, tomba B, n. 6.

Bibl.: *Mariemont* 1954, n. 47 (tav. a colori in copertina); *Glass from the Ancient World* 1957, 93, n. 158 (ill.); Charleston 1980, 44, n. 14.

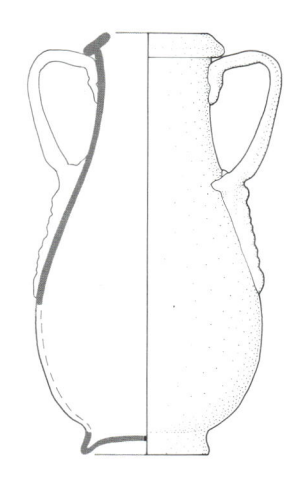

45 (1:2)

46

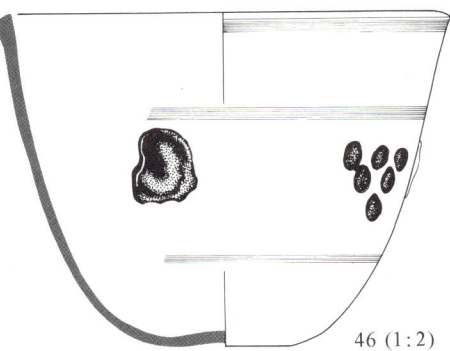

Coppa a gocce

IV secolo d.C. Da Cipro. Già nella collezione L. Palma di Cesnola. Dono degli eredi di Felix Slade. BM GR 1871.10-4.3.

Altezza cm 9,5; diametro cm 12,3.

Vetro incolore con sfumatura verdina decorato con gocce blu scuro livellate. Coppa a forma di campana rovesciata, orlo molato aggettante, fondo appena introflesso. Una linea incisa alla ruota corre lungo l'orlo, altre due più in basso delimitano la zona decorata dove tre gocce più grandi si alternano a tre triangoli composti da sei gocce più piccole. Intatta. Fessure dovute a tensione interna partono da due delle gocce singole. Alcune chiazze di iridescenza; butterature profonde su due delle gocce singole. Alcune bolle a punta di spillo; inclusioni scure nelle gocce blu.

Una coppa meno profonda con uguale decorazione, anch'essa proveniente dalla collezione L. Palma di Cesnola, è nel British Museum (*Masterpieces* 1968, 66, n. 86). Analogie presenta anche un altro pezzo da Cipro del Birmingham Museum and Art Gallery (*Cypriot Antiquities* 1981, 66, 691; cfr. Hayes 1975, 89-90 e 121, nn. 476-477).

K.S.P./C.S.L.

Inedito.

47

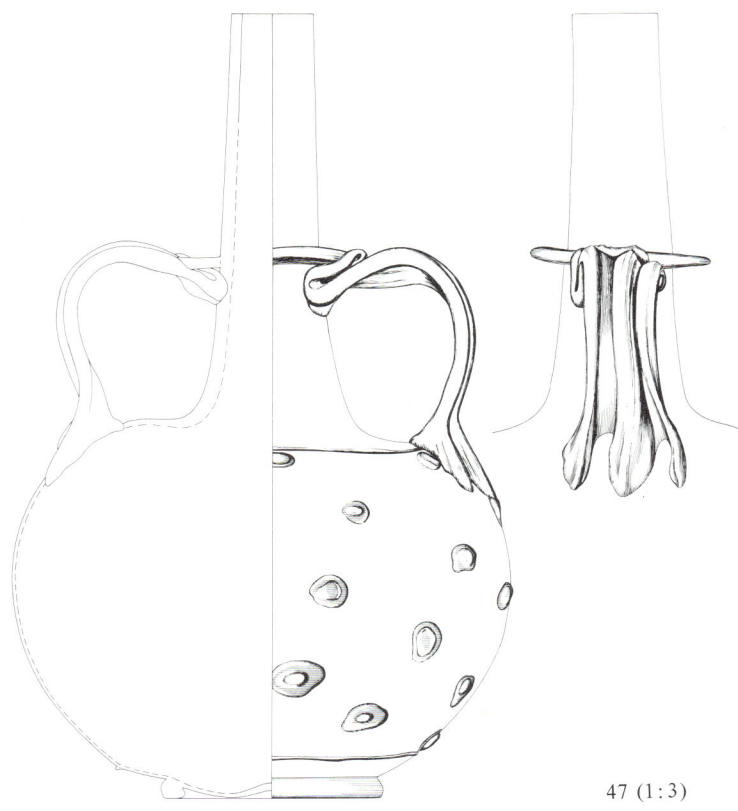

Bottiglia globulare biansata

Prima metà del IV secolo d.C. Rinvenuta a Colonia, Neusser Straße. Già nella collezione Niessen. Acquistata nel 1934. RGM N 133.

Altezza cm 32.

Vetro trasparente con sfumatura verdina decorato con bolle blu; soffiato; filamenti circolari blu delimitano sopra e sotto la zona a bolle. L'anello di base è a colorazione naturale verde. Le due anse e il collare a disco sono stati applicati separatamente. Alta bottiglia globulare biansata con larghe anse a nastro applicate sulla spalla, lungo collo cilindrico, tagliato e molato; fondo introflesso. Ricomposto da numerosi frammenti; lacune integrate sul corpo. Alterazione superficiale biancastra.

La datazione della bottiglia è determinata tramite il confronto con brocche globulari della stessa forma, ma senza decorazione a gocce, che sono state rinvenute in contesti databili con certezza al IV secolo d.C.: ad esempio a Colonia-Müngersdorf, sarcofago F (Fremersdorf 1933, tav. 56, 1, 2 e 4), a Bonn, Dietkirchenstraße, sarcofago 3 (Haupt 1976, 51-57, tav. 15,2), nonché a Mayen, tomba 3 (Haberey 1942, 262-263, fig. 3).

H.H.

Bibl.: Kisa 1908, fig. 147; *Niessen* 1911, 16, n. 133, tav. XI; Fremersdorf 1937, tav. 55; Fremersdorf 1962, 37, tav. 55.

48

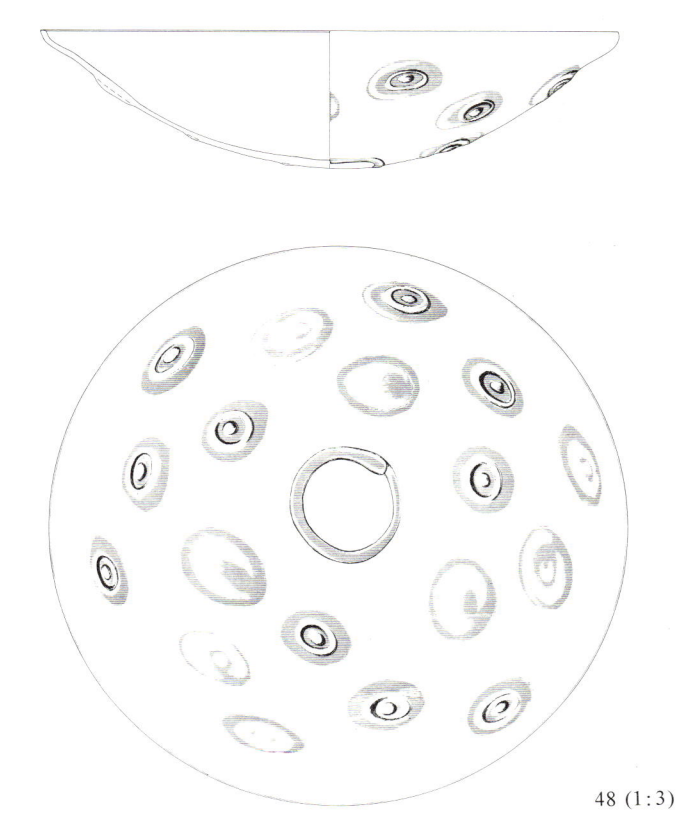

Coppa con gocce

Prima metà del IV secolo d.C. Da Colonia, Luxemburger Straße. Già nella collezione Niessen. Acquistata nel 1934. RGM N 150.

Altezza cm 5,3; diametro cm 22,8.

Vetro trasparente incolore con decorazione a gocce, soffiato. Coppa potoria a sezione sferica schiacciata con orlo leggermente ripiegato e molato. Grandi gocce ovali color verde muschio e bruno dorato, per lo più ombelicate, sono distribuite in modo irregolare sulla parte posteriore della coppa. Un filamento spesso bruno dorato è fuso nel fondo come anello di base. Ricomposto da numerosi frammenti. Alcune lacune nella coppa e sull'orlo reintegrate. Fessure nei punti di frattura.

La Luxemburger Straße di Colonia corrisponde alla via romana per Augusta Treverorum (Treviri). Gli esempi più antichi di decorazione a goccia risalgono alla metà del III secolo d.C., mentre il suo momento di maggiore diffusione è a cavallo del III-IV secolo. La decorazione a grandi gocce sparse come in questa coppa venne abbandonata al più tardi verso la metà del IV secolo, ma la tecnica dell'applicazione di gocce perdurò più a lungo. La forma della coppa rientra nella serie di coppe emisferiche del IV secolo. La distribuzione dei luoghi di rinvenimento di questo ricco gruppo di coppe decorate a goccia indica Colonia come centro principale della loro produzione.

H.H.

Bibl.: *Niessen* 1911, 17, n. 150, tav. XIII; Fremersdorf 1962, 33, tavv. 46-47.

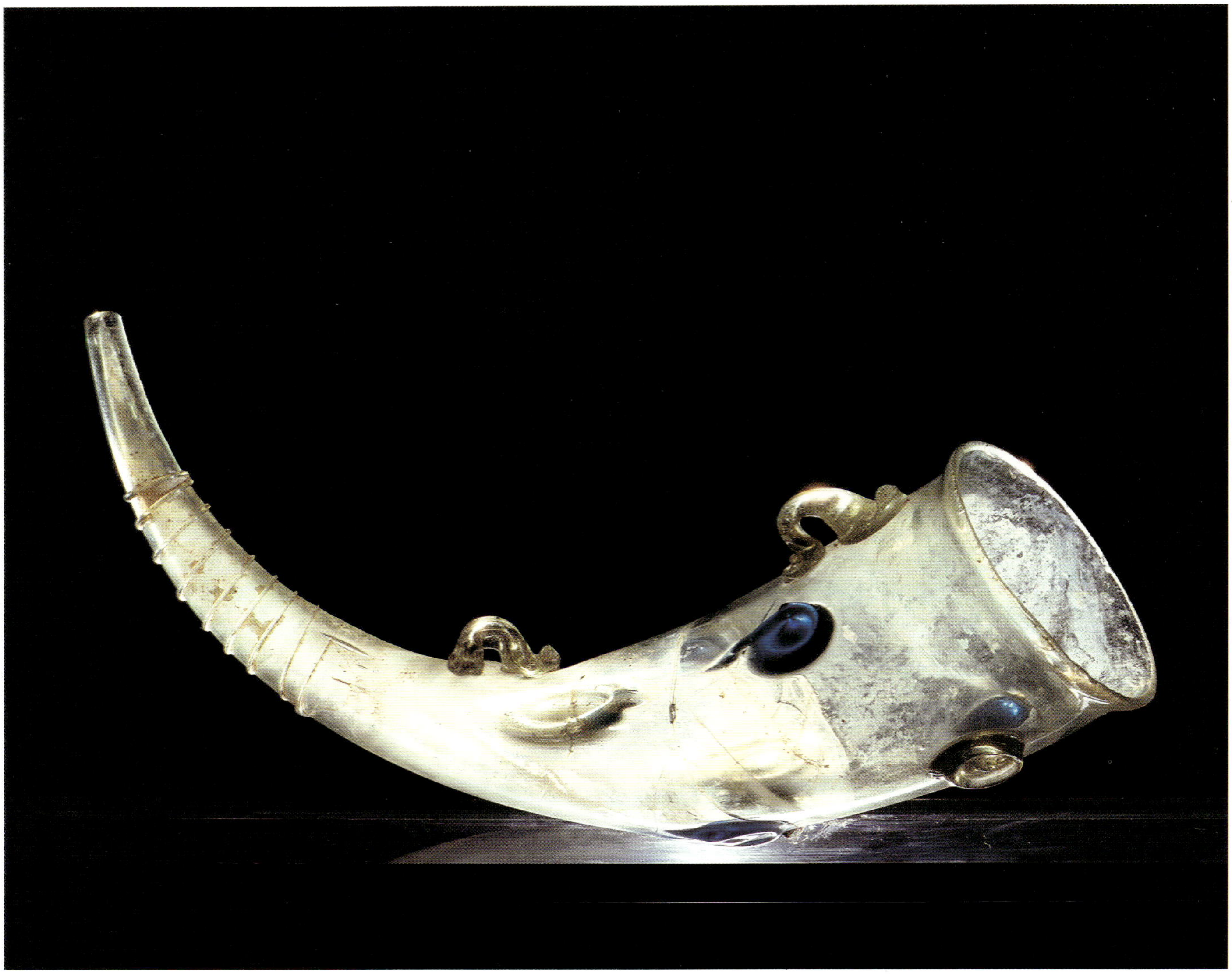

49

Corno potorio

Prima metà del IV secolo d.C. Rinvenuto nel 1965 a Colonia, Achterstraße, all'angolo con la Landsbergerstraße, in un sarcofago. Acquistato nel 1965. RGM 65.5.

Lunghezza cm 29; diametro della bocca cm 7,8.

Vetro verde chiaro, soffiato a canna libera, con due occhielli della stessa pasta vitrea e quattro gocce ombelicate di vetro azzurro e verdino. Corno ricurvo con due occhielli per la sospensione, a forma di delfino, sulla curvatura interna; piccolo labbro svasato. Sull'estremità appuntita è applicato un filamento sottile che forma una spirale a nove giri. Rotto e ricomposto.

Il corno è stato rinvenuto nella necropoli romana a lato della strada che da Colonia porta a Bonn, in un sarcofago rotto, insieme con un piatto di vetro, una bottiglia di vetro contenente un'altra piccola bottiglia e frammenti di ceramica a vernice nera. All'interno della tomba vi erano anche sette *follis*: di Costantino il Grande (320-324 d.C.; C 20; 330-335 d.C.; C 254), Costantino II (330-335 d.C.; C 122), Urbs Roma (330-337 d.C.; C 17) e Costantinopoli (330-337 d.C.; C 21) che consentono di datare la sepoltura nel secondo quarto del IV secolo d.C. (Gorecki 1975, 345-346, n. 53; Nuber 1984, 535, n. 1010, 6, 12). Un corno potorio più antico con decorazione a filamenti vicino alla punta e piccole gocce applicate blu e brune è stato rinvenuto in un sarcofago di piombo a Brühl, nei pressi di Colonia, e in base alle monete ivi trovate è datato alla fine del III secolo (Haberey 1962, 403-404, fig. 4).
Per i corni potori esiste una lunga tradizione; *rytha* zoomorfi in vetro erano prodotti nel Vicino Oriente ad imitazione di prototipi metallici. Si poteva bere il liquido in essi contenuto attraverso una piccola apertura sulla punta. Il numero di questi *rytha* va diminuendo in età imperiale romana e vengono sostituiti dai molto simili corni potori il cui nome latino era *cornu*, al plurale *cornua* (Plinio, *N.H.*, XXXVI, 41; von Saldern 1976, 121-126, tavv. 32-34; Hilgers 1969, 154-155, n. 114). I corni potori romani costituiscono a loro volta i prototipi dei corni potori in vetro in uso in Europa durante l'alto medioevo.
H.H.

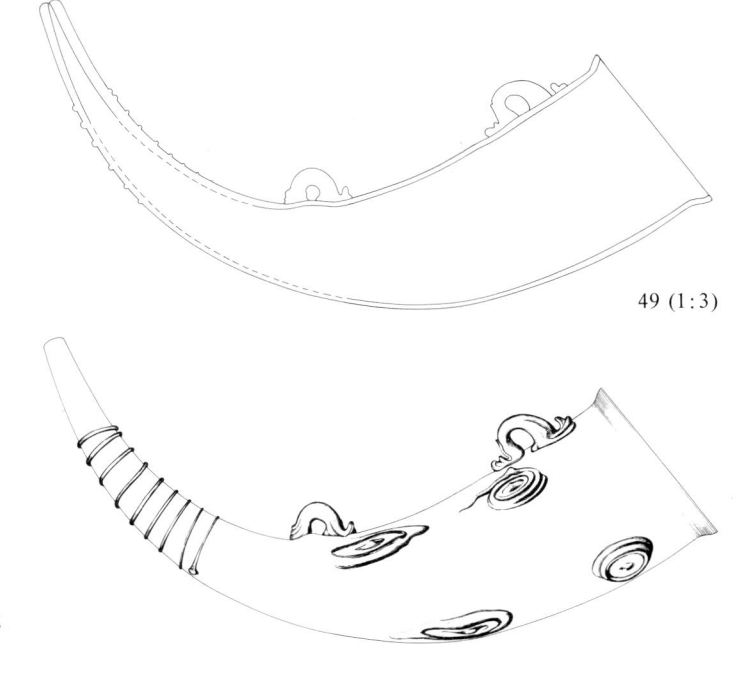

Bibl.: Doppelfeld 1966, 59, tav. 136; La Baume 1967-1968, 56-57, tav. 12,4; Evison 1974, 85, n. 16, fig. 6.

Gruppo E: Vetri con decorazione applicata

50

Brocca con maschera di Baccante

Terzo quarto del I secolo d.C. Luogo di rinvenimento sconosciuto. Già nelle collezioni Mylius e Sangiorgi. CMG 66.1.41.

Altezza cm 15,1; altezza con ansa cm 19,3; diametro massimo cm 10,1.

Vetro giallo-bruno con filamenti opachi blu chiaro; soffiato. Brocca con corpo ovoidale; orlo espanso ripiegato verso il basso, l'alto e l'interno; collo corto e cilindrico; fondo introflesso. L'ansa, strombata nel punto di attacco alla spalla, supera incurvandosi la bocca del vaso per poi attaccarsi all'orlo. Un filamento blu applicato prima dell'ansa corre ai due lati di questa per circa un quarto della circonferenza ed è pinzato alle due estremità a formare due creste; sull'ansa, per tutta la lunghezza, costolatura mediana formata da un filamento blu; sotto l'ansa "applique" blu con maschera di Baccante a rilievo. Integra; alcune fenditure nella parete vicino all'ansa; fenditura interna nell'orlo. Superficie esterna opaca con alcune butterature; la superficie interna presenta chiazze di concrezioni grigio-chiaro o di alterazione.

La brocca con i due pezzi analoghi qui sotto citati forma un gruppo coerente presumibilmente proveniente dalla stessa officina. Tutti e tre i pezzi sono in relazione con l'Italia: a) la brocca di vetro porpora con applicazioni in vetro bianco opaco è stata trovata a Pompei (*Museo Poldi Pezzoli* 1983, 170); b) la brocca di vetro traslucido giallo-bruno con applicazioni in vetro blu opaco presumibilmente proviene dalla Sardegna (*ibid.* 1983, 170, n. 17, tav. 18 a p. 202) e c) questa brocca si trovava in collezioni private a Genova e a Roma. Esiste pertanto una buona probabilità che fossero prodotte in Italia e non nell'area mediterranea orientale. In questo contesto si noti anche un'olla biansata di vetro porpora con maschere di attori in vetro bianco opaco e filamenti bianchi sulle anse, ora nel British Museum (GR 1856.12-26.1122). Per la forma cfr. Isings 1957, 71, forma 54.

D.B.W.

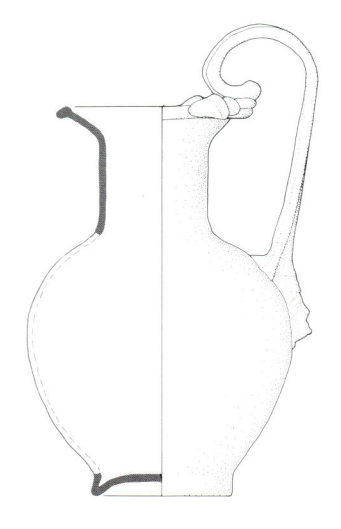

Bibl.: *Mylius Catalogue* 1879, 93, n. 660; Sangiorgi 1914, 27, n. 82, tav. XI.

50 (1:3)

51

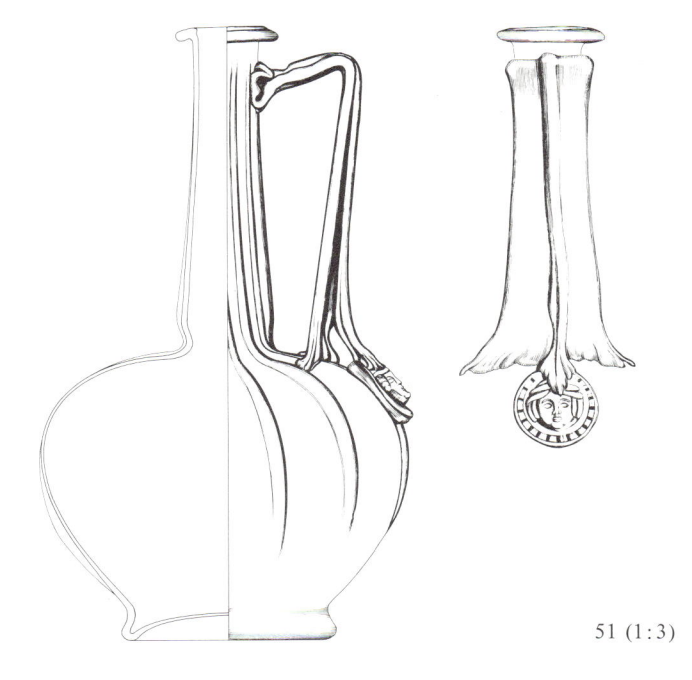

Brocca con maschera di Medusa

Terzo quarto del I secolo d.C. Rinvenuta a Colonia, Bonnerstraße, in una tomba. Acquistata nel 1903. RGM Glas 912.

Altezza cm 25,5.

Vetro trasparente a colorazione naturale verdognola, soffiato. Le costolature sono forse state realizzate precedentemente a stampo; rifinita con uno strumento e modellata; ansa e maschera applicate. Labbro arrotondato; orlo espanso; collo cilindrico; corpo bulboso; base introflessa. Decorazione: costolature verticali molto evidenti, sul collo e sul corpo, dalla bocca al fondo del vaso; maschera di Medusa applicata sul corpo. Ansa larga con una costolatura centrale molto pronunciata, applicata dopo e in parte sovrapposta alla maschera. Integra. Alterazione superficiale sulla parte inferiore della superficie interna.

Le costolature su brocche di questo tipo derivano da quelle delle coppe più antiche prodotte a stampo. Brocche con pareti arrotondate di questo tipo sono state trovate in contesti archeologici a partire dalla prima metà del I secolo, per esempio a Vindonissa (Svizzera), dove vi sono anche alcune maschere a stampo dagli stessi livelli del I secolo (Berger 1960, 40-41). La brocca qui esposta è stata trovata con un *dupondius* di Antonino Pio (138-161 d.C.). L'associazione della moneta con la brocca è stata messa in dubbio perché finora nessun esemplare della metà o della seconda metà del II secolo è venuto alla luce; la brocca potrebbe essere stata sepolta anche un paio di generazioni dopo essere stata fabbricata.

H.H.

Bibl.: Hagen 1906, 403, tavv. 23, 31b; Fremersdorf 1958b, 24-25, tav. 13; Fremersdorf 1961, 43, tav. 73; Doppelfeld 1966, 36, tav. 21.

52

Piccolo unguentario

Terzo quarto del I secolo d.C. Da Cuma. Già nella collezione Temple. BM GR 12-26.1142.

Altezza cm 12,7; diametro dell'orlo cm 1,6; diametro del corpo cm 4,8.

Vetro blu con filamenti dello stesso colore. Soffiato. Corpo a forma di fuso con collo lungo e stretto e orlo espanso e arrotondato. Filamento applicato uniformemente a spirale dalla spalla alla base. Integro. Pellicola iridescente a scaglie.

Per la forma e la decorazione si confrontino due vasi nel British Museum: GR 1878.3-11.20 dall'Egitto e GR 1851.8-13.437 da Les Bruyères, Lione, Francia, già nella collezione Comarmond (Harden 1978, 303, 306, tav. 1.1). Si vedano anche due esemplari nella collezione Oppenländer (nn. 22206 e 2281; von Saldern e al. 1974, 220, nn. 638-639).

K.S.P./C.S.L.

Inedito.

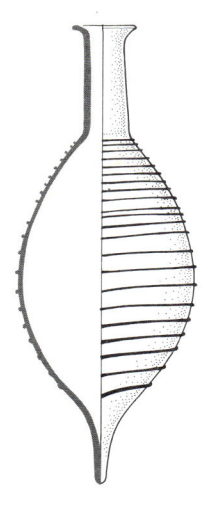

52 (1:2)

53

Brocca con filamento blu

Fine del I secolo d.C. Da una tomba di Albintimilium, odierna Ventimiglia. Acquistata da J.A. Goodchild. BM GR 1887.6-13.8.

Altezza cm 15,2; diametro dell'orlo cm 4,5; diametro del corpo cm 8,4; diametro del piede cm 5,9.

Vetro bianco opaco con filamento blu. Soffiato. Orlo ripiegato; collo cilindrico; corpo globulare; piede a stelo con orlo non lavorato, applicato da un altro "paraison". L'ansa piatta con tre costolature verticali è applicata alla spalla e tirata su fino all'orlo, dove si allarga con due pinzature alle estremità e con un apice verticale al centro. Un filamento a spirale parte dalla metà del collo e ricopre tutto il corpo fino al piede. Mancano la parte superiore dell'apice dell'ansa e parte del filamento. Superficie opaca; iridescenze sulla superficie interna del collo; butterature superficiali. Bolle. K.S.P.

Bibl.: *Masterpieces* 1968, 86, n. 116.

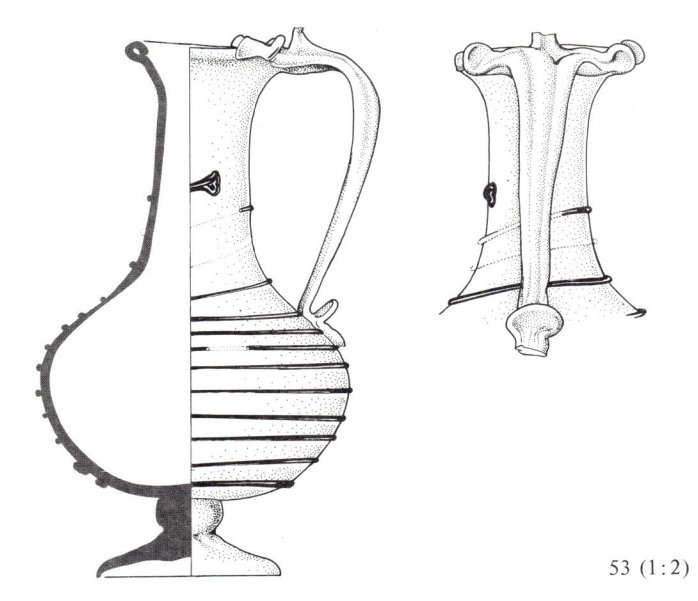

53 (1:2)

54

Bottiglia a forma di barile

Fine del II secolo-inizi del III d.C. Dalla Renania, probabilmente Colonia. Già nella collezione Disch (n. 1381). Dono di Sir A.W. Franks. BM GR 1881.6-26.1.

Altezza cm 6,5; lunghezza cm 13,7; larghezza cm 4,95.

Vetro incolore con filamenti giallo opaco; soffiato. Corpo biconico; orlo ripiegato verso l'alto e verso l'interno; collo cilindrico con due piccole anse a delfino applicate; quattro piedini a ricciolo aggiunti al centro del fondo; segno del pontello ad una estremità eliminato mediante molatura. Due filamenti a spirale avvolgono le due "metà" del corpo del recipiente, partendo dal centro. Integro. Iridescenza lattiginosa; chiazze all'interno.

Questo unguentario era nella collezione Disch a Colonia. Era il lotto 1381 della vendita all'asta e fu acquistato il 16 maggio 1881 da Sir A.W. Franks per 420 marchi. Una vecchia etichetta di carta, ora arrotolata all'interno del vaso, reca il n. 790, ma non si sa che cosa significhi. Per vasi analoghi v. Fremersdorf 1961, 32-33, 35-39; Doppelfeld 1966, tav. 109 e Fitzwilliam 1978, 40, n. 78.   K.S.P./C.S.L.

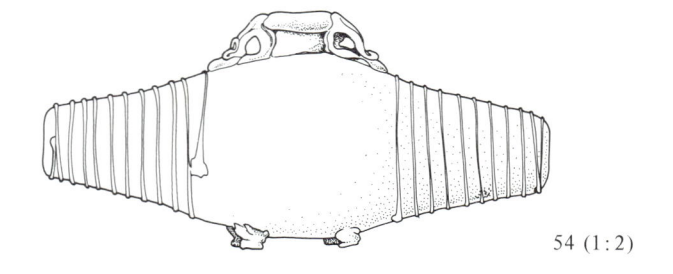

54 (1:2)

Bibl.: aus'm Weerth 1881, 126, 130, n. 1381; *Masterpieces* 1968, 85, n. 113.

55

Calice verde

III secolo d.C. Rinvenuto nel 1896 a Colonia, Weyerstraße, in una tomba. Acquistato dal museo. RGM Glas 670.

Altezza cm 12.

Vetro traslucido verde smeraldo con filamenti bianchi opachi e incolori dorati. Soffiato. Calice con piede a stelo: labbro arrotondato ispessito da un filamento bianco; orlo svasato; la parete si allarga a formare una sorta di carenatura; all'interno della coppa il fondo è rigonfio verso l'alto; stelo composto da una spessa protuberanza; piede a disco con orlo arrotondato profondamente introflesso fino alla protuberanza dello stelo. Sul corpo due sottili filamenti bianchi orizzontali delimitano la zona decorata in cui tre filamenti bianchi opachi a serpentina si alternano a tre croci formate da filamenti dorati che terminano con quattro spirali molto strette; un filamento bianco avvolge lo stelo appena sotto la protuberanza. Integro; doratura in parte perduta. Chiazze di alterazione.

Il calice è stato trovato in una tomba della necropoli romana nella Luxemburger Straße con un secondo calice, della stessa forma (già nella collezione Niessen, ora RGM N 124). Esso fornisce, insieme con la piccola brocca n. 58 e con il "Capolavoro" n. 56, una importante documentazione sulla tecnica della doratura. La forma deriva da prototipi metallici della prima età imperiale ed è spesso indicata nella letteratura archeologica con il termine *carchesium*, ma W. Hilgers (1969, 48, 140-141, n. 87) ha dimostrato che questo nome non è sufficientemente attestato in epoca romana e che è più corretto il termine *calix*.

H.H.

Bibl.: Kisa 1908, fig. 119, tav. v, 1; Fremersdorf 1958a, 42, tav. 71; Fremersdorf 1959, 55, tav. 67; von Boeselager 1981, 110, n. 430.

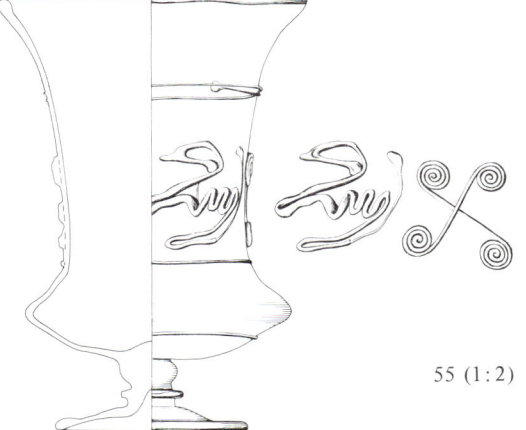

55 (1:2)

124

56

Il "Capolavoro"

III secolo d.C. Rinvenuto nel 1893 a Colonia, Luxemburger Straße, in un sarcofago di tufo. RGM Glas 541.

Altezza cm 27,5; larghezza cm 16.

Vetro incolore; soffiato; decorazione con filamenti di vari colori. Alta bottiglia con imboccatura a imbuto, collo conico, corpo circolare piatto sulle due facce, stelo e piede concavo aggiunti, anse a forma di orecchio applicate alla base del collo. Decorazione: a) filamento blu lungo il labbro; b) due filamenti bianchi intorno al collo; c) le due facce piatte del corpo sono decorate in una zona compresa tra filamenti bianchi ricurvi alla base del collo e verso il fondo, con un motivo a forma di X, composto da quattro foglie con margine dorato e nervatura centrale blu, che si dipartono da una spirale centrale dorata; tra le foglie quattro ghirlande composte da filamenti blu, rossi e dorati a zig-zag molto stretto con nastri bianchi alle estremità; d) filamenti blu intorno alla carenatura e al piede dello stelo; e) una striscia bianca dentata applicata sulle anse, culminante con un piccolo occhiello; f) una striscia dentata blu applicata lungo il profilo del corpo, a partire dalla base delle anse fino all'altezza della ghirlanda inferiore. Ricomposta nel 1936 da numerosi frammenti; alcune lacune reintegrate.

Le bottiglie dal corpo piatto sono rare ma non insolite (cfr. Fremersdorf 1959, 43, tav. 23). Per ora questo pezzo si può approssimativamente attribuire al III secolo. Anche i reperti associati permettono solo una vaga datazione al III secolo. La tomba conteneva, oltre a un altro vaso della stessa forma e decorazione ma molto mal ridotto, una piccola bottiglia di vetro verde opaco a forma di grappolo d'uva e un maialino in vetro blu cobalto (RGM Glas 548 e 549: Fremersdorf 1961, 71-72, tav. 148 e 21, tav. 7).
Fremersdorf (1938b, 201-204) ha confrontato questa bottiglia con una brocca di vetro da Cortil-Noirmont (Belgio) e le ha attribuite alla stessa officina. Ma il paragone diretto non regge per diversi motivi: l'insieme dei reperti della sepoltura di Cortil-Noirmont indica una data attorno al 200 d.C.; la forma della brocca di Cortil-Noirmont con la sua bocca trilobata suggerisce il tardo II secolo; i filamenti della decorazione differiscono troppo nella linea e nel trattamento perché si possano attribuire alla stessa mano. Solamente la tecnica è così affine da far supporre, allo stato attuale delle nostre conoscenze, che provengano da officine della stessa cerchia. In particolare sembra che la doratura dei filamenti incolori fosse una tecnica peculiare di una o più officine che forse hanno lavorato per più generazioni.
Una bottiglia rinvenuta in uno scavo a *Noviomagus* (Nijmagen, Olanda) deve non solo provenire dalla stessa officina ma probabilmente essere anche della stessa mano (Isings 1969, 29-30, fig. 3; Fremersdorf e Polónyi 1984, 69, n. 161). Questo vetro non ha anse, ma è così simile, non solo per la

56 (1:2)

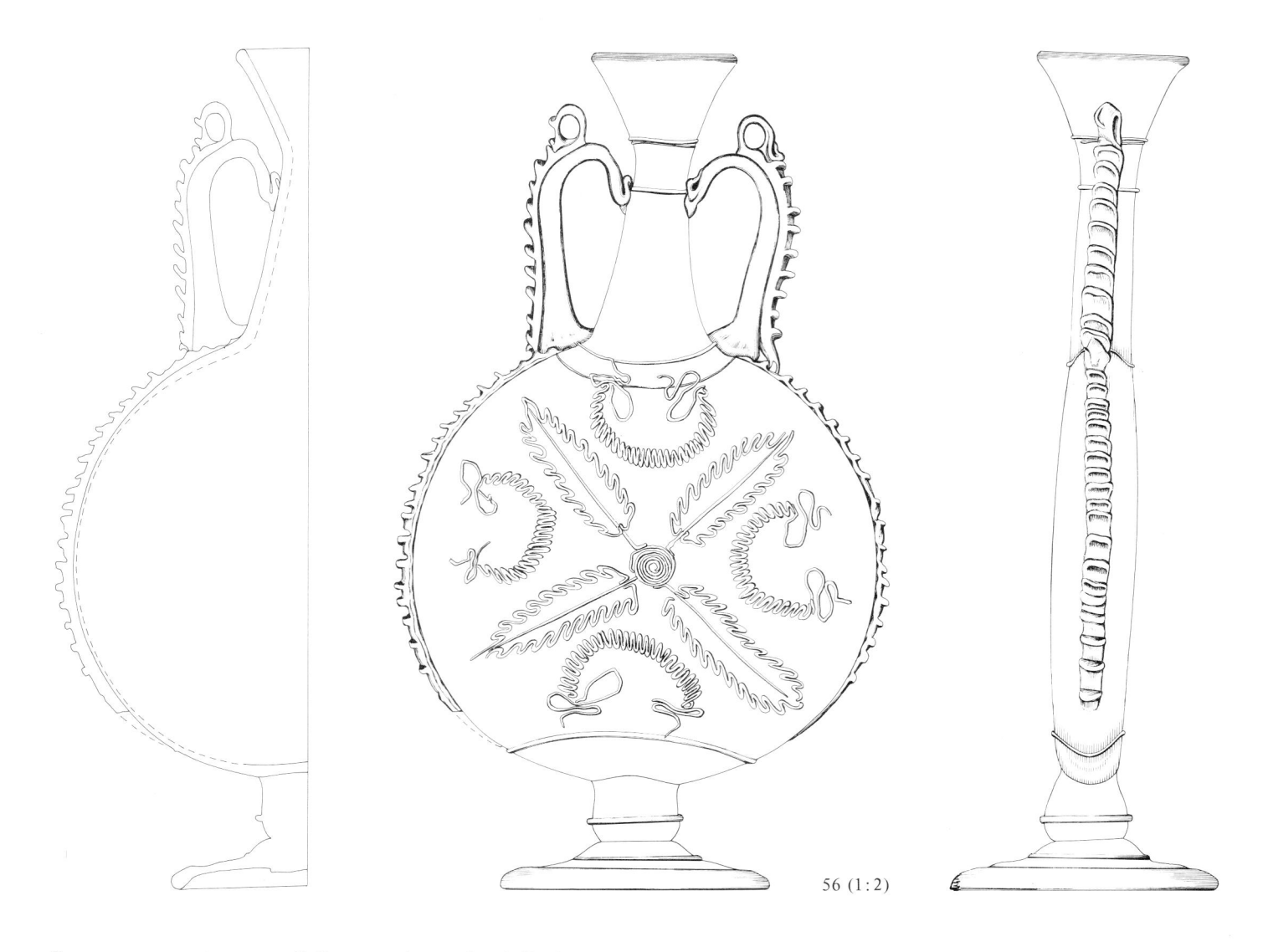

forma, ma soprattutto per il disegno e la tecnica della decorazione a foglie e ghirlande, che possiamo veramente in questo caso attribuire i due vasi allo stesso artigiano. Inoltre i reperti associati non pongono alcuna difficoltà per la datazione in un breve periodo compreso tra la seconda metà e la fine del III secolo (Isings 1969, 30). Alcuni frammenti con filamenti blu, bianchi e dorati sono stati rinvenuti a Colonia in una tomba con una moneta di Galerio Massimiano come Cesare (293-305 d.C.); ma possono anche far parte di un vaso già da tempo di proprietà del morto. Ciononondimeno i frammenti si rifanno con evidenza alla seconda metà del III secolo (cfr. anche La Baume 1960-1961, 87).

Al momento attuale si deve supporre che nell'ultimo quarto del III secolo la tecnica della decorazione "brillante" a filamenti fosse decaduta nella Colonia romana. Da una parte questo potrebbe rientrare nella crisi generale dell'industria al tempo della prima invasione dei Franchi verso il 270-280, e dall'altra può essersi prodotto un mutamento del gusto nei decenni sul finire del III secolo che ha portato sia a forme diverse sia ad altre tecniche decorative. La tecnica della decorazione a filamenti di questa bottiglia non è più stata superata; a giusto titolo essa è considerata il miglior prodotto di questo tipo.

H.H.

Bibl.: Kisa 1896, 53, tav. II, 5; Kisa 1908, 452, fig. 120, tav. V, 2 (prima del restauro); Morin-Jean 1913, 202-205; Fremersdorf 1938b, 207-208, fig. 5; Fremersdorf 1959, 56-58, tavv. 70-71; Doppelfeld 1966, 57, tav. 1; Price 1983, 213, tav. 27.

57

Secchiello

III secolo d.C. Rinvenuto nel 1911 a Colonia, Luxemburger Straße. Già nella collezione Niessen. Acquistato nel 1934. RGM N 126.

Altezza cm 8; altezza con l'ansa cm 17,5; diametro cm 10,5.

Vetro incolore con filamenti bianchi, blu opachi e incolori dorati. Soffiato. Coppa a forma di secchiello, con ansa mobile; orlo ispessito e arrotondato; la parete si incurva a formare un fondo arrotondato leggermente introflesso nel punto dove era attaccato il pontello; piede ad anello aggiunto. La zona decorata è definita da due sottili filamenti paralleli, blu in alto e bianco in basso; la decorazione è costituita da motivi a zig-zag alternati bianchi e blu in filamenti serpentiformi con tacche diagonali, separati da foglie in filamento incolore dorato. Sull'orlo sono applicati due elementi triangolari per l'ansa. Ansa separata, avvitata e con le estremità ripiegate ad angolo retto. Rotto e ricomposto; lacune reintegrate. Iridescenze lattee.

Le coppe di vetro a secchiello derivano da prototipi metallici, che spesso vengono chiamati "Hemmoor" dal luogo di rinvenimento nella Germania settentrionale. L'area di distribuzione dei vasi di questa forma è soprattutto nella Gallia del nord, nella Renania, e nei territori della Germania al di là del *limes* romano. La forma, tuttavia, ha origine in Italia durante la prima età imperiale. Si conoscono almeno quattro secchielli di identica forma provenienti da Colonia.

H.H.

Bibl.: Niessen 1911, 15, n. 126, tav. 10; Fremersdorf 1938b, tavv. 16,8 e 17,9; Fremersdorf 1959, 54, tav. 65; Doppelfeld 1966, 56-67, fig. 119.

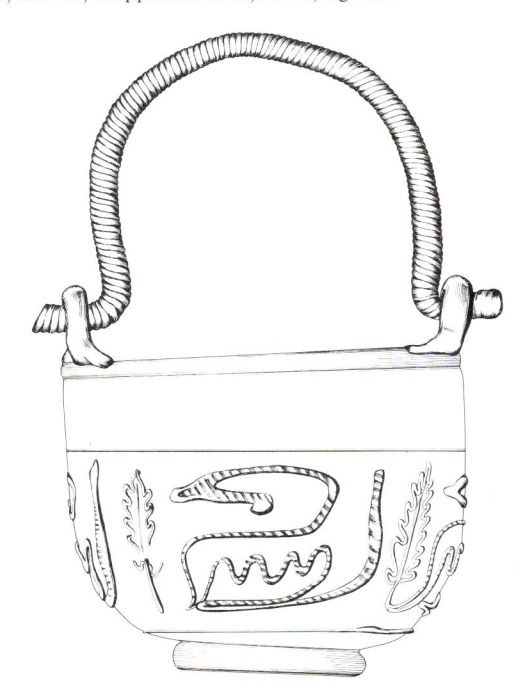

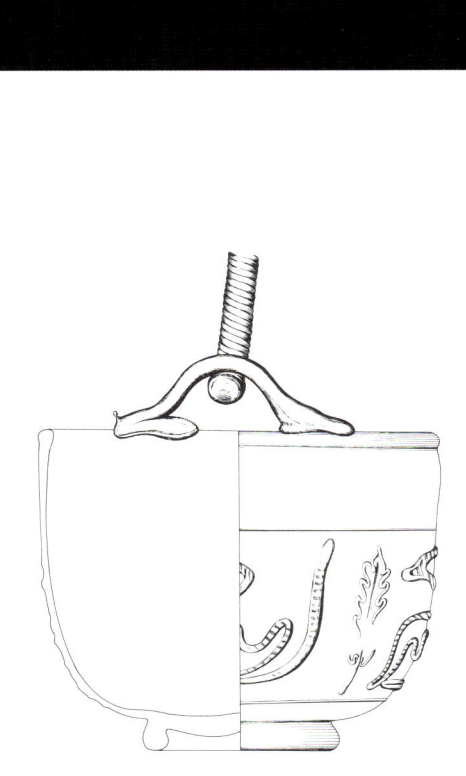

57 (1:2)

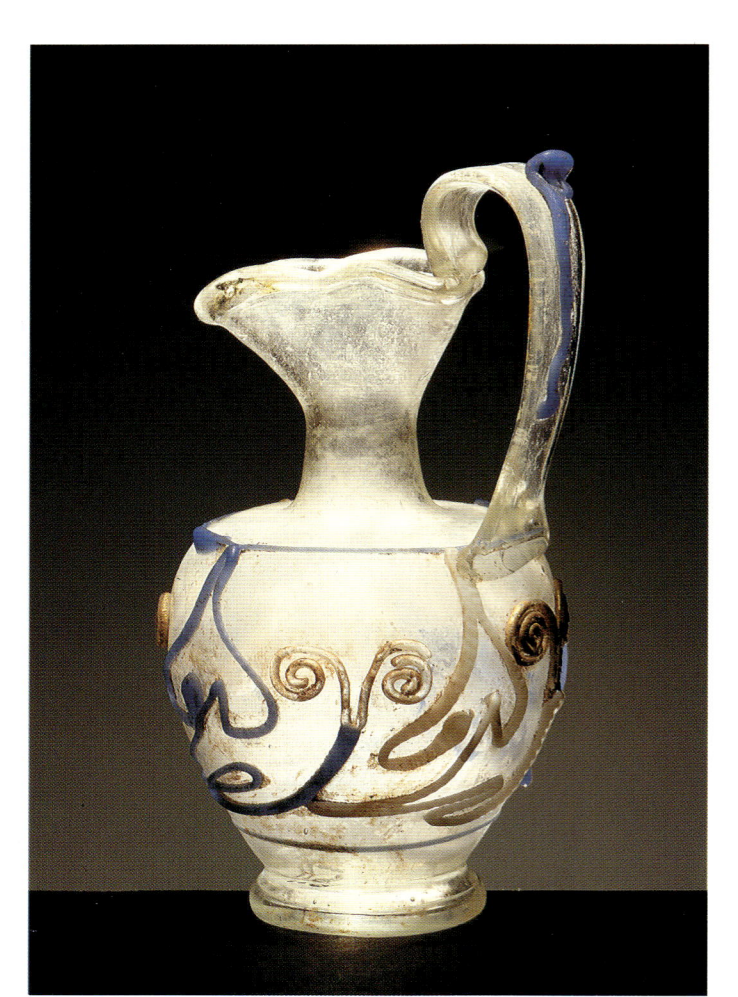

58

Brocca e piatto con manico

III secolo d.C. Rinvenuti nel 1969 a Colonia, Luxemburger Straße, con il calice con conchiglie (n. 142). RGM 69.72.5 (brocca) e 69.72.6 (piatto).

Brocca: altezza cm 1,8. Piatto: altezza cm 3,4; diametro cm 10,5.

Vetro incolore, soffiato, con filamenti bianchi e blu opachi e incolori dorati.
Brocca: orlo arrotondato forse piegato verso l'esterno, verso il basso e su se stesso; bocca trilobata a formare un becco; collo svasato in alto che si restringe a tubo nel punto di giunzione con il corpo; spalla orizzontale; corpo globulare che si allarga verso il fondo e si introflette a formare un piede integrale con il corpo; fondo introflesso. Ansa applicata alla spalla tirata verso l'alto a sovrastare la bocca e ripiegata per attaccarsi all'orlo. La zona decorata, delimitata da filamenti orizzontali, è riempita con foglie di edera e viticci le cui estremità sono avvolte a spirale, le foglie e gli steli sono decorati con tacche diagonali; sull'ansa un filamento blu opaco verticale a onde, applicato nella parte mediana e ripiegato su se stesso in alto. Integra; doratura in parte perduta.
Piatto con manico: orlo arrotondato forse piegato verso l'esterno, verso il basso e su se stesso; la parete del corpo si incurva a formare un fondo piatto con un rigonfiamento centrale solo dove il pontello era attaccato alla superficie esterna; piede ad anello forse applicato, più probabilmente ottenuto piegando una falda del corpo verso il basso e di nuovo all'interno su se stesso. Manico applicato all'orlo sulla parte alta della parete; ottenuto ruotando un pezzo di vetro in modo da formare un grosso bastoncino e pressando la parte terminale a formare una presa piatta orizzontale. Decorazione,

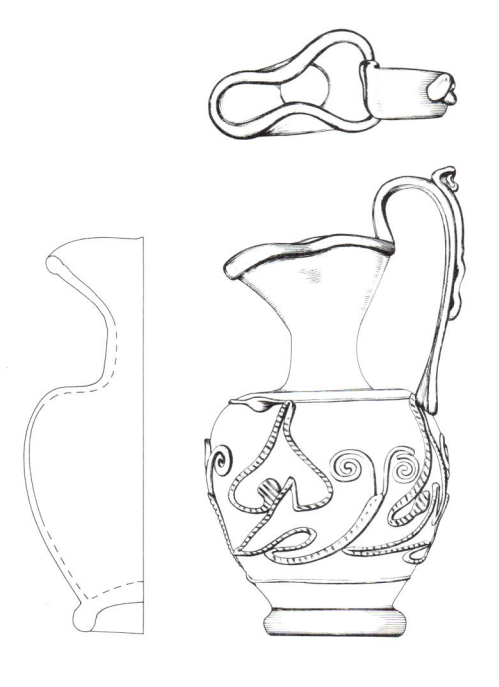

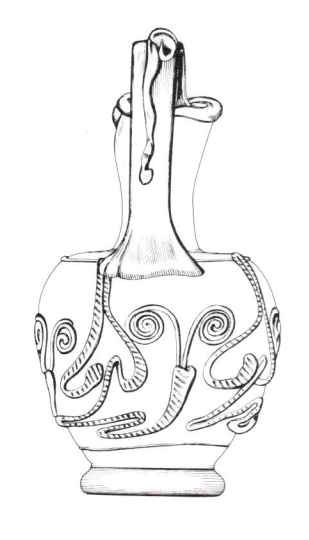

58 (1:2)

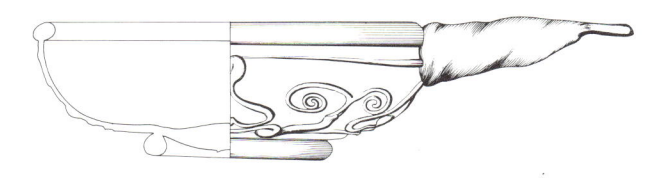

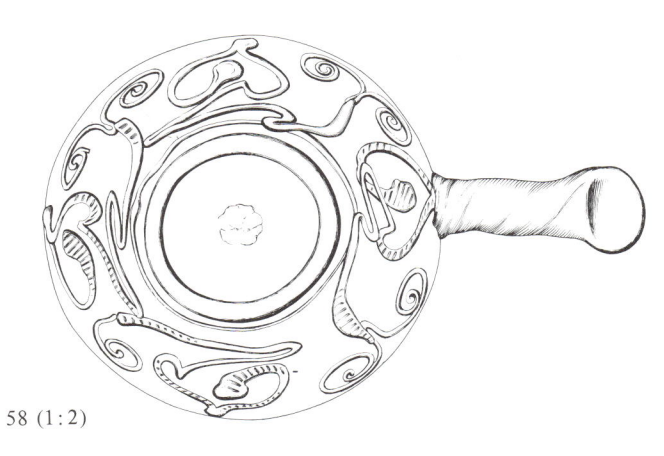

come sulla brocca, a filamenti bianchi e blu opachi e incolori dorati. Integro; doratura in parte perduta.

Le coppie formate da brocca e piatto con manico – *vas et trulleum* – erano usuali nell'antichità. Le scoperte della Renania inducono a pensare che fossero prodotte in questa zona in grande quantità. In tutti i casi le forme e le tecniche di lavorazione sono molto simili e la maggior parte degli esemplari è decorata con i tipici filamenti serpentiformi.

Poiché non sembrano esistere precedenti in vetro di questi "servizi" composti da brocca e piatto con manico prima del III secolo, potrebbe trattarsi di una "novità" in miniatura, derivata dagli immediati precedenti in metallo (Nuber 1973, 75-77, 138-143, 214). *Vas* e *trulleum* in origine erano usati per lavarsi le mani al momento dei pasti, ma questa funzione sembra essersi perduta nel caso di questi piccoli oggetti. La produzione in vetro di vasi di queste forme e dimensioni sembra essere limitata al III secolo d.C.   H.H.

Bibl.: Doppelfeld 1975, 18, nn. 5-6; von Boeselager 1981, 110, nn. 431-432; Fremersdorf e Polónyi 1984, p. 3, n. 7 (piatto), 86, n. 195 (brocca).

58 (1:2)

59

Bottiglia

III secolo d.C. Rinvenuta a Colonia, forse in una tomba della Genter Straße. Acquistata nel 1923 all'asta Lempertz (dei beni dell'antiquario Werther di Colonia). RGM 23.480.

Altezza cm 21,3.

Vetro incolore trasparente, soffiato. Lavorato con uno strumento a formare le pareti incavate; fondo introflesso; anello di base applicato. Alta bottiglia con corpo leggermente ovale, orlo arrotondato, labbro svasato; collo lungo; corpo con depressioni che danno una forma pressoché quadrata, con quattro lati incavati tra quattro spigoli con nervature; filamento avvolto circa sei volte intorno al collo; su ogni faccia un filamento ricurvo e serpentiforme, lavorato con tacche diagonali e orizzontali; su ogni spigolo è applicata una striscia pinzata che forma numerose protuberanze. Quasi integra. Sul corpo alterazione calcarea e terra.

Il filamento serpentiforme è stato applicato prima delle strisce sugli spigoli, in quanto queste in parte si sovrappongono. Sono moltissimi i vetri con questo tipo di decorazione delle officine di Colonia (ad esempio nn. 55, 57, 58). Cfr. Harden, pp. 106-108 *supra*.

H.H.

Bibl.: *Lempertz Auktion* 1923, 217, n. 12; Fremersdorf 1924, 88; Fremersdorf 1959, 42, tav. 19.

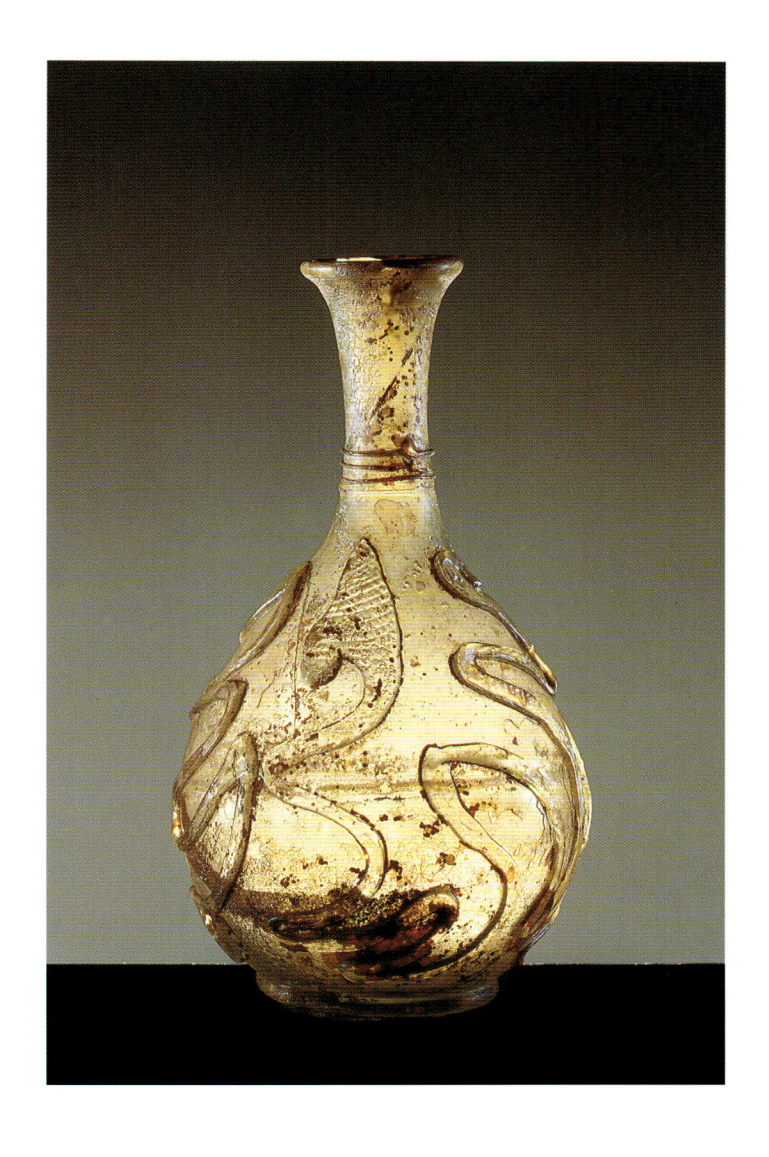

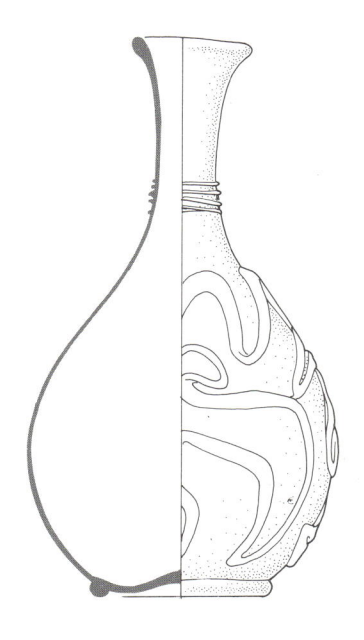

60

Bottiglia

Fine del II - inizi del III secolo d.C. Da Idalio, odierna Dali, Cipro. Già nella collezione L. Palma di Cesnola. Dono degli eredi di Felix Slade. BM GR 1871.1-23.1.

Altezza cm 15,5; diametro dell'orlo cm 3,3; diametro del corpo cm 8,5.

Vetro incolore con sfumatura verdina con filamenti dello stesso colore, soffiato. Decorazione e anello di base applicati. Orlo arrotondato svasato; collo cilindrico; corpo piriforme; fondo concavo con segno del pontello. Sul collo un filamento avvolto a partire dall'alto; sul corpo tre diversi filamenti serpentiformi, principalmente appiattiti, ciascuno terminante con una testa triangolare incisa a rete. Integro, eccetto alcune parti del filamento del collo; alcune fessure dovute alla pressione. Iridescenza a scaglie, in parte staccata; all'interno dell'anello di base una spessa alterazione nera, in parte staccata. Bolle.

Per balsamari simili si veda Matheson (1980, 71, n. 184), che cita la bottiglia da Idalio come confronto; von Saldern e al. (1974, 226-227, n. 663) e *Glaskunst* (1981, 107-108, n. 425).

K.S.P./C.S.L.

Bibl. Palma di Cesnola 1877, 75-76, tav., III; Harden 1956, 340, fig. 316 sin.; *Masterpieces* 1968, 63-64, n. 81; Harden 1970, 55, tav. VIa.

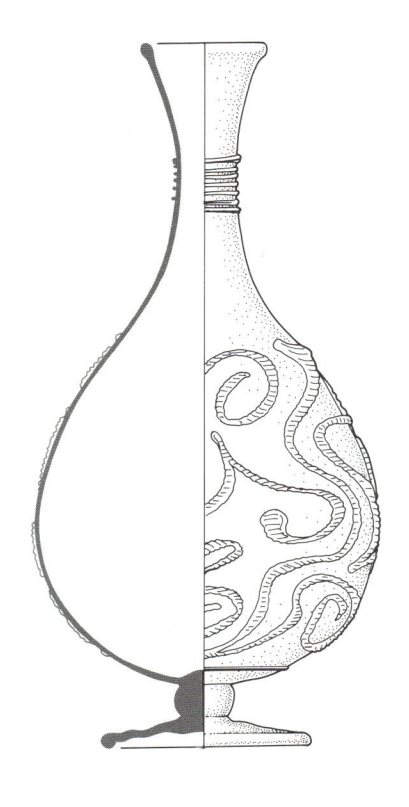

61

Bottiglia

Fine del II - inizi del III secolo d.C. Da una tomba di Coblenza, Renania.
BM GR 1984.7-16.1.

Altezza cm 19,5; diametro cm 9,2.

Vetro incolore con sfumatura verdina con filamenti dello stesso colore. Soffiato. Orlo arrotondato; labbro svasato verso l'orlo; corpo piriforme; piede ad anello con breve stelo; segno del pontello. Un filamento avvolge il collo nel punto più stretto; sul corpo otto filamenti serpentiformi appiattiti con corrugamenti orizzontali. Integra, fatta eccezione per una sbeccatura sull'orlo; fessure da tensione sull'orlo, nel corpo e nel piede. Iridescenza lattea. Bolle a punta di spillo.

L'indicazione "da una tomba di Coblenza" (*Lempertz Auktion* 1965) è del precedente proprietario; indicazioni posteriori (Colonia, Neusser o Aachener Straße) sono palesemente false).

K.S.P.

Bibl.: *Lempertz Auktion* 1965, 89, n. 811; *Christie, Manson and Woods* 1984, 12, n. 38.

62

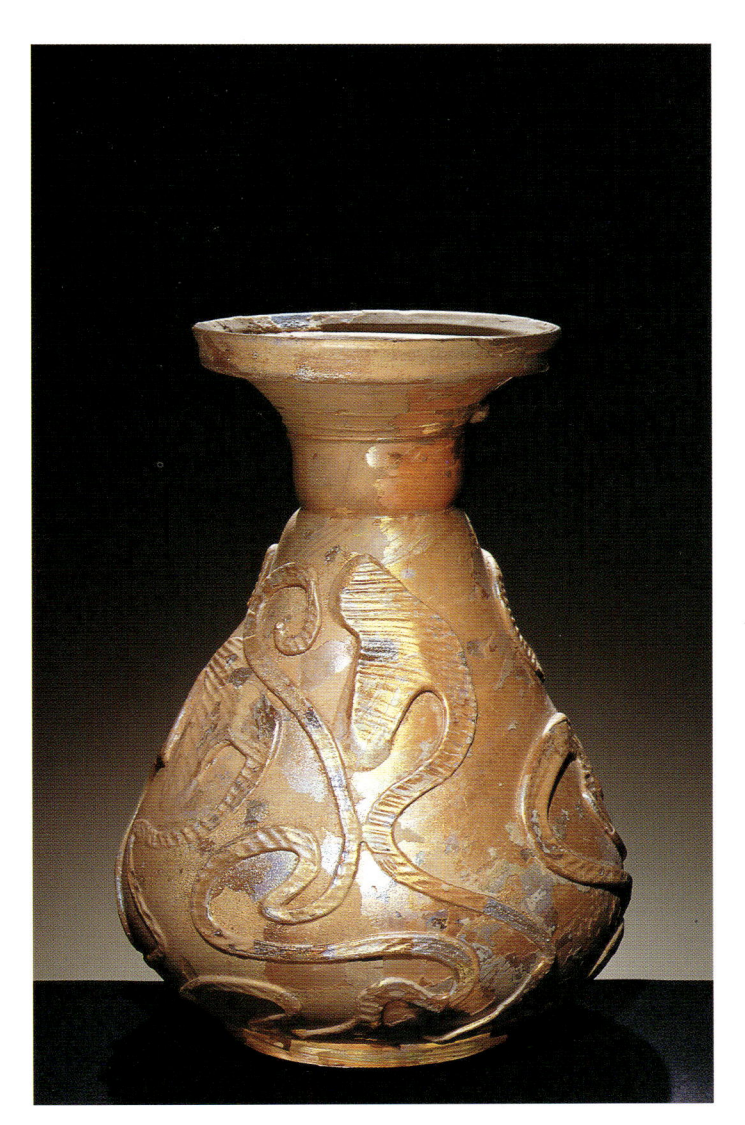

Bottiglia contagocce

III secolo d.C. Acquistata in Libano. Già nella collezione Ray Winfield Smith. CMG 55.1.90.

Altezza cm 12,4; diametro dell'orlo cm 6; diametro massimo cm 8,8.

Vetro incolore con sfumatura giallina con filamenti dello stesso colore. Soffiato, con decorazione applicata. Corpo piriforme; breve labbro verticale con orlo arrotondato e piccolo listello ripiegato appena sotto; il collo va restringendosi verso il basso dove una strozzatura è ottenuta mediante una piega della parete lasciando una piccola apertura al centro; fondo piatto; base ad anello applicata, segno del pontello. Sotto l'orlo è applicato un sottile filamento avvolto tre volte intorno al collo; il corpo è ricoperto da filamenti appiattiti, serpentiformi, con intagli trasversali. Integro. La superficie è quasi tutta ricoperta da alterazione opaca bruno-giallo-ocra, con iridescenze dove l'alterazione si è staccata. Bolle.

Clairmont (1963, 42-45) discute il problema dell'origine occidentale o orientale dei vasi con decorazione a serpentina. Questo pezzo è di probabile produzione orientale (p. 107). Per vasi simili v. Harden 1934, 54-55; Auth 1976, 121, n. 150.
D.B.W.

Bibl.: *Mariemont* 1954, 28, n. 132, tav. XVII; *Glass from the Ancient World* 1957, 155, n. 315.

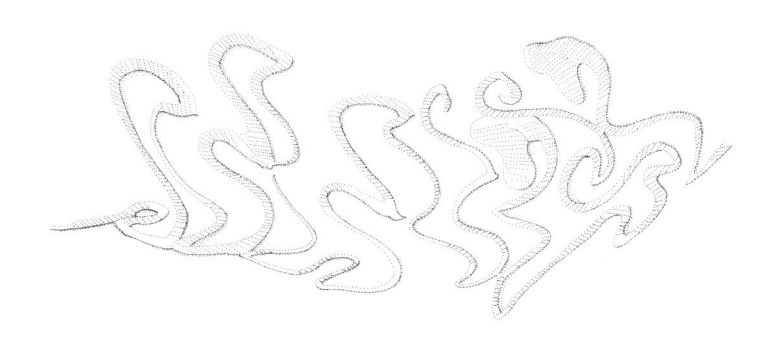

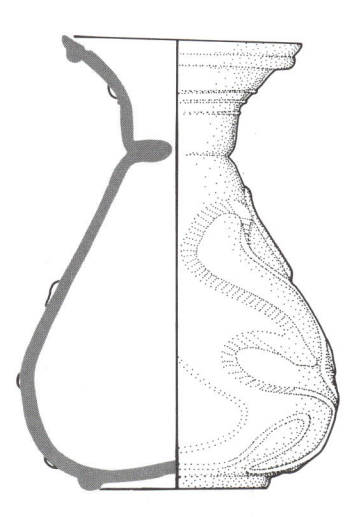

62 (1:2)

63

Bottiglietta contagocce a forma di elmo

III secolo d.C.. Dal quartiere di S. Severin a Colonia. Acquistata il 16 maggio 1881 da Sir A.W. Franks alla vendita all'asta della collezione Disch (n. 1371). BM GR 1881.6-24.2.

Altezza cm 10,1; diametro dell'orlo cm 4,9.

Vetro incolore con sfumatura verdina con filamenti blu, rossi, verdi e bianchi opachi. Soffiato, forse realizzato in due parti, unite mediante fusione alla base del collo. Bottiglietta alla quale i filamenti applicati fanno assumere l'aspetto di un elmo; orlo svasato e ripiegato, e poi rifinito; collo a imbuto che si restringe verso il fondo piatto con un piccolo foro centrale; corpo bulboso con la cresta dell'elmo fatta dal corpo del "paraison"; forse segno del pontello sulla cresta. Sul collo filamento blu; paraguance e paranaso realizzati con filamento blu con piccole tacche, occhi con filamento a ricciolo incolori con pupilla blu e bianco opaco; su entrambi i lati dell'elmo un uccello incolore appollaiato su un rametto bianco opaco con bacche rosse e foglie verdi. Integro; alcune fessure da sforzo. Superficie opaca con iridescenze lattee. Alcune bolle.

Il solo confronto è costituito dal n. 64, rinvenuto anch'esso a Colonia; il n. 65 è l'unico esemplare di produzione orientale.

K.S.P.

Bibl.: aus'm Weerth 1864, 120-121, tav. 3, 2; aus'm Weerth 1881, 129, tav. 7, n. 1371; Kisa 1908, 250-251; Fremersdorf 1959, 59, tav. 74; Fremersdorf 1961, 36, tav. 46; *Masterpieces* 1968, 64-65, n. 84.

64

Bottiglietta contagocce a forma di elmo

III secolo d.C. Rinvenuta nel 1897 a Colonia, in Luxemburger Straße, in uno scavo. RGM L62.

Altezza cm 10,1.

Vetro incolore con filamenti bianchi opachi. Soffiato a canna libera; realizzato unendo per pressione due "paraison" di vetro nel punto dove ora è il collo, dal corpo verso l'apertura, e poi schiacciando insieme le parti superiori del "paraison" del corpo a formare la cresta dell'elmo. I segni delle pinze sono visibili come piccoli puntini ai due lati della cresta. Bottiglietta globulare senza punto di appoggio a forma di elmo; orlo svasato arrotondato; collo largo a cono con un piccolissimo (mm 2) passaggio verso il corpo. Larghi filamenti bianchi opachi, con piccole tacche realizzate dopo l'applicazione, disegnano la maschera facciale, il paranaso e i paraguance decorati; gli occhi sono realizzati con filamenti a spirale che formano piccoli puntini; filamento avvolto intorno al collo per tre volte. Integro; alcune scheggiature sulla cresta dell'elmo. Iridescenze biancastre all'interno. Alcune bollicine.

La forma particolare dell'apertura molto stretta fa pensare che la bottiglietta servisse da portaprofumo o portaessenze; il liquido si poteva introdurre o prelevare solo a gocce. L'orlo spesso permetteva di chiudere l'apertura con un tappo e così era possibile usare il collo come base anche quando il flacone era pieno.
Fremersdorf ha pensato che questo tipo di bottiglietta fosse

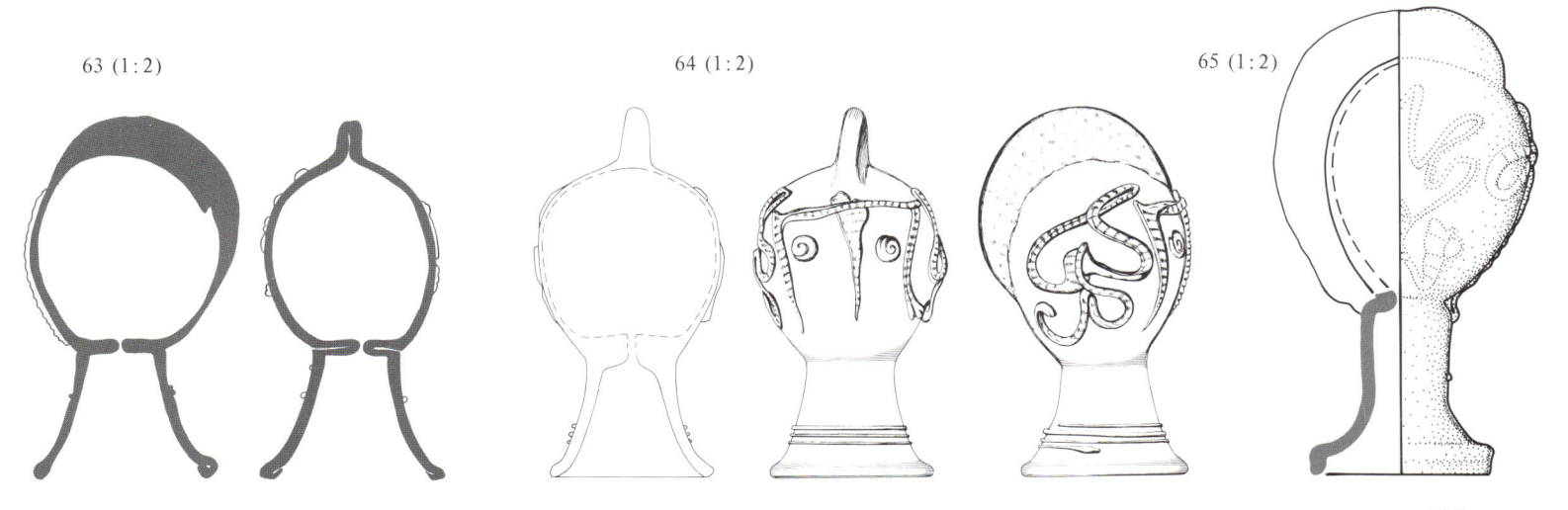

63 (1:2)   64 (1:2)   65 (1:2)

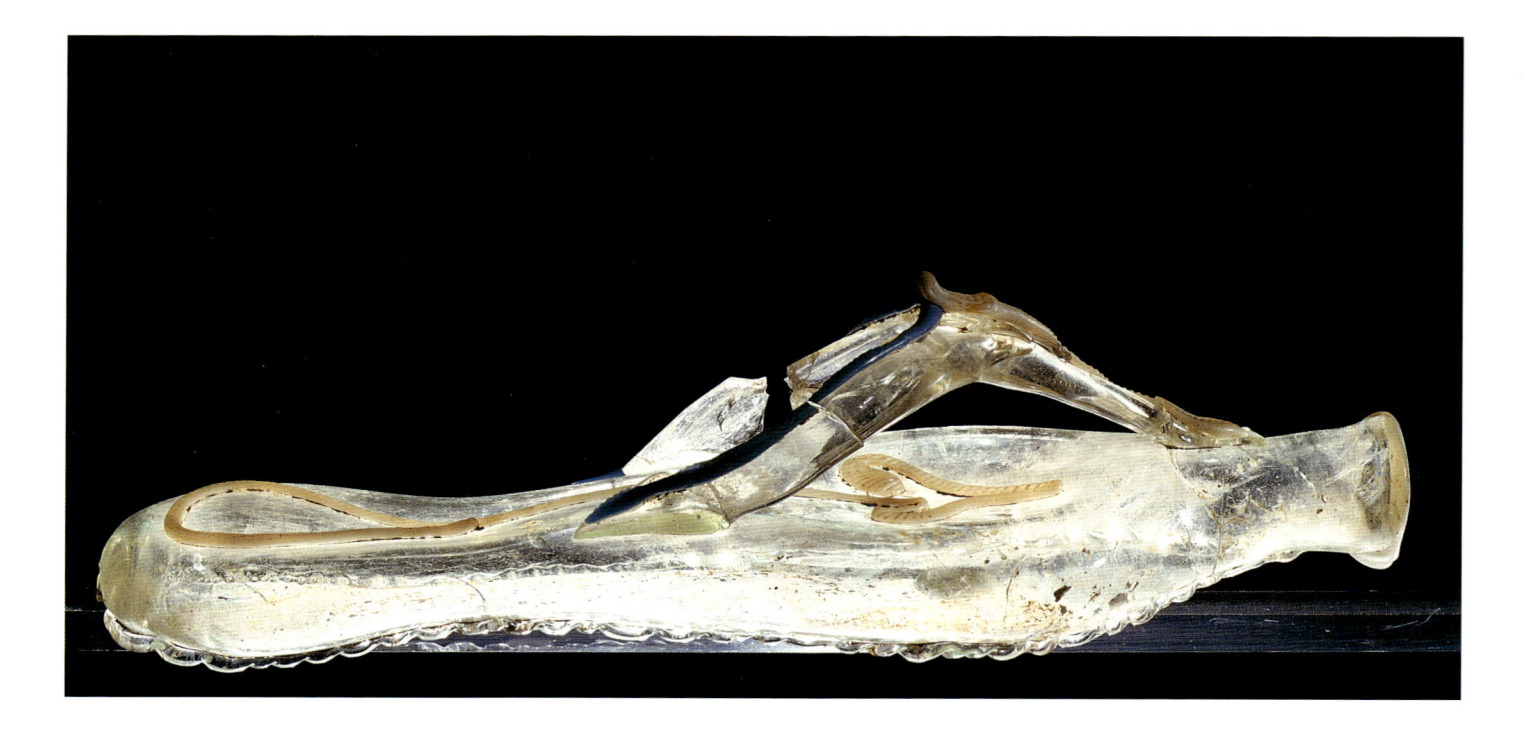

un *gutturnium* (contagocce) in base alla citazione latina (Festo in Paolo Diacono 51,5 e 98,13): *vas, ex quo aqua in manus datur, ab eo quod propter oris angustias guttatim fluat*, "un vaso dal quale si versa l'acqua sulle mani, così chiamato perché a causa della strettezza del collo il liquido esce solo goccia a goccia".

Analoga per forma e decorazione è la bottiglietta contagocce della collezione Disch nel British Museum (n. 63). La decorazione a serpentina indica per entrambe la provenienza da officine di Colonia. L'unico altro esempio conosciuto (n. 65) è diverso e probabilmente viene dalla Siria. Il prototipo di questi vetri è certamente originario del bacino del Mediterraneo. Il solo dato per la datazione di queste bottigliette è fornito dalla decorazione con filamenti serpentiformi che ha il suo apice di popolarità nel III secolo.
H.H.

Bibl.: Hagen 1906, 412, tav. XXIV, n. 41c; Kisa 1908, 448, fig. 116, tav. VI,3; Fremersdorf 1931, col. 146, fig. 16; Doppelfeld 1966, 56, fig. 127 in basso.

65

Bottiglietta contagocce a forma di elmo

III secolo d.C. Acquistata a Beirut da un mercante. CMG 65.1.14.

Altezza cm 12,8; diametro dell'orlo cm 4,5.

Vetro verde con filamenti dello stesso colore. Soffiato; lavorato con uno strumento; decorazione applicata. Bottiglietta a forma di elmo; orlo svasato e ripiegato; collo cilindrico molto svasato ma tagliato in fondo con una stretta apertura; corpo ovoidale con la cresta dell'elmo che corre lungo un lato e sul fondo; sulla cresta segno del pontello. Decorazione: sul collo un filamento orizzontale; sul corpo un filamento dentellato verticale dalla base del collo alla cresta a rappresentare il paranaso, due filamenti più corti indicano i fori ovali degli occhi; ai due lati del volto due filamenti dentellati formano un motivo curvilineo astratto. Rotto sul collo e restaurato; manca la maggior parte del filamento del collo. Chiazze di alterazione grigio-bruna; il resto della superficie è reso opaco da una leggera iridescenza.

Benché gli altri due contagocce analoghi provengano da Colonia (nn. 63 e 64), questa bottiglietta è stata attribuita a una officina siriana in quanto acquistata a Beirut (v. Harden, p. 107 per maggiori particolari).
D.B.W.

Bibl.: 'Recent Important Acquisitions', *JGS* 8 (1966), 130-131, n. 11.

66

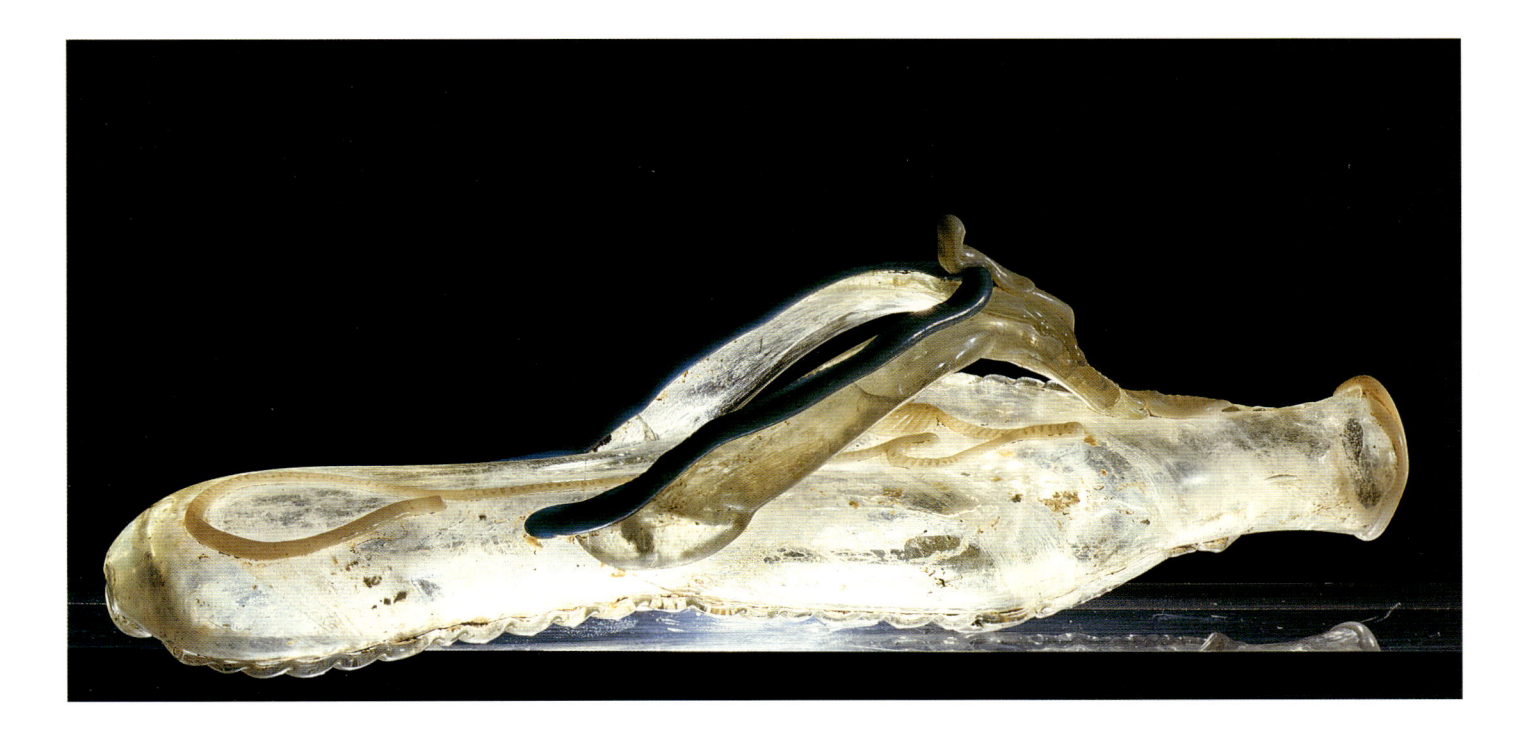

Due unguentari a forma di sandali

Probabilmente fine del II - inizi del III secolo d.C. Rinvenuti nel 1971 a Colonia, Severinstraße n. 129. Dono di B. Zehner e acquisto. RGM 74.1 (sandalo sinistro); 74.2 (sandalo destro).

74.1: lunghezza cm 22,9 e larghezza cm 9,4; 74.2: lunghezza cm 24,4 e larghezza cm 7.

Vetro trasparente verde chiaro con filamenti opachi bianchi e blu. Soffiati. Due unguentari a pancia piatta, formati e decorati così da sembrare un paio di sandali; orlo arrotondato probabilmente ripiegato verso l'alto e verso l'interno; collo cilindrico che si rigonfia verso il corpo senza una spalla ben marcata; il corpo ha un lato piatto, mentre sull'altro un doppio rigonfiamento rappresenta la suola e il tacco di un sandalo (rispettivamente un sinistro e un destro); privo di base e di piede. La decorazione è concentrata sulle due superfici piatte per delineare gli elementi di un sandalo: sulla faccia inferiore un largo filamento incolore lungo l'orlo con piccole tacche abbastanza spaziate, applicato in due o tre pezzi; sulla faccia superiore due filamenti che costituiscono l'ansa, applicata a metà del corpo, si incurvano in alto e si intrecciano per proseguire come un'unica fascia che si attacca sul vaso alla base del collo; ogni ansa è decorata con filamenti blu e bianchi ad imitare i cinturini incrociati del sandalo; sul ventre della parte superiore una striscia bianca opaca corre lungo la parte centrale e forma alle due estremità il segno del calcagno (a forma di foglia d'edera). 74.1: integro, fessura da sforzo sull'ansa; 74.2: completo fatta eccezione per una

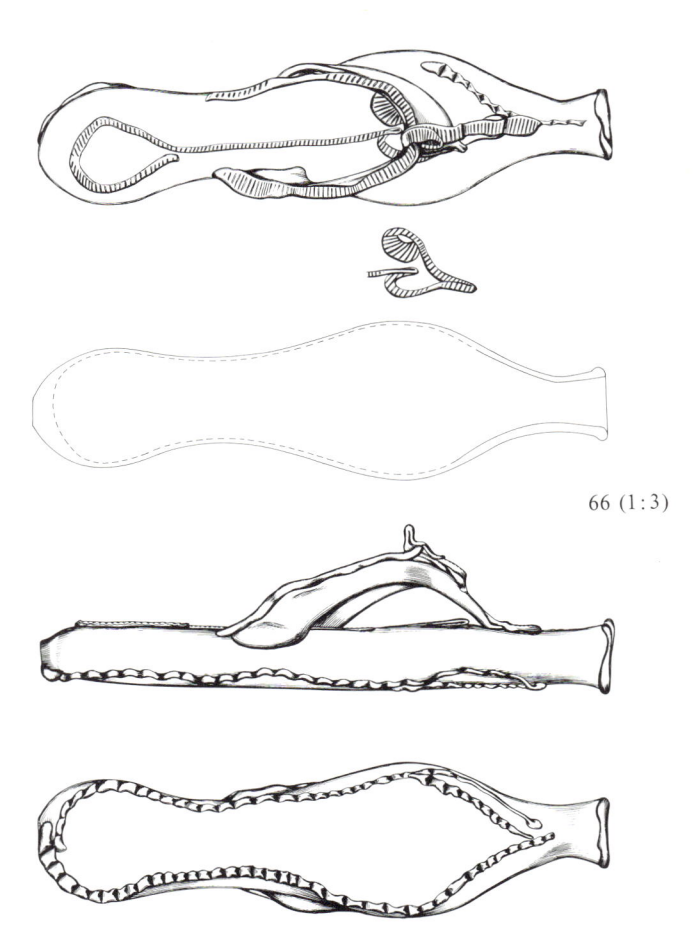

66 (1:3)

parte dell'ansa e del filamento blu; piccole fessure da sforzo, orlo e collo rotti e ricomposti.

Probabilmente i due vasi erano usati per contenere essenze. Sono stati trovati in una sepoltura femminile con un fuso d'osso[1] molto elaborato e una moneta dell'imperatore Augusto (un *as*, *RIC* 360; Nuber 1984, 535, n. 1010, 6, 13). Questi reperti non ci aiutano a stabilire una datazione precisa. Soltanto la tipica decorazione con filamenti a foglia e a cuore di questi unguentari è paragonabile con quella di altri vasi. Questi motivi compaiono verso la fine del II secolo e perdurano per circa un secolo.

È inusuale deporre in una tomba due oggetti uguali, ma di tanto in tanto li si trova in sepolture della zona di Colonia, ad esempio il calice verde n. 55 e il suo pendant. Fremersdorf (1959, 65) sospetta che la stessa cosa sia accaduta per il Kantharos Disch n. 143.

H.H.

1. Per il significato di questi fusi v. Pirling 1976, 101-109.

Bibl.: Bracker 1972, 389-394, tav. 6; Noelke 1979, 168-169; Fremersdorf e Polónyi 1984, 115, n. 261.

67

Bicchiere con delfini

Fine del III - inizi del IV secolo d.C. Rinvenuto nei pressi del cimitero tardo-romano "Kirschgarten", Worms, Renania-Palatinato. Già nella collezione Karl Löffler, Colonia. CMG 82.1.1.

Altezza cm 20,4; diametro dell'orlo cm 7,4; diametro del piede cm 6,5.

Vetro incolore con sfumatura giallo-verde, filamenti dello stesso colore. Soffiato, con elementi serpentiformi applicati. Orlo arrotondato e ispessito, svasato nettamente; lungo corpo cilindrico che si restringe verso il fondo arrotondato con un breve stelo cilindrico pieno e un piede svasato applicato con il segno del pontello. La superficie del corpo è divisa in due zone da coppie di sottili filamenti applicati sotto l'orlo e al centro e da un singolo filamento verso il fondo. Nella fascia superiore tre delfini con il corpo eseguito con filamenti e code a forma di larga V, formate da filamenti pinzati, lavorati o piegati; anche le pinne dorsali e pelviche e la bocca sono realizzate mediante filamenti con decorazione a costolature. I delfini sono separati da larghi filamenti lavorati che piegano a destra in un motivo smerlato ad incorniciare il fondo e il lato destro di ciascuna figura. Nella fascia inferiore tre ninfee o frutti di mare; i filamenti a forma di V sono lavorati in modo da creare dei grandi corpi da cui esce una colonna centrale; questo pistillo o stame (se si tratta di ninfee) o mollusco (se è un frutto di mare) è circondato da un sottile elemento triangolare rovesciato con la parte alta a zig-zag; il lato destro è costituito da un doppio filamento rotto nella parte terminale; ogni elemento è incorniciato da un motivo simile a quello usato nella fascia superiore, i filamenti di base formano uno stelo che compone elementi decorativi di riempimento sotto e a lato delle ninfee o dei frutti di mare. Rotto e restaurato; piede restaurato, restauri minori sul labbro e sul corpo.

Il bicchiere rappresenta il momento di transizione della decorazione figurata con filamenti serpentiformi ai cosiddetti "Konchylienbecher", ossia i bicchieri con pesci e conchiglie, che presentano elementi preformati applicati alla superficie esterna del vaso (ad esempio il bicchiere con animali marini n. 144, da Colonia). Rappresentazioni figurate sono estremamente rare sui vasi di Colonia con filamenti serpentiformi.

D.B.W.

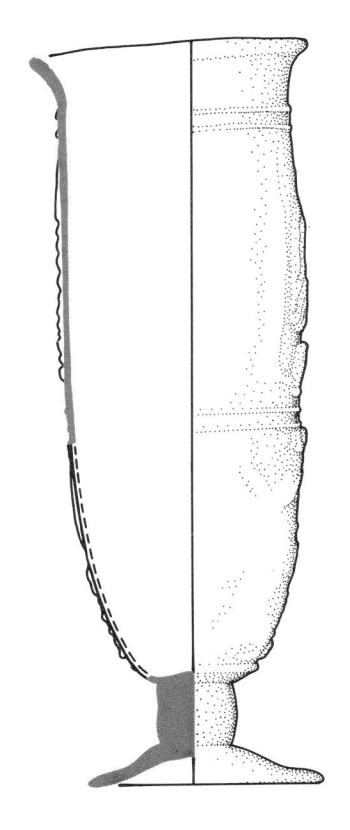

67 (1:2)

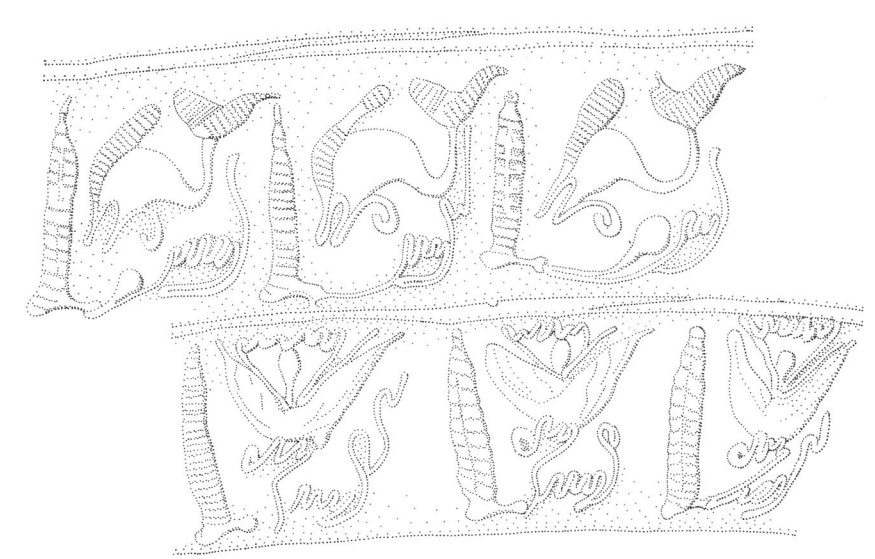

Bibl.: von Pfeffer 1976; 'Recent Important Acquisitions', *JGS* 25 (1983), 257, n. 1.

basso e verso l'interno dando al labbro una forma leggermente obliqua; collo cilindrico; corpo conico; fondo semplice concavo. Ansa ad angolo acuto, tirata dal basso verso l'alto e piegata verso il collo al quale si attacca ripiegando superiormente il vetro avanzato. Diciassette nervature verticali a filamento sul corpo e lasciate a rilievo; la costolatura centrale dell'ansa si prolunga sul corpo del vaso formando una "coda" composta da undici denti realizzati con le pinze. Rotta e ricomposta; le curve reintegrate in tre punti sul collo e sul corpo; ansa intatta, fatta eccezione per l'ultimo dente in basso. Alcune fessure profonde. Butterature sull'ansa. Sul corpo bolle a punta di spillo e allungate, con alcune inclusioni; sull'ansa bolle a punta di spillo e impurità sabbiose.

K.S.P.

Bibl.: Skilbeck 1923, 334, tav. XXXV, fig. 2c; Harden 1967, 239, tav. XLIII b.

68

Brocca

Terzo quarto del I secolo d.C. Rinvenuta a Radnage, Buckinghamshire, Inghilterra, con il n. 27. Da una sepoltura a cremazione di fronte a Two Shires Yew (residenza del donatore), Spriggs Alley, Chinnor Hill, Oxon., ma in realtà nel circondario di Radnage. Donazione di W. Gordon Ross.
BM PRB 1923.6-5.2

Altezza cm 2,3; diametro cm 13,1.

Vetro giallo-bruno con ansa giallo-verde. Soffiato; decorazione applicata. Orlo ripiegato verso l'esterno, poi verso il

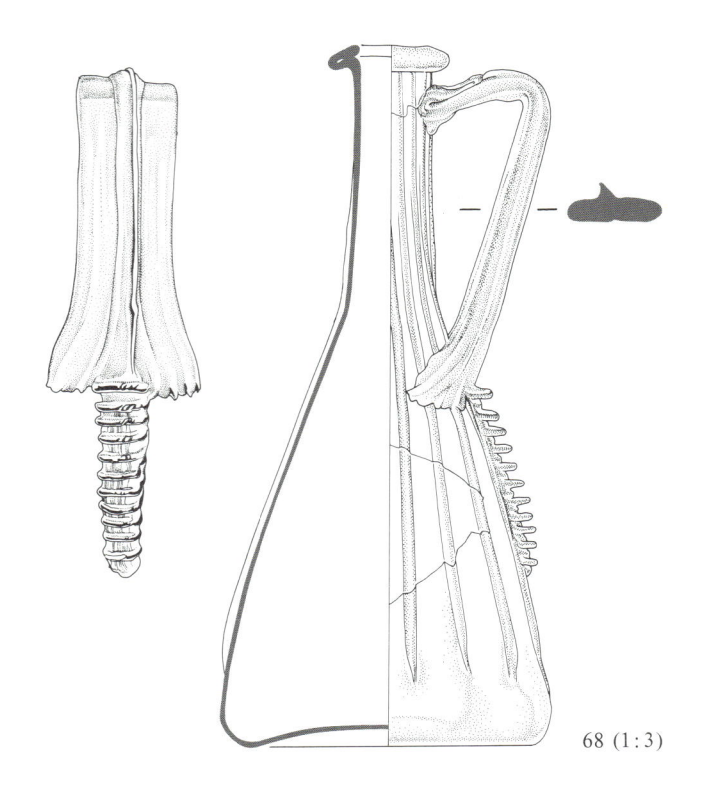

68 (1:3)

69

Brocca

Terzo quarto del I secolo d.C. Probabilmente dalla Gallia. Già nella collezione di Jean Hubert Demeulenaere, Parigi. CMG 85.1.6.

Altezza cm 26,1; diametro massimo cm 18,4.

Vetro verde-azzurro, soffiato. Ansa applicata. Corpo campaniforme: orlo piegato verso l'esterno, l'alto e l'interno a formare un listello obliquo; collo lungo e cilindrico, leggermente strozzato in fondo; corpo che si allarga a formare una larga carenatura cava e poi si restringe bruscamente verso il fondo; piccolo piede introflesso; manca il segno del pontello. Ansa angolata attaccata alla spalla e alla parte superiore del collo, superficie piatta con costolatura centrale, lati che si allargano in fondo; la costolatura termina con un filamento a pinzature che si prolunga sul corpo. Le nervature sono state realizzate soffiando il vetro bollente in uno stampo cilindrico con solcature e successivamente allargate mediante un'altra soffiatura e ruotate per formare il motivo a spirale sulla parte inferiore del corpo. Integra. Superficie in parte opaca e con tracce di iridescenza; piccole chiazze di alterazione e di concrezioni sull'esterno più che sull'interno.

Si conoscono solo altre sei brocche di questo tipo e tutte sono state trovate nelle province settentrionali dell'impero, e cioè Kretz, Renania (Haberey 1941, 345, fig. 76, tav. 47,4); Blehen e Frizet, Belgio (Vanderhoeven 1961, n. 81); Cuyck, Olanda (Isings 1957, 74, forma 55b); Bartlow Hills (Gage 1834, 1) e Huntingdon, Inghilterra (da un sepolcreto di età adrianea; segnalazione di D.B. Harden). D.B.W.

Bibl.: Loudmer e Kevorkian 1985, 189, n. 476.

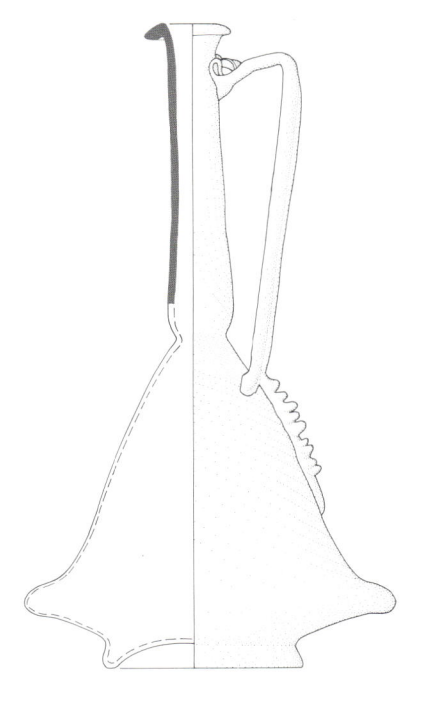

69 (1:3)

70

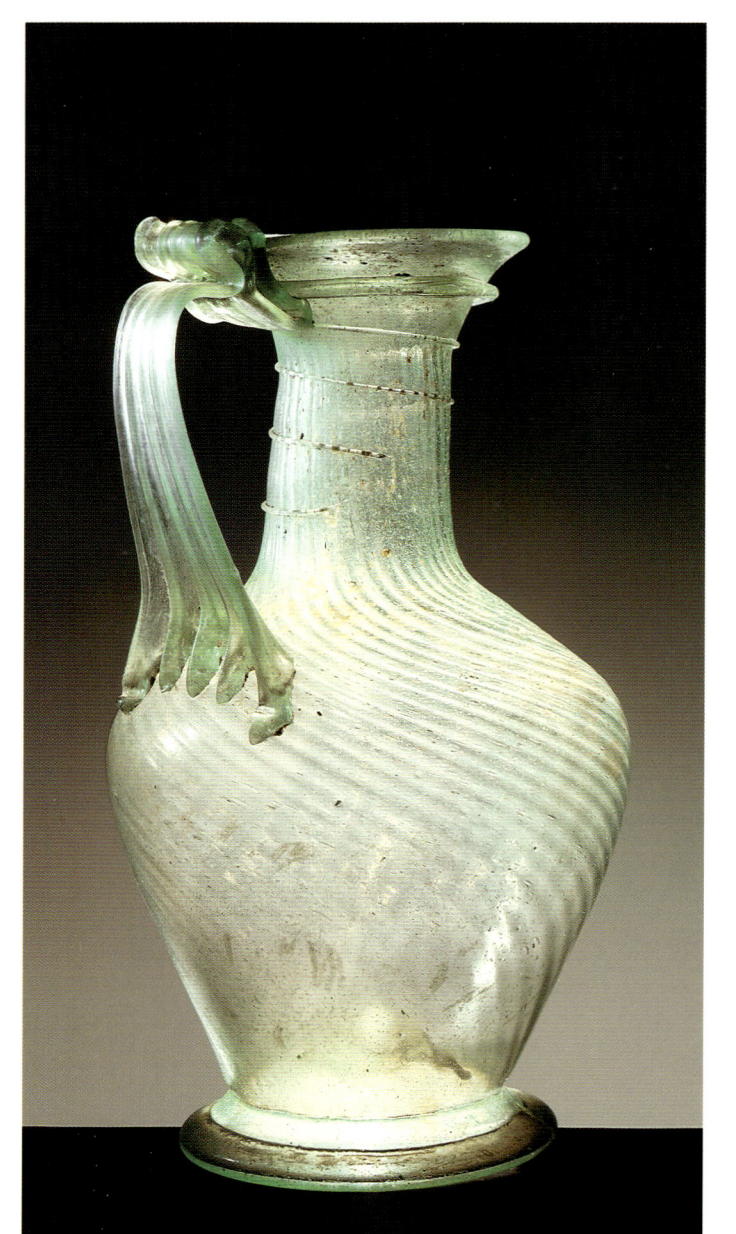

Brocca con ansa scanalata

Prima metà del IV secolo d.C. Rinvenuta a Colonia. Già nella collezione Niessen; acquistata nel 1934. RGM N 5947.

Altezza cm 25,2; diametro della bocca cm 8; diametro del corpo cm 14.

Vetro verdastro. Soffiato in uno stampo con costolature verticali, tolto dallo stampo e ruotato sul cannello in modo da creare il motivo a spirale; piede ad anello applicato; labbro svasato, orlo arrotondato; collo cilindrico; corpo piriforme; fondo introflesso; piede ad anello. Decorazione: filamento sotto l'orlo; filamento avvolto tre volte sul collo; costolature a spirale sul corpo. Ansa a tre costolature applicata sulla spalla, tirata verso l'orlo, ripiegata due volte in un doppio anello e applicata all'orlo. Integra. Molte bolle.

La datazione si basa sulla forma di brocche analoghe ritrovate in contesti ben documentati. Per la tecnica si confronti una brocca nella collezione H. Cohn che si ritiene provenga dal Mediterraneo orientale (von Saldern 1980, 64, n. 57). È nota una brocca della stessa forma ma senza nervature da Colonia-Braunsfeld, tomba 3, 1, prima metà del IV secolo (RGM Glas 1004; Doppelfeld 1960-1961, 15-16, fig. 6). Si tratta di un tipo comune: ma brocche simili con nervature provengono da una tomba del IV secolo di Bayford nel Kent (Inghilterra) e da una tomba femminile del IV o degli inizi del V secolo a St. Julien, Dép. Ardennes, Francia (*Masterpieces* 1968, 83, n. 109; Lémant 1980, 131-132, n. 181).   H.H.

Inedito.

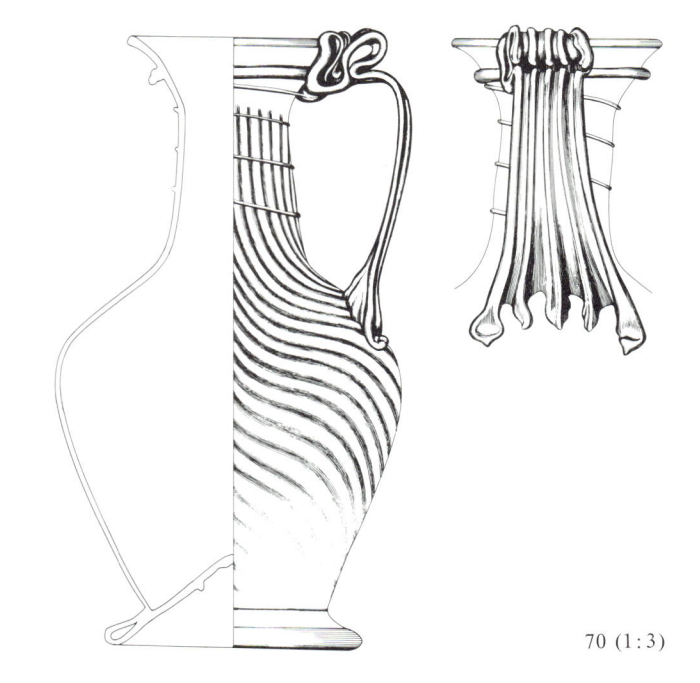

70 (1:3)

71

Brocca con nervature verticali

Fine del III - inizi del IV secolo d.C. Luogo di rinvenimento sconosciuto. Già nelle collezioni del barone Liebig, Schloss Gonford, e Ray Winfield Smith. CMG 59.1.149.

Altezza cm 27,5; diametro dell'orlo cm 7,1; diametro della base cm 7,1.

Vetro incolore con sfumatura verdina con filamenti dello stesso colore. Soffiato, con decorazione applicata lasciata a rilievo. Brocca slanciata con corpo biconico; orlo svasato e arrotondato; collo sottile che si allarga verso il basso ad unirsi senza interruzione con il corpo; fondo svasato, poi introflesso con una piccola sporgenza; rozzo segno del pontello. Ansa dritta con costolatura, applicata al corpo poco sopra il punto di maggior diametro e sotto l'orlo dove forma un doppio anello. Uno spesso filamento orizzontale applicato sotto l'orlo con sotto un filamento più sottile; diciotto nervature verticali a distanza regolare sono applicate sul collo e sul corpo. Integra; piccole sezioni della parte inferiore del corpo restaurate; molte incrinature orizzontali alla base del collo e alcune più lunghe sul corpo. Superficie opaca e smerigliata con striature di alterazione biancastra; accenni di iridescenza. Piccole bolle. D.B.W.

Bibl.: *Glass from the Ancient World* 1957, 151, n. 302; Charleston 1980, 51, n. 17.

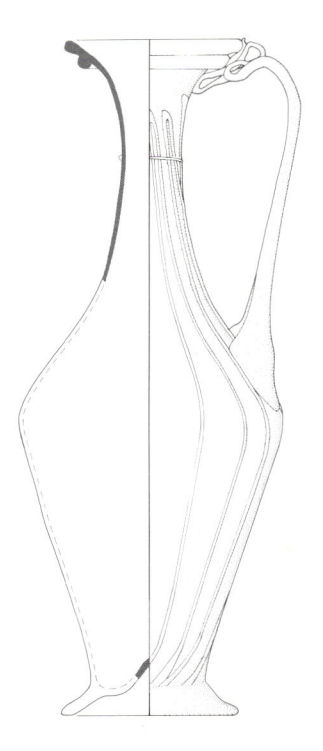

71 (1:3)

72

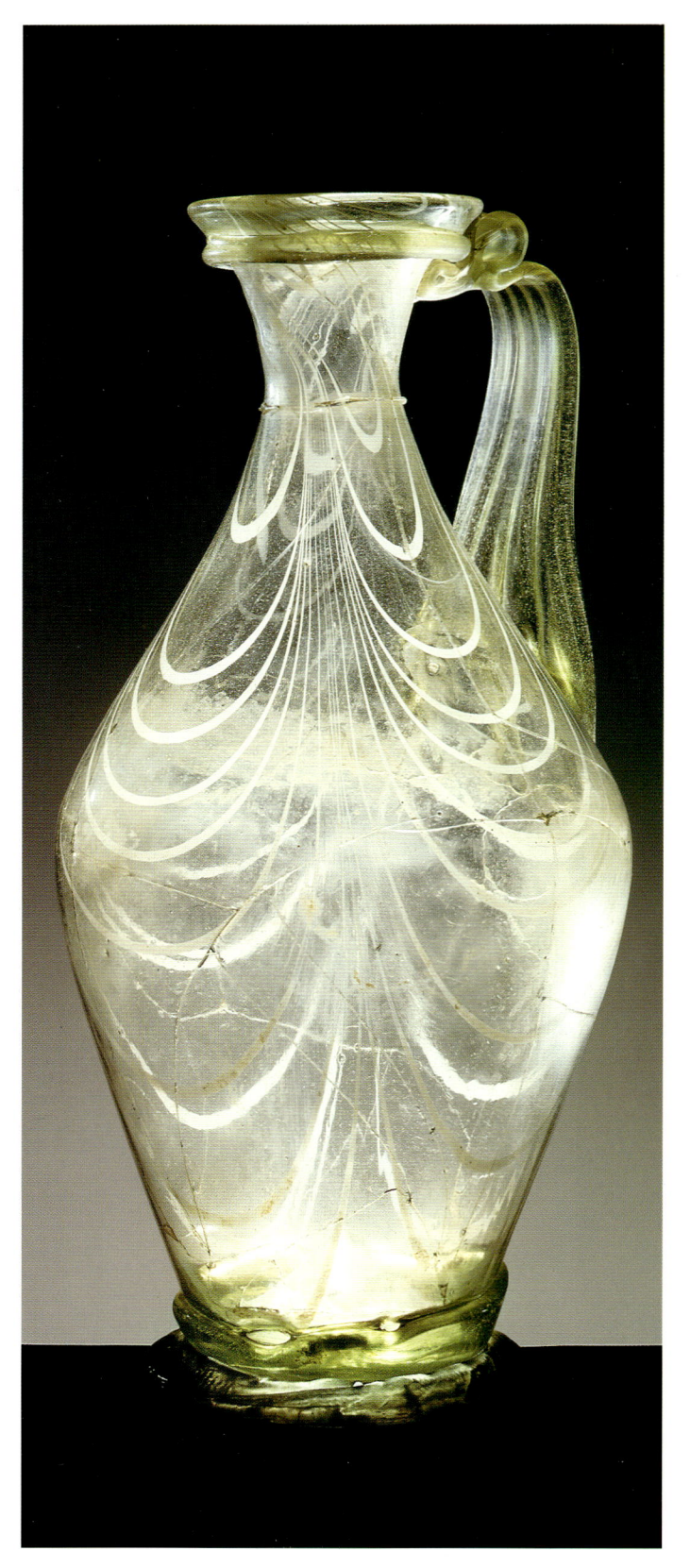

Brocca con decorazione a piume

Metà-seconda metà del IV secolo d.C. Rinvenuta nel 1885-1886 a Mayen, Renania, nel sepolcreto romano nella tenuta "Auf der alten Eich". Già nella collezione Marx, Magonza; Oberhessisches Museum Gießen. Acquistata nel 1938. RGM 38.6.

Altezza cm 32,5; diametro cm 15,1.

Vetro verde con filamenti bianchi opachi. Soffiato; ansa e piede applicati. Brocca monoansata: orlo svasato, arrotondato e ispessito, forse mediante piegatura verso il basso, verso l'esterno e poi di nuovo verso l'interno della parte superiore del collo; il collo si restringe a formare un cono, poi si allarga verso il corpo in una curva continua; il corpo si allarga fino al diametro massimo e poi si restringe dando l'effetto di un doppio cono; fondo introflesso con piede ad anello la cui parte superiore forma una sorta di collare intorno alla parte più bassa della strozzatura, i segni degli strumenti con cui è lavorato formano una sorta di disegno diagonale sulla svasatura, il tutto aggiunto in un'unica volta in età romana. Ansa forse applicata appena sopra il massimo diametro del corpo, tirata verso l'alto con tre costolature lunghe e due corte e attaccata sulla faccia inferiore del labbro dopo essere stata ripiegata più volte. Sottile filamento applicato nel punto più stretto del collo; corpo ricoperto da filamenti bianchi opachi, sistemati a mo' di gruppi di festoni sospesi. Molte fessure; piccole integrazioni; alterazione superficiale in alcuni punti.

Per la forma si confrontino numerose brocche dal sepolcreto romano di Mayen, che sono prive della decorazione a piume, ma presentano anse e orli simili (cfr. anche qui n. 70). Queste brocche provengono per la maggior parte da tombe datate tramite monete della seconda metà del IV secolo. Haberey (1942, 284) considera la brocca un prodotto tipico del tardo IV secolo e tratta del motivo decorativo a curve sospese, realizzato con filamenti opachi spianati, che sarà ripreso in età franca. La decorazione "a piume di uccello" compare già nel I secolo d.C. in una piccola brocca blu fabbricata in Italia (rinvenuta a Colonia, Luxemburger Straße, RGM N 18; La Baume 1973a, L 6, tav. 50,2).

H.H.

Bibl.: Weizinger 1918, 71, n. 1095, tav. 35 (con luogo di rinvenimento inesatto); Haberey 1942, 284, tav. 36.

73

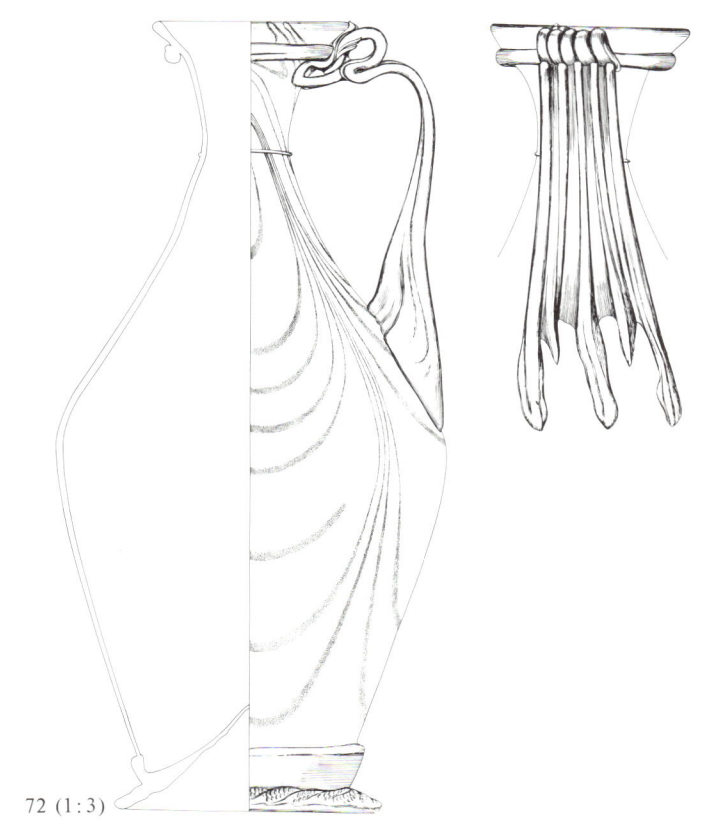

Bottiglia biansata

IV secolo d.C. Da una tomba di Gurob, Egitto. Acquistata con altri vetri (GR 1890.11-15.1-11) da W.M. Flinders Petrie. BM GR 1890.11-15.1.

Altezza cm 16; diametro dell'orlo cm 2,6; diametro del corpo cm 7.

Vetro purpureo pallido con una chiazza verdina sull'orlo; filamenti e anse di vetro blu. Soffiato; anse e filamenti applicati. Orlo svasato; labbro ripiegato verso l'interno e verso il basso; collo cilindrico, con rigonfiamento sopra l'attacco col corpo; spalla spiovente; corpo leggermente convesso che si restringe verso il fondo; fondo, con segno del pontello, introflesso a formare un piede ad anello cavo. Due anse verticali, impostate sulla spalla, sono piegate ad angolo retto a toccare il rigonfiamento del collo e poi di nuovo verso l'alto a formare due anelli, unendosi alla parte inferiore della spirale che avvolge il collo. Integro. Iridescenza opaca e butterature, soprattutto su un lato e sul fondo. Numerose bolle.
K.S.P.

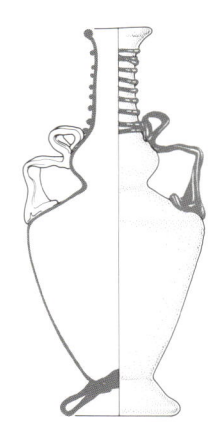

Inedito.

74

Brocca

IV secolo d.C. Dagli scavi eseguiti a Kerč, Russia meridionale, dal dott. Duncan MacPherson. Dono del dott. MacPherson. BM GR 1856.10-4.1.

Altezza cm 27; diametro dell'orlo cm 5,2; diametro del corpo cm 12,1.

Vetro giallo con ansa e piede verde oliva. Soffiato. Orlo rovesciato, ripiegato verso l'interno; corpo ovoidale con base introflessa e segno del pontello all'interno del piede aggiunto ad anello con quattro spirali. Ansa piatta tirata dal corpo verso l'orlo. Sul collo un filamento giallo avvolto a spirale dall'orlo alla spalla, applicato prima dell'ansa. Integra; manca parte del tratto inferiore della spirale sul collo. Pellicola lattea e iridescenza. Ansa striata da impurità.

Lo scavatore dà della scoperta di questo vaso il seguente resoconto. Decida il lettore a quali particolari prestare fede: "Una bellissima caraffa di vetro con un'ansa e una costolatura intorno al collo è stata trovata insieme ad un bicchiere vicino alla testa [del morto]. In questa caraffa vi era circa un cucchiaio di vino e, dai sedimenti incrostati nel bicchiere che stava lì accanto, si può dedurre che era anch'esso stato riempito di vino al momento della deposizione; entrambi i recipienti erano sistemati come se il morto dovesse bere dal bicchiere e riempirlo di nuovo. Il liquido era rosso e aveva un gusto di vino ancora percepibile. Esposte all'aria, le particelle rosse e bianche si separarono e il liquido evaporò rapidamente prima di poter essere travasato e sigillato. Questo vino e alcune noci perfettamente conservate rinvenute nella stessa tomba sono ora nel British Museum". Il bicchiere menzionato (BM GR 1856.10-4.15) ha tre piccole anse attaccate alle pareti e all'orlo e sembra trattarsi piuttosto di una lucerna. Il registro del museo dice che il vino era conservato in una boccetta (BM GR 1856.10-4.89), ma non è stata rintracciata. La brocca non conserva all'interno tracce di vino.

K.S.P.

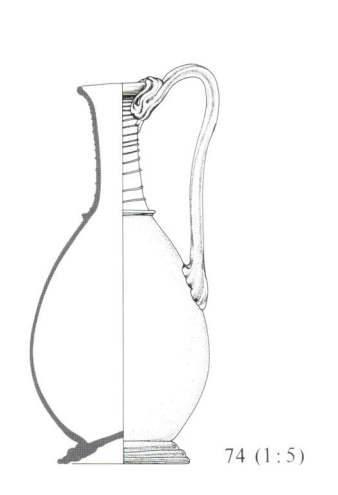

74 (1:5)

Bibl.: MacPherson 1857, 89, tav. VI.

75

Brocca

IV secolo d.C. Dalla Siria. Acquistato da A. Decaristo. BM GR 1900.10-15.1.

Altezza cm 45,6; diametro dell'orlo cm 10; diametro del corpo cm 12,7; diametro della base cm 11,6.

Vetro incolore con sfumatura verdina. Soffiato e lavorato con uno strumento; piede, con segno di pontello, aggiunto da un altro "paraison". Labbro svasato con orlo ispessito; il collo si allarga verso il corpo bulboso; stelo pieno, svasato; piede ad anello con bordino rilevato. Ansa, costituita da una bacchetta di vetro, attaccata al corpo, tirata verso l'alto, piegata orizzontalmente e congiunta all'orlo con due prolungamenti laterali e un apice centrale rilevato. Un filamento ad anello sul piede. L'ansa ha costolature verticali lavorate con uno strumento. Fratturato e ricomposto; completo, fatta eccezione per alcuni piccoli buchi. Inizio di iridescenza. Vetro del corpo buono con alcune piccole bolle; vetro dell'ansa con alcune inclusioni nere e molte bolle allungate.

La forma di questa grande brocca è simile a quella dei vasi in argento e in particolare alla bottiglia del Tesoro dell'Esquilino (Strong 1966, 191, tav. 55b).   K.S.P.

Bibl.: *Masterpieces* 1968, 86, n. 117.

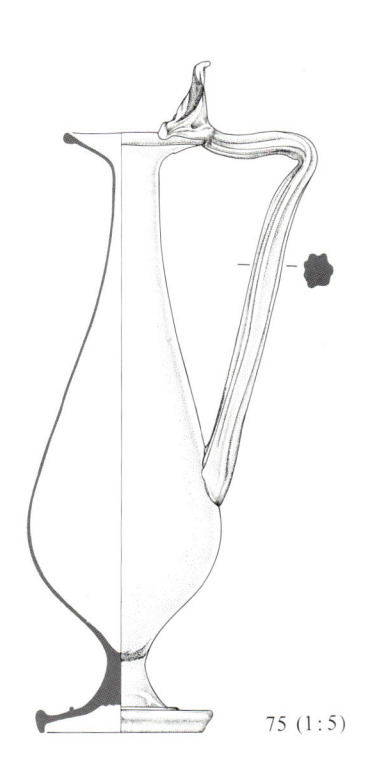

75 (1:5)

76

Brocca

IV secolo d.C. Luogo di rinvenimento sconosciuto ma probabilmente dall'Oriente. CMG 64.1.18.

Altezza massima cm 42,5; diametro dell'orlo cm 10; diametro della base cm 9,9.

Vetro verde pallido con filamenti dello stesso colore e piccole bolle blu applicate. Soffiato, con decorazione applicata e lavorata con uno strumento. Grande brocca con corpo piriforme; labbro svasato con orlo lavorato a formare due anelli circolari; collo svasato verso il basso a congiungersi impercettibilmente con il corpo piriforme; stelo pieno e molto spesso, ottenuto dal corpo; basso piede cavo con orlo verticale molto pronunciato; segno del pontello molto marcato con squame. Ansa costolata impostata sulla parte più larga del corpo e sull'orlo, dove si allarga e termina con un apice triangolare. Decorazione applicata: sul collo uno spesso filamento orizzontale con tacche; sul corpo tre filamenti più sottili sono pizzicati insieme a formare dei rombi, con una bolla blu al centro e negli spazi triangolari formati dall'ultima fila dei rombi; sulla parte superiore del piede un filamento. Integra; una fessura sull'orlo che si estende sul collo; due fessure interne sull'orlo dell'ansa. Alterazione bruna e butterature, in particolare sulla superficie esterna.

Stessa forma del n. 75. Per la stessa decorazione, ma su un vaso globulare, v. von Saldern 1980, 92, n. 86.   K.S.P.

Bibl.: 'Recent Important Acquisitions', *JGS* 7 (1965), 122-123, n. 8.

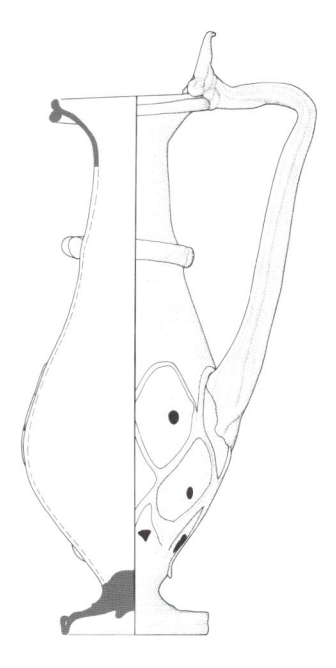

76 (1:5)

77 (1:5)

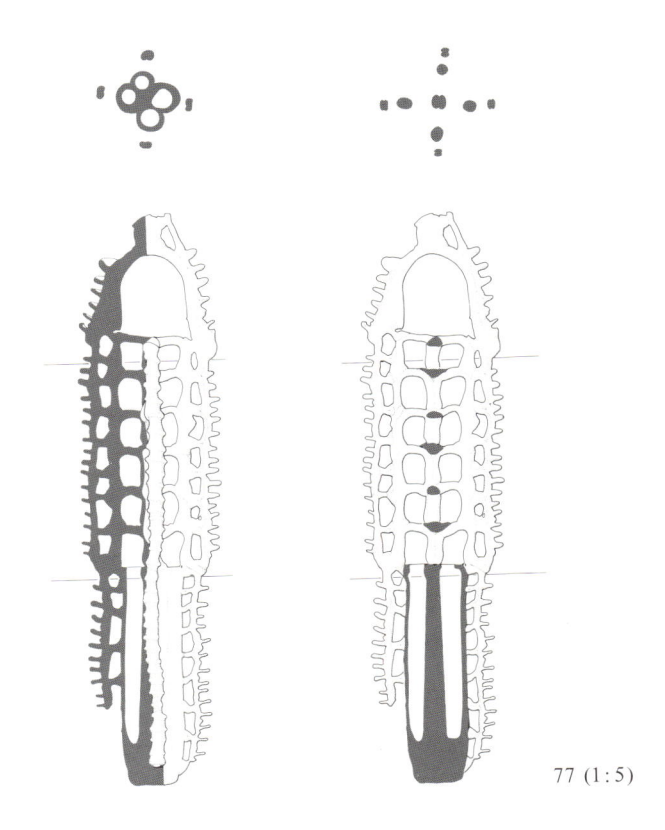

77

Unguentario a quattro scomparti

v secolo d.C. Luogo di rinvenimento sconosciuto. Già nella Pierpont Morgan Library, New York. CMG 54.1.100.

Altezza cm 39; altezza del corpo cm 14,8; larghezza massima cm 9,6.

Vetro verde con ansa verde-blu scuro. Soffiato, con ansa applicata e lavorata con uno strumento. Il corpo consiste in quattro scomparti cilindrici ricavati da un unico "paraison" di vetro pinzando i lati per formare i diaframmi; gli scomparti si uniscono verticalmente attraverso il fondo pieno, che si restringe leggermente in basso; fondo piatto. Il corpo è stato decorato attaccando un filamento sul lato di ciascuno scomparto immediatamente sopra il fondo e tirandolo verso l'orlo in otto pieghe, ciascuna fermata di lato; poi un nuovo filamento è stato attaccato al labbro, tirato verso il basso per tutta la lunghezza delle pieghe e decorato con una sorta di dentellatura ottenuta con le pinze. L'ansa è stata costruita sui filamenti del corpo e sull'orlo; dapprima un filamento veniva

attaccato alla sommità di uno dei filamenti del corpo, tirato verso l'alto a formare un occhiello sopra uno scomparto, poi giù verso l'orlo al centro del vaso, verso l'alto sopra lo scomparto opposto e verso il basso sulla cima del filamento del corpo opposto, formando così un elemento a forma di M; successivamente ogni filamento restante del corpo era unito con un filamento più corto alla sommità dell'elemento a M, ottenendo una seconda M perpendicolare alla prima. Questo procedimento è stato ripetuto cinque volte. Dopo aver completato i sei elementi, un nuovo filamento è stato attaccato al fondo di ogni lato di ciascuna M nel punto più basso e tirato verso la cima del punto più alto in sette o otto pieghe; un altro filamento è stato poi attaccato in cima, tirato verso il basso per tutta la lunghezza delle pieghe e dentellato con le pinze, come proseguimento dei fili pinzati attaccati ai filamenti del corpo. Poi ancora un altro filamento è stato attaccato alla sommità di un filamento con pinzature, tirato verso l'alto e verso il basso verso il filamento pinzato opposto, formando un elemento ad U rovesciata; un apice rettangolare è stato attaccato al punto più alto e l'ansa completata applicando un singolo filamento ad ogni lato dell'apice, tirandolo verso il lato inferiore della U rovesciata e pinzandolo.
Corpo intatto; due filamenti del corpo integri, due con parte inferiore mancante; sovrastruttura rotta e restaurata; manca parte di un filamento vicino all'apice. Il corpo è opaco e butterato con qualche iridescenza e alterazione; i filamenti appaiono blu-neri con alterazione e iridescenza verde pallido.

È uno dei più grandi ed elaborati flaconi per cosmetici pervenuti. È stato probabilmente realizzato solo a scopo ornamentale, dato che la complessa sovrastruttura lo rende praticamente inutilizzabile come contenitore. Per un altro esemplare con quattro scomparti e una bibliografia generale v. Hayes 1975, 117-118, n. 457.   D.B.W.

Bibl.: *Guidebook* 1955, n. 13; *Guidebook* 1965, n. 23.

Gruppo F: Vetri soffiati a stampo

Circa vent'anni fa [1], in uno studio sul vetro romano, ho avanzato l'ipotesi che la soffiatura del vetro in uno stampo potesse derivare direttamente dalla tecnica della colatura del vetro in uno stampo, tecnica che era stata diffusamente usata nella tarda età ellenistica, soprattutto nella regione siro-palestinese. Se è vero che è ben documentato l'inizio dell'uso della canna da soffio in questa regione negli ultimi decenni del I secolo a.C. (pp. 88-89), è opportuno chiedersi se il procedimento sia stato usato prima per la soffiatura a stampo o per la soffiatura a canna libera, anche se la cosa non sembra importare più di tanto; infatti dall'uso di una di queste due tecniche, l'altra ne deriva di conseguenza.

Senza dubbio gli esemplari trovati in contesti pre-erodiani a Ein Gedi e nella città vecchia di Gerusalemme sono soffiati a canna libera (pp. 88-89) e ancora oggi sembra che non vi siano esemplari conosciuti veramente soffiati a stampo prima di Ennion e della comparsa della scuola di artigiani soffiatori di Sidone. Per quanto concerne il rivestimento dei recipienti in vetro cammeo, tuttavia, il più antico dei quali probabilmente appartiene agli ultimi decenni del I secolo a.C. (p. 55), constatiamo che una certa quantità di vetro (bolo) del fondo blu veniva inserita in un vaso grezzo di vetro bianco opaco così da poterli poi insufflare insieme, un procedimento che è un chiaro precursore della soffiatura a stampo. Purtroppo non è ancora possibile datare con precisione l'attività di Ennion, ma è improbabile, sulla base della documentazione disponibile, che fosse attivo prima dei primi decenni del I secolo d.C. Dobbiamo pertanto presumere che la soffiatura a stampo abbia avuto inizio poco dopo la soffiatura a canna libera.

Ma in che cosa consisteva la soffiatura a stampo e come veniva realizzata? Il processo mediante il quale uno strato del vetro cammeo veniva foderato con un altro presenta una differenza sostanziale rispetto a quello della soffiatura a stampo: nel caso del vetro cammeo infatti un bolo di vetro incandescente preso direttamente dalla fornace viene inserito in un recipiente grezzo cavo di un altro colore, successivamente si amalgamano e vengono soffiati insieme fino ad ottenere la forma finale del vaso; nel caso della soffiatura a stampo, la matrice non è di vetro ma di un altro materiale che non modifica la sua forma al contatto della massa di vetro incandescente o del bolo e non è amorfa, come il recipiente grezzo esterno del vetro cammeo, ma all'interno presenta al negativo la forma esatta e la decorazione che si vuole realizzare in positivo sulla superficie esterna del vaso che in essa viene soffiato.

Oggi questi stampi sono normalmente in metallo per la produzione meccanica delle industrie vetrarie e in legno o in metallo nelle officine tradizionali dove tutta la lavorazione è ancora a mano e a bocca. In età antica, compresa quella romana, si usavano comunemente stampi in terracotta, e sicuramente anche in legno (che potrebbero essere andati perduti), forse anche in metallo. Gli esemplari rimasti sono rari. Un esem-

---

1. Harden 1970, 46-47.

pio² è costituito da mezzo stampo in terracotta per modellare un vaso a forma di grappolo d'uva come il n. 91, ma senza lo stelo e il piede; assomiglia perciò maggiormente a recipienti del tipo della bottiglia biansata apoda trovata in una tomba a tumulo a Frésin, in Belgio, e ora a Bruxelles nei Musées Royaux du Cinquantenaire³. Un oggetto esagonale in rame, o bronzo, nel Palestine Archeological Museum di Gerusalemme⁴ ha tutta l'aria di essere uno stampo per il corpo e il fondo di una bottiglia esagonale del tipo di quelle da Gerusalemme della fine del VI e degli inizi del VII secolo d.C., usate in grande quantità come contenitori di olio⁵; il metallo è tuttavia molto sottile e ci si chiede se poteva resistere al calore del bolo incandescente inserito per la produzione del recipiente. Questi due oggetti sono molto importanti anche se sollevano alcuni problemi, e dovrebbero essere esaminati da un esperto artigiano del vetro che potrebbe autorevolmente stabilirne la reale utilizzazione come stampi.

I romani hanno fatto uso di stampi per una grande varietà di forme; essi venivano normalmente utilizzati solamente per il corpo e il fondo del recipiente, il collo e il labbro erano soffiati a canna libera. I più semplici erano quelli utilizzati per produrre bottiglie o altri contenitori di forma particolare (cilindrici, quadrati, rettangolari o poligonali), molti dei quali recano sul fondo iscrizioni o bolli geometrici e di altro tipo derivati da impronte in negativo sulla parete interna dello stampo. Altri presentano le pareti decorate sempre con lo stesso procedimento con costolature o nervature verticali o in diagonale e a S ottenute ruotando il recipiente direttamente sulla canna da soffio e sottoponendolo ad una ulteriore insufflatura dopo averlo tolto dallo stampo, cosa che poteva effettuarsi facilmente dopo aver lasciato un po' raffreddare sia il vetro sia lo stampo. Per modelli più elaborati gli stampi erano composti di due o più parti in modo da facilitare la ritrazione; così lo stampo per bottiglia a grappolo d'uva sopraccitato era originariamente una metà di un unico stampo. Altri vetri, come i nn. 85-90, devono essere stati eseguiti con uno stampo in tre o perfino in cinque parti.

La soffiatura a stampo, una volta raggiunto un livello tecnico soddisfacente, cominciò ad essere usata diffusamente dagli artigiani romani in tutti i maggiori centri di produzione. I recipienti in vetro del I secolo d.C. realizzati con questa tecnica sono così diffusi in tutto l'impero da rendere evidente la loro popolarità in tutte le classi sociali. I ricchi e i patrizi, e naturalmente i membri della famiglia imperiale, potevano permettersi pezzi eccezionali come i nn. 86 e 87, firmati da Ennion; le scatole con coperchio (*pyxides*) nn. 80 e 81 erano probabilmente usate sui tavoli da toilette delle donne ricche; anche se non firmate, sono, a giudicare dalla loro decorazione, molto simili ai prodotti della manifattura di Ennion. Le coppe (nn. 88-90) decorate con combattimenti di gladiatori e corse di carri dovevano essere preferite come souvenirs dalle classi medie e inferiori.

È interessante notare che dei ventuno esemplari del Gruppo F non meno di tredici possono essere datati al I secolo d.C., e tra questi almeno otto risalgono al secondo e al terzo quarto. I rimanenti otto pezzi del gruppo appartengono ad un periodo molto più tardo; nessuno, fatta eccezione forse per il n. 92, è anteriore al III secolo e sono collocabili tra questa data e la fine del VI o gli inizi del VII secolo (n. 98).

È utile considerare le analogie e le differenze tra questi due gruppi. I pezzi del I secolo sono esemplari di livello elevato con decorazioni interessanti ed elaborate, come le due scatole con coperchio nn. 80 e 81 (da notare come i due coperchi chiudano perfettamente, indice questo di grande perizia dell'artigiano); la bottiglia con lungo collo n. 82, a forma di testa di fanciullo con i capelli ricci e i tratti ben modellati e l'interessante,

---

2. Chambon 1955, 3, e frontespizio. L'autenticità di questo esemplare è stata messa in dubbio senza, a mio avviso, alcuna giustificazione.
3. *Loc. cit.* in nota 2.
4. Ancora inedito, per quanto mi consta.
5. Barag 1970b, 35-63; 1971, 45-63; 1985, 365-374.

anche se oscura, iscrizione che corre in parte alla base del collo del recipiente e in parte lungo il fondo, sotto al collo del ragazzo; il bicchiere n. 85 con quattro figure mitologiche stanti tra due colonne sorreggenti un timpano triangolare; la brocca e la coppa biansata firmate da Ennion, nn. 87 e 86, che rappresentano la migliore produzione di questo artista. La brocca, priva di dati di rinvenimento, proviene certamente da una sua bottega di Sidone, e la coppa, uno dei due duplicati trovati a Cavarzere (Agro Adriese) nel Veneto (l'altro esemplare è ora a Este, Museo Atestino), è stata certamente prodotta dall'altra (più tarda?) sua bottega, impiantata quando i vetrai siriani migrarono nell'Italia settentrionale durante la prima metà del I secolo d.C. Ennion[6] era così eminente che ci si può chiedere se la sua influenza e il suo acume siano state le forze promotrici del rapido e grande sviluppo della soffiatura, in particolare della soffiatura a stampo, durante il periodo iniziale di queste due tecniche. Non esiste, e quasi certamente non ci sarà mai, alcuna prova documentaria che confermi o meno questa possibilità, ma il dubbio permane. Ci si deve porre anche un altro interrogativo e cioè se la produzione della vasta classe di coppe con scene di circo (qui esemplificate dai nn. 88-90), principalmente combattimenti di gladiatori e corse di carri, ma a volte anche atleti e cavalli, dipenda in qualche modo direttamente dalla produzione soffiata a stampo di Ennion. Fino a poco tempo fa non vi era alcun indizio che documentasse la presenza di queste coppe a est dell'Adriatico; ma nel 1982[7] ho avuto la fortuna di poter pubblicare un frammento di una di queste coppe con una corsa di bighe nel circo e un'iscrizione frammentaria in greco (tutte le altre coppe hanno iscrizioni in latino). Questo pezzo, che proviene dall'Egitto, mi ha suggerito l'idea che potrebbe trattarsi del primo esemplare conosciuto di coppa con scene di circo prodotto nell'area del Mediterraneo orientale e mi sono chiesto se Ennion o la sua manifattura di Sidone possano aver avuto un'influenza nella sua produzione. La risposta è stata che certamente è possibile. È opportuno anche aggiungere che Aristeas, un artigiano della cui produzione sono noti due esemplari firmati (una coppa dall'Italia settentrionale[8] e una dall'Oriente già nella collezione Andrew Constable Maxwell[9]), nel secondo esemplare si autodefinisce cipriota (*kuprios*), mentre non vi è alcun dubbio che egli fosse attivo a Sidone accanto o insieme a Ennion dato che i suoi pezzi sono molto simili per forme ed elementi decorativi a quelli firmati da quest'ultimo.

Per concludere il discorso sui pezzi del I secolo d.C. resta qualcosa da dire sul bicchiere d'argento n. 78 che presenta alcune file di fori ovali a quinconce e una fodera di vetro blu scuro soffiata all'interno che fuoriesce dai fori leggermente rigonfia. Il bicchiere presenta la tipica forma ovoidale della metà del I secolo d.C. con nervature orizzontali arrotondate lungo l'orlo e il fondo. Si tratta di un esperimento fatto per tentare un cambiamento nell'usuale soffiatura a stampo? È possibile, se prodotto nel momento iniziale di sperimentazione della soffiatura a stampo o a canna libera. Tuttavia ci si chiede, qualora sia stato così, se la realizzazione fosse troppo complessa per portare ad una regolare produzione. Fremersdorf[10] pubblica il bicchiere nel suo volume sui *Nuppengläser* e sembra associarlo con pezzi molto più tardi[11]: recipienti di metallo con grandi aperture nelle pareti, di solito circolari, riempite con inserti di altro materiale. Questi confronti non ci sembrano pertinenti e preferiamo continuare a considerarlo come un esemplare unico di un tipo di recipiente del I secolo d.C.

---

6. Per Ennion e la sua produzione cfr. Harden 1935, 163-186, in particolare 164-169; Id. 1944, 81-95, in particolare 88-89 e 291-292; Lehrer 1979. Numerosi altri esemplari della produzione di Ennion sono stati trovati e rintracciati dopo la pubblicazione dei due articoli di Harden.
7. Harden 1982, 30-43, in particolare 30-34.
8. Calvi 1965, 9-16.
9. *Constable Maxwell* 1979, 150, n. 280 e ill.
10. Fremersdorf 1962, 57, tav. 115.
11. *Ibid.* 58, tavv. 117-119.

La produzione di vetri soffiati a stampo del II secolo d.C. non è rappresentata in mostra, non perché non esistesse ma perché destinata a recipienti di uso comune, soprattutto semplici bottiglie e altri contenitori per uso domestico e per il trasporto di prodotti commerciali sulle lunghe distanze. Certamente si continuò a produrre saltuariamente i tipi migliori del I secolo d.C. ma l'interesse dei principali centri di produzione di questo secolo (come documentano numerosi contesti datati) era focalizzato sullo sviluppo di recipienti di vetro incolore, sia lisci che decorati, alcuni notevoli esemplari dei quali si trovano tra i vetri intagliati e incisi del Gruppo G.

Si passa ora al III secolo e a quelli successivi di età romana, fino all'inizio del VII secolo, quando la conquista islamica portò alla produzione di nuovi tipi e varietà di vasellame di vetro, molto diversi da quelli del primo periodo bizantino con i quali si conclude questa mostra. A rappresentare questo periodo, più di cinque secoli, si espongono qui solo otto pezzi soffiati a stampo, assolutamente indipendenti tra loro per datazione e tipologia; con essi si vuole principalmente dimostrare che durante i secoli più tardi dell'età romana la soffiatura a stampo fu largamente utilizzata per motivi utilitaristici per produrre, quando necessario, una forma particolare o un particolare tipo di decorazione, ma non fine a se stessa.

La bottiglia n. 91, con il corpo soffiato in uno stampo a forma di grappolo d'uva, appartiene ad un tipo abbastanza frequente nel III secolo; alcuni esemplari, come questo, presentano un piede a stelo e due anse[12], mentre altri, di solito con una o due anse, terminano con un fondo a punta e sono perciò instabili[13]. Si pensa possa trattarsi di prodotti dell'industria vetraria di Colonia.

Il n. 92 costituisce un problema. Si tratta di una bottiglia con un orlo tagliato su un collo lungo e cilindrico, con una strozzatura tra collo e spalla, in uno stile tipico del III e IV secolo d.C. mentre la decorazione riporta al I secolo, come si può vedere dal confronto con la coppa a quattro facce n. 85, con una decorazione soffiata a stampo composta da quattro figure mitologiche, una per lato, stilisticamente molto simile a questa bottiglia che presenta tre analoghe figure mitologiche sulla parete. Così il lungo collo è simile a quello del n. 82, tra gli esemplari del I secolo, benché in questo caso l'orlo sia ripiegato e manchi la strozzatura alla base del collo. Alla luce di tutto ciò io preferirei datare questo pezzo nel I secolo, ma posso anche capire la validità dei motivi che inducono a proporre una data più tarda.

I tre pezzi successivi, tutti da Colonia, costituiscono un interessante gruppo di recipienti soffiati a stampo prodotti nelle officine vetrarie renane durante il III e il IV secolo. Fremersdorf[14] ne include nove esemplari nel sesto volume dei suoi *Denkmäler des Römischen Köln*; i tre qui esposti, nn. 93-95, sono i migliori. Particolarmente inusuali sono i nn. 93 e 94. Il primo rappresenta la testa di un buffone o di un clown in uno stile particolarmente veristico, mentre il secondo è una scimmia seduta su una sedia di vimini, con una *syrinx* o zampogna nelle mani. Si tratta di esemplari di grandi dimensioni e di grande effetto nel loro genere. Il terzo, il n. 95, è il più alto dei tre (cm 25,3); si tratta di un tipo bifronte, con due teste simili ben disegnate, con un lungo collo a imbuto e poggiante su un piede svasato applicato da un secondo "paraison". È un capolavoro della tarda produzione soffiata a stampo in Renania.

Gli ultimi tre esemplari ci portano ad est nella regione siro-palestinese, e si inseriscono nella prima produzione bizantina tra il V secolo e gli inizi del VII. Il n. 96 è un'ampolla a forma di testa umana di stile molto diverso rispetto ai tipi romani dei primi quattro secoli della nostra era. Da notare il piede ad anello a triplice spirale, secondo una moda iniziata nella prima età bizantina e continuata nell'alto Medioevo. I nn. 97 e 98 sono

---

12. Fremersdorf 1961, 71-73, tavv. 148 e 150-153 (la tavola 149 è il nostro n. 91).
13. *Ibid.* 70-71, tavv. 140-145.
14. *Ibid.* 76-79, tavv. 166-179.

recipienti siro-palestinesi usati come ampolle-souvenirs dai pellegrini nei luoghi sacri, sia cristiani che ebraici, compresa la stessa Gerusalemme. Il n. 97 può essere collegato al culto di san Simeone Stilita, molto diffuso in Siria. Il n. 98 è una bottiglia ottagonale con simboli ebraici del tipo pubblicato da Dan Barag in due importanti articoli del *Journal of Glass Studies* nel 1970 e nel 1971[15]. Barag documenta come queste bottiglie e altri recipienti simili fossero venduti in grande quantità alla fine del VI e agli inizi del VII secolo ai pellegrini che visitavano i luoghi santi di Gerusalemme, tra i quali la collina del Calvario. È bene poter chiudere questa introduzione con una nota su questi due importanti pezzi che richiamano direttamente le due antiche religioni della Terrasanta.

D.B.H.

---

15. Vedi nota n. 5.

78

Bicchiere in vetro e argento

Secondo quarto del I secolo d.C. Dall'Italia. Registrato come "acquistato a Firenze" ma sul pezzo è scritto "Brindisi 2 febr. 1865" forse ad indicare la provenienza. Dono degli eredi di Felix Slade. BM GR 1870.9-1.2.

Altezza cm 9,3; diametro cm 7,7.

Vetro blu. Soffiato all'interno di un bicchiere d'argento ovoidale con otto file di fori ovali attraverso i quali esce il vetro leggermente rigonfio; altri sei fori lungo il fondo e quindici lungo l'orlo. Orlo liscio molato, verticale ma leggermente ricurvo verso l'esterno; corpo piriforme; fondo leggermente concavo con una linea a rilievo lungo lo spigolo. Intatto. Fodera metallica scheggiata in parte. Superficie opaca.

Il bicchiere è databile in base alla forma nel I secolo d.C. Una coppa da Varpelev in Danimarca, con un'analoga fodera di vetro blu soffiata entro una custodia d'argento, è stata rinvenuta in una sepoltura della fine del III o degli inizi del IV secolo d.C. In base a questa datazione alcuni studiosi ritengono di collocare il bicchiere di Brindisi nel III secolo d.C., ma sembra più ragionevole vedere nei due recipienti l'esempio più antico e quello più tardo di uno stesso tipo.   K.S.P.

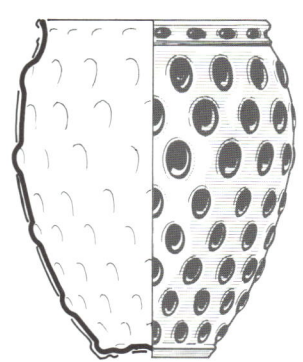

78 (1:2)

Bibl.: Fremersdorf 1962, 57, tav. 115; Haberey 1962, 162, 405, tav. 36,1; Plenderleith 1962, 223, tav. 29; Strong 1966, 13, tav. 50c; Sherlock 1976, 22, fig. 18; Lund Hansen 1987, 96.

79

Bicchiere

I secolo d.C. Dalla Siria; acquistato da Kevorkian, Londra. Dono di Max von Guilleaume per il cinquantenario del Wallraf-Richartz-Museum nel 1911. RGM Glas 1018.

Altezza cm 13,2; diametro cm 7.

Vetro giallo-verde soffiato in uno stampo composto di due parti; segni dello stampo appena visibili. Corpo cilindrico leggermente svasato; fondo piatto. La superficie esterna è divisa in quattro zone orizzontali: cerchi e pelte; viticci di edera e rosette; meandro con conchiglie e scudi; tralci di alloro e pelte. Integro; iridescenze argentee; chiazze di alterazione tipo smalto.

Questo tipo di bicchiere a pareti quasi verticali, soffiato a stampo, è molto diffuso nel Mediterraneo orientale soprattutto nel I secolo d.C.: ve ne sono stati prodotti in grande quantità. Isings (1957, 45, forma 31) ritiene che il prototipo fossero i corrispondenti bicchieri metallici e presume che questi bicchieri in vetro fossero chiamati *toreumata* (Marziale, *Ep.* XI, 11). La datazione di questo gruppo è desunta da esemplari analoghi, rinvenuti a Pompei (Eisen 1927, 259, tav. 63, 289-290) e a Ercolano (Scatozza Höricht 1986, 19, tav. 1). La distruzione delle due città nel 79 d.C. avvalora la tesi che la loro produzione fosse già iniziata alla metà del I secolo d.C. Probabilmente i reperti dell'Occidente romano sono stati importati dal Mediterraneo orientale; ma non si può escludere che gli stampi siano stati introdotti in Occidente per produrre questi vetri in loco. H.H.

Bibl.: Poppelreuter 1911, 120; La Baume 1973a, H 4, tav. 45,1.

79 (1:2)

80

Scatola con coperchio

Primo quarto del I secolo d.C. Da Sidone, Libano. Già nella collezione J.A. Durighello di Sidone. BM GR 1893.10-16.1.

Altezza totale cm 8,3; altezza della scatola cm 6,6; altezza del coperchio cm 2,9; diametro della scatola cm 6,4; diametro del coperchio cm 6,3.

Vetro bianco opaco. Le pareti della scatola e del coperchio sono state soffiate in uno stampo composto di tre parti; la parte superiore del coperchio e il fondo in stampi separati. Orli del coperchio e della scatola tagliati e molati. Coperchio: rotondo con la parte superiore piatta e lati obliqui rispetto alla parete verticale delimitata da una modanatura. Scatola: fondo e bocca rotondi, pareti ottagonali tra due modanature, su quella superiore poggia il coperchio. Sul coperchio fregio composto di otto palmette con l'apice rivolto verso l'esterno, al centro tre cerchi concentrici rilevati intorno ad un bottoncino; altri due cerchi rilevati lungo l'orlo oltre a una fila di puntini e ancora due linee rilevate più sotto. Sulla scatola otto pannelli con quattro motivi decorativi diversi che si ripetono in questa sequenza: cerchio raggiato sormontato da un triangolo; palmetta sotto un segmento ricurvo; losanga con inscritti una circonferenza e un punto; un tipo diverso di palmetta sotto un segmento curvo. I pannelli sono separati da linee verticali rilevate terminanti in alto e in basso con delle borchiette, forse imitazione di un tirso; il fondo presenta sei cerchi concentrici rilevati con una borchietta al centro, circondati da un fregio di foglie sovrapposte. Integra, con una leggera sbeccatura al centro del fondo. Incrostazioni e alcune scaglie di iridescenza.

La scatola appartiene ad un piccolo gruppo di esemplari prodotti tutti dalla stessa matrice, la maggior parte in vetro bianco opaco (Matheson 1980, 46, n. 121; *Glaskunst* 1981, 80, nn. 265-266). Alcuni elementi decorativi sono analoghi a quelli dei vetri firmati da Ennion e tutto il gruppo può perciò essere attribuito ad una bottega di Sidone. K.S.P./C.S.L.

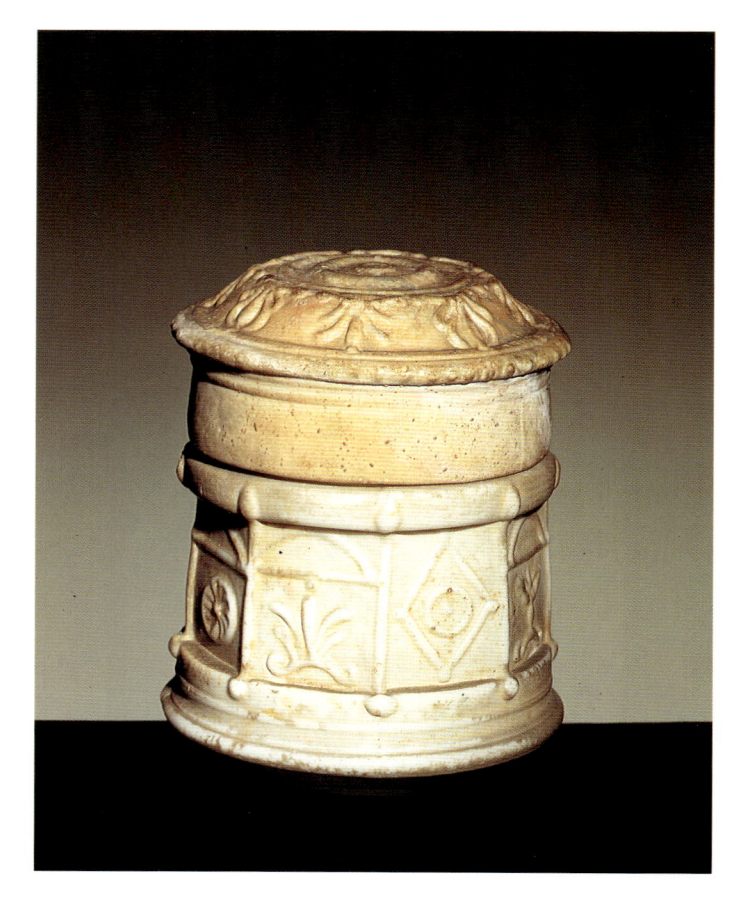

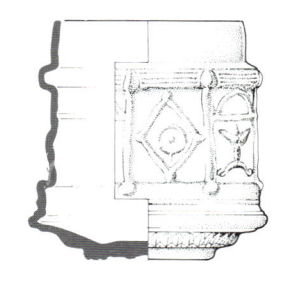

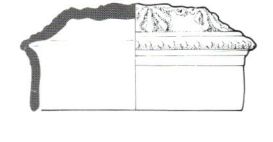

80 (1:2)

Bibl.: Dillon 1907, 57; *Masterpieces* 1968, 52, n. 59.

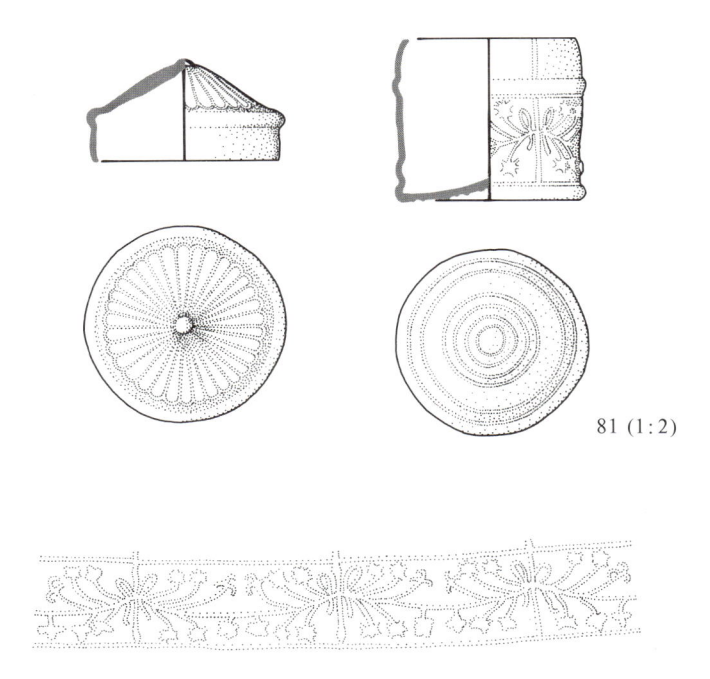

81

Scatola con coperchio

I secolo d.C. Luogo di rinvenimento sconosciuto. Già nella collezione Ray Winfield Smith. CMG 55.1.70 a,b.

Altezza totale cm 6,1; altezza della scatola cm 4,4; diametro cm 4,5.

Vetro giallo-bruno. Soffiata in uno stampo composto di tre parti; orlo rifinito mediante molatura. Scatola cilindrica, con orlo liscio, parete verticale e fondo leggermente concavo. Coperchio conico, con orlo liscio e parete verticale. La superficie della scatola è decorata con una fascia orizzontale tripartita da strette linee verticali; ogni zona contiene un tralcio di edera, boccioli e bacche; la superficie del fondo presenta sei cerchi concentrici con bottone al centro. Il coperchio è decorato con ovoli concentrici. L'orlo della scatola è scheggiato, due terzi dell'orlo inferiore sono di restauro. Superfici leggermente "ghiacciate"; chiazze di alterazione grigiastra; leggera iridescenza.

La qualità della lavorazione avvalora l'ipotesi che questo e i recipienti analoghi siano collegati con quelli prodotti dagli stampi firmati da Ennion. Per una scatola analoga che presumibilmente è stata rinvenuta nei dintorni di Tiro, in Libano, si veda Matheson 1980, 47-48, n. 124.

D.B.W.

Bibl.: *Mariemont* 1954, 24, n. 102; *Glass from the Ancient World* 1957, 67, n. 92.

82

Bottiglia a forma di testa con iscrizioni

I secolo d.C. Rinvenuta in una tomba nei pressi dell'antica Idalio, vicino al villaggio di Potamiou, Cipro. Già nella collezione L. Palma di Cesnola. BM GR 1876.11-14.3.

Altezza cm 19,7; larghezza massima cm 7,4.

Vetro incolore. Soffiato in uno stampo composto di due parti; collo soffiato a canna libera. Orlo tagliato e levigato a fuoco; lungo collo cilindrico che si restringe formando una strozzatura appena sopra una modanatura rotonda. Corpo a forma di testa a tutto tondo con iscrizione in alto e in basso; fondo circolare con evidenti i segni della matrice. La testa appartiene a un giovane, ben rasato, con capelli ricciuti ben ordinati. L'iscrizione superiore è solo sulla parte frontale del vaso: ΕΥΓΕΝ; l'iscrizione inferiore gira tutt'intorno alla base: ΜΕΛΑΝΘ ΕΥΤΥΧΙ. Integra, fatta eccezione per un buco reintegrato, una frattura sulla parte posteriore della testa e una piccola lacuna reintegrata sulla punta del naso. Abbondante iridescenza e chiazze dei colori dell'arcobaleno. Difficile stabilire la qualità del vetro a causa della forte iridescenza.

L'iscrizione superiore ci dà probabilmente il nome dell'artigiano, Eugen(es), quella inferiore esprime l'augurio "possa tu star bene, Melanth(os)". Le bottiglie a forma di testa, trovate in tutto l'impero romano, erano vasi ornamentali molto diffusi. Dall'inizio del II secolo fino al IV secolo d.C. ne furono prodotte numerose varietà. Sono invece rarissime quelle con iscrizioni; un altro esemplare, ora nel Toledo Museum of Art (inv. n. 23.414) reca una sola iscrizione sotto il mento: ΥΠΕΡΕΧΕΙ ("supera [tutti]") (*Museum News* 20/3, 1978, 82, fig. 19).

K.S.P./C.S.L.

Bibl.: Palma di Cesnola 1877, 424; Colonna-Ceccaldi 1875, 100 (entrambi riportano erroneamente l'iscrizione ΕΥΤΕΝ); Froehner 1879, 125, n. 7; Kisa 1908, 707; Harden 1935, 183, app. A2; Neuburg 1949, tav. XVI, n. 56; *Masterpieces* 1968, 54, n. 63; *CIL* VII, p. 1273.

83

Bottiglietta portaprofumo biansata

I secolo d.C. Rinvenuta a Beirut, Libano. Dono di Fairfax Murray e Lockett Agnew. Già nella collezione Durighello. BM GR 1913.5-22.17.

Altezza cm 9,9; diametro cm 4,1; larghezza al piede cm 2,7.

Vetro incolore con sfumatura verdina. Soffiato in uno stampo composto di due parti. Esagonale; orlo rovesciato, in parte ripiegato all'interno; collo concavo; spalla convessa; parete dritta; corpo che si restringe verso il basso; fondo piatto. Due anse a S attaccate al labbro e tirate giù sulla spalla. Le due parti dello stampo presentano gli stessi elementi decorativi in sequenza speculare. Sulle due metà della spalla una coppia di uccelli affrontati; sul corpo, nel registro superiore: una stella a cinque petali; un viticcio; una stella a cinque gocce; nel registro mediano, su ogni pannello, una croce tra due segmenti perlati; nel registro inferiore: un fregio di foglie lanceolate con nervature, in cui a ogni foglia intera si alterna una foglia divisa a metà dalla partizione del pannello. Integra, fatta eccezione per un piccolissimo foro. Superficie iridescente. Piccole bolle a punta di spillo.

Questo pezzo unico può essere confrontato per la forma con una bottiglia firmata da Ennion rinvenuta a Cipro (Kisa 1908, 714, fig. 273), mentre la decorazione floreale è più simile a quella di un gruppo di recipienti esagonali non firmati (Harden 1935, 168-169; Id. 1944-1945, 82, tav. V: tomba 1,2; Matheson 1980, 51, n. 129). Diversamente dalla maggior parte delle brocche e bottiglie soffiate in uno stampo più antiche, in questa bottiglia le anse non sono attaccate alla spalla e poi tirate su fino al collo o all'orlo, ma è stato usato il procedimento inverso che è poco comune; tuttavia si trova ad esempio su un gruppo di bottigliette decorate a cestino (Matheson 1980, 50-51, n. 128).   C.S.L.

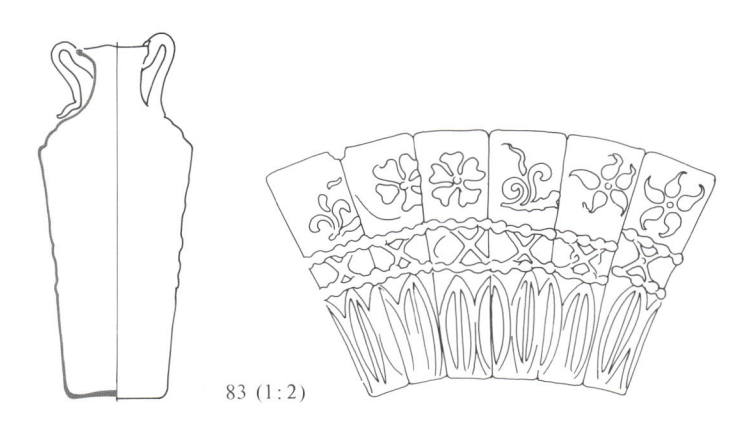

Bibl.: Thiebault-Sisson 1902, 51, fig. a destra; Barag 1971, 55, n. 106.

83 (1:2)

84 (1:2)

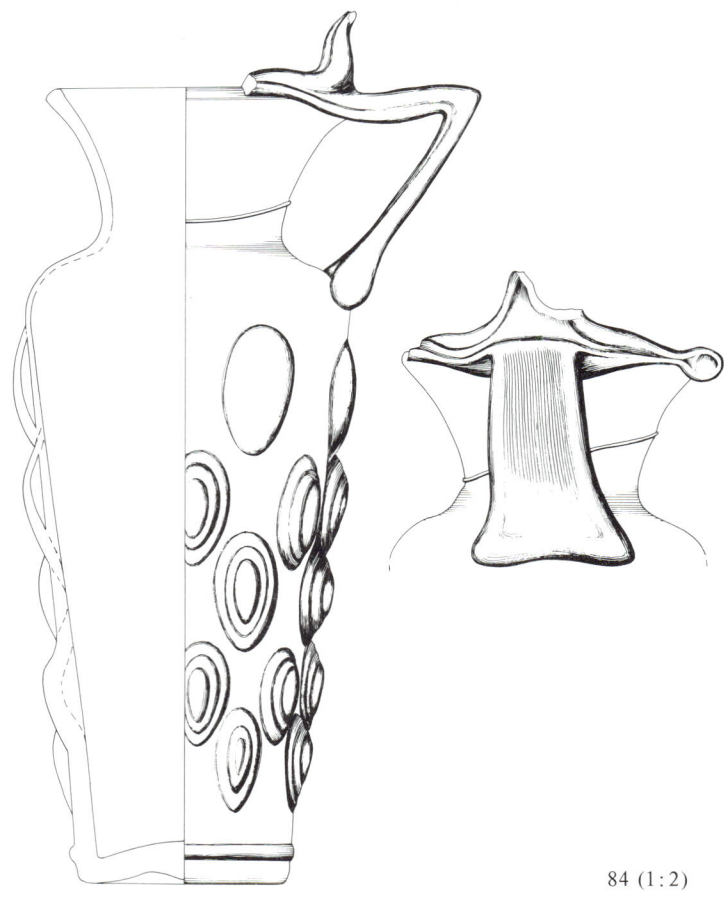

84

Brocca con boccioli di loto

Seconda metà del I - prima metà del II secolo d.C. Luogo di rinvenimento sconosciuto; probabilmente dal Mediterraneo orientale. Già nella collezione Löffler. Acquistato nel 1978. RGM KL 38.

Altezza cm 23,5; diametro cm 7,9.

Vetro trasparente giallo-verde. Soffiato in uno stampo composto di quattro parti; ansa a nastro applicata. Orlo leggermente ispessito e arrotondato; labbro svasato; collo a imbuto; spalla molto marcata e angolata; corpo conico con pareti dritte; fondo leggermente introflesso. Ansa applicata sulla spalla con angoli svasati, tirata verso l'alto a formare un angolo acuto e applicata all'orlo con espansione su entrambi i lati, ripiegata su se stessa per rafforzare l'attacco, sollevata al centro a formare una presa. Decorata con cinque file di protuberanze a forma di bocciolo di loto, lisce quelle della fila superiore e profilate e appuntite in basso le altre. Piccoli restauri sul collo, la spalla e l'ansa. Alcune fessurazioni.

La brocca fa parte di un gruppo di recipienti del Mediterra-

85 (1:2)

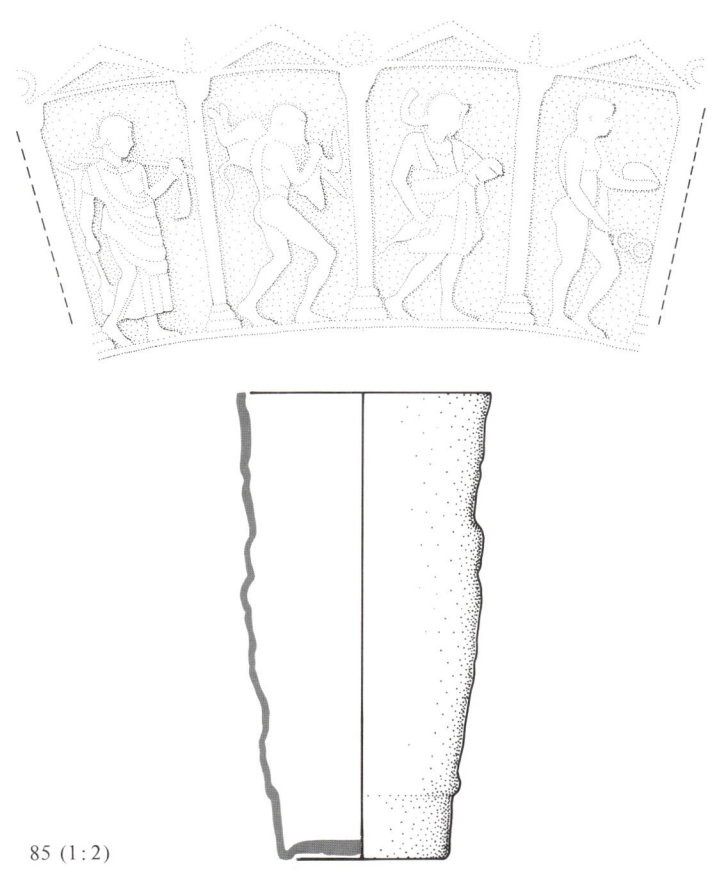

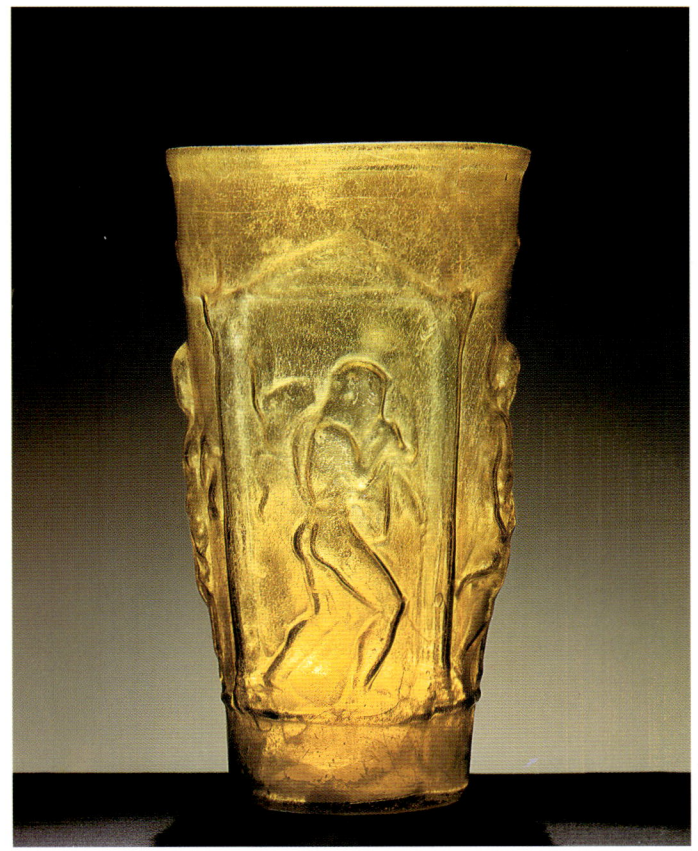

85

Bicchiere con figure mitologiche

Fine del I - inizi del II secolo d.C. Luogo di rinvenimento sconosciuto.
CMG 68.1.9.

Altezza cm 12,6; diametro dell'orlo cm 6,8; spessore cm 0,1-0,2.

neo orientale con motivi decorativi a bocciolo di loto. Nel gruppo è compreso un esemplare unico della collezione Löffler che nell'ultima fila invece dei boccioli presenta maschere barbute e rasate (La Baume 1976, 36, n. 66, tav. IV). Il motivo dei boccioli di loto si riallaccia alla raffigurazione dei buchi dei nodi del legno della clava di Ercole. Berger (1960, 49-54, tav. 8) e von Saldern (1974, 160, n. 455) hanno elencato numerosi esemplari. È ancora aperta la questione se tutti questi vetri fossero prodotti in Siria o se successivamente fossero realizzati anche in Italia. Si tratta generalmente di bicchieri a bocca larga ma anche, non frequentemente, di brocche come in questo caso. I prototipi di entrambe le forme sono metallici. H.H.

Bibl.: La Baume 1973a, 196, n. 312, tav. 140; La Baume 1976, 37, n. 69, tav. IV.

Vetro giallo-bruno chiaro semiopaco. Soffiato in uno stampo composto di due parti. Orlo leggermente rovesciato, tagliato senza essere rifinito, lisciato con molatura; sotto l'orlo incisioni concave eseguite alla ruota; parete dritta che si restringe verso il basso; fondo piatto con due sporgenze concentriche esterne, un doppio anello centrale con piccola protuberanza. La decorazione a stampo occupa una fascia abbastanza alta che parte da 1,5 cm sotto l'orlo e termina a 1,5 cm dal fondo. Quattro pannelli separati da colonne lisce con basi a gradini e alti capitelli; sopra i capitelli si alternano motivi a fiamma e anelli; sopra i pannelli triangoli a rilievo; sotto le basi una striscia continua a rilievo. All'interno di ogni pannello una figura stante verso destra: a) figura maschile con capelli raccolti, caduceo nella mano destra e una borsa o un guscio di tartaruga nella sinistra; b) figura femminile con lungo chitone e *himation*, forse con una benda o una cuffia, che regge sulla spalla sinistra un bastone da cui pendono uccelli o animali e un arco nella mano destra; c) figura maschile nuda che trasporta sulla spalla sinistra un animale con le zampe in aria; d) figura di sesso incerto con chitone e clamide che regge una brocca nella mano destra e un bastone o una falce nella sinistra. Integro. Alcune iridescenze e macchie di alterazione. Piccole bolle.

Weinberg (1972, 29-30) ha pubblicato ventiquattro bicchieri di questo tipo suddividendoli in quattro gruppi, ciascuno con una differente decorazione. Questo bicchiere appartiene al Gruppo I che comprende nove esemplari; sei vengono, o si presume che provengano, dalla Turchia, ma per almeno quattro questa provenienza è dubbia, ispirata dalla prima scoperta di un recipiente di questo tipo a Cizico (Carabella 1879, 204-215). Tuttavia nessun esemplare è documentato in Occidente ed è perciò ragionevole supporre che il Gruppo I (ma non necessariamente gli altri gruppi) sia di fabbricazione orientale.
Secondo Weinberg l'identità dei quattro personaggi non è del tutto certa: a) Mercurio; b) Diana o la personificazione dell'Autunno o dell'Inverno; c) Ercole o un portatore di bue; d) Imene, la personificazione della Primavera o dell'Estate o una figura giovanile non identificata.
Gli oggetti rinvenuti con il bicchiere a Cizico in una tomba non sono più identificabili e perciò non disponiamo di nessuna documentazione per datare questo e gli altri vasi del Gruppo I. Un bicchiere del Gruppo II, d'altra parte, che si dice provenga da una sepoltura a incinerazione di Crnelo, 28 km a est di Lubiana, Jugoslavia, sembra fosse associato con altri oggetti: una *Rippenschale*, una lucerna marcata FRONTO e una moneta flavia, forse di Domiziano (81-96 d.C.), che portano tutti ad una datazione verso la fine del I secolo d.C. (Lozar 1935, 97-105). Tra i frammenti del Gruppo IV, due sono stati rinvenuti a Masada e sono probabilmente anteriori alla distruzione del sito nel 72 d.C.; un terzo da Vindonissa proviene da un contesto che si presume poco più tardi, ma non di molto, del 60-85 d.C. (Weinberg 1972, 46-47; Berger 1960, 51-52, n. 126).   D.B.W.

Bibl.: 'Recent Important Acquisitions', *JGS* 11 (1969), 110, n. 5; Weinberg 1972, 29-30, n. 2.

86

Coppa biansata firmata da Ennion

Metà del I secolo d.C. Già nella collezione Sangiorgi. CMG 66.1.36.

Altezza cm 6; diametro dell'orlo cm 9,7.

Vetro blu. Soffiata in uno stampo composto di tre parti, anse applicate. Coppia biansata con parete verticale, fondo obliquo e poi piatto; orlo dritto, non lavorato, ma appiattito mediante molatura. Due strette anse a nastro attaccate alle due estremità della fascia decorata superiore. Decorazione su due fasce: a) su un lato *tabula ansata* con iscrizione greca ΕΝΝΙωΝ ΕΠΟΙΗCΕΝ ("Ennion fece") con tralci di vite ai lati; sull'altro lato *tabula ansata* con iscrizione greca ΜΝΗ(C)ΘΗ/ΟΑΓΟΡΑ/ΖΝω [sic]: "ricordi il compratore", con tralci di edera ai lati; i due lati sono separati da colonnine; b) decorazione continua tra due cordoni composta di scanalature verticali con la parte terminale arrotondata; base obliqua ricoperta da un motivo a losanghe; fondo piatto con cinque cerchi concentrici rilevati. Intatta. Superficie per lo più pulita ma con alcune piccole macchie di concrezione grigiastra, in particolare sulla superficie interna delle anse e nelle concavità prodotte all'interno dallo stampo; due piccole inclusioni rosse, poche bolle.

Harden Gruppo A.2.1(b). ΑΓΟΡΑΖΝω è uno sbaglio per ΑΓΟΡΑΖωΝ. Contrariamente a quanto affermano le prime descrizioni, la coppa è stata soffiata in uno stampo, composto di tre parti, utilizzato per quattro confronti conosciuti, di cui tre provenienti dal Veneto: 1) Cavarzere, Adria, ora nel Museo Atestino, Este; 2) Aquileia, ora nel Museo di Aquileia (Harden 1935, 164-165; Calvi 1968, 97-98); 3) una coppa acquistata a Venezia ora nel Metropolitan Museum of Art, New York; una quarta viene da Bagnolo, nei pressi di Brescia, ed è ora a Modena nella Galleria Estense. Altre coppe firmate da Ennion sono state trovate in Italia confermando l'ipotesi di Harden (1935, 164-165) che l'officina posseduta o frequentata da Ennion si fosse spostata dal Mediterraneo orientale al Nord Italia. La forma di questa coppa è simile alla forma Dragendorff 29 della *terra-sigillata* e questo elemento, insieme con la decorazione e i pezzi firmati da contesti databili, indica che Ennion fu attivo nella seconda metà del I secolo d.C.   D.B.W.

Bibl.: Kisa 1908, 668-669, fig. 276; Sangiorgi 1914, 32-33, n. 101, tav. XVII; Harden 1935, 163-186, spec. 166 con bibliografia precedente.

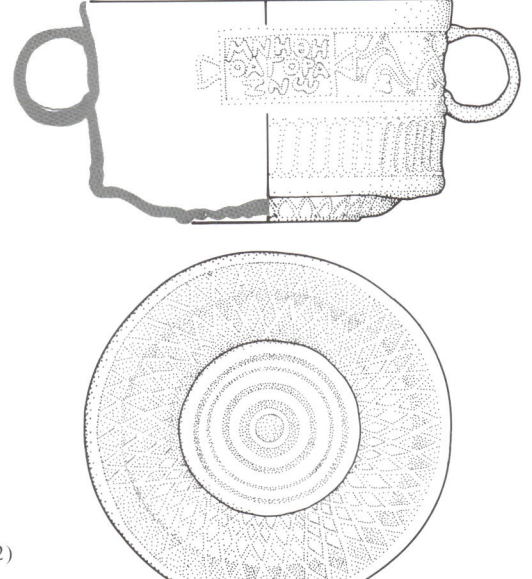

86 (1:2)

165

87

Brocca firmata da Ennion

Metà del I secolo d.C. Già nella collezione Ray Winfield Smith. CMG 59.1.76.

Altezza con il piede di restauro cm 21,1; altezza con l'ansa cm 23,8; diametro dell'orlo cm 7,2; diametro massimo cm 10,8.

Vetro giallo-bruno. Corpo e collo soffiati in uno stampo composto di quattro parti; ansa applicata. Corpo ovoidale che si incurva a formare un piccolo fondo; orlo espanso ripiegato verso l'alto e verso l'interno; largo collo cilindrico; rimane solo una traccia del piede a piedistallo. L'ansa con due nervature è applicata alla spalla, sale verso l'alto superando l'orlo del vaso, s'incurva sopra la bocca e poi si attacca esternamente all'orlo. Sul collo e sul corpo quattro registri decorativi ottenuti mediante la soffiatura a stampo, i primi tre con uno stampo in tre parti, il quarto in uno stampo unico: a) sul collo, scanalature verticali con le estremità arrotondate delimitate in basso da tre nervature; b) sulla spalla, tralcio continuo di palmette alternate, attaccate alla nervatura; c) sotto a tre nervature una fascia decorata ad alveare con la *tabula ansata* contenente l'iscrizione: ΕΝΝΙωΝ ΕΠΟΙΕΙ ("Ennion fece") in lettere greche; d) scanalature verticali con l'estremità superiore arrotondata, tra due nervature. Ansa e parte superiore del corpo intatta, piede di restauro in plastica; piccola abrasione sul fondo del corpo. Chiazze di concrezioni grigiastre; graffi. Piccole bolle e impurità.

Harden Gruppo A.4.ii. Il piede è stato restaurato sull'esempio di una brocca nel Museo Haaretz (Israeli 1964, 34-35, n. 1. figg. 1-3; e 1983, 65-69), rinvenuta a Gerusalemme durante gli scavi nel quartiere ebraico della città vecchia e deformata in un incendio che distrusse le abitazioni dove è stato trovato. Le monete più tarde, ivi rinvenute, sono del 67 e del 69 d.C. ed è molto probabile che l'incendio si sia sviluppato durante il sacco della città ad opera dei romani nel 70 d.C.

D.B.W.

Bibl.: Harden 1935, 168; Rostovzeff 1941, 1022, tav. XIC, n. 1; Harden 1956, 322, fig. 300; *Glass from the Ancient World* 1957, 56-57, n. 67; Charleston 1980, 43, n. 13.

87 (1:3)

88

Vaso con gladiatori

Seconda metà del I secolo d.C. Rinvenuto nel 1892 a Sopron (già Oedenburg, antica Scarbantia), Ungheria, in un sarcofago di pietra con scheletro maschile, *terra sigillata* e altra ceramica, e un secondo vaso di vetro. Già nelle collezioni Gustav Zettl e Margaret von Cramer. CMG 57.1.4.

Altezza cm 9,6; diametro massimo cm 8,4; diametro dell'orlo cm 6,9.

Vetro giallo-verde. Soffiato in uno stampo composto di tre parti; orlo rotto e molato. Vasetto piriforme; labbro svasato con piccolo orlo verticale; corto collo cilindrico; spalla arrotondata; corpo che si restringe verso il fondo; fondo leggermente concavo al centro. Decorazione su tre registri ottenuta mediante soffiatura in uno stampo: a) sulla spalla, iscrizione M LICINIVS / DICEVS F, con nervatura orizzontale in basso; b) stretto fregio con nervatura orizzontale in basso, composto da otto animali tra cui un levriero che affronta dei cinghiali, alcuni separati tra loro da elementi simili ad alberi; c) quattro gladiatori, con il loro nome, disposti a coppie: PETRAITES, scudo sul braccio sinistro teso, braccio destro in posizione di lotta, affronta PRVDES che ha lasciato cadere il suo scudo e alza il braccio sinistro per arrendersi; vicino a Petraites la corona del vincitore. ORIES, in atteggiamento simile a quello di Petraites, è in piedi di fronte a CALAMVS caduto a terra che si copre il corpo con lo scudo; vicino a Ories la palma del vincitore. Sul fondo tre cerchi concentrici a rilievo. Intatto, piccolissime scheggiature sull'orlo. Leggermente opaco con tracce di iridescenza. Molte piccole bolle e impurità.

Il recipiente appartiene al Gruppo D.I di Sennequier (1979, 93-94). Diceus può essere la forma latina del greco Dikaios (cfr. Toynbee 1958, 213). Prudes può essere un errore per Prudens e Ories per Oriens. Petraites è menzionato in una iscrizione di Pompei (*CIL* IV, 538).

D.B.W.

Bibl.: Lajos 1894, 392; Kisa 1908, 739-740 (descrizione errata); *Sotheby's Sale*, 1° luglio 1957, lotto n. 112 (frontespizio); Harden 1958, 2-5, illustrazione di copertina.

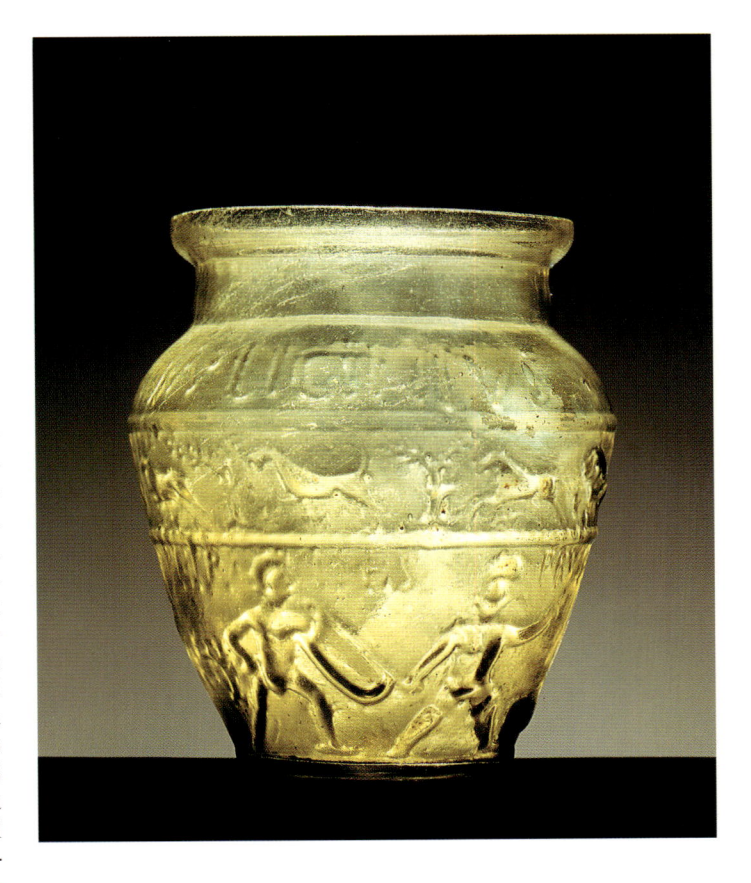

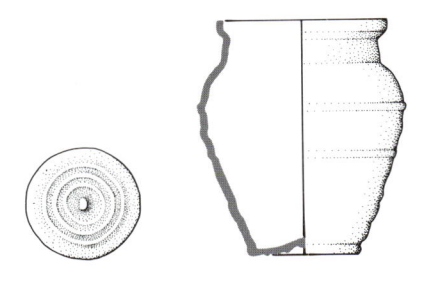

88 (1:3)

89

Coppa con scene di circo

Metà del I secolo d.C. Da Colchester, Inghilterra. Rinvenuta in una sepoltura a incinerazione nel Sepolcreto Ovest. Dono degli eredi di Felix Slade, dalla collezione Pollexfen. BM PRB 1870.2-24.3.

Altezza cm 7,9; diametro cm 8,1.

Vetro verde chiaro. Soffiata in uno stampo composto di tre parti, due dei segni dello stampo sono ben visibili sulla parete; orlo molato; bicchiere a parete verticale che si restringe a formare un fondo piatto poggiante su due cerchi concentrici a rilievo con una piccola cavità al centro. Sulla parete tre zone di decorazione a rilievo delimitate da quattro nervature: a) iscrizione con i nomi dei quattro aurighi, al vocativo, e con una breve invocazione di saluto: HIERAXVA OLYMPAEVA ANTILOCEVA CRESCESAV; b) la spina centrale del circo divisa in due corsie (?) dalla parte superiore delle mete e decorata con quattordici monumenti; dopo la prima meta (da sinistra a destra), un padiglione a due piani con tetto conico, una statua su una colonna, una grande struttura quadrata, sette uova attaccate a una lancia all'interno di quattro colonne, un tempio, un altare con una fiamma accesa, una statua su una colonna; dopo la seconda meta sette delfini, su un'impalcatura quadrata con colonne, una statua su una colonna, un altare o trofeo (?), un padiglione a due piani, una grande struttura ricurva, un obelisco, la statua di un leone; c) quattro quadrighe in gara da sinistra a destra. Le zone b e c sono unite da due triple mete. Integra, fatta eccezione per alcune scheggiature sull'orlo. Alcune iridescenze. Grandi bolle, alcune impurità ed inclusioni.

La scena è concentrata sui singoli aurighi che sono identificati dai loro nomi e sono rappresentati durante la corsa. In base al fatto che la parola *ave* (salute) distingue Cresces dagli altri aurighi che ricevono il saluto *va(le)* (arrivederci) si è pensato che Cresces sia il vincitore. L'iscrizione è tuttavia aperta ad altre interpretazioni; Zangemeister (in *CIL* XIII, 1, 673, n. 10035, 172) riteneva che Crescesav fosse un errore per Crescesva, mentre Louis (1938, 287-293) e de Kisch (1979) interpretano va come *va* o *vade* (vai). D'altra parte Cresces è collocato all'estremità di una corsia, sotto l'obelisco dove ci si aspetterebbe di trovare il traguardo (Humphrey 1986, 65-66, 217, fig. 136). I monumenti rappresentati sulla spina centrale sono noti da numerose rappresentazioni di circo nell'arte romana, le quali sono in ultima analisi tutte basate sul Circo Massimo a Roma (Humphrey 1986, 177). A parte le mete, sono identificabili i due tipi di contagiri, le uova e i delfini; numerose statue, trofei e altari decoravano inoltre la spina e in posizione centrale vi era l'obelisco eretto da Augusto nel 10 d.C. (cfr. n. 36).   K.S.P./C.S.L.

Bibl.: Kisa 1908, 730-731, 967, n. 307, fig. 280; Harden 1933, 425, fig. 6, tav. III; Harden 1958b; Berger 1960, 64-65, n. 17, tav. 9, fig. D (= Kisa, fig. 180); *Masterpieces* 1968, p. 53, n. 61 (con bibliografia); Harden 1970, 50-51, fig. 2, tav. IVa; Humphrey 1986, 188-193, fig. 92.

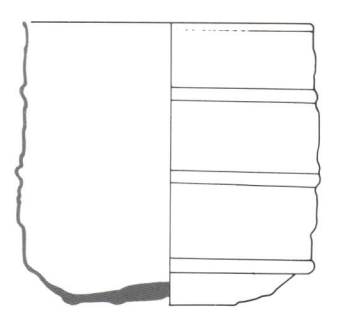

90

Coppa con gladiatori

Metà del I secolo d.C. Rinvenuta a Le Cornier, Chavagnes-en-Paillers, Vandea, Francia occidentale, nel 1848 con un bastoncino miscelatore (CMG 54.1.85). Già nelle collezioni Gourraud, Chavagnes-en-Paillers; Hubin (1872) e Ray Winfield Smith. CMG 54.1.84.

Altezza cm 7,1; diametro dell'orlo cm 7,5.

Vetro giallo-verde chiaro. Soffiata in uno stampo composto di tre parti. Coppa cilindrica; orlo appena svasato, molato; parete verticale che si restringe a formare un fondo piatto. Decorazione ottenuta mediante soffiatura in uno stampo: sul corpo due fregi delimitati in basso da una nervatura orizzontale: a) fascia stretta con iscrizione a rilievo SPICVLVS COLVMBVS CALAMVS HOLES PETRAITES PRVDES PROCVLVS COCVMBVS; b) coppie di gladiatori in combattimento: Spiculus in piedi, Columbus a terra; Calamus e Holes in combattimento; Petraites e Prudes in combattimento (Prudes ha perduto lo scudo); Proculus sconfigge Cocumbus e regge la palma della vittoria; sul fondo due cerchi concentrici a rilievo. Molte sbeccature sull'orlo; cinque fessure sul corpo, una delle quali si estende dall'orlo alla base della parete e gira intorno al fondo. Praticamente nessuna alterazione.

Appartiene al Gruppo C.I di Sennequier (1979, 91-92). Prudes è forse un errore per Prudens. Proculus, Spiculus e Columbus sono menzionati da Svetonio (*Gaius* 60; *Nero* 30) e si ritrovano nei graffiti pompeiani. Per un recipiente simile da *Camulodunum* (Colchester) v. Harden (1947, 299).

D.B.W.

Bibl.: Fillon 1864, 192; Lenormant 1865; Deville 1873, 42, tav. XLIXa; Kisa 1908, 735-737; *Glass from the Ancient World* 1957, 59-60, n. 73; Sennequier 1979, 89, 91, fig. 8.

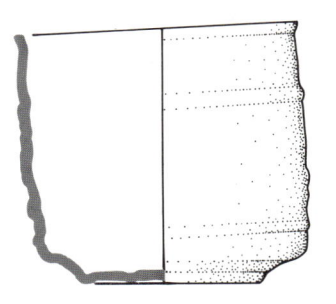

90 (1:2)

91

Fiaschetta a grappolo d'uva

III secolo d.C. Forse rinvenuta a Colonia. Dono di Alfred Schmidt per il cinquantenario del Wallraf-Richartz-Museum nel 1911. RGM Glas 1027.

Altezza cm 17; diametro cm 6.

Vetro blu con filamenti e anse giallo opaco. Soffiato in uno stampo composto di due parti; i segni di giunzione sono ben visibili. Fiaschetta biansata con il corpo soffiato a forma di grappolo d'uva; labbro svasato piegato verso il basso e verso l'interno; collo lungo; spalla e corpo arrotondati; fondo introflesso; piede ad anello applicato. Un filamento spesso è applicato sotto l'orlo, un altro forma una sottile spirale irregolare intorno al collo. Le due anse sono applicate sulla spalla, poi tirate verso l'alto e applicate sul collo sotto il filamento orizzontale, ripiegate in orizzontale, poi verso l'alto, verso il basso, di nuovo verso l'alto e applicate sul labbro. Completa, fratturata e restaurata con piccole lacune. Molte bolle.

Fremersdorf (1961, 72-73, tavv. 150-153) ritiene che si tratti di un oggetto prodotto a Colonia nel III secolo d.C., in quanto differisce per forma e tecnica dagli esemplari siriani. Altri esemplari provengono da fabbriche di Colonia: RGM 33.7 (già nella collezione Merkens, Colonia); Metropolitan Museum of Art, New York, 17.194.231 (già nella collezione Disch); RGM Glas 530 e RGM Glas 531, entrambi rinvenuti nel 1883 a Colonia in una tomba della Luxemburger Straße/angolo Hochstadenstraße. Le fiaschette a grappolo d'uva da Colonia sono state studiate da Fremersdorf (1961, 72-73, tavv. 150-153).
H.H.

Bibl.: J. Poppelreuter 1911, 120; Morin-Jean 1913, 167-168, forma 131, fig. 222; Fremersdorf 1958a, 44, tav. 81; Fremersdorf 1961, 72, tav. 149.

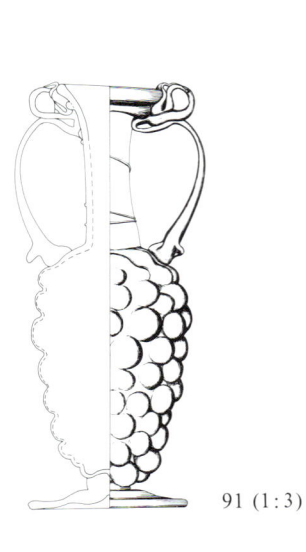

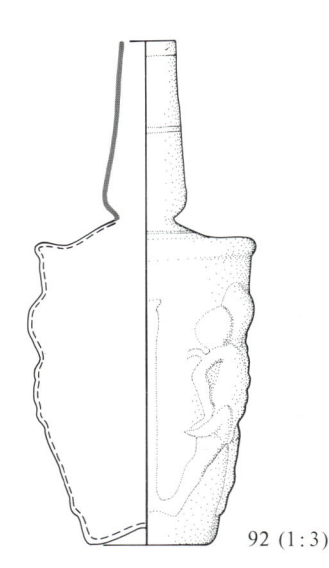

91 (1:3) 92 (1:3)

92

Bottiglia con figure mitologiche

Probabilmente del III secolo d.C. Luogo di rinvenimento sconosciuto. Già nella collezione Sangiorgi. CMG 66.1.39.

Altezza cm 20,2; larghezza massima cm 8,6; diametro della base cm 5,7.

Vetro incolore. Soffiato in uno stampo composto di tre parti. Bottiglia cilindrica leggermente troncoconica con collo sottile; orlo molato; il collo si allarga verso la spalla, poi si restringe; fondo introflesso. Sul collo due coppie di incisioni alla ruota parallele; un paio di incisioni concentriche sulla spalla. La decorazione a rilievo ottenuta con la soffiatura nello stampo presenta tre indistinte figure maschili separate da colonne scanalate: 1) nuda con corna e zampe di capro; 2) con gonnellino e un otre sulla spalla; 3) nuda con il braccio sinistro sollevato, il destro abbassato con un recipiente in mano, un'anfora vicino alla gamba destra. Intatta, alcune fratture in particolare sulla spalla. Alterazione irregolare, in alcuni punti bruna, ghiacciata ed iridescente in altri.

Sono rappresentati Pan, Sileno e Bacco. Esistono altri tre esemplari completi di bottiglie di questo tipo: a Yale (Matheson 1980, 280); nella collezione Oppenländer (von Saldern 1974, 167, n. 459) e sul mercato inglese nel 1984, oltre a tre frammenti tutti da Dura Europos (Clairmont 1963, 35-37, nn. 127-129). Questa bottiglia così come quella della collezione Oppenländer non presenta alcuna iscrizione sul fondo mentre gli altri esemplari recano in lettere greche ΠΙΕ ΖΗΣΑΙΣ o altre varianti. I frammenti da Dura Europos sono presumibilmente anteriori alla distruzione della città nel 256 d.C. Clairmont li assegna al periodo medio-imperiale, cioè in età post-flavia (98-256 d.C.), mentre von Saldern preferisce una data verso la fine del I secolo e Matheson li colloca nel III, basandosi in parte sulla forma del collo simile a quella di recipienti del III-IV secolo, ad esempio la bottiglia di Populonia. Tuttavia, come osservano sia Clairmont sia Matheson, la decorazione richiama un gruppo (compreso il n. 85) di bicchieri soffiati a stampo con figure mitologiche che sono databili alla fine del I o agli inizi del II secolo.

D.B.W.

Bibl.: Sangiorgi 1914, 36, n. 100.

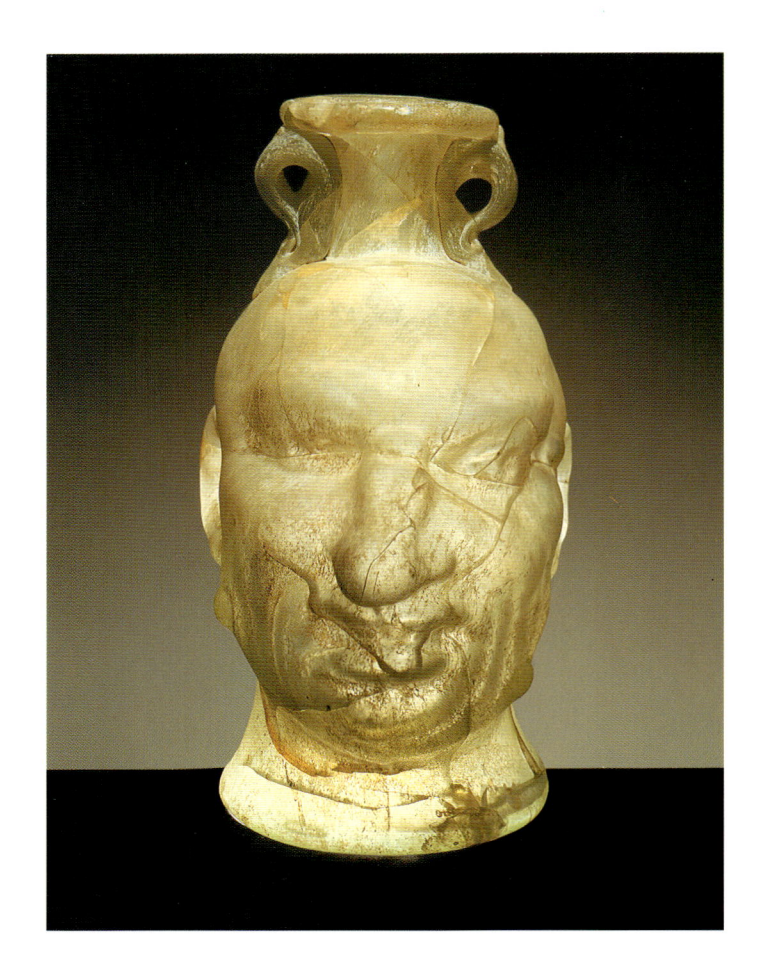

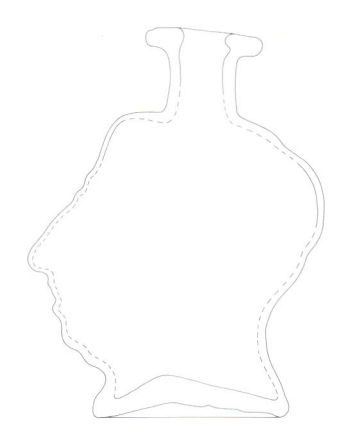

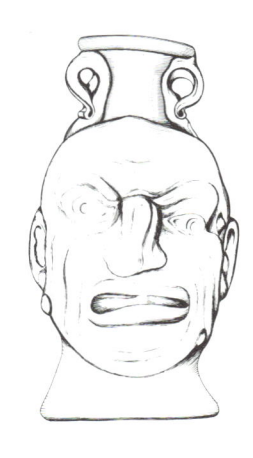

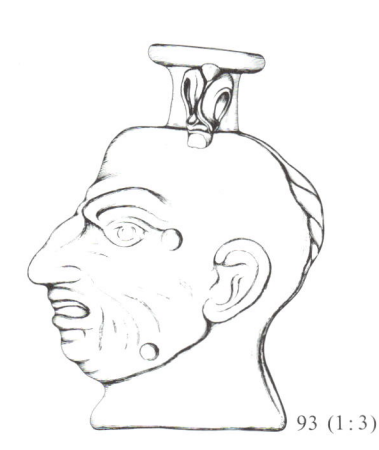

93

Fiaschetta a forma di testa

Primo-secondo terzo del III secolo d.C. Rinvenuta a Colonia prima del 1889 in una tomba nella Neußer Straße con altri oggetti. Dal 1889 nella collezione Niessen. Acquistata nel 1934. RGM N 296.

Altezza cm 15,5.

Vetro incolore traslucido. Soffiato in uno stampo cavo composto di due parti; è chiaramente riconoscibile la fritta vitrea. Fiaschetta; orlo piegato verso l'esterno e poi verso l'interno; collo corto con una piccola apertura; il corpo è svasato verso il fondo probabilmente piatto. Due anse ad occhiello sono applicate ai due lati del collo cilindrico. La fiaschetta ha la forma di una figura grottesca "cattiva" con la testa calva e' un codino (?) sulla nuca; largo naso adunco e gibboso; occhi stretti e infossati con sopracciglia rialzate; bocca storta semiaperta con grosse labbra; pieghe profonde agli angoli della bocca e tre bitorzoli sul viso. Fessurazioni; piccole lacune reintegrate; alterazione opaca e lattea.

La tomba conteneva anche due coppe a forma di conchiglia (RGM N 312 e N 313; Fremersdorf 1961, 73-74, tavv. 157-158), una bottiglia sferica di vetro (RGM N 540) e un anello di giaietto, oggetti che indicano una datazione tra il primo e il secondo terzo del III secolo d.C.

Le teste grottesche e le maschere di questo tipo appartengono al repertorio dei tipi della commedia italica. Questi esemplari miniaturistici sono documentati in metallo, ceramica, vetro e legno.

H.H.

Bibl.: Kisa 1908, 757, figg. 304-305; *Niessen* 1911, 27, n. 296, tavv. 19-20; Fremersdorf 1961, 77, tav. 169; Doppelfeld 1966, 45-46, tav. 44.

94 (1:3)

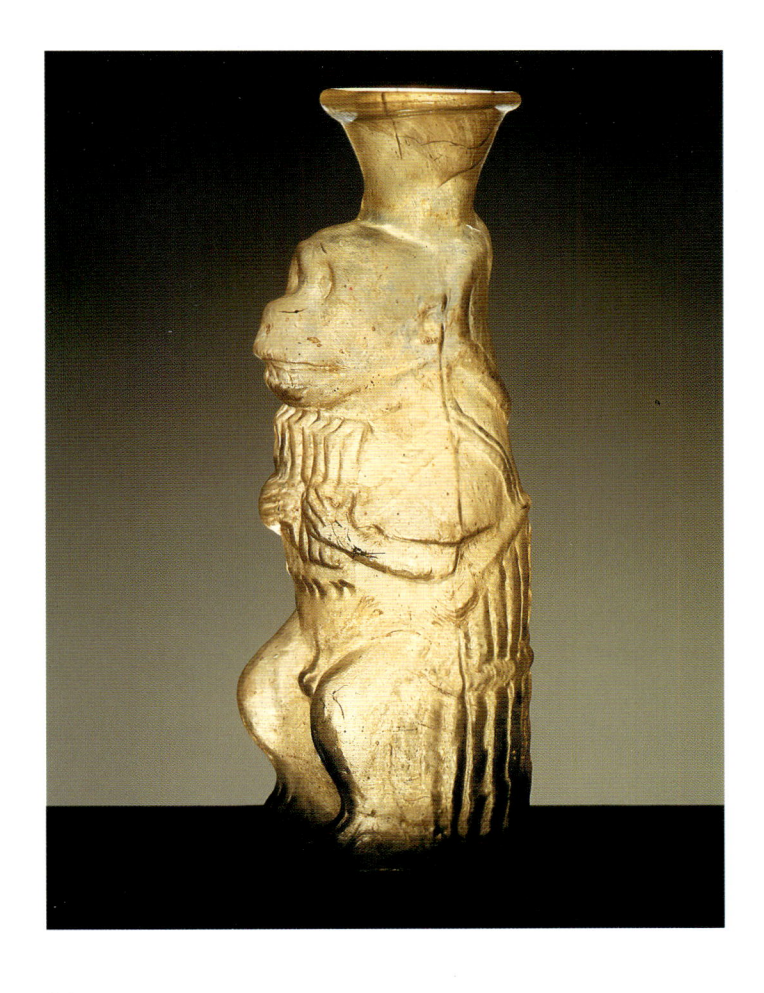

94

Fiaschetta a forma di scimmia

Prima metà del IV secolo d.C. Rinvenuta nel 1865 a Colonia, Magnusstraße. Già nella collezione Disch. Acquistata dalla città di Colonia all'asta della collezione per 3.000 marchi; ricomprata dagli eredi e donata al Museo nel 1881. RGM Glas 292.

Altezza cm 19,7.

Vetro incolore. Soffiato in uno stampo composto di due parti, con i segni di giunzione ben visibili. Orlo ispessito e arrotondato; collo conico; fondo leggermente concavo. Fiaschetta a forma di scimmia seduta su una sedia di vimini con alto schienale, mentre tiene una siringa (*syrinx*) con entrambe le mani, la parte inferiore del corpo nuda, la parte superiore rivestita di un corto mantello di tipo gallico (*cucullus*) con cappuccio, le cuciture della stoffa ben evidenziate. Quasi intatta; fessure e parte dell'orlo restaurate; leggera alterazione lattea.

Il motivo, secondo aus'm Weerth e Kisa, è originario dell'Egitto e deriva dalle caricature alessandrine di Mercurio. Rinvenimenti di vetri di forma simile ma non identica fanno ritenere probabile che fossero prodotti sia in Gallia sia nella Renania. Un recipiente simile (della stessa forma?) è stato trovato in una tomba infantile del IV secolo a Treviri (Goethert-Polaschek 1977, 258, n. 1534, tav. 24, tomba 256, tav. 80).

H.H.

Bibl.: aus'm Weerth 1866, 142, fig. 3; aus'm Weerth 1881, 125, n. 1368, tav. 6; Kisa 1908, 760-762, fig. 307; Morin-Jean 1913, 158, n. 3; Fremersdorf 1961, 78-79, tavv. 177-179; Doppelfeld 1966, 45, tav. 47.

95

Fiasca bifronte

Inizi del IV secolo d.C. Rinvenuta nel 1956 a Colonia, Waidmarkt, sarcofago n. 1. RGM 56.408.

Altezza cm 25,3.

Vetro incolore con sfumatura verdina, soffiato in uno stampo composto di due parti; qua e là visibile il segno di giunzione. Largo piede svasato lavorato separatamente e applicato. Fiaschetta a forma di doppia testa a tutto tondo con capelli ricci, grandi occhi spalancati, naso schiacciato, bocca sottile socchiusa, doppio mento e guance paffute. Scheggiatura sull'orlo, leggere tracce di iridescenza, alcune inclusioni. Appartiene a un gruppo di vasi bifronti, a volte con anse applicate (Morin-Jean 1913, 153-154, forma 121, fig. 208). Un vaso a forma di testa del tutto simile si trovava in una cassa di pietra tardo-antica della necropoli romana a Worms, Mariamünster (Behrens 1925-1926, 74, fig. 24). H.H.

Bibl.: La Baume 1960, 80 ss., fig. 54; Doppelfeld 1966, 46, tav. 46.

95 (1:3)

96

Fiaschetta a forma di testa

IV-V secolo d.C. Già nelle collezioni Enrico Caruso, Kouchakji, Noorian e Ray Winfield Smith. CMG 59.1.150.

Altezza cm 19,6; diametro dell'orlo cm 5,7; diametro massimo del piede cm 6,8; larghezza della testa cm 7,7.

Vetro blu intenso. Soffiato in uno stampo composto di due parti; ansa applicata e rifinita; orlo svasato; collo che si restringe verso il basso e poi si allarga leggermente. Il corpo è a forma di testa giovanile con capelli dritti a frangia sulla fronte e tagliati dritti sulla nuca, orecchie sporgenti; i segni dello stampo sono visibili dietro le orecchie; il piede svasato consiste in un nastro avvitato tre volte su se stesso. L'ansa a forma di "osso della fortuna", applicata alla parte inferiore del collo, forma un angolo acuto con presa pinzata e poi si attacca sul dietro della testa e prosegue verso il fondo con una serie di tacche sulla superficie. Intatta. In parte opacizzata; chiazze di concrezioni che vanno dal grigio al bruno e di iridescenza. Molte bolle.

Altre due fiaschette a forma di testa umana, in vetro blu intenso, prodotte con lo stesso o simile stampo, si trovano a Berlino, Antikenmuseum, inv. n. 30219, 208 (von Saldern 1974, 45, n. 70) e a Malibu, J. Paul Getty Museum (già nella collezione Kofler-Truniger: *Christie, Manson and Woods* 1985, n. 86). D.B.W.

Bibl.: *Caruso* 1923, n. 244 (ill.); *Eisen* 1927, 303, tav. 76a; *Kouchakji Collection* 1927, n. 236 ("rinvenuta in una tomba in Siria"); *Noorian* 1942, n. 252; *Mariemont* 1954, n. 119, tav. XIV; *Glass from the Ancient World* 1957, 141, n. 279.

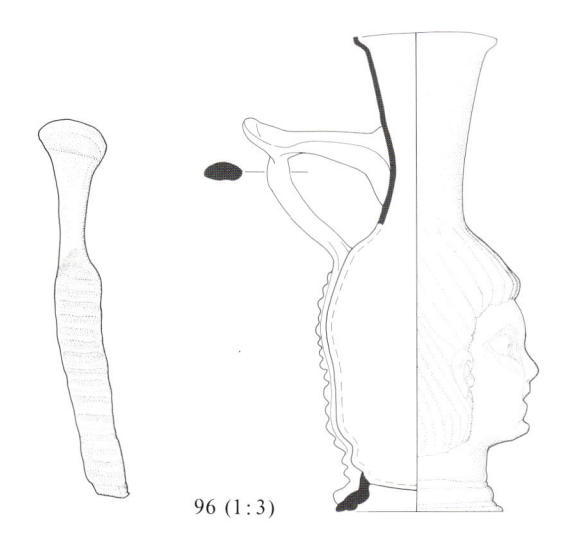

96 (1:3)

97

Brocca con simboli cristiani

Metà del V secolo - VII secolo d.C. Luogo di rinvenimento sconosciuto. Già nella collezione Sangiorgi. CMG 66.1.230.

Altezza cm 21,7; larghezza massima cm 6,7.

Vetro giallo-verde chiaro. Soffiato in uno stampo; ansa e anello intorno al collo applicati. Brocca con corpo esagonale; orlo svasato e arrotondato; collo che si allarga verso il basso fino alla spalla spiovente; fondo concavo; segno del pontello. Decorazione su tutti i lati del corpo, in senso orario a partire dall'ansa: 1) ramo di palma; 2) croce con braccia triangolari sopra un oggetto rettangolare; 3) ramo di palma; 4) fila di losanghe; 5) croce all'interno di un cerchio; 6) fila di losanghe. Intatta. La superficie del collo e del corpo presenta butterature giallo-verdi, iridescenze violette e chiazze di corrosione luccicanti; l'ansa e l'anello intorno al collo presentano una leggera iridescenza color porpora.

Il recipiente fa parte di un gruppo di bottiglie e brocche esagonali con simboli cristiani (*Masterpieces* 1968, 63, n. 81) che sono facilmente distinguibili per l'altezza, il colore e i soggetti dai recipienti esagonali di forma più tozza con simboli cristiani ed ebraici fabbricati probabilmente a Gerusalemme. Mentre tutti (eccetto uno) i vetri cristiani del tipo "Gerusalemme" sono decorati con croci o croci all'interno di una edicola alternate a grandi losanghe concentriche (Barag 1970, 38-46), questi recipienti più slanciati presentano croci, rami di palma, graticci e santi stiliti. Quest'ultimo motivo, identificabile con certezza in alcuni esemplari (cfr. Matheson 1980, 132-135, nn. 353-355), fa presumere che questi recipienti fossero prodotti in Siria dove san Simeone Stilita e i suoi seguaci attiravano pellegrini da tutto il mondo cristiano. San Simeone (389-459 d.C.) fu espulso dal suo monastero per eccessiva austerità e passò il resto della sua vita sopra una colonna (in greco *stylos*, donde il soprannome). Secondo il suo biografo, Teodoreto, i pellegrini si recavano a vedere san Simeone perfino dalla lontana Britannia e dopo la sua morte continuarono a visitare il tempio costruito intorno alla sua colonna a Qala'et Sema Can (Matheson 1980, 134-135). I recipienti decorati con stiliti devono perciò essere stati prodotti già nella metà del V secolo quando san Simeone attirava già l'attenzione; presumibilmente la produzione cessò con l'invasione araba, se non prima. Questi recipienti sono perciò contemporanei delle bottiglie e brocche tipo "Gerusalemme", e probabilmente avevano la stessa funzione di oggetto ricordo per pellegrini e contenevano forse olio o acqua.

D.B.W.

Inedito.

98

Bottiglietta con simboli ebraici

VI-VII secolo d.C. Luogo di rinvenimento sconosciuto. Già nella collezione J.P. Morgan, New York. CMG 50.1.34.

Altezza cm 10,8; diametro dell'orlo cm 6,1; larghezza del corpo cm 8,9.

Vetro bruno scuro traslucido. Soffiato in uno stampo multiplo. Breve corpo ottagonale, labbro orizzontale espanso ripiegato verso l'alto e verso l'interno sulla bocca stretta e rilavorata; corto collo svasato che si allarga a congiungersi con la spalla larga e spiovente; pareti verticali; fondo piatto, segno del pontello non levigato. Le otto facce sono decorate mediante la soffiatura nello stampo; su ogni lato un pannello infossato con una cornice formata da piccole depressioni rotonde, contenente in senso orario: un albero stilizzato con depressioni negli angoli della cornice; un'anfora; un elemento non identificabile; due losanghe concentriche con una depressione centrale e negli angoli della cornice; alberi stilizzati; una palma (?) stilizzata; un'edicola, con capitelli e basi di colonna schematizzati, contenente un motivo ad albero; *menorah* con piede e tripode e sotto un *shofar*. Intatto; manca un quinto del labbro. Chiazze di alterazione dal bruno chiaro all'argenteo; iridescenze per lo più color porpora. La bottiglietta appartiene con altri due esemplari nel Toledo Museum of Art (inv. n. 355.714) e nel Metropolitan Museum of Art (inv. n. 29.100.74) al gruppo BB, classe I, vasi ottagonali ebraici di Barag (1970b, 50, 57).   D.B.W.

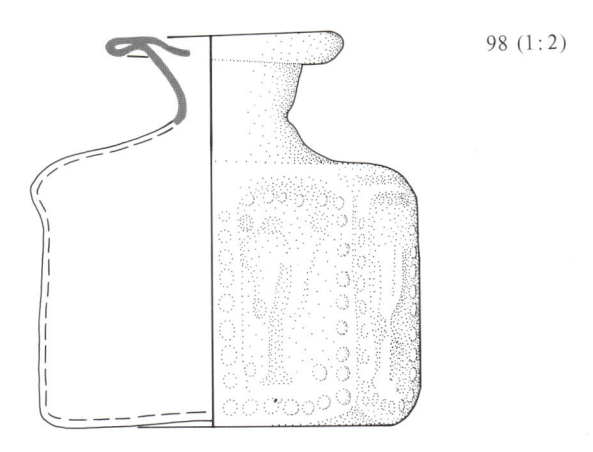

98 (1:2)

Bibl.: Forbes 1957, 192, fig. 36; Barag 1970b, 50, 57, 61, figg. BB e 30.

Gruppi G e H: Introduzione

Gruppo G: Vetri intagliati e/o incisi

Il Gruppo G comprende trentacinque recipienti, con diversi tipi di decorazione intagliata o incisa, appartenenti ai primi quattro secoli della nostra era. Essi documentano le più note varietà dei motivi decorativi, del gusto e della tecnica che si sono andati evolvendo durante questi secoli seguendo le richieste e i dettami della moda. Gli intagliatori del vetro (*diatretarii*) erano in grado di soddisfare ogni tipo di richiesta in virtù della loro competenza e abilità che avevano raggiunto, già molti secoli prima, livelli altissimi.

L'epoca preromana

Che il livello raggiunto fosse molto elevato era naturale. Gli intagliatori della pietra, in particolare di gemme e pietre dure, si erano messi in luce durante l'età del bronzo nel bacino orientale del Mediterraneo e nell'Asia occidentale. Particolarmente notevoli erano le scuole di intagliatori di sigilli nella Cnosso minoica e in Grecia alla fine del III e nel II millennio a.C., fino al decadere di questa civiltà, e i contemporanei lavori su sigilli e scarabei in Egitto e sui sigilli nell'Asia occidentale (soprattutto in Mesopotamia). Flinders Petrie, descrivendo i reperti dei suoi scavi di officine vetrarie a Tell el Amarna nel 1891-1892, tra cui oggetti in vetro della metà del XIV secolo a.C. - i più antichi finora noti -, cita alcuni frammenti di vetro lavorati ad intaglio a imitazione delle pietre dure[1]. Ma non sembra, allo stato attuale delle nostre conoscenze, che l'uso di intagliare recipienti di vetro sia anteriore all'inizio del primo millennio in Mesopotamia. Gli scavi di Sir Max Mallowan a Nimrud negli anni cinquanta hanno aggiunto numerosi esemplari frammentari al vaso di Sargon oltre ad altri pochi trovati da Layard nello stesso sito un secolo prima. Lo stesso vaso di Sargon, della fine dell'VIII secolo a.C., presenta un'iscrizione incisa all'altezza delle anse, e molti frammenti appartenenti alla fine dell'VIII o al VII secolo a.C., trovati da Mallowan e pubblicati da Axel von Saldern in appendice ai due volumi di Mallowan sulle sue campagne di scavo a Nimrud, non solo sono incisi ma anche variamente intagliati alla ruota o con altri metodi[2].

Da questo momento in poi, in Mesopotamia e nel Mediterraneo orientale, coppe e piatti decorati con intagli alla ruota (di solito solo motivi lineari e scanalati) costituiscono una delle usuali varietà della produzione di lusso in vetro blu scuro, incolore o quasi incolore. Questo materiale era chiamato dai greci *hyalos*, ad indicare una

---

1. W.M. Flinders Petrie, *Tell el Amarna*, Londra 1894, 25-27; in particolare 27, paragr. 59.
2. Sir Max Mallowan, *Nimrud and its Remains*, 2 voll., Londra e New York 1966, II, 623-624, Appendice III, *Glass*, di Axel von Saldern, in particolare 629-631. Per ulteriori notizie sui rinvenimenti di Nimrud e su altri recipienti contemporanei intagliati, in particolare la ora ben nota coppa incolore scanalata dell'VIII secolo a.C. trovata a Gordion in Frigia, v. Oppenheim e al., *Glassmaking in Mesopotamia*, Corning 1970, in particolare la sezione intitolata "Other Mesopotamian glass vessels" di von Saldern, 203-228, dove il vaso di Sargon e la coppa di Gordion sono esaminati alle pp. 210-211.

sostanza chiara trasparente o traslucida in contrapposizione a un altro tipo che essi chiamavano *lithos chyte* (pietra versata), un materiale apparentemente opaco, benché in sezione sottile non lo fosse realmente, per lo più blu scuro ma anche verde scuro, bruno, ecc., e bianco opaco a chiazze.

A partire dal V e dal IV secolo a.C. diventano comuni esemplari completi di coppe scanalate incolori o quasi incolori in particolare nell'ambito dell'impero persiano; la decorazione è costituita da un motivo a petalo di loto impresso o a rilievo, oppure in entrambi i modi[3].

Nella successiva età ellenistica, dalla fine del IV agli inizi del I secolo a.C., persiste in generale lo stesso stile di intaglio alla ruota, ma con decorazioni nuove e un poco più variate costituite da scanalature lineari intagliate e da un motivo a petali di loto frammisto a una fascia orizzontale di protuberanze: non compare ancora nessun motivo figurato, animale o umano. Nello stesso periodo cominciarono ad apparire in tutto il Vicino Oriente nuove varietà di coppe (emisferiche, ad arco di cerchio o mammiformi) decorate esclusivamente con alcuni solchi orizzontali intagliati, in una quantità tale per questo periodo iniziale di produzione del vetro, da potersi considerare una produzione in serie[4]. Alcune appartengono chiaramente al III secolo, ma il periodo di massima produzione va probabilmente dalla metà del II a poco dopo la metà del I secolo a.C., quando vengono sostituite da coppe colate a stampo e molate di vetro di diversi colori (soprattutto verde e bruno), con costolature lunghe e corte, sottili e spesse, che si diffusero nell'Asia occidentale per circa cento anni tra il 60-50 a.C. e il 50-60 d.C.[5]. Esse non presentano altra decorazione, se non a volte uno o due solchi intagliati all'interno, lungo l'orlo.

Vediamo così che durante gli ultimi otto o sette secoli prima di Cristo l'uso di intagliare e incidere, molare e polire recipienti di vetro incolore o quasi incolore si era sviluppato seriamente, e che queste tecniche erano praticate con grande padronanza agli albori dell'età augustea, epoca a cui risalgono i pezzi più antichi qui esposti. Nelle introduzioni ai Gruppi A e B (pp. 15-20 e 53-57) accenno all'indubbia abilità dei *diatretarii* che si procuravano le forme grezze di vetro dai vetrai e li finivano con l'intaglio alla ruota, la molatura e la politura portandoli al più alto livello di esecuzione, così come i contemporanei intagliatori di gemme facevano per i vasi in pietra dura. In particolare faccio notare (p. 54) la straordinaria abilità degli intagliatori di vetro nell'intagliare, sui recipienti a cammeo del Gruppo B, lo strato superiore bianco opaco nella giusta misura onde ottenere le più delicate sfumature, spesso facendo terminare il disegno dello strato superiore sulla superficie del fondo blu, dopo aver tolto intenzionalmente parte del vetro bianco.

Siamo giunti così alla constatazione che negli ultimi decenni prima di Cristo gli intagliatori avevano raggiunto un livello tecnico elevatissimo.

Questa rapida sintesi della produzione precedente mostra come non bisogna lasciarsi sorprendere dall'eccellente standard quantitativo della decorazione, intagliata e molata dei recipienti più antichi del gruppo G.

Primo secolo d.C.

Il Gruppo G è molto vasto e fortunatamente comprende recipienti che esemplificano quasi tutta la gamma delle varietà di intaglio e incisione applicate durante i primi quattro secoli della nostra era. Possiamo perciò dividere i trentacinque pezzi in sottogruppi appartenenti a periodi successivi onde mostrare la differenza del lavoro dei *dia-*

---

3. Per esempi v. Harden 1969, 58, tav. V, E e VII, A e le note 65-66.
4. Harden, *op. cit.*, 60-61, tav. VIII A e E; Weinberg 1961, *passim*.
5. Harden, *op. cit.*, 61, tav. VII D e nota 82.

tretarii nei diversi periodi, differenza dovuta non tanto a mutamenti nell'abilità lavorativa quanto ai diversi orientamenti artistici e del gusto che si erano andati evolvendo in Italia e altrove, poiché, come accade anche ai giorni nostri, il pubblico era sempre alla ricerca del nuovo e dell'insolito.

I pezzi del primo sottogruppo, nn. 99-105, sono stati tutti colati a stampo o soffiati come forme grezze dai vetrai (*vitrearii*) prima di passare nelle mani degli intagliatori (*diatretarii*) che ne hanno rifinito le superfici con l'intaglio alla ruota, la smerigliatura e la molatura. Non è ancora stata raggiunta la fase in cui ai *diatretarii* venivano consegnati recipienti soffiati, già nella forma definitiva, da decorare con strumenti adatti all'intaglio e alla politura.

Questi vetri e le tecniche che rappresentano appartengono in massima parte all'ultimo quarto del I secolo d.C. o ai primi anni del II; si tratta non solamente dei primi vetri intagliati di età imperiale romana ma anche dei primi esemplari di vetro incolore. Sembra che la classe inizi la sua produzione in età flavia (70-98 d.C.) proseguendo poi in età traianea (98-117 d.C.); alcuni esemplari sono presenti a Pompei prima dell'eruzione del Vesuvio del 79 d.C. e molti altri compaiono in livelli flavii di altre località, ad esempio Londra, Fishbourne (Chichester, Sussex), Vindonissa (Brugg, Svizzera) ecc., per cui non vi è alcun dubbio sulla loro attribuzione, in generale, al tardo I secolo d.C.[6]. Va anche rilevata l'analogia stilistica tra l'intaglio a molatura di questi e quello dei vetri cammeo del Gruppo B di età augustea, anteriori di quasi un secolo (pp. 53-57). Si noti in particolare l'analogia, nelle linee generali, della forma della brocca biansata n. 101 con quella del vaso Portland (n. 29) e come le anse con la parte terminale lavorata con piccole tacche e gli attacchi al collo e alla spalla intagliati in maniera netta mostrino di essere state applicate in un secondo tempo e non intagliate, insieme col vaso, da un unico pezzo di vetro, come nel caso del vaso Portland.

Pubblicando i vetri dal Palazzo romano di Fishbourne, nel Sussex, Jennifer Price ed io abbiamo esaminato alcuni tipi di questo vetro intagliato del tardo I secolo d.C. e sottolineato la differenza tra le forme intagliate al tornio come queste e i recipienti più tardi intagliati dai *diatretarii* da forme soffiate già perfettamente finite[7]. Abbiamo anche esaminato i tipi sfaccettati (come il n. 100, da Pompei), con la particolare sfaccettatura multipla in forma continua curvilinea così chiaramente visibile su questo pezzo, e le decorazioni con tralci vegetali, con protuberanze isolate o con altri motivi che vediamo qui rappresentati dai nn. 99 e 101. La forma del n. 101 è usata anche per esemplari lisci, uno da Colonia e un altro da un pozzo flavio (60-80 d.C. circa) di Londra, St. Swithin's House, Wallbrook; è inoltre frequentemente usata per vasellame d'argento del I secolo[8]. I tre bellissimi esemplari sfaccettati di coppe e bicchieri (nn. 103-105) sono complementari tra loro per stile e tecnica. La forma del n. 103, con le pareti molto svasate che terminano con una bocca molto stretta, è, per quanto mi consta, senza confronti[9]; quella del n. 104 è più usuale anche se leggermente più alta e larga degli altri esemplari dello stesso tipo; quella del n. 105 infine può considerarsi molto comune, confrontabile con un certo numero di altri esemplari.

Fine del secondo e inizi del terzo secolo d.C.

Dopo una lacuna di circa un secolo, arriviamo all'ultimo quarto del II secolo o ai primi anni del successivo, in cui si possono collocare i nn. 106-109. I nn. 106-107 provengono

---

6. Cfr. Harden e Price 1971, spec. 321-322 e 332-336; e inoltre Berger 1960, 67-75, tavv. 10-11.
7. Harden e Price 1971, 339-344.
8. Cfr. Fremersdorf 1967, 62, n. 21, con indicazioni di altri esemplari; Harden 1970, 61, nota 85, tav. XB; per gli esemplari in argento Strong 1966, 134, fig. 27f.
9. Oliver 1984, 43, nota 41, cita una brocca della collezione Oppenländer (von Saldern 1974, 183-184, n. 507) con corpo piriforme, collo strozzato e labbro svasato, ma non costituisce un vero confronto con il n. 103.

da una tomba di Leuna (Sassonia), nella "libera Germania", cioè al di là dei confini dell'impero romano. La sepoltura appartiene probabilmente alla fine del III secolo, ma i due vetri sembrano più antichi, dell'ultimo quarto del II secolo. È interessante notare come questi vetri di elevata qualità, e molti altri, abbiano varcato i confini imperiali. Le cause sono molteplici: commercio (ma non sembra molto verosimile per vetri così importanti), razzie o saccheggio di gruppi di incursori (ma anche questa ipotesi sembra in questo caso improbabile, dato che i due pezzi sono rimasti insieme una volta raggiunta la loro destinazione); doni amichevoli o diplomatici, in questo caso la spiegazione è probabilmente più valida soprattutto se si tiene presente, come abbiamo già ricordato (p. 103), l'affluenza di germani nei territori dell'impero alla fine del III secolo. Funzionari romani della zona di confine sul Reno devono aver avuto frequenti contatti con i capi tribali della Germania libera. Il n. 107 presenta una scena con Artemide sorpresa al bagno dal cacciatore Atteone, trasformato poi in cervo dalla dea furibonda e divorato dai propri cani, uno dei quali è rappresentato sulla coppa. Si noti che le due figure principali sono indicate con i loro nomi in caratteri greci così come tre figure del n. 108. Numerosi frammenti di vetro incolore con questo tipo di intaglio (le figure e gli oggetti resi mediante sfaccettature, i dettagli con incisioni) sono stati trovati negli scavi di Karanis nel Faiyûm, ma sono tutti privi di iscrizioni[10]. Tuttavia, tre frammenti di coppe simili con i nomi scritti in greco, Orestes, Hyppo(ly)tos e Trophos (nutrice) sono stati acquistati da Ray Winfield Smith in Egitto[11], e questo avvalora la tesi che tutti questi recipienti con scene figurate e analoghe iscrizioni in greco siano di origine orientale, presumibilmente alessandrina[12].

L'ultimo pezzo di questo gruppo, il n. 109, presenta un diverso stile di intaglio e tecnicamente può essere confrontato, non con gli altri tre pezzi di questo sottogruppo, ma con i sette recipienti della fine del I secolo (nn. 99-105) perché come questi è stato ritagliato e intagliato da una forma grezza. La decorazione presenta parecchi motivi di tipo egizio: la donna sdraiata con un *sistrum*, un oggetto molto amato dagli egizi in scene di culto, in particolare quelle di Iside, e, alla sua destra, un uomo con un martello e uno scalpello che lavora una "stele" o meglio un nilometro. L'edificio (un tempio?) alla sinistra della donna non sembra di tipo egizio, a meno che non sia dello stile greco-romano introdotto in Egitto in età post-dinastica. Le figure sono rese mediante sfaccettature, con incisioni le sfumature e gli altri dettagli[13].

Seconda metà del terzo secolo d.C.

I due recipienti successivi appartengono alla seconda metà del III secolo (nn. 110-111) e non necessitano di un lungo esame. Il n. 110 è un unguentario di vetro incolore con sfumatura verdina, proveniente dalla Nubia. È simile per i profondi intagli lineari e per il gradevole aspetto a molti altri esemplari dello stesso periodo trovati frammentari a Karanis, ma integri in tombe di Karanòg e di altri siti nubiani[14]. Oggi non sono più sicuro che questo tipo si sia mantenuto al di là del III secolo anche se nel mio studio sui vetri da Karanis (1936, 252) scrivo: "probabilmente non è stato più prodotto in età

---

10. Per alcuni frammenti tipici cfr. Harden 1970, 54, fig. 3, nota 45; e anche Harden 1936, dove è possibile trovare altri dettagli e illustrazioni.
11. *Glass from the Ancient World* 1957, 178-181, nn. 361, 363, 365.
12. Fritz Fremersdorf, direttore del Wallraf-Richartz-Museum e poi del Römisch-Germanisches Museum dal 1923 al 1959, sosteneva al contrario che tutte le coppe e i bicchieri di questo tipo erano prodotti in officine di Colonia e che quelli rinvenuti nel Mediterraneo orientale erano esportati da Colonia. Ho discusso con lui questo problema durante tutta la sua lunga vita e non rinuncio ad esprimere il mio punto di vista, anche se non è più vivo il mio antagonista per contestarlo.
13. Harden 1970, 55, tav. VII, A, fig. 4, dove ero incline a ritenere che il pezzo fosse stato fatto in Italia. Ora penso che sia egizio come i nn. 107-109 e gli altri pezzi simili.
14. Per il tipo in generale e per gli altri esemplari v. Harden 1936, 252-253, 259-261, tav. 20, nn. 767, 774, ecc.

post-costantiniana". Tuttavia durante i primi quattro secoli della nostra era si trovano altre varietà di unguentari sferici. I grandi unguentari cilindrici come il n. 111 sono contemporanei a quelli sferici come il n. 110. Si noti la serie di solchi intagliati sul corpo cilindrico del n. 111.

Inizi del quarto secolo d.C.

Seguono, cronologicamente, tre recipienti assai diversi l'uno dall'altro, databili ai primi anni del IV secolo. Il n. 112, una coppa proveniente da una tomba di Dinar in Asia Minore, reca l'iscrizione H XAPIC (Grazia), con caratteri a doppio tratto, e una decorazione molto rozza costituita da incisioni lineari approssimative; ho incluso la coppa in un articolo su due gruppi di recipienti con iscrizioni con caratteri a doppio tratto, pubblicato nel 1968 nel *Festschrift* per Doppelfeld[15]. Il primo gruppo è egizio e, dato che la decorazione è più accurata, risale per lo più alla fine del III secolo; il secondo è asiatico (forse una produzione dell'Asia Minore) ed è certamente del IV secolo. Tutti questi recipienti e la loro decorazione sono tecnicamente interessanti, ma non possono certamente essere definiti artistici. I nn. 113-114 sono databili nello stesso periodo. La coppa da sospensione n. 113 è stata trovata in una tomba insieme con una moneta di Massimiano (286-305 d.C.), mentre la forma della coppa a calice n. 114 in accordo con l'intaglio lineare di tipo tardo si colloca agli inizi del IV secolo.

Prima metà del quarto secolo d.C.

I successivi undici pezzi (nn. 115-125) sono collegati da un solo elemento: appartengono alla prima metà del IV secolo, la maggior parte al primo terzo. Data la loro natura miscellanea, ognuno riveste una particolare importanza, molti addirittura notevole, ma è difficile in questa breve introduzione poter delineare per tutto il gruppo un quadro esauriente. Il n. 115, risalente ai primi anni del secolo, rappresenta un cacciatore col suo cane mentre insegue un cinghiale (?), seguito da due cervi e da una cerbiatta. Il motivo è realizzato con intagli concavi con l'aggiunta di piccoli tratti incisi per i dettagli. Lungo la spalla del vaso corre un'iscrizione in latino: VITA BONA P(F)RVAMVR FELICES, "possiamo noi godere una vita felice". Allo stesso periodo appartiene il n. 116, un tipico esemplare del ben noto gruppo di bottiglie denominate "bottiglie di Pozzuoli", comprendente nove esemplari integri o frammentari. Lo studio di Painter del 1975 distingue due varietà, la prima (alla quale appartiene il n. 116) è decorata con la rappresentazione del lungomare di Baia, la seconda quello di Pozzuoli, due località marine ben note per i soggiorni dei ricchi romani durante alcuni secoli, in particolare il quarto. Esistono buoni motivi per ritenere che le rappresentazioni di queste bottiglie siano, nei limiti imposti dallo spazio, ragionevolmente accurate nella descrizione dei principali edifici delle singole città. Il n. 117 (esposto solo a Colonia) è un piatto molto grande (cm 27 di diametro), inciso in modo elaborato ma senza sfaccettature, con la rappresentazione di una corsa di quattro quadrighe intorno a un percorso i cui particolari sono copiati da quelli del Circo Massimo di Roma. Sono chiaramente visibili i traguardi o triplici *metae* alle estremità, come lo sono alcuni dei principali elementi della *spina* centrale. L'incisione è eccellente e la composizione con tutti i particolari racchiusi in un fregio circolare sulla superficie esterna del piatto è stata un vero *tour de force* per il *diatretarius* che l'ha realizzata. Il piatto è stato trovato in una tomba della "villa rustica" a Colonia-Braunsfeld, con monete ed altri oggetti databili tra il 320 e il 340 d.C.

Seguono tre vetri intagliati (nn. 118-120) provenienti da collezioni italiane. Il n. 118, dall'Antiquarium Comunale di Roma, rappresenta Daniele nella fossa dei leoni. Gli

---

15. Harden 1967-1968, in particolare 50, n. 14, tav. 10 e fig. 10.

altri due (nn. 119-120) sono decorati con soggetti pagani: il n. 119, dal Museo Nazionale Romano, con eroti marini sguazzanti nell'acqua; il n. 120, trovato a Ostia e ora nel Museo Ostiense, con la scena del riscatto del corpo di Ettore da parte del padre Priamo. Sono tutti e tre degli inizi del IV secolo ed hanno decorazione ben intagliata e ben disegnata.

Tra i rimanenti pezzi di questo gruppo eterogeneo vorrei attirare l'attenzione sul n. 121 con la complessa e interessante rappresentazione di Bellerofonte mentre abbevera il cavallo alato Pegaso alla fonte Peirene di Corinto (Pegaso era il simbolo di Corinto e molte delle monete greche di questa città portano Pegaso al dritto e sono note come "Pegasi"). La forma di questo piatto poco profondo è tipica degli inizi del IV secolo ed è particolarmente frequente in Italia dove possiamo ritenere che questo piatto sia stato realizzato. Speciale attenzione va data anche al secchiello di vetro blu-purpureo intenso, con ansa di bronzo dorato, intagliato con sfaccettature e linee, appartenente al Tesoro di San Marco (n. 122). È decorato con una scena dionisiaca: Pan barbato con una zampogna e un satiro con un *pedum* inseguono due menadi, mentre un altro satiro e un'altra menade offrono del vino al dio Dioniso appoggiato a un pilastro. La decorazione del secchiello è affine artisticamente a quella di alcuni recipienti in argento degli inizi del IV secolo, in particolare ad alcuni piatti del famoso tesoro trovato a Mildenhall nel Suffolk, ora nel British Museum, e alla scena rappresentata sulla coppa di Licurgo (n. 139).

La situla del Tesoro di San Marco, decorata con un ottimo lavoro di intaglio e sfaccettatura, risale ad un periodo tardo nel quale scene tratte dalla mitologia pagana erano ancora usuali e ben accette sui migliori prodotti artistici.

La piccola coppa del Corning Museum (n. 123), con Cristo che guarisce il paralitico, apparteneva alla collezione Sangiorgi; per questa ragione, oltre che per la sua forma e la tipica sezione dell'orlo, è probabilmente di origine italiana. Si tratta di un altro pezzo notevole, uno dei più antichi vetri cristiani intagliati. Il frammento di un grande piatto, dall'Antiquarium Comunale di Roma (n. 124), è molto più importante di quanto possa sembrare a prima vista. Infatti la scena completa rappresentava il *praefectus urbis* Severus in veste ufficiale durante una cerimonia imperiale e civico-religiosa celebrante i *vicennalia*, forse quelli dell'imperatore Costantino il Grande nel 326 d.C. (per il quale vedi anche i nn. 4 e 5 del Gruppo A), anche se questa interpretazione della scena non è accettata da tutti.

Seguono tre esemplari (nn. 126-128) di un gruppo di recipienti di forma aperta strettamente legati tra di loro, per lo più coppe poco profonde con il profilo ad arco di cerchio, incise con scene tratte dalla mitologia pagana (n. 127, Apollo e Artemide), dalla vita quotidiana (n. 126, una caccia al cinghiale) e dalla Bibbia (n. 128, Adamo ed Eva)[16]. L'incisione sembra eseguita a mano libera con uno strumento di selce molto appuntito mediante una serie di piccoli colpi sulla superficie del recipiente, come si può benissimo osservare attraverso una lente o un ingrandimento fotografico[17]. Nel mio articolo del 1960 ho raccolto ventun pezzi completi o in frammenti piuttosto grandi e tre altri più piccoli, e in appendice un bell'esemplare appena trovato a Krefeld-Gellep nella Renania, rappresentante Dioniso con Pan e un satiro. Dato che i pezzi di questo gruppo sono strettamente collegati per stile e tecnica, devono essere stati prodotti tutt'al più nel giro di alcuni decenni. Alcuni dati esterni stabiliscono che alcuni esemplari debbano collocarsi appena prima o nel momento di passaggio dal III al IV secolo mentre altri, in particolare quelli con scene bibliche, possono essere di alcuni decenni più tardi, posteriori alla conversione di Costantino (la sua versione del Chi-Rho compare su tre delle

---

16. Ho analizzato e discusso per esteso questa serie in *JGS* 2 (1960), 44-81.
17. Harden, *op. ult. cit.*, figg. 6, 30-31.

coppe). E così resto fedele alle mie conclusioni del 1960 (pp. 78-79) che il gruppo è databile "intorno al 320-330 d.C. in un periodo di non più di 30-40 anni, cioè quanto dura l'attività di alcuni artigiani contemporanei o quasi". Le tre coppe, dunque, risalgono al primo terzo del IV secolo d.C.

Metà del quarto secolo d.C.

Gli ultimi cinque esemplari del Gruppo G (nn. 129-133) si presentano decorati con soggetti diversi, tre di carattere pagano (nn. 129, 132-133) e gli altri due cristiano. Tutti e cinque sono comunque collegati tra loro dal tipo di lavorazione, che si avvale di una tecnica chiaramente più povera ma più impressionistica nel disegno, come ad esempio lo stile lineare dei capelli e gli occhi a mandorla spalancati, e nell'incisione. È da notare che la maggior parte dei dettagli delle figure è realizzata con tratti diritti o appena ricurvi perfino per rendere le parti nude dei corpi (fatta eccezione per il bicchiere con scene bibliche n. 130, dove la rappresentazione sembra più realistica).
Questo fatto suggerisce che tutti e cinque i pezzi siano da collocarsi nei quattro decenni centrali del secolo (330-370 circa). Sono tutti privi di dati esterni e occorre pertanto stabilire la loro datazione sulla base di valutazioni intrinseche. Sulla base di un unico criterio, lo stile dei capelli, io riterrei che l'ordine attuale dato ai recipienti sia il solo sostenibile, con la coppa n. 129, proveniente da Amiens, decorata con una danza bacchica, da collocarsi prima della metà del secolo, mentre gli altri quattro sono più tardi ed è più opportuno ascriverli al terzo quarto.
La scena del n. 132 è di grande interesse e piena di particolari. Painter[18], dopo aver riportato l'opinione di altri studiosi, nessuna peraltro convincente, espone la propria proponendo la corretta interpretazione della scena che rappresenta nel suo insieme un banchetto funerario. Il defunto, seduto su un letto con accanto un parente o un amico in mestizia, riceve da un servo del vino, mentre due eroti, ai lati di un calderone (?), sembrano cucinare del pesce per il "banchetto". Il disegno pur essendo rozzo e lineare, è abbastanza chiaro da far intendere quello che vuole rappresentare. Questi artisti più tardi non erano degli incompetenti; sapevano disegnare e se lo facevano in modo approssimativo ciò era dovuto principalmente alle tendenze di quel periodo, così come è accaduto nell'arte di altri tempi e così come accade anche oggi.

Gruppo H: Vetri lavorati a giorno

I vetri del Gruppo H hanno in comune una sola caratteristica, cioè che il loro corpo e/o la loro decorazione sono realizzati in parte o prevalentemente con lavorazione a giorno.

Coppe a gabbia

Così i primi sei esemplari (le coppe a gabbia, nn. 134-139) sono stati intagliati da una forma grezza dalle pareti molto spesse in modo che la loro decorazione, sia che si presenti come una rete (nn. 134-136) o come un disegno figurato (nn. 137-139), risulti staccata dal corpo principale del vaso al quale rimane connessa solo con piccoli "ponti" nascosti dietro la decorazione in punti strategici.
Tutti e sei questi recipienti, eccetto la coppa della collezione Constable Maxwell (n. 136), erano già noti perché io potessi includerli nel saggio del 1959 sulla coppa di Licurgo (n. 139); redatto in collaborazione con Jocelyn Toynbee. La coppa era ricom-

---

18. Painter 1971, n. 1, fig. 1, tav. XVI.

parsa nel 1950 per merito dell'attuale Lord Rothschild nelle cui collezioni di famiglia si trovava celata da circa cento anni. Abbiamo esaminato i nn. 134 e 137-139 nel nostro studio[19], elencandoli nel Gruppo B, n. 6 e nel Gruppo A, n. 2, 10, 12. Nel mio *Addendum*, pubblicato nel 1963[20], ho potuto includere il n. 135, trovato nel 1960. La suddivisione da me proposta delle coppe a gabbia in due gruppi, A con decorazione figurata con e senza rete e iscrizioni, B con la sola decorazione a rete e con e senza iscrizioni, è basilare e mi sembra bene mantenerla, anche se altri studiosi, in particolare Doppelfeld[21], hanno tentato ulteriori sottodivisioni, specialmente per il gruppo a rete.

I dati esterni di cui disponiamo per questo tipo di recipienti nel suo complesso suggerirebbero una datazione alla fine del III o agli inizi del IV secolo, soprattutto per quelli del Gruppo B, mentre gli esemplari del Gruppo A sembrano presentare una datazione più articolata[22]. Alcuni daterebbero A8 (il bicchiere da Begram con la rappresentazione di un porto) in un periodo precedente e ci sono buone ragioni per ritenere che la situla con caccia del Tesoro di San Marco (A 3) risalga alla prima età bizantina. Non è necessario né opportuno approfondire qui questo argomento.

Esiste un altro punto di primaria importanza per il quale occorre porre particolare attenzione alla provenienza della coppa della collezione Constable Maxwell (n. 136). Questa è comparsa molti anni dopo la pubblicazione dei miei due articoli e la mia unica menzione al riguardo si trova nella premessa al Catalogo della Sotheby per la vendita della collezione Constable Maxwell nel 1979[23]. Già nell'articolo del 1963 avevo potuto includere un esemplare del Gruppo B (n. 18) da Corinto, poi pubblicato in dettaglio nel 1964 da Gladys Weinberg, insieme con un altro frammento da Atene, e da allora altri esemplari orientali sono venuti alla luce. Ma la coppa Constable Maxwell, con la sua provenienza documentata dalla zona lungo la frontiera siro-turca, modifica indiscutibilmente la mia idea originaria che nel Vicino Oriente non esistessero le coppe a gabbia. Si osservi che questo pezzo è completamente incolore, senza alcun elemento decorativo colorato, ed è inoltre una delle poche coppe a gabbia più larghe che alte. Non voglio fare qui altre valutazioni in merito; altri le faranno, quando, come è prevedibile, altri esemplari orientali verranno alla luce[24].

Altri recipienti lavorati a giorno

I due pezzi successivi (nn. 140-141) sono particolari per il loro corpo di tipo "tubolare". Fremersdorf[25] li ha esaminati entrambi nel 1931 in un articolo intitolato *Der römische Guttrolf*. *Guttrolf* non è un vocabolo di origine germanica ma è stato adottato nella letteratura archeologica tedesca, derivandolo dal latino *gutturnium*, per indicare una bottiglia dalla quale il liquido fuoriesce goccia a goccia. Il tipo *Guttrolf* comprende forme diverse; la sua caratteristica principale è costituita dall'apertura molto stretta del collo che determina la lenta fuoriuscita del contenuto. Abbiamo già trovato ampolle contagocce tra i recipienti con decorazione serpentiforme del Gruppo E (nn. 62-65) dove la base del collo è strozzata in modo molto netto, in base allo stesso principio che ha determinato la produzione dei nn. 140-141. In entrambi i recipienti i lati sono stati in parte uniti per pressione, successivamente l'artigiano ha delineato un'incisione lungo la parte sigillata e l'ha eliminata con un colpo netto. Nel n. 141 una "colonna" di vetro

---

19. V. Harden e Toynbee 1959.
20. Harden 1963; la coppa di Colonia è elencata nel Gruppo B, n. 14.
21. Cfr. Doppelfeld 1960-1961, e Id. 1961.
22. Cfr. Harden, "Anglo-Saxon and Later Medieval Glass in Britain, some Recent Developments", *Medieval Archaeology* 22 (1978), 1-24, spec. 6.
23. *Constable Maxwell* 1979, 11 (breve cenno nel mio *Foreword*) e 38-41 (descrizione dettagliata del pezzo).
24. Ho appreso, mentre scrivo questa introduzione, che un altro esemplare, che si dice provenire dal Vicino Oriente, si trova attualmente negli Stati Uniti (ed è stato ora acquistato dal Corning Museum of Glass).
25. Fremersdorf 1931b, coll. 131-152.

era stata originariamente lasciata al centro del corpo, là dove le parti pressate dei quattro "tubi" esterni si incontrano, e poi staccata. La stessa cosa avviene per due altri esemplari contemporanei medio-romani[26], anche se nei contagocce tardo-romani delle officine della Gallia settentrionale le parti pressate venivano lasciate al loro posto[27]. Da notare come alle due estremità di ogni "colonna" o tubo del n. 141 vi siano coppie di conchiglie bivalve, simili a farfalle con le ali spiegate.

I due pezzi successivi (nn. 142-143) sono calici a stelo di forma usuale, ma decorati a giorno con un motivo elaborato realizzato con strisce di vetro. Sul n. 142 questa decorazione a giorno consiste in strisce verticali decorate con conchiglie a stampo alternate ad altre con dentellature o di altro tipo. Il Kantharos Disch n. 143 presenta la parte inferiore del corpo conservata racchiusa in una rete molto elaborata, composta di un grosso filamento, completamente staccata dal corpo. La forma del recipiente era originariamente la stessa del calice n. 142, la parte superiore perduta era alta almeno cinque centimetri. Il vaso, oltre a questo lavoro a giorno esterno, ha la superficie decorata a foglia d'oro con incisioni che rappresentano tre eroti, di cui uno seduto su una roccia e avvicinato dagli altri due, in un campo o in un giardino fiorito. Il recipiente è provvisto anche di due anse verticali con conchiglie, applicate all'orlo attuale e al fondo, realizzate con filamenti in modo molto elaborato.

I tre pezzi nn. 141-143 hanno in comune la decorazione a conchiglie e sono perciò presumibilmente databili nello stesso periodo, forse la fine del III o gli inizi del IV secolo. Il n. 144 è un bicchiere incolore con tre fasce orizzontali di pesci applicati a rilievo, come se nuotassero, e con due crostacei sul fondo a formare il piede del vaso. Il labbro è svasato come la maggior parte di quelli conservati delle "coppe a gabbia" ed è importante notare che i pesci sono applicati a giorno, come i pesci e le chiocciole sulla ben nota coppa da Szekszárd, ora nel Museo Storico di Budapest[28].

Bicchieri a proboscide tardo-romani

Gli ultimi due recipienti del Gruppo H prefigurano e anticipano la ben nota serie di bicchieri a proboscide (*Rüsselbecher*) della prima età teutonica, presenti sia in Inghilterra sia in Europa. Il n. 145, con tutta probabilità della seconda metà del IV secolo, è a due colori; il recipiente principale e le proboscidi sono di vetro incolore con sfumatura verdastra cupa, mentre sono in vetro blu scuro le aggiunte che sulla parte alta della fila superiore di proboscidi rappresentano bocche spalancate di delfini con coppie di ali pinzate più in basso, alla base della medesima fila di proboscidi. Dato che le proboscidi della fila superiore sono allineate e si sovrappongono a quelle della fila inferiore, non sarebbe stato possibile mettere delle bocche blu di delfino anche sulle file inferiori. Sembrerebbe perciò che le ali a tenaglia siano state usate in alternativa, dato che non aveva molta importanza dove venivano collocate, semplicemente per dare un senso di simmetria. Questo pezzo ha le proboscidi cave, senza filamenti aggiunti. Deve essere stato un pezzo sperimentale precursore della ben definita forma del bicchiere a proboscide qui rappresentato dal n. 146.

Quest'ultimo pezzo, n. 146, ben noto ed a lungo discusso come prototipo dei bicchieri a proboscide, proviene dalla necropoli anglosassone di Mucking, vicino a Thurrock nell'Essex[29]. Benché sia stato rinvenuto in una tomba insieme con spille databili dagli inizi alla metà del VI secolo, non è possibile che appartenga allo stesso periodo e deve trattarsi di un oggetto di famiglia risalente ad almeno un secolo prima. Il suo orlo a spi-

---

26. *Ibid.*, figg. 9 e 11.
27. *Ibid.*, figg. 4 e 8.
28. Harden e Toynbee 1959, 204, n. A 14, tav. 107 a-c.
29. Si veda Harden 1978.

golo vivo, arrotondato mediante molatura, il filamento a zig-zag intorno alla spalla, l'alto piede con orlo arrotondato applicato alla coppa da un altro "paraison" e le proboscidi allineate una sopra l'altra, anziché alternate, sono tutti elementi completamente assenti nei tipici bicchieri a proboscide anglosassoni, e si collocherebbero meglio alla fine del IV o nei primissimi anni del V secolo d.C. Questo pezzo può essere più tardo, ma non di molto, del n. 145.

Terminano così le nostre considerazioni sui vetri del Gruppo H con un breve cenno all'età teutonica, così come, nella introduzione generale, abbiamo dato un rapido sguardo ai molti predecessori del vetro imperiale romano.

D.B.H.

99

Coppa biansata

Seconda metà del III secolo d.C. Rinvenuta a Colonia-Lindenthal nel 1968 all'esterno del sarcofago n. 1 in un cimitero familiare romano, a circa 1,7 km a sud-ovest della città romana. RGM 68.59.16.

Altezza cm 7,8; larghezza con le anse cm 20,6.

Vetro incolore, colato in uno stampo e intagliato a rilievo. Coppa: orlo con doppio profilo; parete cilindrica, dritta; piede conico. Decorazione: su entrambe le facce, separate dalle anse, un meandro formato da un tralcio di vite; al centro una grossa foglia di vite a cinque punte con altre foglie più piccole e un piccolo grappolo; ramoscelli intrecciati si trovano sotto le prese orizzontali delle anse; all'interno del piede sull'orlo un motivo diverso e al centro una piccola rosetta a stella con otto punte. Fratturato e restaurato; lacune reintegrate nella parete, nel fondo, e in un'ansa.

Le prime forme di queste coppe lavorate in metalli preziosi risalgono all'età ellenistica ed ebbero larga diffusione; dall'inizio dell'impero romano fino alla tarda antichità si trovano, con solo lievi differenze, in metallo, pietra dura, vetro e ceramica. La sepoltura femminile in cui è stata trovata questa coppa può essere datata all'inizio della seconda metà del III secolo d.C. in base alla cronologia relativa del ricco contesto. La coppa può essere confrontata con un altro esemplare da Brühl, Renania, depositato in una tomba del 270-280 circa (Haberey 1962, 406). La forma e la tecnica di queste coppe sembrano continuare nel IV secolo, come dimostrano due reperti da Zülpich-Enzen, Renania, che presentano l'iscrizione greca "sii fortunato" (Heimberg 1980, 129-130, fig. 178, 1a). Una coppa biansata con decorazione simile è stata trovata in un sarcofago dell'ultimo quarto del III secolo d.C. in una villa a Rheinbach-Flerzheim, Renania (Follmann-Schulz 1986, 22-24).

H.H.

Bibl.: La Baume e Nuber 1971, 80, fig. 4.16; Price 1983, 209, fig. 172; Noelke 1984, 381, 407, 418, figg. 2, 3, 5.

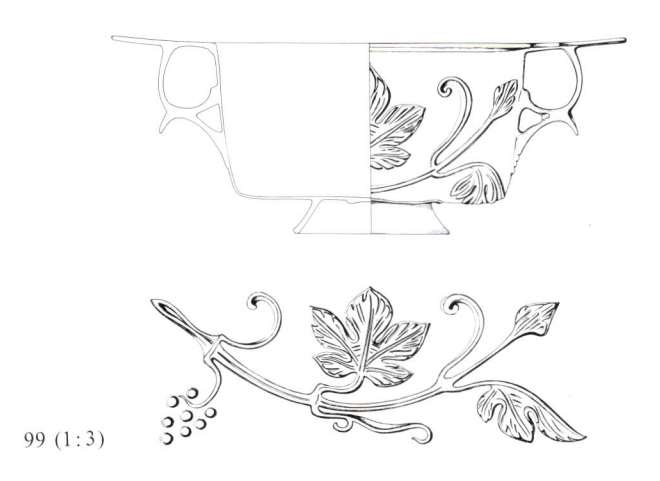

99 (1:3)

100

Bicchiere con decorazione vegetale

Seconda metà del I secolo d.C. Rinvenuto a Roma nel 1882 sull'Esquilino (zona I, isolato XIX tra le vie Conte Verde, Cairoli, Emanuele Filiberto e piazza Vittorio). Roma, Antiquarium Comunale, inv. n. 279.

Altezza cm 11,3; diametro della bocca cm 8,3; diametro del piede cm 4,7; spessore della parete cm 0,2 circa.

Vetro incolore con sfumatura verdina. Fuso; tagliato alla ruota; molato e levigato. Bicchiere troncoconico; orlo leggermente obliquo, tagliato e levigato, sottolineato esternamente da una sottile nervatura a sezione semicilindrica; parete dritta che si restringe verso il basso; piede ad anello svasato. La parete è decorata ad alto rilievo (cm 0,5-0,2) da due tralci continui: uno di edera con quattro foglie (ne rimangono due complete e parte dello stelo delle altre) e uno di una pianta di incerta identificazione (rimangono il tratto terminale dello stelo principale, tre foglie e un frutto) con foglie dai margini seghettati ed una bacca sferica con un piccolo intacco. Rotto in quattro frammenti e ricomposto. Le parti mancanti dell'orlo e della parete e del piede sono reintegrate con materiale plastico.

Il secondo tralcio potrebbe essere di corbezzolo, ma la bacca ha margini troppo netti, o di un alloro, ma la bacca è troppo sferica. Le venature di tutte le foglie sono rese con profondi solchi intagliati, lo spigolo delle foglie d'edera è vivo, più morbido e arrotondato quello della bacca, reso mediante piccoli intagli quello dell'altro tipo di foglia. La forma del bicchiere (Isings 1957, forma 21; Oliver 1984), pur con alcune sensibili differenze nelle proporzioni e nel disegno del piede, è quella dei bicchieri troncoconici con decorazione a sfaccettature, dipinta, incisa ed applicata a caldo, la cui produzione (attribuita ad Alessandria) si colloca tra la fine del I secolo d.C. e gli inizi del III.

La decorazione a rilievo con tralci vegetali si riallaccia a quella dei lussuosi vasi d'argento di età precedente e soprattutto a quelli in pietra dura dei quali gli esemplari in vetro costituiscono una più economica imitazione (Gasparri 1979, coppa in cristallo di rocca nel Museo Nazionale di Napoli; Hackin 1954, un esemplare da Begram forse prodotto ad Alessandria).

Un frammento di vetro con una decorazione simile eseguita con la stessa tecnica rinvenuto a Fishbourne in uno strato databile tra il 75 e il 100 d.C. consente di precisare meglio la cronologia di questi bicchieri (Harden e Price 1971, 333-336, n. 30, fig. 138, tav. XXVI). Simile è un bicchiere rinvenuto con materiale del I secolo d.C. nel Museo Nazionale Slovacco (Kraskovská 1981, 12, fig. 1); altri confronti dello stesso periodo vengono da Begram (Harden e Price 1971, 333). Ancora nel III secolo d.C. recipienti di forma diversa rinvenuti in Germania presentano un'analoga decorazione (Harden e Price 1971, 333; Goethert-Polascheck 1977, 47, n. 144, tav. 15, n. 177a).

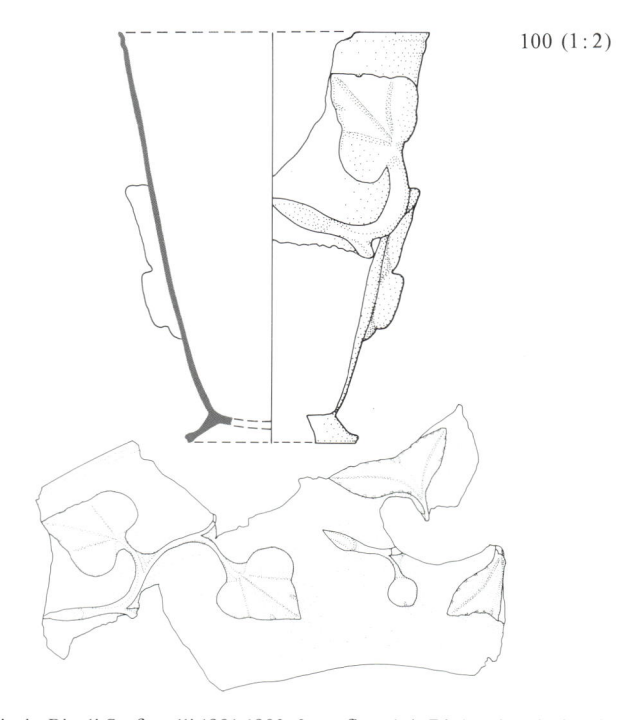

L.P.B.S.

Bibl.: Pirzio Biroli Stefanelli 1981-1983, 3 ss., figg. 1-4; Righetti e Pirzio Biroli Stefanelli 1981-1983, 153, fig. 1; von Saldern 1985, 33, n. 8.

101 (1:2)

101

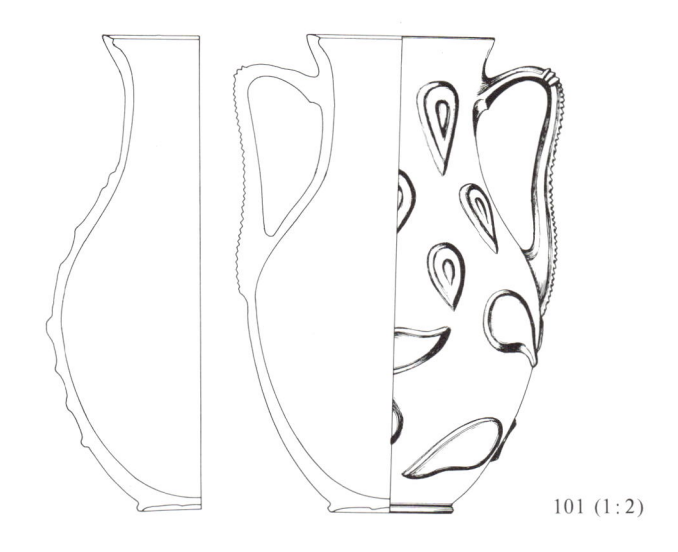

Brocca biansata

Presumibilmente seconda metà del I secolo d.C. Rinvenuta a Colonia, Bonner Straße. Già nelle collezioni Trautvetter e Merkens, di Colonia; vendita Lempertz (87/1905). Acquistata nel 1905. RGM Glas 967.

Altezza cm 13,3; diametro cm 8.

Vetro incolore. Soffiata in uno stampo a formare un blocco spesso e poi tagliata. Brocca biansata; orlo molato; labbro svasato; corpo piriforme; piede ad anello e ansa a forma di orecchio tagliati insieme con il vaso. Il corpo è decorato con motivi a mandorla o lanceolati (boccioli?) intagliati a rilievo; l'ansa presenta un intaglio a tacche sulla superficie esterna. Un'ansa di restauro, una lacuna dell'orlo reintegrata. Tracce della molatura sono ancora ben visibili.

Il recipiente a forma di anfora biansata appartiene a un gruppo di vetri con decorazione intagliata a rilievo (von Saldern 1985, 27-42). La tecnica dell'intaglio ad alto rilievo, già ben sviluppata in età achemenide ed ellenistica per oggetti di lusso in vetro, è stata presto adottata dalle botteghe italiche ed ha avuto un primo periodo di fioritura nel I secolo. In Renania è stata applicata nel II secolo e si è protratta fino al IV.

Questo testimoniano i nuovi reperti sempre più numerosi (cfr. n. 99 e la documentazione ivi citata; cfr. anche un bicchiere quadrangolare da Treviri, Goethert-Polaschek 1977, 47, n. 144, 303, tav. 15, tomba 170, 36).   H.H.

Bibl.: *Lempertz Auktion* 1905, 87, n. 1601, tav. 29; Kisa 1908, 277, 639, fig. 138; Fremersdorf 1952b, 79, tav. 18,2; Doppelfeld 1966, 62, tav. 45; Fremersdorf 1967, 66-67, tav. 29; von Saldern 1985, 27-29, n. 2.

102

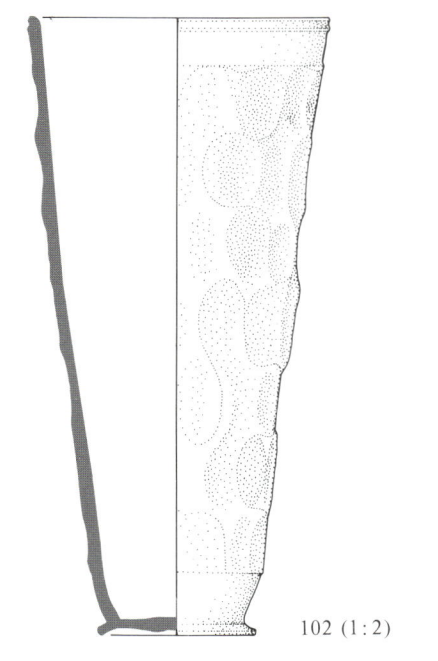

Bicchiere sfaccettato

Seconda metà del I secolo d.C. (ma prima del 79 d.C.). Da Pompei. Acquistato dal conte Del Balzo nel 1858. Napoli, Museo Archeologico Nazionale, inv. n. 12250.

Altezza cm 17.

Vetro lattimo di colore bianco opalescente. Soffiato e poi intagliato e levigato al tornio. Decorazione intagliata alla ruota sulla superficie esterna. Bicchiere conico su piede ad anello espanso con incisione circolare centrale sul fondo esterno lievemente convesso. Sulla parete decorazione sfaccettata a onda ricorrente in rilievo compresa tra due costolature orizzontali. Labbro verticale delimitato da risega. Orlo lievemente rientrante. Lievemente lacunoso; rare incrostazioni e iridescenze.

Questo bicchiere presenta un tipo di decorazione a sfaccettature concave che non costituiscono un reticolo continuo quanto piuttosto una sorta di rilievo ad andamento curvilineo che si inarca sull'intera parete con un effetto di chiaroscuro irregolare, accentuato anche dalla qualità e dal colore del vetro adoperato.
Scarsamente presente tra i vetri della collezione del Museo di Napoli, peraltro assai ricca e varia, un'analoga decorazione compare anche su una bassa coppa apoda a profilo fortemente svasato in vetro della stessa qualità e colorazione, nonché su una piccola bottiglia a ventre cilindrico, spalla marcata ed alto collo svasato sempre in vetro lattimo, sulla quale però il tessuto decorativo appare già più serrato e continuo a sfaccettature regolari, privo quindi della caratteristica curvatura serpeggiante.
Questo tipo di bicchiere si può considerare appartenente alla forma I della classificazione di Ekholm. Egli la considera, infatti, tenendo presente la cronologia pompeiana, la prima espressione morfologica che si articola poi nei tipi a trama alveolare continua, ad ovali e rombi concavi e ad ovali sfaccettati, con la variante interna del profilo che da alto e conico si avvia a diventare più basso e svasato, quasi troncoconico (Ekholm 1936, 64). Il confronto con i due frammenti da Vindonissa e l'analisi svolta da Berger (1960, 68) trova conferma nella scarsità di esemplari di questo tipo dall'area vesuviana; ciò potrebbe essere ascritto con ogni probabilità alla diffusione relativamente piuttosto tarda di questa tecnica decorativa non di tradizione locale, limitata quindi ad esemplari sporadici.
D'altra parte questo bicchiere risulta essere stato acquistato dal Museo di Napoli insieme con altri sei oggetti in vetro con caratteristiche tecniche e morfologiche del tutto diverse che non costituiscono un contesto omogeneo dal punto di vista cronologico né da quello topografico.   C.Z.

Bibl.: Ekholm 1936, 64, fig. 1; Ekholm 1956, 48; Berger 1960, 68, tav. II, forma I; Norling-Christensen 1968, variante I, 412-414, figg. 1-3.

102 (1:2)

103

Brocca a faccette

Seconda metà del I secolo d.C. Luogo di rinvenimento sconosciuto. Già nella collezione Temple. BM GR 1856.12-26.1203.

Altezza cm 12; diametro cm 7,7.

Vetro incolore. Soffiato, intagliato e molato; ansa attaccata da un bastoncino separato e tagliato. Corpo piriforme; modanatura lungo l'orlo che forma uno scalino che potrebbe essere il punto di appoggio di un tappo; il piede presenta un largo solco lungo l'orlo esterno, un anello di base integrale e un disco centrale sporgente. Il corpo è tutto decorato con quattordici file di faccette esagonali tagliate alla ruota, fatta eccezione per la parte interna della curva dell'ansa. Ansa applicata a metà del corpo; un lungo solco per tutta la lunghezza, delimitato da un taglio orizzontale in alto e due paralleli in basso. Intatta. Leggera iridescenza e macchie all'interno. Alcune bolle a punta di spillo.

Questa forma veniva prodotta in vetro (von Saldern 1974, 183-184, n. 507) e in ceramica: si veda ad esempio una brocca a vernice rossa africana (BM GR 1972.9-27.1) datata 200-250 d.C. (Hayes 1972, 193-195, forma 171, tav. VIII).

K.S.P./C.S.L.

Inedito.

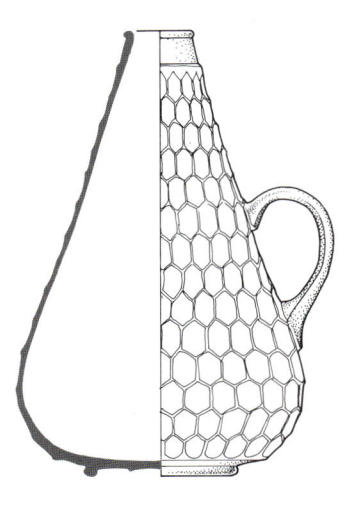

103 (1:2)

104

Coppa sfaccettata

Seconda metà del I secolo d.C. Da Barnwell, Cambridgeshire, Inghilterra. Rinvenuta in un sepolcreto con una brocca (PRB 1868.5-1.254, *Masterpieces* 1968, 59, n. 73). Lascito di Felix Slade. BM PRB 1868.5-1.171.

Altezza cm 9; diametro cm 9,7.

Vetro incolore con sfumatura verdina. Soffiato; intagliato e levigato al tornio; decorazione intagliata alla ruota sulla superficie esterna; abbondante uso della mola nella superficie interna. Orlo svasato con modanatura lungo l'orlo; pareti leggermente a S; piede ad anello svasato con la parte inferiore concava. Sul corpo, tra due linee sporgenti, sei file di sfaccettature esagonali; arrotondate quelle della prima e dell'ultima fila; una piccola sfaccettatura a U ogni due nella fila superiore; sfaccettatura circolare al centro dell'anello di base. Intatto, piede sbeccato. Nessuna iridescenza; alcuni graffi; superficie esterna opacizzata. Alcune bolle a punta di spillo.

K.S.P.

Bibl.: *Slade Catalogue* 1871, 28-29, n. 171, fig. 138; Harden 1936, 139, n. 1; Berger 1960, 73; Clairmont 1963, 60, n. 141; Brailsford 1964, 42, tav. XI; Harden 1970, 61-62, tav. XI b; Price 1976, 123, fig. 219; von Saldern 1980, 15-16, n. 63; Grose 1984b, 28; Oliver 1984, 47, n. 10, fig. 2.

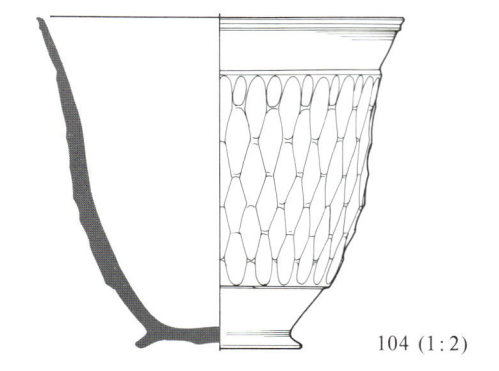

104 (1:2)

105

Bicchiere sfaccettato

Seconda metà del I secolo d.C. Luogo di rinvenimento sconosciuto, ma acquistato in Libano. Già nella collezione Ray Winfield Smith. CMG 59.1.129.

Altezza cm 14,8; diametro dell'orlo cm 7,9; diametro del piede cm 3,7.

Vetro incolore con sfumatura verdina. Soffiato e intagliato. Bicchiere conico slanciato; orlo con modanatura, appiattito mediante molatura; parete dritta svasata, leggermente curva verso il fondo; piede svasato, cavo ma con una leggera bugna sotto. Sulla parete, sotto la fascia liscia dell'orlo e sopra il piede, undici file di sfaccettature per lo più a forma di rombo disposte a quinconce; nella fila superiore e in quella inferiore sono arrotondate; tra le sfaccettature della fila superiore sono inseriti piccoli motivi a U. Intatto tranne che per parte dell'orlo rotto e restaurato. Sulla superficie interna macchie di alterazione marrone chiaro; leggera smerigliatura ed iridescenza. Poche bolle.

Per l'analisi di forme simili vedi Isings (1957, 37-38, forma 21), Norling-Christensen (1968, variante 2, 414-419, figg. 4-8) e Oliver (1984, 48-52, gruppo II, forma alta, nn. 19-45).

D.B.W.

Bibl.: *Glass from the Ancient World* 1957, 177, n. 357; Oliver 1984, 49, n. 30.

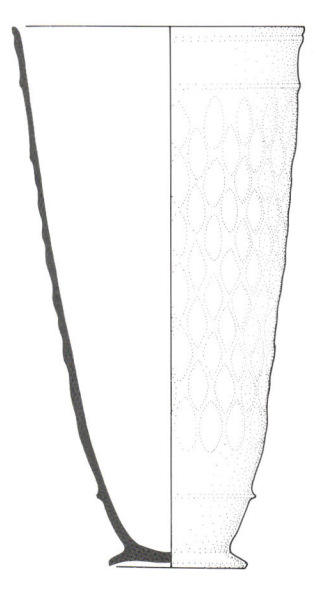

105 (1:2)

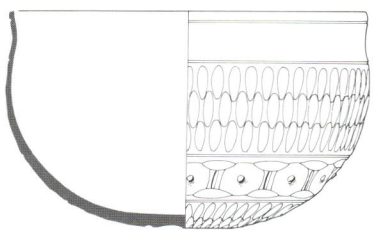

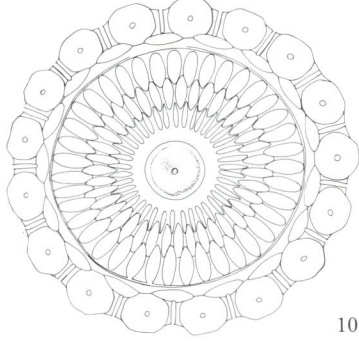

106

Coppa sfaccettata

Seconda metà del II secolo d.C. Da una tomba a Leuna, Kreis Merseburg, Bezirk Halle, Repubblica democratica tedesca. Rinvenuta nel 1834 con altri oggetti (MLA 1868.5-1.320, n. 107 del catalogo; MLA 1867.7-1 a 20). Lascito testamentario di Felix Slade, 1868. BM MLA 1868.5-1.321.

Altezza cm 8,7; diametro dell'orlo cm 14,2; diametro del corpo cm 14,5.

Vetro incolore. Soffiato; orlo tagliato e levigato; superficie esterna tagliata al tornio e alla ruota. Coppa emisferica, labbro verticale con una piccola strozzatura alla base; parete convessa in un'unica curva fino al centro del fondo. Le pareti sono divise in quattro zone orizzontali da solchi incisi alla ruota: a) una fascia liscia; b) tre file di sfaccettature arrotondate verticali; c) cerchi intagliati profondamente con protuberanza centrale, intervallati da intagli verticali con sfaccettature orizzontali alle due estremità; d) tre file di sfaccettature che diventano più fitte verso il fondo. Sul fondo, all'interno di un cerchio intagliato profondamente, una protuberanza centrale con una borchia a rilievo infossata. Intatta, numerose fessure interne dovute a pressione. Inizio di iridescenza sulla superficie interna; superficie esterna opacizzata e con butterature; chiazze di iridescenza e scaglie all'interno degli intagli. Molte bolle.

La coppa è probabilmente un prodotto della Renania. Esistono imitazioni in argento di questi vetri intagliati di alta qualità: due esemplari sono stati trovati proprio a Leuna (Oliver 1977, 169, n. 155). Il sepolcreto di Leuna è stato in uso, come numerosi altri sepolcreti della Germania centrale, per varie generazioni tra la fine del III e gli inizi del IV secolo e presenta tombe con ricchi corredi. In gran parte questi corredi sono costituiti da oggetti di importazione, che venivano acquistati dalle varie officine delle province romane.

K.S.P.

Bibl.: *Slade Catalogue* 1871, 58-59, n. 321; Smith 1923, 157-158; Kruger 1929, 104, fig. 4b; Fremersdorf 1951, 31; Eggers 1951, p. 180, Beilage 97, tipo 216, n. 1535, pianta 57; Schulz 1953, 61, tav. 34; Isings 1957, 116; Clairmont 1963, 67, nota 164; Fremersdorf 1967, I, 93, II, tav. 77; *Masterpieces* 1968, 80, n. 103; Schüler e Schüler 1970, 127, 129-130.

107

Coppa con Artemide e Atteone

Seconda metà del II secolo d.C. Rinvenuta nel 1834 in una tomba a Leuna, Kreis Merseburg, Bezirk Halle, Repubblica democratica tedesca, con altri oggetti: MLA 1868.5-1.321 (n. 106); MLA 1867.7-1 a 20. Lascito testamentario di Felix Slade, 1868. BM MLA 1868.5-1.320.

Altezza cm 6,3; diametro cm 12.

Vetro incolore. Soffiato; orlo molato; superficie esterna tagliata alla ruota e incisa. Coppa emisferica con labbro a collare. Sotto l'orlo all'interno di due solchi orizzontali intagliati alla ruota una serie di spirali incise a mano libera; tutto il corpo della coppa è decorato con una scena figurata resa con intagli a sfaccettature e con particolari incisi; in lettere greche retrograde sono scritti i nomi AKTAIΩN e APTEMIC; al centro, all'interno di un arco formato da una doppia fila di sfaccettature allungate con incisioni secondarie, è rappresentata la figura di Artemide in ginocchio verso sinistra, la testa di profilo verso destra; intorno al capo un nimbo; capelli tirati indietro con quattro riccioli sulla sommità del capo; coppie di braccialetti sulle braccia e sull'avambraccia; nella mano destra una grande brocca; alla sua sinistra la parte anteriore di un cane rivolto a sinistra, ma con la testa voltata all'indietro con lo sguardo verso l'alto; sopra, la parte terminale di rami con foglie e, in alto al centro, i nomi incisi; all'esterno dell'arco sfaccettato, a sinistra, un altro ramo con foglie si allunga sulla parete della coppa sopra la scena; a destra, all'altezza del cane, la parte anteriore di un cervo con le corna, rivolto a destra ma con la testa verso sinistra. Sopra il cervo Atteone, testa di profilo a sinistra, le corna che spuntano dal suo capo ricciuto, il braccio sinistro sollevato sopra il capo; solo una parte del busto e il fianco sinistro sono visibili, il resto del corpo è nascosto dall'arco; in basso, una doppia linea di base con varie incisioni e intagli alla ruota che rappresentano la superficie di uno stagno; la testa di Atteone, di profilo verso destra, si riflette nell'acqua quasi in posizione diametralmente opposta alla figura sulla superficie superiore della coppa. Intatta; frattura dell'orlo restaurata; fessure interne dovute a pressione. Inizio di iridescenza all'interno, parte della superficie presso l'orlo con profonde butterature; superficie esterna con macchie brune e profondi graffi. Molte bolle.

Ovidio nelle *Metamorfosi* (III, 138-252) racconta che Atteone sorprese la dea Artemide mentre si bagnava, che essa lo punì trasformandolo in un cervo ed egli fu poi divorato dai suoi stessi cani. Il mito è rappresentato, nell'arte classica, in vari modi (Guimond in *LIMC*, I, 1: 454-469): in questo caso l'intagliatore illustra le fasi iniziali del mito, il bagno di Artemide e la trasformazione di Atteone. Le scene della morte di Atteone sono invece illustrate sui frammenti di un'altra coppa di vetro rinvenuta a Dura Europos sull'Eufrate (Clairmont 1963, 57-59, n. 235, tav. XXIV). Le coppe di Leuna e di Dura sono complementari e probabilmente opera dello stesso artigiano, forse da usare in coppia. Gli unici altri frammenti in vetro con il mito di Diana e Atteone, da Castlesteads e dall'isola di Wight, sono troppo piccoli per consentire una ricostruzione delle scene. La produzione di queste coppe deve attribuirsi al II secolo d.C., ma questo non contraddice la datazione della sepoltura nella seconda metà del III secolo. Una differenza di un centinaio di anni tra la data di produzione e di seppellimento può certamente essere accettata per questi oggetti di così pregevole fattura.

Bisogna inoltre ricordare che la decorazione doveva essere vista dall'interno del vaso e questo spiega perché le iscrizioni siano incise a rovescio sulla superficie esterna. K.S.P.

Bibl.: Forster 1886, col. 116, n. 24; *Slade Catalogue* 1871, 57-58, n. 320, figg. 74-75; aus'm Weerth 1878, 127; Mowat 1882, 290; *CIL* XIII, 10036, 80; Kisa 1908, parte I, 253, parte II, 660; Smith 1923, 157-158; Kruger 1929, 103-106, figg. 4a e 5; Harden 1933, 425, tav. III, figg. 8a e b; Schulz e Zahn 1933, 50, n. 17; Harden 1936, 101; Fremersdorf 1951, 5, n. 5, 28, 31, tav. 2:2, 3; Eggers 1951, 180, Beilage 197, tipo 215, n. 1535, carta 57, tav. 15, n. 215; Schulz 1953, 61, tav. 33:2 e 34:2; Isings 1957, 115; Clairmont 1963, 57-59; Fremersdorf 1967, I, 146, II, tavv. 187-189; *Masterpieces* 1968, 70-71, n. 94, tav. 94; Harden 1969, 54-55, 73, tav. V D, E, F; Ellmers 1970, 259, tav. 19:1; Schüler e Schüler 1970, 127, 129-130, *passim*; Guimond in *LIMC* I, parte 1, 464, n. 109a, parte 2, 361, tav. 109a.

108

Coppa di Linceo

Fine del II secolo o prima parte del III d.C. Rinvenuta a Colonia. Legato testamentario (1851) del primo conservatore dello Städtisches Museum (Wallraf-Richartz Museum), Mathias Josef de Noël (1782-1849). RGM Glas 295.

Altezza cm 7,1; diametro dell'orlo cm 7,7.

Vetro incolore. Soffiato; decorazione intagliata alla ruota, con particolari aggiunti eseguiti a mano con una punta. Coppa emisferica senza piede con labbro leggermente piegato verso l'esterno. Decorazione: sotto il labbro fascia, compresa tra due linee parallele, decorata con un motivo ad onda eseguito a mano libera; sotto, sulla superficie esterna, una scena figurata con la rappresentazione di un episodio della leggenda di Linceo, da leggersi dall'esterno: A) Ipermnestra, identificata tramite l'iscrizione in greco sulla destra del suo volto, in movimento di profilo verso destra con il busto flesso in avanti, capelli a grandi onde, grandi orecchini, il braccio sinistro, con braccialetti sull'avambraccio, teso verso Linceo, il destro, anch'esso coperto con braccialetti, con una spada tenuta in verticale nella mano, indossa una corta tunica decorata con piccoli cerchi la cui parte superiore si gonfia dietro a lei e un abito lungo fino alle caviglie con un largo bordo decorato realizzato con intagli verticali e arricchito da graffi diagonali; B) Linceo, identificato dall'iscrizione greca alla sinistra del suo volto, in movimento di tre quarti di profilo verso destra, con lo sguardo rivolto di profilo a sinistra verso Ipermnestra, una ghirlanda nuziale sui capelli, il braccio destro sollevato per difendersi dalla donna, il sinistro alzato verso Pothos che si trova sulla destra; il busto apparentemente nudo, malgrado si intraveda parte di un abito o di un mantello tra le gambe tese e in parte sospeso al polso sinistro; C) Pothos (Desiderio, o Amore), identificato dall'iscrizione in greco in alto a sinistra presso il volto, alato, muove di tre quarti verso sinistra con lo sguardo rivolto a Linceo, il braccio sinistro flesso, busto nudo, le gambe aperte in movimento; porta ad un'anta e parte dell'architrave con una tenda raccolta in un angolo e un oggetto sospeso; gli spazi vuoti sono riempiti con gruppi di quattro, cinque, sei o sette intagli. Frammentata e restaurata; alcune lacune reintegrate. Molte fessure per pressione.

È rappresentato un episodio della storia di Ipermnestra e Linceo. Ipermnestra era una delle cinquanta figlie di Danao che avevano ricevuto l'ordine paterno di uccidere i loro mariti durante la prima notte di nozze. Solo Ipermnestra non obbedì all'ordine: al momento di ucciderlo fu raggiunta da Pothos (Amore – Desiderio) che la fece innamorare di lui, cambiare idea, e seguire Linceo nella camera nuziale, qui rappresentata dalla porta. Non è chiaro se Linceo stia difendendosi da Ipermnestra e la sua spada o la stia conducendo verso il talamo; la palma rappresentata tra le due figure suggerisce che la vittoria di Amore sia già avvenuta.

108 (1:2)

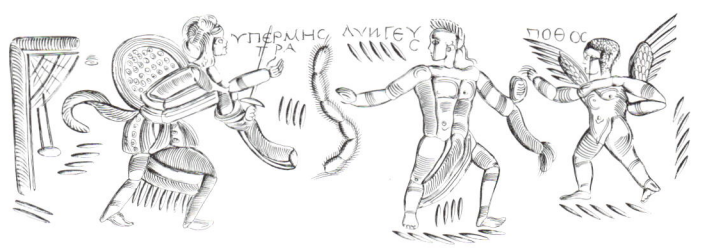

L'esecuzione della decorazione necessitava ovviamente di strumenti diversi per intagliare e incidere il vetro. La profondità dei corpi delle figure, in particolare, è stata resa con sfaccettature profonde intagliate e con l'aggiunta, mediante uno strumento a punta, dei particolari. Il fatto che alcuni dettagli siano sovrapposti ad altri indica che le varie parti della decorazione sono state eseguite in questo ordine: fascia decorativa intorno al collo, intaglio delle figure, incisione dei nomi.
Fremersdorf ha raggruppato intorno a questa coppa un certo numero di altri vetri figurati intagliati e li attribuisce ad un'officina di Colonia del III secolo d.C. Le caratteristiche comuni alla maggior parte di questi sono: la forma emisferica; scene figurate da miti e leggende greche; i nomi iscritti in greco; tecniche di intaglio simili; luoghi di rinvenimento in Gallia, Britannia, Germania e oltre i confini dell'impero romano con una particolare concentrazione (quattro coppe emisferiche) a Colonia. La teoria di Fremersdorf fu messa in discussione da Clairmont (1963, 57-59) e Harden (1970, 54, nota 49) alla luce dei frammenti rinvenuti a Dura Europos sull'Eufrate e in Egitto. Essi infatti ritenevano che il centro di produzione andasse ricercato sulla costa del Mediterraneo orientale. Le iscrizioni in greco non provano necessariamente che l'officina non fosse in Occidente, dato che i vetrari occidentali potevano aver copiato iscrizioni e scene da modelli orientali, come avviene in altri casi. La distribuzione dei pezzi in Occidente attesta quanto questi vetri fossero apprezzati, indipendentemente dal fatto che si trattasse di copie o importazioni.

Non è ancora possibile datare con certezza questa produzione. Soltanto l'esemplare da Leuna (n. 107), che proviene da una tomba della seconda metà del II secolo, e un frammento da Dura Europos (anteriore alla distruzione della città nel 256 d.C.) ci danno una indicazione cronologica. A questi va aggiunta una coppa frammentaria, sempre dello stesso gruppo, che presenta una scena con quattro lottatori (Haberey 1961, 319-332), trovata a Bonn nella tomba di una ragazza con sei monete che vanno da Antonino Pio (138-161 d.C.) a Volusiano (251-253 d.C.; emissioni del 251-252, *RIC* 168). H.H.

Bibl.: aus'm Weerth 1882, 65-68, tav. 6; Kisa 1908, 658, figg. 246-247; Fremersdorf 1951, 2; Fremersdorf 1967, 144-145, tavv. 181-184; Doppelfeld 1966, 65-66, tav. 155; *CIL* XIII, 10025, 244.

109

Coppa con scena egizia

Inizi del III secolo d.C. Luogo di rinvenimento sconosciuto. Lascito testamentario di Felix Slade. BM GR 1868.5-1.919.

Altezza cm 8,6; diametro cm 9,9.

Vetro incolore. Soffiato e poi molato da un blocco grezzo; intaglio lineare e a sfaccettature con dettagli incisi. Orlo molato; labbro rovesciato; parete dritta curva verso il fondo; fondo appena convesso all'interno di un cerchio rilevato. Scena figurata compresa tra due linee rilevate: figura di scalpellino nuda volta di tre quarti a destra, testa di profilo, copricapo, un martello nella mano destra e un cesello nella sinistra, il braccio teso nell'atto di scolpire un pilastro diviso in tre registri, forse un nilometro; a destra un albero con grappoli di frutti o fiori sui rami; a destra una figura femminile, forse Iside, capo reclinato di profilo a sinistra, schiena all'osservatore, corpo e gambe distese verso destra, gambe coperte da un drappeggio, la gamba sinistra piegata sotto il corpo lasciando in vista solo la pianta del piede, braccio destro teso con un sonaglio nella mano, gomito sinistro poggiante su una pila di pietre, la mano sollevata regge una coppa poco profonda; a destra un edificio con timpano su un podio, facciata ad arco tra due colonne con una tenda legata in alto sopra un cancello a doppia anta; a destra un ramo con foglie si

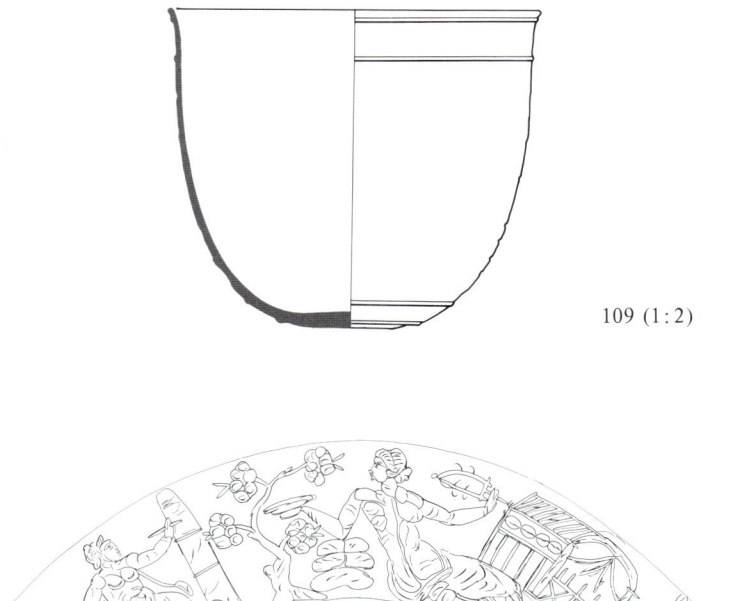

109 (1:2)

protende da dietro l'edificio verso il braccio destro della figura maschile. Intatto, una lacuna tra i piedi della figura maschile; una fessura parte dal foro fino all'orlo. Alterazione color giallo-marrone che ricopre quasi tutta la superficie interna ed esterna. Numerose piccole bolle.

La scena rappresenta la dea egizia Iside e un nilometro simbolo del fiume Nilo. L'Egitto dipendeva dal Nilo per la sua sussistenza e il miracolo dell'inondazione annuale del Nilo era attribuito alle lacrime versate da Iside; quindi la scena è un'evocazione dell'Egitto. È probabile che la coppa fosse destinata a un fedele di Iside il cui culto era particolarmente diffuso in Campania e nei dintorni di Roma, dove probabilmente la coppa è stata fabbricata. K.S.P.

Bibl.: *Slade Catalogue* 1871, 161, n. 919; Harden 1970, 55-56, fig. 4, tav. VIIA.

110

Unguentario

Seconda metà del III secolo d.C. Rinvenuta in Sudan, si ritiene dalle rovine del tempio di Maharraka, Nubia. Acquistato da Lord Garragh, che l'aveva comperato in Sudan. BM GR 1877.7-14.1.

Altezza cm 12,6; diametro dell'orlo cm 6,5; diametro del corpo cm 10,6.

Vetro incolore con sfumatura verdina. Soffiato e intagliato alla ruota. Labbro ripiegato a formare come una coppa e poi ripiegato all'interno con una strozzatura all'inizio del corto collo; corpo globulare; fondo vagamente concavo; manca il segno del pontello. Due anse a forma di delfino in posizione non perfettamente simmetrica. Dalla spalla al fondo decorazione intagliata alla ruota composta di solchi e sfaccettature: sei sfaccettature ovali e otto piccoli intagli al di sopra di un solco continuo orizzontale all'altezza della spalla; una zona contenente cinque cerchi con sfaccettatura ovale al centro (diametro cm 4,5-5), separati da una sfaccettatura circolare in alto e da una breve linea verticale in basso; fondo appiattito evidenziato da una circonferenza all'interno della quale quattro brevi segmenti orizzontali delineano un quadrato. Nessuna traccia di alterazione. Vetro con molte bolle e alcune impurità.

Unguentari di questa forma (*aryballoi*) ce ne sono anche in metallo e terracotta. Esemplari in vetro se ne sono trovati pure in Oriente – da dove proviene appunto questo pezzo – ma sono molto più comuni in Occidente. Un esemplare simile è nel Victoria and Albert Museum di Londra (Honey 1946, tav. 90; Newmann 1977, 95). Per gli esemplari occidentali v. Fremersdorf (1967, 113-114, tavv. 119-120); inoltre *Constable Maxwell* (1979, 122-123, n. 213); Dusenbery (1971, 19-20) e Hayes (1975, 33, nota 12). K.S.P./C.S.L.

Bibl.: Harden 1936, 253; *Masterpieces* 1968, 81, n. 104.

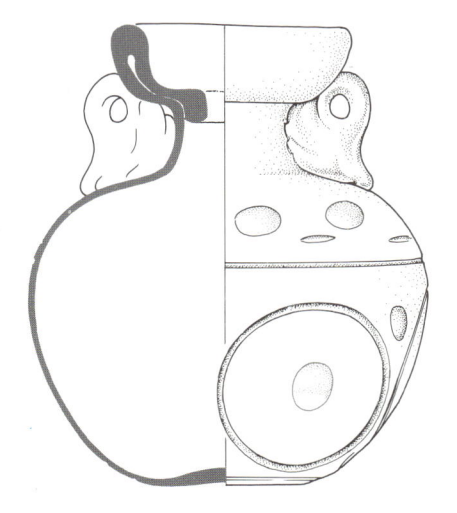

110 (1:2)

111

Bottiglia con anse a delfino

Seconda metà del III secolo d.C. Rinvenuta a Colonia, Luxemburger Straße. Già nella collezione Niessen; acquistata nel 1934. RGM N 399.

Altezza cm 30.

Vetro incolore con sfumatura verdina. Soffiata in uno stampo cilindrico. Collo cilindrico, strozzato alla base; spalla quasi piatta; corpo cilindrico con le pareti leggermente oblique; fondo piatto. Anse a forma di delfino, con foro centrale, applicate al collo e alla spalla; sul corpo, cinque fasce di linee intagliate alla ruota, due più strette in alto e in basso. Intatta. Leggera alterazione biancastra. Bolle isolate.

La bottiglia appartiene a un gruppo assai diffuso che nell'Ottocento è stato denominato delle "bottiglie a delfino" dalla forma delle anse. Questo esemplare è uno dei più grandi. La maggior parte è soffiata in stampi cilindrici o esagonali. I delfini sono ben riconoscibili sugli esemplari più antichi degli inizi del III secolo, ma nella prima parte del IV la forma delle anse sembra deformarsi. L'area di diffusione di queste bottiglie è limitata alla Renania con una palese concentrazione di reperti a Colonia, dove probabilmente esisteva un centro di produzione, ma bottiglie di forma analoga sono note anche in altre parti dell'impero romano.
Si trattava principalmente di contenitori per essenze, come dimostrano le tracce trovate sul fondo di alcune bottiglie.

H.H.

Bibl.: *Niessen* 1911, 40, n. 399, tav. 33; Doppelfeld 1966, 46-47, tav. 63; Fremersdorf e Polónyi 1984, 92, n. 204.

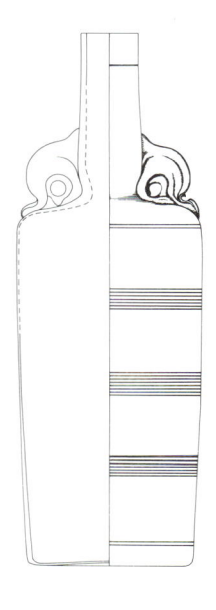

111 (1:4)

112

Coppa con iscrizione greca

Prima metà del IV secolo d.C. Rinvenuta ad *Apameia Kibotos*, nella Grande Frigia (odierna Dinar, Turchia). Donata nel 1963 da Kaufhof AG. RGM 63.1102.

Altezza cm 6,1; altezza dei caratteri cm 3; diametro cm 26,4; diametro del piede cm 12,2.

Vetro incolore con sfumatura verdina. Soffiato; decorazione abrasa alla ruota. Coppa poco profonda; orlo ispessito e arrotondato; la parete, leggermente svasata, si piega a formare un angolo quasi retto fino al fondo con basso piede ad anello, tagliato da un cilindro e applicato; manca il segno del pontello. Decorazione: sulla parete esterna del bordo è incisa la formula augurale greca H XAPIC ("Grazia") a caratteri molto distanziati; l'iscrizione è retrograda perché andava letta dall'interno; le terminazioni dei caratteri sono ben evidenziate; negli interspazi fra le lettere gruppi di trattini formano un motivo di riempimento; sulla parte inferiore obliqua della parete una fascia costituita da tratti diagonali molto ravvicinati forma un motivo a piuma; sul fondo due triangoli intrecciati compongono una stella a sei punte. Intatta. Alterazione iridescente.

È stato Harden per primo ad attirare l'attenzione sul gruppo di recipienti a cui appartiene la coppa. Si tratta di vetri tardo-romani di varie forme il cui elemento comune è costituito da un'iscrizione greca con le lettere, realizzate con coppie di trattini, abrase con la ruota sulla parete del vaso. Non soltanto i luoghi di rinvenimento di questi vetri sono molto distanti fra loro e spaziano dal bacino del Mediterraneo alle province nordoccidentali dell'impero e alla Nubia, ma anche la qualità dell'esecuzione si differenzia: non è quindi possibile pensare ad una stessa bottega. Oltre alla tecnica del doppio tratto per le lettere, vi sono altre caratteristiche comuni: le forme dei vasi si collocano prevalentemente nella fine del III e nel IV secolo. Harden ritiene che le bottiglie si possano raggruppare in base alla tecnica e alla decorazione e che fossero ideate e prodotte in Asia Minore. Se ne deduce che anche questa coppa, di cui è indicata con esattezza la provenienza, deve rientrare in questo gruppo e il suo luogo di fabbricazione va collocato nell'Asia Minore occidentale. Può darsi che le iscrizioni a doppio tratto siano originarie dell'Egitto e si siano poi diffuse in altri centri di produzione. Dopo il raggruppamento di Harden, altri vetri di questo tipo sono comparsi (Grose 1985, 23-28) che confermano l'opinione già asserita.

H.H.

Bibl.: Harden 1967-1968, 50-51, n. 15, fig. 10, tav. 10,4; La Baume 1973a, F.2, tav. 42.4; Grose 1985, 26-27, figg. 5-6.

113

Coppa da sospensione con medaglioni applicati

Prima metà del IV secolo d.C. Rinvenuta a Horrem, Renania, in una sepoltura romana a inumazione. Acquistata nel 1924. RGM 24.311.

Altezza cm 8,5-9,3; diametro cm 22,5.

Vetro trasparente verde scuro, soffiato in uno stampo, con elementi aggiunti applicati. Coppa a parete verticale con orlo tagliato e molato, fondo arrotondato; sei medaglioni, realizzati con lo stesso stampo, e tre anelli per la sospensione. Tre dei sei medaglioni sono applicati alla parete e tre al fondo e presentano una testa femminile con i capelli divisi nel mezzo e diadema sulla fronte, probabilmente una Medusa. Sulla parete, tra i medaglioni, sono applicati tre anelli, con un rampino sporgente in alto e in basso. Negli spazi tra i medaglioni e gli anelli è intagliata alla ruota una decorazione geometrica consistente in rettangoli a doppia cornice che contengono due quadrati uniti per gli angoli, due cerchi e sei ovali; all'altezza della carenatura del vaso e verso il centro del fondo sono intagliate alla ruota due circonferenze a doppio contorno; lo spazio tra le due circonferenze è diviso in sei settori, tre con medaglioni applicati, tre con cerchi intagliati separati da linee e trattini; il cerchio centrale sul fondo è diviso da linee e ovali in tre settori contenenti ciascuno tre cerchi e due

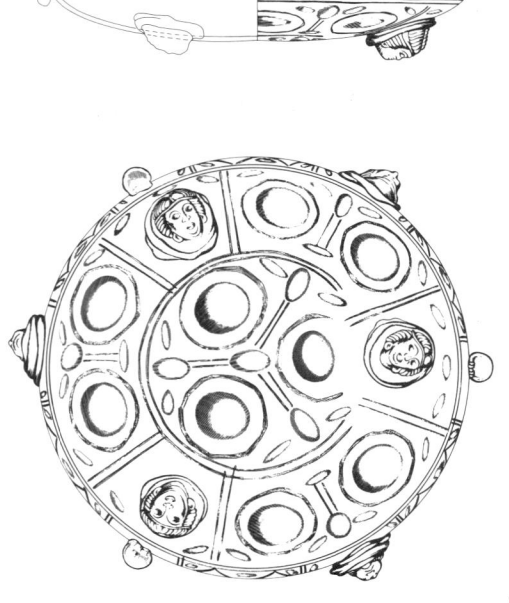

112 (1:4)

113 (1:4)

204

trattini. Frammentato e ricomposto; alcuni frammenti mancanti nei punti di giuntura.

La coppa è stata trovata con una moneta di Massimiano (286-305 d.C.) ed è perciò databile nel IV secolo, forse nella prima metà a giudicare dal tipo di intaglio e dagli elementi applicati.
Una coppa da sospensione della medesima forma ma con decorazione differente è stata trovata in una tomba a Colonia, Apostelnkloster (collezione Niessen, RGM N 6141). Gli elementi applicati sembrano prodotti dallo stesso stampo. Per quanto concerne la decorazione intagliata non sono riscontrabili differenze nella datazione.
Coppe romane da sospensione di questo tipo sono ancora poco note e la loro funzione non è certa. Forse si trattava di lampade, come sono attestate in epoca tardoromana-paleobizantina. Questa probabile utilizzazione è più evidente in un recipiente con tre anelli di sospensione e tre elementi applicati a forma di testa di leone nel Corning Museum of Glass (CMG 61.1.1; *JGS* 4, 1952, 141, fig. 14), proveniente dal bacino orientale del Mediterraneo.　　　　　　　　　　H.H.

Bibl.: Haevernick 1960, 53-56, tav. 10,2-3; Fremersdorf 1961, 69-70, tav. 139; Fremersdorf 1967, 106-107, tav. 107.

Il calice appartiene a un gruppo di vetri, dalle pareti spesse, con alcuni punti in comune: stelo con disco orizzontale, coppa con labbro svasato, anse con presa superiore e decorazione sfaccettata sul corpo. La loro forma deriva da prototipi in metallo prezioso e riproduce in un materiale meno costoso l'argenteria da tavola romana.

A partire dalla fine del III secolo sembra che questo nuovo tipo abbia avuto ampia diffusione, almeno in Renania (Isings 1957, 141; Fremersdorf 1967, 122-125, tavv. 139-145; Goethert-Polaschek 1977, 83, n. 367; Arveiller-Dulong 1985, 155-156, 272, fig. 345). La distribuzione dei reperti non consente ancora di stabilire se le coppe fossero prodotte in una o più officine romane; certamente la loro forma e decorazione poteva essere riprodotta in più botteghe: ad esempio, si è trovata la stessa forma di calice, con decorazione a goccia (Fremersdorf 1962, 36, tav. 52). Elbern (1966, 68) riteneva che la decorazione intagliata di vetri come questi servisse da modello per disegni di età alto medioevale, ma questi sono così semplici da far dubitare dell'ipotesi. In base ai reperti archeologici e allo sviluppo tipologico si può collocare il momento di massima produzione nella prima metà del IV secolo.

H.H.

Bibl.: Kisa 1908, fig 237; *Niessen* 1911, 30, n. 324, tav. 26; Elbern 1966, 67, fig. 5; Fremersdorf 1967, 123, tav. 140.

114

Coppa biansata a calice

Prima metà del IV secolo d.C. Rinvenuta a Colonia, Severinstraße. Già nella collezione Niessen; acquistata nel 1934. RGM N 324.

Altezza (del pezzo ricostruito) cm 13,3; diametro della bocca cm 11,3.

Vetro spesso incolore con lucentezza verde in alcuni punti, soffiato a canna libera, rifinito con intaglio; decorazione intagliata. Coppa biansata su piede a stelo: labbro sottile svasato, assottigliato mediante intaglio e molato; parete spessa verticale; fondo arrotondato; stelo con costolatura orizzontale mediana appiattita con le pinze; piede conico svasato, di restauro. Due anse applicate alla parte inferiore del corpo, tirate verso l'esterno e verso l'alto, piegate verso l'esterno a formare tre punte sporgenti e poi applicate alla parte mediana del corpo. Decorazione: una fila di ovali e coppie di trattini orizzontali lungo il labbro; sulle due facce un motivo decorativo intagliato alla ruota composto di due gruppi di tre esagoni continui separati da un rombo ottenuto con tratti intagliati in profondità e suddiviso all'interno in sedici piccoli rombi da quattro linee diagonali; negli spazi esterni quattro coppie di trattini diagonali.

Corpo del vaso completo; piede, perduto, di restauro. Sulla parete fessure da tensione interna. Molte bolle.

114 (1:3)

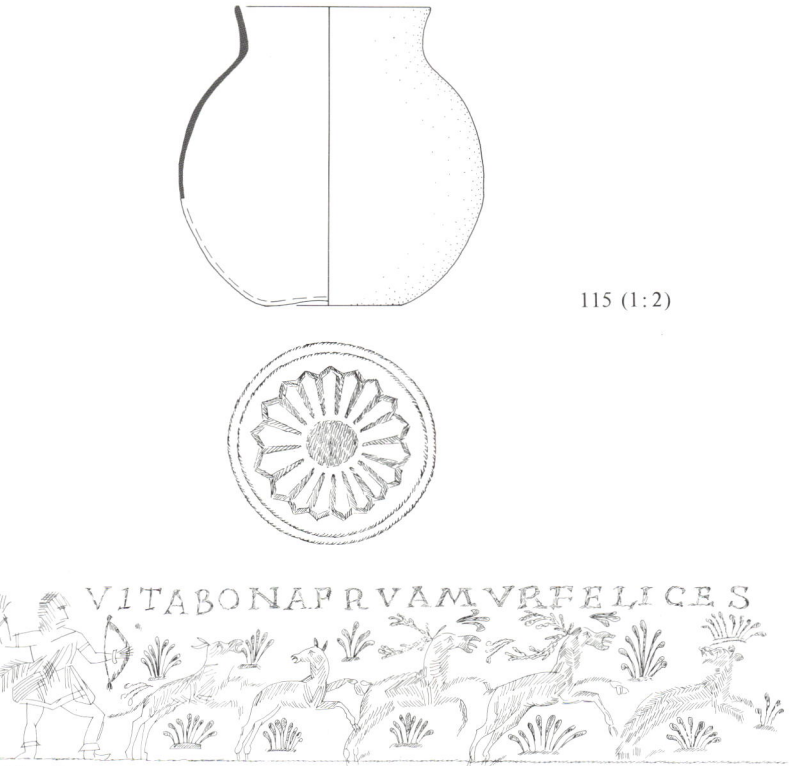

115

Vaso con l'iscrizione 'Vita Bona'

Fine del III - inizi del IV secolo d.C. Luogo di rinvenimento sconosciuto. Già nella collezione Ray Winfield Smith. CMG 55.1.1.

Altezza cm 8,5; diametro dell'orlo cm 5,2; diametro massimo cm 8,2.

Vetro incolore con sfumatura verdina. Soffiato, con decorazione ottenuta mediante abrasione. Vaso globulare; orlo molato; collo svasato che si incurva verso l'esterno per unirsi al corpo; fondo piatto; il segno del pontello eliminato dalla molatura. La decorazione abrasa costituisce un fregio continuo intorno al corpo. In alto iscrizione in lettere maiuscole con terminazioni marcate: VITABONAPRVAMVRFELICES, *Vita bona fruamur felices* (la lettera P è un errore per F di FRVAMVR), "Godiamoci fortunati una buona vita"; sotto un cacciatore verso destra, forse con una corona radiata, con tunica e calzari, l'arco nella mano sinistra, la destra sollevata come se avesse appena lanciato una freccia, la faretra appesa sulla schiena; di fronte a lui un cane insegue una cerva con la testa rivolta all'indietro e due cervi; davanti a loro un altro animale con pelo irsuto; mucchi di foglie simili a palmette, rametti e puntini; sul fondo, all'interno di due cerchi concentrici che costituiscono la linea di base della scena, una rosetta con diciotto petali. Lungo l'orlo manca un frammento semicircolare lungo cm 1,8; orlo rotto e molato; piccole sbeccature sull'orlo; numerose piccole fratture interne. Superficie smerigliata con alcune butterature e tracce di iridescenza. Numerose piccole bolle.

Non sembra che le numerose fessure interne, nessuna delle quali supera 0,7 cm, siano state prodotte da alterazione o da successive soffiature. Le analisi con luce polarizzata non mostrano segni di sforzo. La stessa particolarità si osserva su due altri recipienti romani nel Corning Museum: CMG 66.1.238 e 68.1.4. Tutti e tre sono intagliati o incisi ed è probabile che le fessure si siano prodotte durante l'esecuzione della decorazione.

D.B.W.

Bibl.: *Glass from the Ancient World* 1957, 177-179, n. 358.

116

Bottiglia di Populonia

Fine del III - inizi del IV secolo d.C. Rinvenuta a Populonia, Toscana. Già nella collezione Ray Winfield Smith. CMG 62.1.31.

Altezza cm 18,4; diametro cm 12,3.

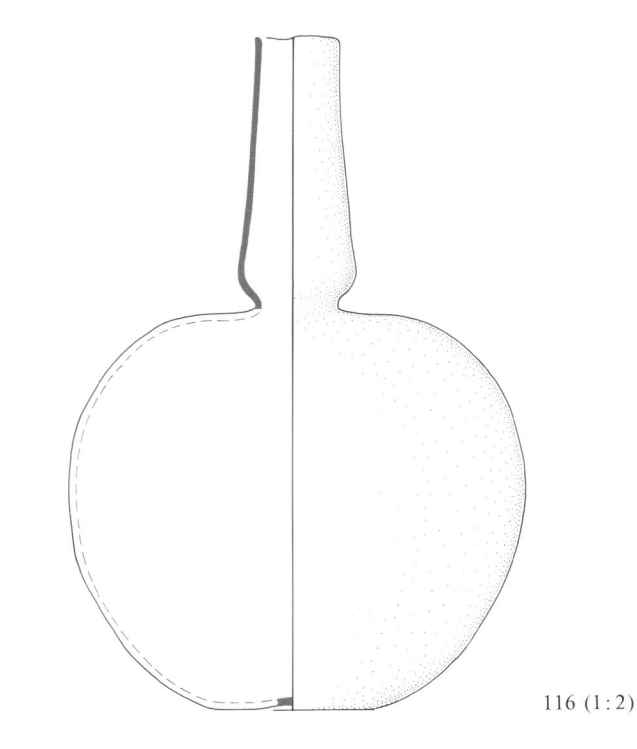

Vetro verde pallido. Soffiato, con decorazione ottenuta mediante abrasione. Bottiglia globulare con collo svasato; orlo non lavorato; il collo si allarga verso il corpo; fondo leggermente concavo. La decorazione smerigliata alla ruota comprende scene di porto e iscrizioni. In alto: ANIMA·FELIX·VIVAS e un ramo di palma. Sotto: un edificio con volta a botte su palafitte unito ad altro edificio simile mediante un ponte; sopra questi: STAGNV·PALATIV; sotto al ponte una impalcatura che sostiene corde robuste e l'iscrizione OSTRIARIA. Segue un molo con quattro archi che termina a forma di prua; sul molo un edificio con tetto a due spioventi, due colonne sormontate da statue di guerrieri e un arco di trionfo che regge una quadriga; nel primo edificio è iscritta la parola RIPA; tra le due colonne PILAE. Intatta: il fondo ha la superficie irregolare dove sono state eliminate le chiazze di corrosione. Leggere tracce di iridescenza.

La bottiglia di Populonia fa parte di un gruppo di nove recipienti tutti decorati con scene portuali e iscrizioni. Le scene sono di due tipi: il primo è composto da un lago, un palazzo, un banco di ostriche, un molo e delle colonne; il secondo ha un anfiteatro, un teatro, uno stadio, un tempio, un molo e delle colonne. Le iscrizioni su alcuni esemplari identificano i luoghi rappresentati come Baia (primo tipo) e Pozzuoli (secondo tipo). La bottiglia di Populonia appartiene al primo e la decorazione rappresenta Baia e non Pozzuoli.
La bottiglia è stata trovata intorno al 1822 in una tomba dell'antica Populonia; per breve tempo ha fatto parte della collezione di Elisa Bonaparte Baciocchi, granduchessa di Toscana.   D.B.W.

Bibl.: Kisa 1908, 640-646; Picard 1959, 23-51; Painter 1975, 54-55, tav. 1; Charleston 1980, 55, n. 19.

117 In mostra solo a Colonia

Piatto con scene di circo

Prima metà del IV secolo d.C. Rinvenuto nel 1910 a Colonia-Braunsfeld nel cimitero familiare della Villa Rustica, sarcofago 3. RGM Glas 1002.

Diametro cm 27.

Vetro incolore, soffiato in uno stampo, intagliato alla ruota con abrasioni all'interno delle figure. Coppa ad arco di cerchio, orlo molato, fondo apodo arrotondato. Decorazione: solco intagliato alla ruota lungo l'orlo; cinque linee incise alla ruota; fascia figurata; cerchio intagliato alla ruota; medaglione centrale. La fascia figurata presenta una scena di circo con quattro quadrighe; i cavalli riccamente bardati portano sulla fronte una benda con un ramo di palma; gli aurighi reggono con la sinistra le redini la cui parte terminale è avvolta intorno al busto – un espediente dei conducenti romani per non lasciar cadere le briglie durante la corsa –, e con la destra una frusta sollevata. Due aurighi guardano avanti e due indietro. Indossano un berretto a calotta, un corsetto e un gonnellino a teli. I carri a due ruote sono realizzati a cestino. Sullo sfondo sono rappresentati: tre mete collocate alle due estremità della spina centrale; gli obelischi sulla spina; le sette uova per contare i giri eseguiti nel circo. Nel medaglione centrale un busto maschile di profilo a sinistra, con dodici raggi intorno al capo, i capelli indicati con piccoli tratti intagliati, l'occhio a forma di losanga, bocca aperta, busto di prospetto con una tunica, un frustino dietro la spalla destra.

Intatto. Alterazione lattiginosa; fessure dovute a pressione a forma di croce.

La scena rappresentata deve copiare un prototipo, che non solo era stato composto simmetricamente, ma che comprendeva anche i simboli caratteristici del circo come le mete, le uova e gli obelischi. Questo prototipo probabilmente era stato creato a Roma (e poteva essere in ceramica, in argento o in vetro) e non a Colonia, dove invece fu poi copiato in vetro come dimostrano le tipiche tecniche figurative e di intaglio: i brevi tratti intagliati, il disegno angolato, l'abrasione delle superfici interne delle figure e degli oggetti, e l'occhio a forma di losanga. Questa tecnica, che è ormai diventata un po' scadente, si ritrova anche nei nn. 126, 131 e 133.

La figura del medaglione è identificata con Sol Invictus (il dio Sole) dalla corona radiata e la frusta lo definisce come la guida divina dei carri e protettore degli aurighi. La rappresentazione del Sole, alla quale fu data speciale importanza nella propaganda della casa di Costantino, si riferiva direttamente alle gare di carri (von Heintze 1984, 145-146). Sole era il protettore delle quadrighe e un tempio a lui dedicato sorgeva nei pressi o nel circo Massimo. Dietro a questa rappresentazione vi è l'idea di un simbolo cosmico legato con le quattro quadrighe simbolo delle quattro stagioni.

Le rappresentazioni della spina del Circo Massimo sono già state discusse in relazione alle coppe soffiate a stampo del I secolo (n. 89). La spina continua ad essere rappresentata sui vetri, e su altri materiali, per tutto il periodo imperiale (Humphrey 1986, 248-254). Oltre a questo piatto i più importanti esemplari in vetro sono il frammento di coppa del IV secolo rinvenuto presso Treviri (Goethert-Polaschek 1977, 38, fig. 12 e tav. 34) e una bottiglia per essenze trovata in una tomba a Pesaro nel 1749 (Annibaldi 1959, 35-39). Questo il commento di Humphrey (1986, 254) sul pezzo: "Quattro quadrighe gareggiano intorno a un medaglione centrale con il busto del dio Sole. Le quadrighe sono separate tra di loro da singoli monumenti dell'*euripus*, le *metae* (due volte), l'obelisco e le uova. Tuttavia l'artista non sembra aver compreso molto bene il suo modello in quanto le sfere sulla sommità delle *metae* hanno delle punte, l'obelisco è molto piccole e le uova poste alla fine di un bastone molto lungo non sono rette da colonne o pilastri. Fino a che punto si debba considerare il pezzo come un'allegoria del ciclo annuale (i monumenti dell'*euripus* come segni della divisione tropicale dell'anno, i solstizi e gli equinozi, e i carri come stagioni) non mi è chiaro, quando l'associazione tra il circo e il Sole era in effetti di tipo fisico, dato che a Roma il tempio del Sole era alla fine e l'obelisco al centro dell'*euripus*".

Il piatto è stato trovato in un sarcofago ed era collocato sul petto del cadavere; due spilloni in bronzo per capelli con testa poliedrica indicano che si tratta di una sepoltura femminile. Altri tre recipienti di vetro, tra cui una brocca slanciata di un tipo comune nella prima metà del IV secolo, e due monete, un *antoninianus* di Tetricus (270-274 d.C.) e un *follis* dei figli di Costantino (317-346 d.C.), indicano per la sepoltura una data anteriore alla metà del IV secolo. Fremersdorf ha confrontato il piatto con altri vasi intagliati da Colonia, come la coppa con caccia alla lepre da Colonia-Müngersdorf, e su elementi di stile e qualità ha datato il piatto con scena di circo intorno al 320-340 d.C.

Nel cimitero di Braunsfeld sembra ci fosse l'usanza, documentata anche da questo piatto, di porre accanto al morto un oggetto in vetro di particolare valore. È quindi presumibile che il piatto fosse già da alcuni anni prima della deposizione proprietà della famiglia.
H.H.

Bibl.: Poppelreuter 1911, 116-117; Fremersdorf 1928, 4, fig. 2; Ginsburg 1941, 9, 13, fig. 2; Doppelfeld 1960-1961, 15-16, fig. 6; Frazer 1964, 105-113; Doppelfeld 1966, 66-67, tav. 157; Fremersdorf 1967, 171-172, tavv. 230-231; Shelton 1979, 98-99, n. 89; Humphrey 1986, 254, fig. 129.

118

Frammento di bottiglia con scene bibliche

Prima metà del IV secolo d.C. Rinvenuto a Roma sull'Esquilino nel 1884, via Lamarmora, angolo via Principessa Margherita. Roma, Antiquarium Comunale, inv. n. 7235.

Altezza cm 17,5.

Vetro incolore con sfumatura verdina. Soffiato, intagliato alla ruota con decorazione a sfaccettature e lineare. Frammento di bottiglia cilindrica mono o biansata. Decorazione su due registri separati da tre linee orizzontali: a) registro superiore: a sinistra era raffigurato il "Sacrificio di Isacco", rimangono in alto (1) parte dell'altare quadrangolare sul quale alcune sfaccettature ovali indicano le fiamme o forse meglio alcuni pani, in basso (2) parte della figura di Isacco con tunica inginocchiato verso destra, le dita della mano di Abramo posate sul suo capo. A destra è conservata un po' meno della metà di "Daniele nella fossa dei leoni": in alto Abacuc (3) con una corta tunica e pallio svolazzante, trasportato in aria dalla mano divina che lo afferra per i capelli (rimangono le punte delle dita), reca un recipiente con tre pani a Daniele (la figura è perduta) al centro con due leoni (4, 5) per parte nell'atto di balzare sulla vittima; b) registro inferiore: in alto a destra (6) una ghirlanda appesa a tre solchi paralleli che separano i due registri; in basso a destra (7) rimangono le teste e i busti di otto personaggi maschili barbati, con tunica allacciata sul petto, in fila due a due verso sinistra con lo sguardo rivolto in alto verso una nuvola (8) indicata sommariamente mediante alcune leggere incisioni parallele. Frammento di parete poco sotto la spalla.

La scena del registro inferiore deve essere interpretata come l'Esodo degli Ebrei nel deserto verso il Mar Rosso guidati dalla nuvola divina (*Esodo* XII 21-22) anche se non sembra essere documentata altrove su vetri tardo-antichi contrariamente agli altri episodi che compaiono con una certa frequenza.

Il "sacrificio di Isacco", come si può dedurre dai pochi elementi rimasti, è raffigurato secondo uno schema usuale quale si ritrova ad esempio sui vetri dorati (Leningrado: Cabrol e Leclercq 1903-1953, VII, 2, 1576-1577, fig. 5989; Aquileia: Bertacchi 1967).

Daniele con quattro leoni anziché due, la variante è comunque documentata (Garrucci 1876, tav. 169, 1), sembra fosse rappresentato su un palco come *damnatus ad leones* nell'anfiteatro anziché nella più consueta attitudine di orante nella fossa con i leoni mansueti (si vedano ad esempio un piatto da Podgoritza: *Bullettino di Archeologia Cristiana*, 3ª serie, 2, 1877, tavv. V-VI; un piatto da Portogruaro: *Bollettino d'Arte* 37, 1952, 209, fig. 7).

Le figure sono rese con larghe sfaccettature alle quali i particolari come i capelli, il pelo degli animali, le pieghe degli abiti, sono aggiunti con più sottili tratti rigidi ed essenziali. In particolare la resa somatica dei volti con l'occhio di profilo, i capelli e la barba resi con minuti trattini, trovando una corrispondenza puntuale in analoghi manufatti del IV secolo, quali ad esempio alcuni vetri da Roma, consentono senza difficoltà una datazione nella prima metà del IV secolo (Fremersdorf 1975, nn. 837, 840). In questo periodo sono frequenti le bottiglie cilindriche mono o biansate con decorazione incisa sia geometrica (Harden 1970, tav. VII F; Fremersdorf 1967, tav. 156) che figurata (Fremersdorf 1967, 152-153, tav. 198; *Masterpieces* 1968, 81, n. 105).

L.P.B.S.

Bibl.: Lanciani 1884, 220-221, *Bullettino della Commissione Archeologica Comunale* 12 (1884), 272; De Rossi 1884; De Rossi 1885; Cabrol e Leclercq VI, 2, 1925, 1580, fig. 5409 e XV, 2, 1953, 2975, fig. 11221.

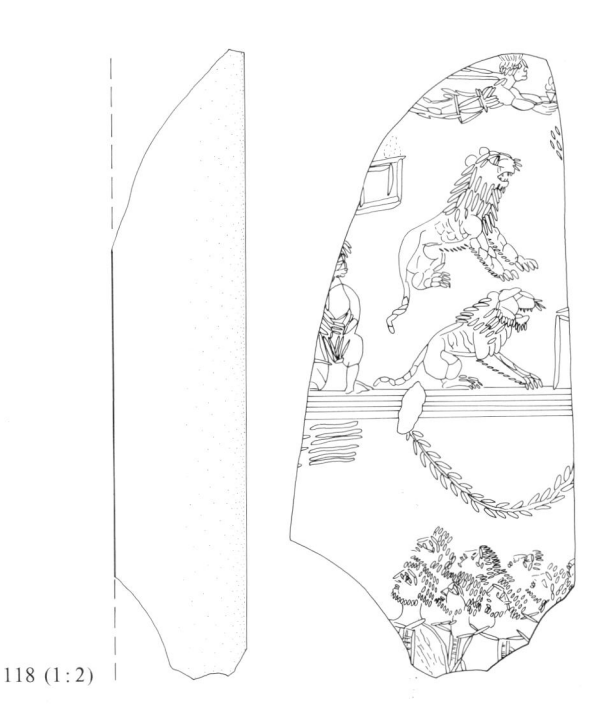

118 (1:2)

119

Frammento di piatto con scene di vita marina

Prima metà del IV secolo d.C. Dal Museo Kircheriano. Roma, Museo Nazionale Romano, inv. n. MNR 62578.

Diametro (ricostruito) cm 28.

Vetro incolore. Soffiato; intagliato alla ruota. Orlo tagliato e molato. Due solchi intagliati alla ruota lungo l'orlo; fondo arrotondato e leggermente introflesso. Decorazione: una croce con medaglione centrale e nei bracci (se ne conserva uno intero e parte di un secondo) un quadrato, un cerchio e un rettangolo tra due cerchi più piccoli; nello spazio di risulta, un medaglione (se ne conservano due). Ogni elemento, che contiene raffigurazioni di vita marina, ha una propria cornice: in quelli quadrangolari è costituita da un reticolato; nel medaglione centrale da losanghe con tondo centrale; nei due più grandi da losanghe alternate a rettangoli con reticolato; in quello più piccolo da un motivo a raggiera. Solo i due tondi più piccoli hanno semplici linee di contorno. Le figurazioni più complesse sono riservate ai medaglioni maggiori. In quello di sinistra, guardando dall'esterno, in alto al centro un barcaiolo (fanciullo?) che rema verso destra; sotto, un fanciullo nudo che nuota con la testa volta all'indietro, torso di prospetto, braccia distese, fianchi di tre quarti e gambe di profilo. Alla sua destra è un altro fanciullo nudo in atto di tuffarsi da uno scoglio (reso con un breve tratto inciso): è visto di profilo, piegato in avanti con le gambe leggermente flesse; sotto di lui un polipo. Dalla parte opposta, una figura maschile nuda su uno scoglio (reso sempre con un trattino) nell'atto di tirare a sé una nassa: piegato in avanti, testa e gambe di profilo, torso di prospetto, le braccia in avanti leggermente piegate nello sforzo di tirare la corda cui è fissata la nassa (un motivo a reticolato rende l'impagliatura); sotto di lui nuota un altro ragazzo, nudo, di profilo con le braccia distese in avanti. Nell'altro medaglione, sotto ad un barcaiolo, nuota un ragazzo nudo (come quello dell'altro medaglione) tra un granchio ed un pesce. Sulla destra una figura maschile nuda si tuffa con il capo all'ingiù: testa di profilo, busto di tre quarti, gambe di profilo (la destra distesa, la sinistra leggermente flessa all'indietro), le braccia all'altezza dei pettorali, le mani chiuse a pugno. Dalla parte opposta un'altra figura virile nuda, probabilmente già in acqua perché manca il trattino che indica di solito gli scogli: è vista da dietro, busto di tre quarti, testa e gambe di profilo (la sinistra leggermente flessa all'indietro); sotto una stella marina e una medusa (?). Negli spazi più piccoli sono rappresentate figure singole: nei quadrati, un barcaiolo; nel tondo, un erote seduto su uno scoglio (reso con una serie di trattini paralleli) con in mano una canna da pesca al cui amo ha abboccato un pesce; nel rettangolo un pescatore con la nassa e un polipo; nei due tondi più piccoli un erote (?) barcaiolo e uno a bocconi sul terreno con un bastone in mano intento a raccogliere molluschi. Frammento; circa un quarto del vaso.

I corpi delle figure sono leggermente incavati nella superficie esterna del vaso, con un trattamento ad ampie superfici distinte da leggere linee risparmiate che consentono una resa sintetica ma efficace delle torsioni dei movimenti e delle masse muscolari. I capelli, gli occhi, i contorni e i particolari interni dei vari oggetti sono resi con brevi trattini incisi e così pure i motivi geometrici delle cornici. Per la complessa struttura compositiva, il vaso si inserisce in un gruppo di piatti della stessa forma, in vetro incolore datati alla prima metà del IV secolo, provenienti dalle Catacombe di Roma (Fremersdorf 1975, nn. 822-825). Alla serie appartiene anche un altro frammento conservato nel Museo Nazionale Romano, forse proveniente da Roma (Campus 1982, tav. 37,9). Il gruppo appare molto omogeneo anche per particolari tecnici e stilistici (analogo trattamento delle figure, resa dei dettagli, motivi di cornice) e sembra riferibile all'attività di una singola officina, forse di Roma stessa. Un frammento dei Musei Vaticani (Fremersdorf 1975, n. 825) presenta, seppure in forma più semplificata, anche lo stesso soggetto: nei medaglioni più grandi, dove compaiono singole figure e non composizioni complesse, sono riconoscibili il pescatore con la nassa, e il tuffatore nello stesso schema iconografico del piatto del Museo Nazionale Romano. Sempre nello stesso schema, il pescatore con la nassa insieme al barcaiolo e al nuotatore con le braccia aperte compare anche su un'altra coppa dei Musei Vaticani, pure della prima metà del IV secolo, ma con una composizione che si sviluppa liberamente lungo le pareti (Hayes 1928; Fremersdorf 1975, n. 826); qui la tecnica, forse anche a causa delle maggiori dimensioni delle figure, privilegia un ritmo più disegnativo che nel frammento del Museo Nazionale ma la resa dei particolari è molto simile, in particolare le capigliature e gli occhi. Si potrebbe pensare non solo a prodotti della stessa officina ma almeno a scene derivanti dallo stesso modello. In ogni caso nel repertorio dei vetri incisi scene di vita marina sono relativamente frequenti, alcune delle quali con precisi riferimenti simbolici cristiani (Berti 1983, p. 174): si pensi del resto agli eroti pescatori della basilica teodosiana di Aquileia. G.D.T.

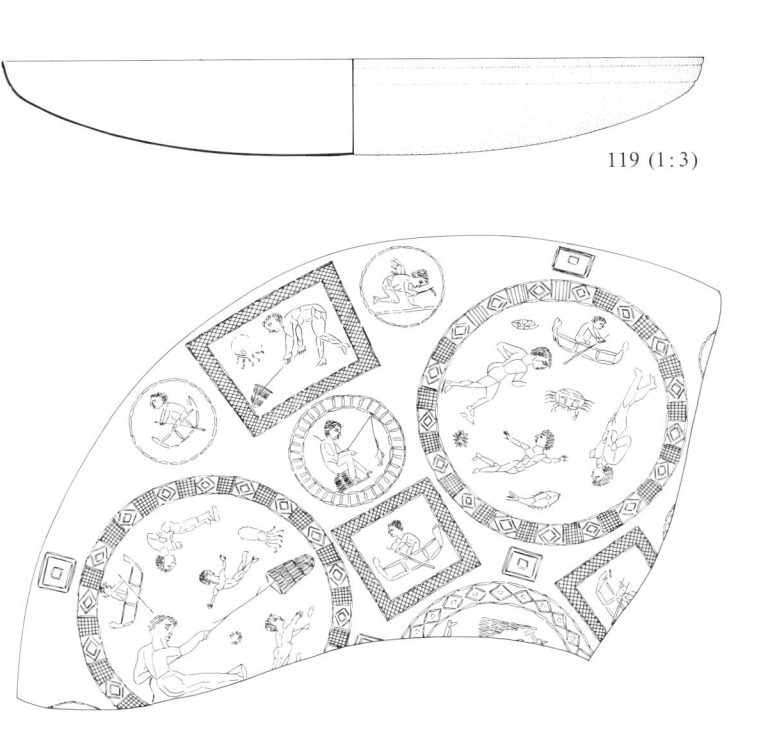

Bibl.: De Ruggiero 1878, 153, n. 7; Campus 1982, tav. 37,8.

120

Coppa con il riscatto del corpo di Ettore

IV secolo d.C. Rinvenuta nel gennaio 1972 a Ostia negli scavi del complesso di S. Ippolito nell'Isola Sacra. Ostia, Museo Ostiense, inv. n. 18867.

Larghezza cm 17,4; diametro (ricostruito) cm 17,6.

Vetro trasparente incolore con sfumature verdine. Soffiato e intagliato alla ruota. Parte di una coppa emisferica; orlo molato; fondo arrotondato. Decorazione eseguita sulla superficie esterna: a) a sinistra Achille, seduto, con il corpo quasi completamente coperto da un mantello; con la mano destra sembra tenere la lancia, in realtà la sfiora appena con le dita, mentre il braccio sinistro è proteso all'indietro con uno strano e innaturale movimento semicircolare (se effettivamente si tratta del braccio); nel volto è caratteristica la resa dell'occhio a losanga che si ritrova anche nelle altre figure; b) dietro ad Achille una lancia suggerisce che nella parte mancante fossero rappresentati uno o più armati; c) davanti all'eroe una figura femminile stante vestita con tunica e mantello con il braccio destro rivolto verso di lui in un solenne atteggiamento di persuasione o implorazione; sulla testa e sulla nuca un velo; d) tra la donna e le ginocchia di Achille un oggetto non identificato a forma di imbuto; e) a destra Priamo con il caratteristico costume frigio (berretto a punta, veste manicata e mantello svolazzante dietro le spalle) si appoggia ad un bastone, probabilmente in posizione semigenuflessa (come si può dedurre dall'inclinazione del corpo) avanzante in atto di implorazione; f) al centro della scena in alto è la bilancia da cui pendono da un lato un cesto e dall'altro un piatto tenuto da tre catene sul quale è posto il corpo di Ettore con il torso e le braccia penzoloni; g) sullo sfondo a destra un drappo legato a metà altezza sta ad indicare l'ingresso della tenda di Achille; h) presso la bilancia sembra pendere un oggetto non identificabile, forse un vaso di forma conica. Frammentario; fratturato e ricostruito da quattordici frammenti.

Mentre gli altri vetri provenienti da Ostia e da Porto sono decorati ad intaglio con sfaccettature, con una tecnica molto simile a quella usata per le pietre incise e che produce un leggero effetto di rilievo, questa coppa presenta una decorazione ad incisione. Tale incisione, ora larga e profonda, ora più leggera, risulta piuttosto dura rendendo le figure rigide e spigolose. Molto laboriosa è anche la resa della linea curva ottenuta con segmenti rettilinei ravvicinati.

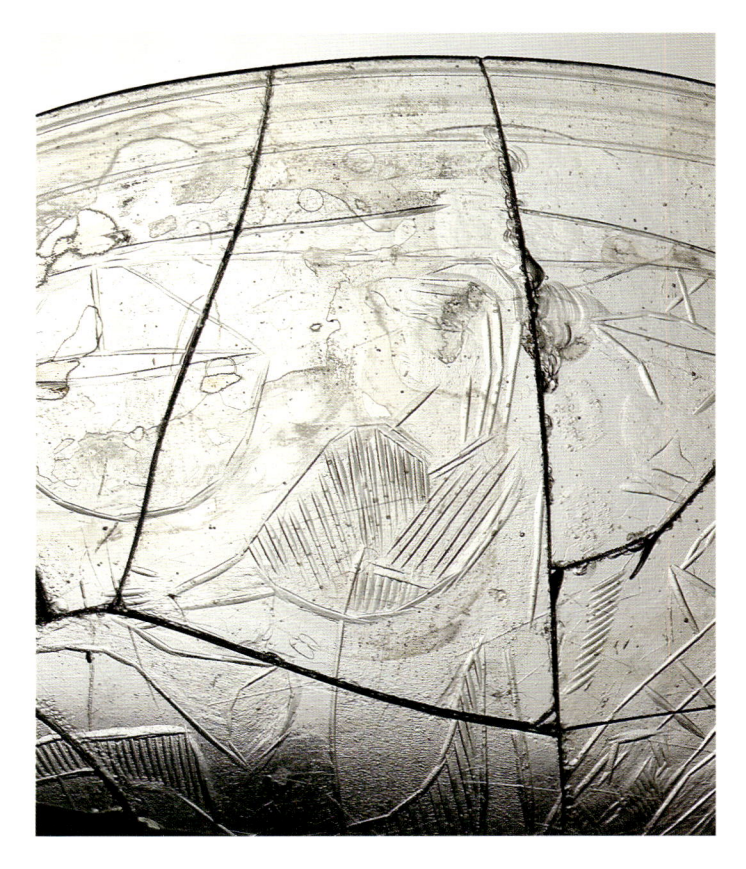

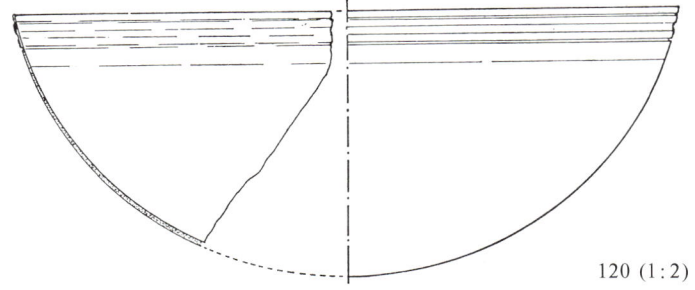

La scena, nel complesso comprensibile, rappresenta il riscatto del corpo di Ettore. Qualche dubbio sussiste sulla identificazione della figura femminile che, per la solennità e la dignità con cui si presenta, potrebbe trattarsi di Teti, mandata da Zeus a convincere il figlio Achille a restituire il corpo di Ettore a Priamo, anche se nell'*Iliade* la dea entra in azione prima dell'arrivo del re troiano. Potrebbe tuttavia anche essere Ecuba, madre di Ettore, venuta ad implorare l'eroe greco, come si vede in alcuni sarcofagi di Tiro, del Louvre e di Adalia.

Come in altri oggetti in cui è raffigurato l'episodio, la scena della coppa sembra derivata non tanto dai versi del XXIV libro dell'*Iliade*, ricchi di pathos e di dignità, quanto dalla versione della tragedia di Eschilo, *I Frigi*, nella quale sembra che venisse data maggiore importanza all'aspetto "commerciale" della vicenda, incentrato sulla pesatura del corpo di Ettore riscattato a peso d'oro. L'artigiano voleva rendere, in maniera immediata e comprensibile, il contenuto del racconto omerico. Scene molto simili a quella della coppa sono su un vaso d'argento del tesoro di Berthouville e su un sarcofago della Woburn Abbey, dove viene dato grande risalto alla bilancia sulla quale è contrappesato con un oggetto d'oro il cadavere dell'eroe troiano. Lo stesso episodio con uno schema più semplificato è rappresentato anche su una coppa bronzea del periodo copto al Cairo.

Il confronto con la coppa con scena di circo di Colonia-Braunsfeld (n. 117) e, soprattutto, quella decorata con raffigurazioni di cacce e medaglione centrale con testa maschile di Colonia-Müngersdorf, a cui il vaso vitreo dell'Isola Sacra è molto vicino per la tecnica dell'incisione e per lo stile del disegno, suggerisce una datazione nel IV secolo d.C. Per quanto concerne il centro di produzione il problema è ancora aperto. Si potrebbe ipotizzare una provenienza da una officina di Colonia, considerando le suddette affinità tecnico-stilistiche, oppure anche da una delle molte fabbriche dell'Italia settentrionale dove, in epoca tarda, gli artigiani si ispiravano spesso a temi tratti dal ciclo troiano e dalla vita di Achille.

A.P.

Bibl.: Soprintendenza alle Antichità di Ostia 1972, 12; *Fasti Archeologici* XXIV-XXV, n. 1380; Veloccia Rinaldi e Testini 1975; Righi 1975; Floriani Squarciapino 1976.

218

121

Piatto con Bellerofonte e Pegaso

IV secolo d.C. Luogo di rinvenimento sconosciuto. BM GR 1967.11-22.1.

Altezza cm 3,8; diametro cm 21,6.

Vetro verde chiaro. Soffiato, tagliato e molato. Coppa poco profonda con orlo verticale e fondo arrotondato. Decorazione intagliata alla ruota sulla superficie esterna; profondo solco intagliato alla ruota lungo l'orlo; la rimanente superficie è ricoperta da un motivo figurato eseguito con intagli a sfaccettature e lineari; Bellerofonte, Pegaso e due ninfe. Bellerofonte nudo con la spalla sinistra coperta dal mantello avanza da destra, lancia nella mano sinistra, le redini di Pegaso nella destra; Pegaso al centro beve da una coppa scanalata; in alto una figura femminile sdraiata sulle rocce, nuda con mantello, il mento poggiato sulla mano destra, con la sinistra sorregge un'urna dalla quale sgorga l'acqua che cade nella coppa a terra; a sinistra una figura femminile seduta sulle rocce tra alte canne, nuda con un drappeggio sulla gamba destra, la mano sinistra regge un'urna con la quale versa dell'acqua nella coppa di Pegaso; l'acqua trabocca ai lati della coppa sul terreno che è indicato con una linea retta sottolineata da una voluta con fiori. Fratturato e restaurato con una lacuna triangolare. Entrambe le superfici con molti graffi. Iridescenza tipo smalto per lo più a scaglie; superficie in parte butterata; superficie interna liscia, l'esterna ruvida con effetto di vortice. Alcune bolle a punta di spillo.

Pegaso, il cavallo alato, era nato dalla Medusa morente (Esiodo, *Teogonia*, 280); mentre si abbeverava alla fonte Peirene fu catturato e domato da Bellerofonte (Pausania, 2.4.1) e lo aiutò a combattere la Chimera, le Amazzoni, i Solimi (Esiodo, *Teogonia*, 325; Pindaro, *Ol*., XIII, 86); ma quando Bellerofonte cercò di volare in cielo Pegaso lo fece cadere. Si diceva che Pegaso avesse fatto sgorgare molte sorgenti dal suolo con il suo zoccolo come l'Ippocrene sul monte Elicona e la Peirene di Corinto (Dione Crisostomo, *Orat*., XXXVI, 450 M; Stazio, *Tebaide*, IV, 60 ss.). Ci sono tuttavia a Corinto due fonti chiamate Peirene, una nella città e una nell'Acrocorinto, la cittadella sopra la città (Flower 1932, 25-26, 33-34). In età romana, per influsso dei poeti latini, il mito di Pegaso, inizialmente connesso alla fonte della città inferiore, fu trasferito a quella dell'Acrocorinto. Si cercò di darne una spiegazione dicendo che in realtà le due fonti erano una sola, unite da un canale sotterraneo (Strabone, VII, 379; Pausania, II, 5, 1). Questa tradizione si rafforzò grazie all'affermazione di Strabone e la scena sul piatto illustra proprio questa versione: la ninfa in alto rappresenta la Peirene inferiore, la ninfa seduta la Peirene superiore. Vi è un nesso molto stretto con le scene su due monete di Corinto dell'età di Settimio Severo (193-211 d.C.), entrambe con la rappresentazione dell'Acrocorinto con il tempio di Afrodite; una mostra Bellerofonte che abbevera Pegaso alla fonte Peirene che sgorga ai piedi della cittadella, l'altra mostra la ninfa Peirene seduta che versa acqua da un vaso, mentre Pegaso si abbevera (Head 1869, 86, nn. 653-654). La scena è anche ripetuta in maniera quasi identica su un piatto d'argento del VI secolo, ora a Ginevra nel Musée d'Art et d'Histoire (inv. n. AD 2382; Toynbee e Painter 1986, 36, n. 31).

K.S.P.

Bibl.: *Masterpieces* 1968, 72-73, n. 95.

121 (1:3)

122

Secchiello con scena dionisiaca

IV secolo d.C. Nel Tesoro di San Marco almeno dal 1325; inventario del 1325: III, n. 10). Venezia, Tesoro di San Marco, n. 123.

Altezza cm 20,3; larghezza cm 19,2.

Vetro purpureo-azzurro cupo traslucido. Fuso, molato e intagliato alla ruota. Secchiello a pareti dritte con ansa di metallo aggiunta. Orlo tagliato, molato e levigato con due alette, per l'inserimento del manico, ritagliate nel labbro originario; pareti dritte leggermente svasate; fondo piatto. Decorazione: 1) astragalo a ovoli e rocchetti realizzato con sfaccettature orizzontali separate da coppie di intagli verticali, la parte superiore delle sfaccettature è stata in parte tagliata quando l'orlo è stato ritagliato per ottenere le due sporgenze per il manico; 2) fregio con decorazione figurata ad intaglio delimitato in alto e in basso da coppie di solchi ad intaglio molto pronunciato; una serie di festoni sono appesi al solco che delimita in alto la scena; la scena rappresenta Dioniso e le figlie di Minia: (A) Pan, corna sulla testa, barba, braccio destro piegato, una siringa nella mano sinistra, in movimento di profilo verso destra e leggermente piegato in avanti, insegue una menade; (B) la menade inseguita da Pan, in movimento di tre quarti verso destra, con il capo rivolto all'indietro verso sinistra, con la mano destra regge una fune con una campanella, il braccio sinistro teso in avanti con in mano un sonaglio (?), indossa una corta tunica sopra un abito lungo fino alle caviglie; (C) un piccolo cespuglio; (D) un satiro di profilo a destra con un tirso nella mano sinistra e nella destra una coppa che sta per essere afferrata da Dioniso, con una corta tunica che partendo da una spalla copre solo la parte superiore delle cosce; (E) un grosso grappolo d'uva; (F) Dioniso nudo di tre quarti a destra, appoggiato ad un pilastro, ghirlanda sul capo, volto di profilo, busto nudo rivolto verso lo spettatore, gambe di tre quarti incrociate, braccio destro teso a sinistra per prendere la coppa dal satiro (D), gomito destro appoggiato sul pilastro a destra, un mantello drappeggiato sul braccio sinistro, sulla schiena e giù tra le gambe; (G) un felino, probabilmente una pantera, accovacciato verso destra, dietro al pilastro; (H) una menade di tre quarti a destra, volto di profilo a sinistra, ghirlanda tra i capelli con una crocchia in cima, braccio destro teso verso sinistra in direzione di Dioniso nell'atto di porgergli una coppa senza piede, nella sinistra un tirso con ghirlanda, il corpo coperto da una corta tunica e un lungo abito che ricopre le braccia e scende fino ai piedi; (I) un cespuglio o un ramo; (L) un satiro che insegue la menade (M), nudo fatta eccezione per un perizoma che non gli copre il pene, in movimento di tre quarti verso destra, un tirso nella mano destra, con la sinistra regge un cestino a rete colmo di uva o di frutti; (M) una menade in movimento di tre quarti verso destra, lo sguardo rivolto a sinistra, i capelli probabilmente raccolti in una crocchia, il braccio destro teso all'indietro per prendere un frutto dal cestino retto dal satiro, il braccio sinistro teso

verso destra con in mano un tamburello, coperta solo da una sciarpa avvolta intorno al braccio sinistro, che ricade dietro le spalle e davanti alla gamba destra; 3) una fascia, delimitata da un doppio solco intagliato, decorata con un fregio di grappoli d'uva, pesci e perle, circondati da rami stilizzati di acanto; 4) astragalo di ovoli e rocchetti; 5) sulla parte conservata del fondo rimane parte di una rosetta intagliata.
Parte dell'orlo originale è stato tagliato via; manca gran parte del fondo.

Harden e Toynbee accostano questo pezzo ad altri oggetti di lusso del IV o del V secolo come i vasi con scene mitologiche che fanno parte dei grandi tesori di argenteria o oggetti ancora più particolari con tarde raffigurazioni di scene del repertorio dionisiaco. I due studiosi citano in particolare il dittico in avorio conservato a Sens, lo *stamnium* in vetro intagliato nel Mittelrheinisches Landesmuseum di Magonza, la coppa di Licurgo (n. 139) e il grande piatto d'argento del Tesoro di Mildenhall. Nel medesimo contesto è da osservare che anche il vaso Rubens in agata e il secchiello con scene di caccia del Tesoro di San Marco (Volbach in: Hahnloser 1971, n. 13) presentano entrambi, come questo pezzo, una rosetta sul fondo.

Per questo secchiello sono state proposte diverse datazioni, ma dopo lo studio di Harden e Toynbee sulla coppa di Licurgo non restano più dubbi sulla sua collocazione nel IV o al massimo agli inizi del V secolo.

K.S.P.

Bibl.: Pasini 1886, 100-101, tavv. 53, 121; Kisa 1908, 677, 723, fig. 278; Albizzati 1923, 51-62, tav. 3; Fremersdorf 1951, 24; Harden e Toynbee 1959, 201; von Saldern 1969, 124-132; Philippe 1970, 132; Hahnloser 1971, n. 14; Brown 1984, 85, n. 1 nel catalogo *Il Tesoro di San Marco*.

123

Coppa con Cristo che guarisce il paralitico

Inizi del IV secolo d.C. Probabilmente da una catacomba, Roma. Già nella collezione Sangiorgi. CMG 66.1.38.

Altezza cm 4,3; diametro dell'orlo cm 6,3; spessore cm 2,5.

Vetro verde chiaro, soffiato, intagliato alla ruota, molato e levigato. Coppa emisferica; orlo molato piatto ma non completamente orizzontale, forse sbeccato e rimolato. Solchi orizzontali tagliati alla ruota subito sotto l'orlo; il resto della superficie è occupato dalla scena rappresentante Cristo che guarisce il paralitico; le due figure sono su una collinetta indicata con un motivo a ciottoli ovali; a sinistra Cristo, nimbato, volto verso destra in tunica e *pallium*, solleva il braccio verso il paralitico; a destra rivolto verso Cristo, ma nell'atto di camminare verso destra, il paralitico con una corta tunica e fasce trasporta sulle spalle il letto con quattro gambe e uno schienale. Intatta, fatta eccezione per l'orlo scheggiato; potrebbe trattarsi di una rottura antica dato che l'orlo è irregolare e può essere stato molato successivamente per riparare il danno. Piccole macchie di alterazione grigia opaca sulla superficie interna.

L. Kötzsche (1979) annota: "La guarigione del paralitico, che si trova in tutti e quattro i Vangeli, è rappresentata con particolare frequenza nell'arte cristiana a partire dal III secolo e la si ritrova in numerosi esemplari nelle catacombe di Roma, dove il paralitico è rappresentato, come in questo caso, con il letto portato sulle spalle mentre altrove lo trasporta per la parte più stretta. Le coppe emisferiche di dimensioni relativamente piccole, con un'unica scena ad occupare tutto lo spazio, sono rare. In particolare questa è l'unica con una scena cristiana". Seguendo Fremersdorf (1975, nn. 826, 836) essa nota inoltre che le coppe fanno parte di un grande gruppo lavorato con la stessa tecnica rinvenuto principalmente in Italia e in particolare a Roma o Ostia: presentano tutte le stesse brevi linee ad intaglio concavo per i contorni, gli stessi solchi intagliati profondamente nella parte più interna del disegno, lo stesso modo di disporre le pieghe, il terreno indicato con ciottoli ovali, il nimbo largo e semplice e la stessa decorazione del bordo (Fremersdorf 1975, 87-91, nn. 806-834, 836-850). Fremersdorf (1975, 15-16) presume che queste coppe fossero prodotte in una bottega romana. Per le rappresentazioni di Cristo e il paralitico sui vetri dorati: Morey 1959, nn. 366, 448; in ceramica Kötzsche 1979, n. 402.

D.B.W.

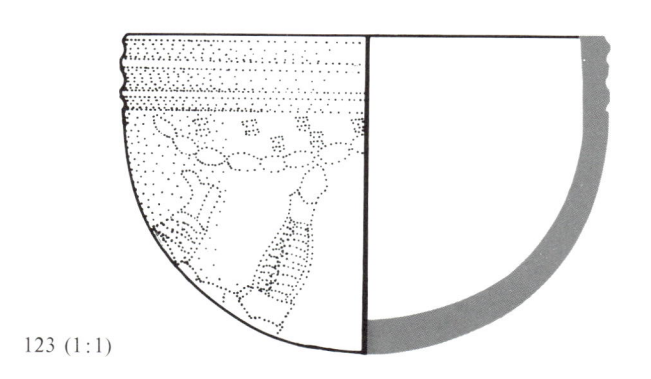

123 (1:1)

Bibl.: Sangiorgi 1914, n. 149; Kötzsche 1979, n. 401; Charleston 1980, 52, n. 18 (ill.).

124

Frammento di piatto per i Vicennali di un imperatore

Secondo o terzo quarto del IV secolo d.C. Rinvenuto nel 1882 a Roma nel Foro Romano nei pressi della casa delle Vestali con un altro frammento di vetro figurato ora perduto. Roma, Antiquarium Comunale, inv. n. 7233.

Altezza cm 6,5; larghezza cm 14,5; diametro originale cm 20.

Vetro incolore con sfumatura verdina. Soffiato; intagliato alla ruota e con una punta; passato al tornio e levigato. Orlo ispessito; corpo leggermente concavo. Decorazione: a) tre profondi solchi concentrici di misure differenti intagliati alla ruota lungo l'orlo sulla superficie esterna; b) alcuni personaggi sono rappresentati davanti ad un portico originariamente con quattro colonne, il cui timpano segue la curvatura del piatto. Le colonne sono lisce con capitelli stilizzati costituiti da due piccoli rami e da un elemento quadrangolare centrale, le cornici sono decorate con piccoli dentelli verticali. Al centro del timpano due Vittorie volanti reggono una corona di alloro legata con un nastro, al centro della quale sono incise molto superficialmente le parole: VOTA XX MVLTA XXX. Ai lati due figure seminude sedute, a sinistra un'altra semisdraiata di schiena con le gambe coperte da un mantello, il gomito sinistro poggiato su un recipiente da cui esce acqua. Di fronte alla facciata del tempio rimane parte di tre figure, due nell'intercolumnio del portico e una davanti, le teste della seconda e della terza sono più piccole di quella centrale e ad un livello inferiore: (A) parte della testa di un personaggio, probabilmente seduto su un trono, dall'espressione ieratica e ufficiale, i grandi occhi spalancati, il naso lungo e stretto, una corta barba sulle guance affilate, le orecchie sporgenti e a punta, i capelli in una calotta regolare e ordinata; (B) testa e parte del busto di un altro personaggio con la clamide fermata sulla spalla con una fibula rotonda dal lungo ago, guance rotonde coperte da una corta barba, capelli radi sulle tempie, grosso collo; (C) testa e collo di una terza figura, leggermente in secondo piano, con una corta barba lungo la mandibola, guance paffute, collo leggermente piegato. Presso la spalla della figura C una doppia fila ricurva di elementi poligonali e le lunghe orecchie a punta di un animale, probabilmente un cavallo, al quale è stata legata parte della criniera sulla sommità della testa. Sopra il capo della figura C è inciso il nome SEBERVS. Frammento. Lo strato di alterazione sulla superficie superiore è stato in parte rimosso.

L'esecuzione della decorazione, pur nella essenzialità dei tratti, caratteristica dell'epoca a cui appartiene il vaso, è estremamente curata nei minimi particolari, priva dell'approssimazione che si riscontra quasi sempre negli altri vetri coevi dai quali il frammento si discosta nettamente. Il piatto è assimilabile per il soggetto rappresentato ai ben più preziosi piatti d'argento di largizione, lisci con iscrizioni o decorati con figure, che l'imperatore o un alto ufficiale distribuivano in occasione di importanti celebrazioni. Il confronto più immediato è con il *missorium* di Teodosio da Emerita (Spagna) riferibile ai *vicennalia* di questo imperatore che è rappresentato con Valentiniano II e Arcadio davanti a un edificio con quattro colonne e un timpano triangolare (Toynbee e Painter 1986, 27-28). I personaggi della corte sono in dimensioni leggermente ridotte ad esaltare la posizione dell'imperatore. L'iscrizione nella corona ed il nome SEBERVS sono stati gli elementi determinanti per l'identificazione dei personaggi rappresentati, tuttora oggetto di discussione. L'iniziale identificazione del personaggio centrale con Diocleziano (Bruzza) è ormai da respingere ma non convincono pienamente, soprattutto per il particolare della mancanza del diadema sul capo della figura centrale, le ipotesi relative alle celebrazioni dei Vicennali di Costantino il Grande (Fuhrmann) o di Costanzo II (Kraft, Salomonson). Secondo l'interpretazione di Fuhrmann seguita da Fremersdorf, il piatto sarebbe stato prodotto durante i festeggiamenti dei Vicennali di Costantino il Grande nel 326 d.C. a Roma su commissione del *praefectus Urbis* di quell'anno Acilio Severo; la prima parte del nome si trovava nella parte mancante del piatto. I personaggi rappresentati davanti ad un tempio o a un tribunale sarebbero stati pertanto l'imperatore Costantino al centro, alla sua destra nella parte perduta come ufficiale più importante Acilio Severo con indosso la toga, alla sua sinistra con il *paludamentum* il prefetto del Pretorio Giunio Basso il vecchio, ai lati due *protectores divi lateris Augusti* accanto ai loro cavalli. Secondo l'interpretazione di Kraft e Salomonson, basata soprattutto su considerazioni di carattere stilistico tratte da confronti per lo più monetali, l'imperatore al centro sarebbe Costanzo II che festeggiò i Vicennali due volte, la prima nel 343, la seconda nel 357 durante la sua prima visita a Roma ed in tale occasione sarebbe stato commissionato il piatto. Non si tratta dell'unico esemplare di piatto di largizione in vetro rimasto; in particolare analogie, soprattutto nella lavorazione delle figure del frontone dell'edificio, si riscontrano in un frammento appartenente certamente ad un piatto simile (Oliver 1975). L'esiguità del materiale di confronto non consente di ipotizzare seriamente il luogo di fabbricazione: Fremersdorf pensa ad una produzione romana o alessandrina.

L.P.B.S.

Bibl.: Bruzza 1882; *CIL* XV, n. 7007; Kisa 1908, 646-647; Eisen 1927, II, 407; Colini 1929, 70, tav. LXXIII,2; Fuhrmann 1939; Fremersdorf 1951, 24, tav. 23,1; *EAA* IV, 1961, 478, fig. 560; Kraft 1950-1951; Salomonson 1973, 52 ss., figg. 39, 42; Righetti e Pirzio Biroli Stefanelli 1981-1983, 154, fig. 2.

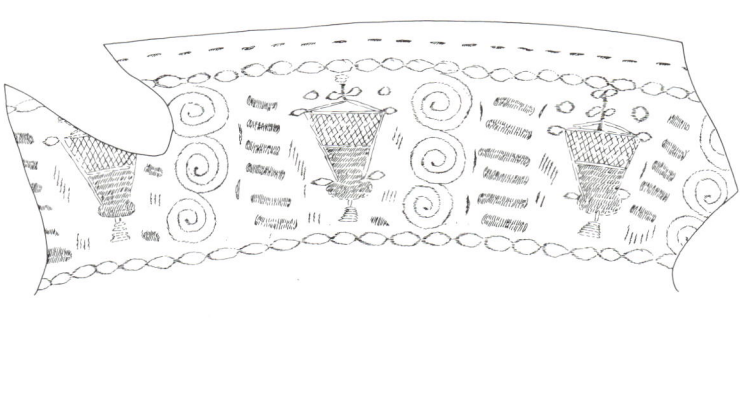

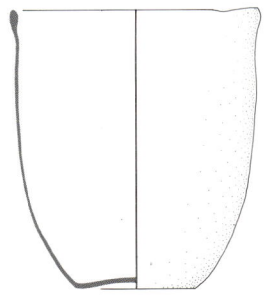

125

Coppa con decorazione intagliata

IV secolo d.C. Roma, da una catacomba inserita nella calce di chiusura di una sepoltura. Città del Vaticano, Biblioteca Apostolica, inv. n. 328.

Altezza cm 8,1; diametro cm 6,8; spessore cm 0,2.

Vetro incolore con sfumatura giallina. Soffiato, intagliato alla ruota; abraso. Labbro leggermente svasato, ispessito e arrotondato; corpo ovoidale; fondo leggermente concavo. Lungo l'orlo corrono due file parallele di incisioni, una a piccoli intagli allungati, la seconda ad anelli, quasi a formare una catena. Sulla parte mediana della parete si ripete tre volte lo stesso motivo decorativo tra due spirali poste verticalmente: a) una specie di vaso ad alto piede (?) con quattro piccole anse stilizzate e l'orlo superiore decorato a graticcio. Il vaso sembra essere sospeso mediante un'asticella; b) tre spirali poste verticalmente realizzate mediante abrasione; c) una fila verticale di sei rettangoli irregolari resi mediante abrasione; questo motivo è ripetuto quattro volte. Gruppi di linee parallele o anche singole e piccoli cerchietti riempiono gli spazi vuoti. Lungo il fondo corre lo stesso motivo ad anelli che si trova lungo l'orlo superiore. Intatta fatta eccezione per parte della parete e dell'orlo.

Manca la documentazione della scoperta; fu notata da F. Volbach nei magazzini del Museo. È ancora inserita nella calce che forma una specie di stampo. Alcuni dei vetri dorati e di altro tipo dei Musei Vaticani con simili stampi al momento del rinvenimento erano pressati nella calce di chiusura dei loculi delle catacombe (cfr. Morey 1959, 24, n. 103; Fremersdorf 1975, 61, n. 552). È probabile perciò che anche questa coppa provenga da una catacomba. L.P.B.S.

Bibl.: Fremersdorf 1975, 83-84, n. 806, tav. 45 a, b e 49 a, b.

126

Piatto con caccia al cinghiale

IV secolo d.C. Rinvenuto nel 1929 a Colonia, Jacobstraße, nell'orlo orientale della tomba 61. RGM 29.1083.

Altezza cm 6; diametro cm 18,5.

Vetro incolore, soffiato in uno stampo. Coppa ad arco di cerchio, decorazione e iscrizione incise sulla superficie esterna, le figure incise a contorno, con la superficie del corpo indicata con una breve sfumatura lungo gli orli o riempiendola con piccoli tratti. Orlo molato; labbro leggermente svasato; apodo. Decorata con una scena di caccia al cinghiale; lungo l'orlo l'iscrizione ESCIPE ME PLACEBO TIBI ("Prendimi, ti piacerò"); la scena è rappresentata in due parti, una superiore e una inferiore, con gli spazi riempiti con piante schematizzate o erba, ogni figura ha una sua linea di base, con altri oggetti o raffigurazioni. Nella parte superiore, da sinistra a destra: a) un cacciatore in movimento da sinistra a destra di profilo, con un corto mantelletto sulle spalle allacciato con tre nastri arricciati, una tunica, brache e calzature,

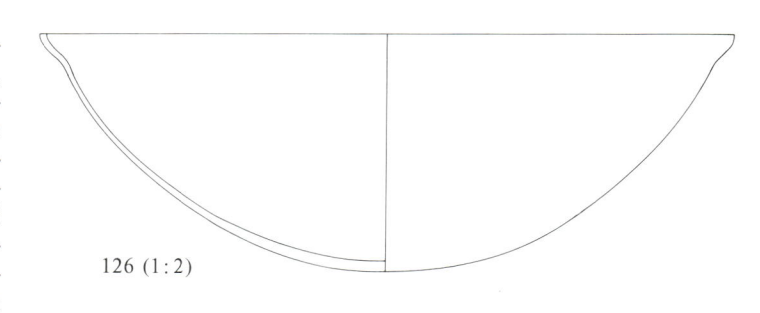

126 (1:2)

brandisce una lancia orizzontalmente verso destra; b) un albero con tronco contorto e sei rami; c) un cinghiale nell'atto di caricare di profilo verso sinistra con una breve linea di base sotto le zampe posteriori e anteriori; nella metà inferiore: d) un cane da caccia con la bocca spalancata nell'atto di attaccare di profilo verso destra con breve linea di base sotto le zampe posteriori e una sotto le zampe anteriori; e) sotto al cane, un albero con tronco contorto e cinque rami; f) un cane da caccia con la bocca spalancata all'attacco di profilo verso destra con una breve linea di base solo sotto le due zampe anteriori; g) dietro al cane un albero con tronco contorto e quattro rami; h) sotto al cane uno stagno con la riva ondulata. Frammentato e restaurato; lacune reintegrate.

Il vaso, apodo, appartiene ad un gruppo di coppe con scene di caccia di vario tipo: alla lepre, al cervo, al cinghiale, all'orso. I vari animali sono cacciati con mezzi diversi: la lepre con una rete, il cervo a cavallo, il cinghiale con una lancia. La concentrazione dei rinvenimenti indica che l'officina era attiva a Colonia; le differenze stilistiche sono dovute ad artigiani diversi. I dati di scavo portano a datare i piatti con scene di caccia al secondo terzo del IV secolo d.C. H.H.

Bibl.: Fremersdorf 1937, 32-34, figg. 1, 2; Ginsburg 1941, 21, fig. 9; Harden 1960, 54, fig. 16; Binsfeld 1962-1963, 97, fig. 11,3; Fremersdorf 1967, 160-161, tavv. 208-209; Friedhoff 1986.

127

Coppa con Apollo e Diana

IV secolo d.C. Rinvenuta a Colonia, Luxemburger Straße. Già nella collezione Niessen. Acquistata nel 1934. RGM N 339.

Diametro cm 18.

127 (1:2)

Vetro incolore. Soffiata in uno stampo, lavorata con uno strumento, incisa con un utensile a punta. Coppa ad arco di cerchio con labbro svasato e fondo arrotondato, decorata sulla superficie esterna con una iscrizione e una scena figurata. L'iscrizione corre lungo l'orlo con al centro in alto una foglia come segno d'interpunzione: ESCIPE POCVLA G(R)ATA ("Prendi la coppa che dà gioia"). Davanti a uno sfondo architettonico, con tre volte ad ogiva su colonne e con una decorazione a foglie nei pennacchi, stanno Apollo (a sinistra) e Diana (a destra) in veduta frontale su una linea di base gradinata; Apollo, freccia nella mano destra ed arco nella sinistra, faretra sulla spalla destra, nudo fatta eccezione per la spalla destra coperta da una clamide; Diana, la mano destra nell'atto di prendere una freccia dalla faretra, arco nella sinistra, indossa un corto chitone e una clamide; tra le figure un pilastro sormontato da una piccola piramide; ai lati due pilastri sormontati da un cratere (a sinistra) e da un simbolo floreale o scultura (a destra); sotto gli archi tre stelle; sulla linea di base un ciuffo d'erba, sotto tre rosette. Lacunoso; fratturato e restaurato. Alterazione superficiale lattiginosa.

Apollo e Diana erano figli di Zeus e Latona. La piramide al centro sulla colonna potrebbe essere un *baetulus*, la pietra sacra ad Apollo. La forma della coppa, la tecnica di incisione e lo stile dell'iscrizione indicano per questa coppa la stessa officina di Colonia delle coppe con scene di caccia (v. n. 126). La scelta del tema mostra che nella stessa bottega venivano incise scene tratte da tutto il repertorio mitologico. Qui è rappresentato il momento in cui Apollo e Diana si apprestano ad uccidere con le loro frecce le figlie di Niobe.

H.H.

Bibl.: *Niessen* 1911, 33, n. 339, tav. 28; Harden 1960, 57, n. 11, fig. 24; Fremersdorf 1967, 165-166, tav. 218; Salomonson 1979, fig. 3; *CIL* XIII, 10025, 203.

128

Coppa con Adamo ed Eva

Secondo terzo del IV secolo d.C. Rinvenuta nel 1902-1903 da C.A. Niessen in una tomba della Luxemburger Straße a Colonia. Già nella collezione Niessen; acquistata nel 1934. RGM N 340.

Altezza cm 5; diametro cm 20.

128 (1:2)

Vetro incolore con sfumatura verdina; soffiato in uno stampo, inciso con una punta; le figure sono su linee di base tratteggiate; i contorni delle figure e degli alberi sono evidenziati da tratteggio, la corteccia con piccole punte. Coppa ad arco di cerchio; orlo molato, labbro ispessito e svasato, base apoda arrotondata. Lungo l'orlo corre un'iscrizione in lettere maiuscole con terminazioni: GAVDIAS IN DEO PIE Z(eses) ("Gioisci in Dio, bevi e possa tu vivere") con una foglia come segno di interpunzione. La decorazione mostra Adamo, in piedi a sinistra, un alberello alla sua destra, piede sinistro leggermente sollevato, ramoscello di grano nella mano sinistra, la destra tesa verso Eva, in piedi presso un albero più alto, la mano sinistra a nascondere la sua nudità, la destra nell'atto di cogliere una mela dall'albero cui è avvolto il Serpente, la lingua biforcuta protesa; ai loro piedi terreno a collinette con ciuffi d'erba; rami di palma tra le gambe delle figure. Fratturato e restaurato di nuovo nel 1983; alcune lacune, compreso il volto di Eva; fessure da pressione.

La scena raffigurata fa parte della tematica cristiana più antica; qui sono riuniti i diversi momenti della tradizione della Genesi; il Serpente tenta Eva, Adamo esitante parla con lei, Eva afferra la mela e si copre nell'atteggiamento della *Venus pudica*, alludendo così alle conseguenze della Caduta. Il grano nella mano di Adamo è indicato in maniera molto rudimentale ma l'interpretazione è evidente con l'aiuto di altri monumenti paleocristiani che illustrano il Peccato originale, ad esempio il Sarcofago di Giunio Basso della metà del IV secolo, dove Adamo porta un fascio di grano ad indicare il lavoro dei campi e Eva è accompagnata da un agnello ad indicare la tessitura, le loro future attività lavorative.

La rappresentazione alquanto goffa, resa con la tecnica graffiata, è la stessa della coppa di Apollo e Diana (v. n. 127). È ovvio che entrambe le coppe, trovate nello stesso sepolcreto, provengano dalla medesima officina, attiva a Colonia dal terzo decennio del IV secolo (Harden 1960, 45-81). Il modo con cui sono incise le linee sembra indicare la stessa mano.

La datazione della coppa comporta un problema particolare. Essa proviene da una tomba tardo-antica che conteneva 178 monete (ora perdute) del II e III secolo fino a Tetrico e Probo (276-282 d.C.) (Gorecki 1975, 343, n. 44), oltre ad altri vetri, ceramiche e strisce di bronzo in *opus interrasile*. L'inventario degli oggetti indica la prima metà del IV secolo, mentre la serie di monete termina negli anni ottanta del III secolo, quindi prima della riforma della monetazione. H.H.

Bibl.: Niessen 1911, 33, n. 340, tav. 30; Harden 1960, 59, n. 16, fig. 33; La Baume 1965, 73-74, fig. 19; Doppelfeld 1966, tav. 158; Fremersdorf 1967, 168-169, tavv. 226-227; Engemann 1972, 154-155, fig. 4; von Petrikovits 1978, coll. 641-642; Kötzsche 1979, 422, n. 378; Kaiser-Minn 1981, 59 e 87, tav. 35a; Stutzinger 1983, 686-688, n. 264; *CIL* XIII, 10025, 216.

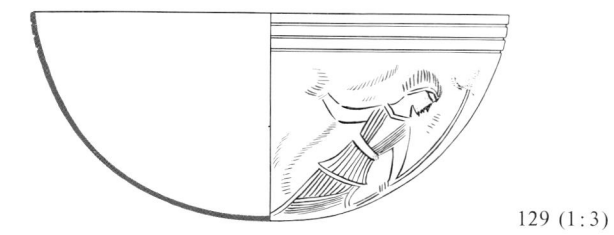

129

Coppa con figure danzanti

Prima metà del IV secolo d.C. Dalla Francia del nord. Acquistata ad Amiens da Sir John Evans. BM GR 1886.5-12.3.

Altezza cm 8,3; diametro cm 19,2.

Vetro incolore con sfumatura verdina. Soffiato e intagliato alla ruota con orlo tagliato e molato. Coppa emisferica con fondo leggermente appiattito. Sulla superficie esterna decorazione intagliata alla ruota, sia lineare che abrasa. Sotto l'orlo tre solchi paralleli intagliati; sul corpo un fregio composto da sei figure alternate maschili e femminili: a) un satiro chinato verso destra con la testa volta in alto a sinistra, un bastone nella mano destra, due bacchette nella sinistra (forse nacchere con un lungo manico o ceri illuminati), il piede destro su una roccia; b) menade in movimento verso sinistra con lo sguardo sopra la spalla sinistra, un drappeggio sul braccio destro e nella mano un paio di bacchette come quelle della figura a, il braccio sinistro piegato, la mano regge un oggetto ovale con una losanga centrale e nappine sul bordo, forse un tamburello, intorno alla fronte una benda legata dietro il capo con le estremità svolazzanti, un abito pieghettato con una cintura all'altezza del petto, e una gonna con un motivo a pannelli che si apre a mostrare la gamba sinistra; c) un satiro di profilo a destra con il piede destro su un cilindro di pietra scanalato o uno sgabello, nella mano destra un tirso con un largo nastro, al di sopra del braccio sinistro teso e davanti al volto una losanga simile a quella sull'oggetto tenuto dalla menade b ma senza cornice; dalla mano sinistra gli pende un oggetto a spirale, forse un serpente con la testa verso il basso; drappeggio di traverso sul busto e sulla spalla sinistra; d) una menade in movimento verso destra con lo sguardo a sinistra; in ogni mano un paio di bacchette come quelle delle figure a e b; intorno al capo una benda con nastri svolazzanti; tunica pieghettata, lunga gonna e scialle drappeggiato su entrambe le braccia e dietro la gonna; e) un satiro in piedi verso sinistra e chino in avanti, il braccio destro teso con un grappolo d'uva nella mano; nella mano sinistra un bastone; un drappeggio di traverso sul busto e sulla spalla destra; f) una menade in movimento a sinistra con lo sguardo verso destra; stringe nella mano destra un oggetto mal definito; nella mano sinistra un tirso con nastri; tunica pieghettata, lunga gonna e scialle drappeggiato sul braccio destro; sullo sfondo due edifici con colonne, uno tra le figure b e c, con soffitto a botte, l'altro tra le figure d ed e, con timpano triangolare; due grappoli d'uva; una pianta con un lungo tronco cresce tra le figure e ed f; altre linee incise alla ruota e cerchi abrasi; sul fondo un medaglione con un busto maschile, probabilmente Dioniso, con lo sguardo verso sinistra; dietro alla spalla sinistra un'asta a punta decorata con nastri; nella zona davanti al volto una brocca con piede a stelo. Frammentata e restaurata, una lacuna sulla destra della figura b. In alcuni punti una pellicola bruna tipo smalto; iridescenze. Qualità del vetro buona con alcune bolle a punta di spillo.

129 (1:3)

Si tratta di una scena bacchica: satiri e menadi danzanti con tirsi, strumenti musicali, grappoli d'uva e serpenti. Le figure sono disegnate con vivacità, ognuna impegnata in una diversa parte della danza rituale alla quale, dal medaglione centrale, presiede Dioniso. Un confronto molto stretto, sia per il soggetto che per l'esecuzione, è offerto da una coppa trovata a Colliton Park nel Dorchester (Toynbee 1962, 185, n. 141, tav. 159, e Harden 1970, 64, fig. 8). Si possono anche confrontare le scene simili su argenti tardo-romani, in particolare il grande piatto del Tesoro di Mildenhall e altri piatti con motivi dionisiaci (Toynbee e Painter 1986, 22-24, 29, nn. 1, 18-19). Il decoratore di questo piatto manifesta un senso dell'*horror vacui* molto sviluppato.

K.S.P.

Bibl.: *Masterpieces* 1968, 75, n. 96; Painter 1971, 47, n. 2; Harden 1978, 19, tav. 4.

232

130 (1:2)

130
Bicchiere con scene bibliche

IV secolo d.C. Da uno dei sarcofagi scoperti prima del 1872 a Colonia nei pressi della chiesa di S. Severin. Già nella collezione Pepys, Colonia. Dono degli eredi di Felix Slade. BM MLA 1872.3-20.1.

Altezza cm 12,8; diametro cm 11,4.

Vetro incolore con sfumatura verdina. Soffiato; orlo levigato mediante molatura; decorazione sulla superficie esterna intagliata a linee e sfaccettature con le cavità lasciate non levigate; orlo liscio orizzontale; corpo troncoconico; fondo leggermente concavo. La zona decorata, compresa tra due solchi paralleli intagliati lungo l'orlo (uno più largo e uno più sottile) e due lungo il fondo, è costituita da tre scene. Da sinistra a destra: 1) Mosè fa scaturire l'acqua dalla roccia: Mosè ammantato in veduta frontale, il capo rivolto di profilo a sinistra, il braccio sinistro nascosto dall'abito, il braccio destro alzato nell'atto di colpire con il suo bastone la roccia alla sua sinistra; 2) Adamo, Eva e Nostro Signore: Eva in piedi nuda di profilo verso destra, la mano destra sul mento, la sinistra davanti a nascondere la sua nudità; un cespuglio; un albero sul cui tronco è avvolto il serpente con la testa crestata verso Eva; Adamo in movimento verso sinistra di tre quarti con la testa volta indietro di profilo a destra, la mano sinistra a coprire la sua nudità, il braccio destro teso; una figura ammantata in veduta frontale, la testa di profilo a sinistra, il braccio destro teso verso Adamo, la palma della mano aperta, il braccio sinistro nascosto dalle pieghe del mantello; 3) La resurrezione di Lazzaro: Cristo ammantato in veduta frontale, testa di profilo a sinistra, il braccio sinistro alzato coperto dall'abito, impugna una verga in direzione di Lazzaro, avvolto nelle bende verso destra; dietro un albero. Le scene non sono delimitate, alcuni fiori riempiono i vuoti, quattro in alto e due in basso. Rotto e restaurato; completo, fatta eccezione per due fori e due piccole sbeccature sull'orlo. Superficie opacizzata; iridescenza a chiazze internamente ed esternamente; alcune bolle a punta di spillo.

Questo bicchiere è stato trovato in un sarcofago del cimitero romano lungo la Severinstraße, nei pressi della chiesa di S. Severin, prima del 1872. Tra gli oggetti recuperati a quell'epoca dalle sepolture dello stesso gruppo, vi era anche la coppa in vetro blu con medaglioni dorati (n. 154). Dobbiamo a E. aus'm Weerth (1878, p. 124) la più antica notizia del ritrovamento. Non essendo facilmente accessibile, la riportiamo in originale: "Vor einigen Jahren wurde bei S. Severin in Cöln eine Anzahl steinerner Särge aufgedeckt, welche nach Form und Inhalt zu den ältesten Denkmälern der altchristlichen Kirche Cöln's gehören. Leider hat man diesen Funden nicht die hinreichende Aufmerksamkeit zugewendet und die Thatsachen nicht festgestellt. Einzelne Gegenstände kamen, wie die berühmte Patene mit den blaugoldenen Medaillons, in die Sammlung Disch, andere, weiterhin zu besprechende, zierliche Glas-Ampullen in die des Hrn. Wolf, das werthvollste Glas, ein mit gravirten Figuren geschmückter Becher, gelangte aus dem Besitz des ehemaligen Directors der nahebei gelegenen Gasfabrik Hrn. Pepys in das Britische Museum".

Questa coppa, dal punto di vista della tecnica, fa parte di un gruppo decorato con intagli paralleli. Il gruppo fu individuato da Fremersdorf (1967, tavv. 246-269); dei diciotto esemplari che egli elenca undici furono trovati, o probabilmente furono trovati a Colonia, mentre gli altri sette vengono da Andernach, Magonza, Krefeld-Gellep, Nijmegen, Strasburgo (2) e Boulogne. È pertanto probabile che siano stati prodotti in un'officina di Colonia. Il confronto più stretto per questo bicchiere è il vaso trovato a Colonia, ora nel Toledo Museum of Art (n. 48.14) che presenta due analoghe scene: Mosè che colpisce la roccia e la resurrezione di Lazzaro.

L'intaglio a sfaccettature del bicchiere con scene egizie (n. 109), della fine del II o degli inizi del III secolo d.C., non si mantiene nel tempo allo stesso livello qualitativo in Oriente e in Occidente. A partire dal IV secolo esso si riduce ad una semplice abrasione della superficie con una concomitante degenerazione del disegno. In questo esemplare, tuttavia, benché il disegno sia già di qualità inferiore, l'intaglio è tecnicamente migliore rispetto ad altri pezzi con abrasioni, come la bottiglia da Populonia (n. 116), ed è certamente l'esemplare meglio lavorato tra i pezzi del gruppo di Fremersdorf decorati con gruppi di intagli paralleli.

K.S.P.

Bibl.: aus'm Weerth 1878, 124, 127, nota 4; Dalton 1901, 131, n. 632; Fremersdorf 1967, 185-186, tavv. 264-265; *Masterpieces* 1968, 76, n. 99; Harden 1970, 56, fig. 5, tav. VII, 1; Price 1983, 217, fig. 183.

131

Bicchiere

Secondo terzo del IV secolo d.C. Rinvenuto probabilmente a Bonn con la grande coppa n. 40. Già nella collezione Niessen; acquistato nel 1934. RGM N 326.

Altezza cm 14; diametro cm 11,8.

Vetro incolore con sfumatura verdina. Soffiato; intaglio lineare profondo e abrasione. Bicchiere conico con labbro leggermente svasato, parete quasi verticale, fondo introflesso. Decorazione: a) solco inciso alla ruota lungo l'orlo; b) un motivo a onda tra linee intagliate; c) fascia decorata con quattro uomini armati alternati a quattro stendardi militari, i contorni e i dettagli intagliati alla ruota, superfici interne abrase; ogni soldato è di prospetto con la testa di profilo a sinistra: i capelli o l'elmo sono indicati da una serie di brevi tratti; occhi a forma di rombo; imberbi; indossano una tunica stilizzata, mantello e brache; due lance che escono in diagonale da dietro le spalle; scudi ovali e alcuni ovali resi mediante abrasione tra le figure: 1) scudo con un motivo a rombi e sei ovali; 2) scudo con una croce formata da rombi e con piccoli tratti negli angoli, cinque ovali e un gruppo di trattini; 3) scudo con al centro una stella, quattro ovali e un gruppo di trattini; 4) scudo con rombo al centro decorato a sua volta con piccoli rombi, tre ovali e tre gruppi di trattini; al centro di ogni stendardo con frangia una stella a otto raggi e negli angoli due tratti diagonali; d) due linee orizzontali intagliate alla ruota racchiudono un motivo a rombi. Intatto. Leggera alterazione sulla superficie interna.

L'interpretazione della scena pone numerosi interrogativi ai quali gli studiosi hanno dato risposte diverse, ma finora nessuna ha ottenuto il consenso generale. Fremersdorf interpretava le figure come guardie del corpo germano-cristiane dell'imperatore, fondando la sua teoria sul piatto di largizione in argento del IV secolo trovato nei dintorni di Ginevra (Ginevra, Musée d'Art et d'Histoire, inv. C 1241; Toynbee e Painter 1986, 27, n. 15). Recenti ricerche tuttavia non vedono più nella semplice stella a otto raggi un simbolo cristiano.

131 (1:3)

Sembra piuttosto trattarsi, come mostrano altri esempi su vetri dello stesso gruppo, di un comune motivo decorativo e un riempitivo. Tuttavia il carattere della scena indica chiaramente che sono rappresentati dei soldati romani, forse dei *protectores*, milizie scelte imperiali, secondo l'ipotesi di H. von Petrikovits. Non si tratta assolutamente di germani, anche se nel IV secolo le unità militari erano in larga misura reclutate fra i germani. In altre rappresentazioni i germani sono identificati dai capelli lunghi e dalle *torques* (collari). L'intagliatore potrebbe in questo caso aver indicato le *torques* con la doppia linea sul collo delle figure. I diversi motivi degli scudi potrebbero indicare diverse unità militari. Se gli ovali intorno alle figure, che diminuiscono da tre a sei, indichino una qualche differenza di grado non è dato sapere, ma è possibile. Gli stendardi non portano il *labarum*, il simbolo riservato all'imperatore, ma sono *vexilla*, insegne da campo per unità militari. Ora come ora non è possibile stabilire se l'intagliatore abbia riprodotto un prototipo iconografico o realizzato un disegno di sua invenzione basato sulla diretta conoscenza delle milizie scelte di stanza a Colonia.

Nel IV secolo furono prodotte in serie numerose varianti insignificanti del semplice bicchiere apode. La decorazione va invece presa in grande considerazione, soprattutto per la tecnica dell'intaglio e il modo di rappresentare le teste che sono da mettere in relazione con quelle raffigurate sulle coppe emisferiche (le cosiddette "Igelköpfe" ossia "teste coi capelli a spazzola", ad esempio il n. 133), anche se in questo caso sembra siano state eseguite con minor cura. Gli occhi sono a forma di rombo come sul piatto con scena di circo da Colonia (n. 117). Le caratteristiche dello stile, che sono naturalmente determinate anche dall'essere la decorazione realizzata con l'intaglio alla ruota, collocano il bicchiere tra la produzione in serie di coppe emisferiche (cfr. n. 129) e il piatto con scena di circo (n. 117). È perciò possibile datare questo bicchiere nel secondo terzo del IV secolo. Allo stesso gruppo appartiene anche il bicchiere da Colonia-Worringen (Toledo Museum of Art, USA).   H.H.

Bibl.: Niessen 1911, 21, n. 326, tav. 25; Fremersdorf 1952, 66-83; Fremersdorf 1967, 174-175, tav. 235; von Petrikovits 1978, col. 630.

132

Ampolla decorata con figure e pesci

Prima metà del IV secolo d.C. Dalla Francia settentrionale. Acquistata ad Amiens da Sir John Evans. BM GR 1886.5-12.2.

Altezza cm 14,8; diametro cm 10,4.

Vetro incolore con sfumatura verdina. Soffiato in uno stampo e tagliato alla ruota. Orlo levigato mediante molatura; collo a imbuto con la parte terminale inferiore leggermente infossata nella spalla orizzontale; corpo bulboso; fondo leggermente appiattito. Tre solchi intagliati alla ruota subito sotto l'orlo; due sottili sul collo; sul corpo, tra due fasce orizzontali decorate a traliccio, un fregio con gruppi di figure separati da alberi: a) una palma; un pesce con la testa in alto alla sinistra del tronco; una donna in veduta frontale con la testa di profilo a destra, le braccia tese con un pesce sospeso al polso destro, indossa un abito pieghettato con cintura, la parte inferiore del corpo nascosta dietro a un'altra figura; edificio colonnato fiancheggiato su entrambi i lati da una colonna, con una piccola struttura quadrata sopra il colonnato e con una doppia linea curva tra le due colonne esterne; a destra una figura femminile con un lungo abito, sdraiata verso sinistra ma di profilo verso destra, con il peso poggiante sul braccio sinistro, porge una coppa con la destra perché venga riempita; a destra, una figura barbata, di profilo a sinistra, indossa una corta tunica, la mano sinistra sollevata versa con un recipiente del liquido nella coppa della seconda donna; b) un albero; una figura alata, che indossa una corta tunica, con un pesce sospeso alla mano destra e un secondo pesce sotto il braccio sinistro; un edificio colonnato con due colonne ai lati ed una struttura quadrata sulla sommità; un pesce in orizzontale sopra un grande recipiente panciuto; una figura alata, volta verso sinistra, con una corta tunica e con un pesce sotto il braccio sinistro; c) una palma; una figura femminile con un lungo abito pieghettato con cintura, in veduta frontale, con la testa di profilo a sinistra, il braccio destro sollevato con un pesce appeso ad una lenza (?); sul fondo una figura alata con una corta tunica, in veduta frontale, testa di profilo a sinistra, le braccia spalancate con le palme delle mani verso lo spettatore. Corpo del vaso intatto, collo rotto e restaurato; fratturato malamente con due lacune e una scheggiatura sull'orlo. Iridescenza a scaglie, per lo più staccata sulla superficie esterna.

La scena è strettamente legata a quella del bicchiere di Colonia-Worringen. I soggetti sono così simili da potersi considerare due versioni della stessa scena. L'interpretazione più probabile è quella del banchetto funerario: la donna sdraiata è probabilmente la defunta, compianta da una parente o da una ancella; gli edifici possono essere dei mausolei, quello a sinistra ha forse una copertura a cupola; le figure alate sono amorini sempre presenti nelle scene funerarie; i pesci sono un usuale simbolo di morte e gli alberi possono simboleggiare l'oltretomba o la fertilità dell'aldilà.   K.S.P.

Bibl.: Painter 1971, 44-47, n. 1, fig. 1, tav. XVI; Harden 1978, n. 18, tav. III.

133

Coppa con danzatori

Seconda metà del IV secolo d.C. Rinvenuta a Colonia. Già nella collezione Niessen; acquistata nel 1934. RGM N 337 (= N 6085).

Altezza cm 5,3; diametro cm 9,7.

Vetro incolore, soffiato in uno stampo; orlo molato; decorato con intagli alla ruota e abrasioni. Sulla superficie esterna un solco intagliato alla ruota e una linea incisa lungo l'orlo; fondo piatto. Fascia decorata: un albero; cinque figure maschili giovanili quasi identiche, di prospetto, con la testa dai capelli a spazzola ("Igelköpfe") di profilo a sinistra; i volti sono indicati da trattini ad angolo retto rispetto ai capelli, i corpi con abrasioni, la parte superiore rivestita da un corsetto con elementi diagonali sovrapposti, le gambe forse coperte da calzoni; in ogni mano un fascio di spighe (?). Sul fondo una stella a otto raggi. Fessure da pressione sul fondo; tracce di alterazione superficiale.

In base agli elementi stilistici non vi è dubbio che questo vetro debba essere datato nel IV secolo, probabilmente nella seconda metà. Appartiene ad un gruppo ben definito, con soggetti sia profani sia cristiani (Haberey 1965). Due altri frammenti di coppe con scene di danzatori in cerchio manifestamente simili sono stati trovati in resti dell'abitato della città romana di Colonia (Binsfeld 1962-1963, 96-97, tav. 10,1; La Baume 1971, 29, tav. 9). Questo gruppo comprende anche un nuovo rinvenimento a Bonn (Rheinisches Landesmuseum Bonn): una coppa emisferica (altezza cm 6, diametro cm 10) con quattro figure maschili con tunica, ognuna con un mazzo di piante in mano; la scena è ripartita da quattro colonne; sul fondo una stella a otto raggi. La coppa è legata a questa di Colonia dalla tecnica di intaglio, dalle abrasioni e dalla acconciatura dei capelli ("Igelköpfe"). L'intaglio è stato sicuramente eseguito nella stessa officina, forse dalla stessa mano. Gli altri oggetti della tomba (una spilla, un fermaglio e un'attaccatura di cintura) la datano all'ultimo terzo del IV secolo (Haupt 1973, 315-326). L'ubicazione dell'officina è ancora incerta, ma sembra certo che fosse in Renania. La concen-

132 (1:3)

trazione dei reperti indica Colonia, ma la situazione dopo l'invasione dei Franchi del 335-336 d.C. è ancora da studiare. Una coppa simile di questo gruppo, già antica di 200 anni, probabilmente proveniente dal saccheggio di una tomba tardo-romana, è stata trovata nella tomba principesca n. 1782 del cimitero franco-romano a Krefeld-Gellep (Pirling 1974, 174-175, tav. 49, 1a e b). H.H.

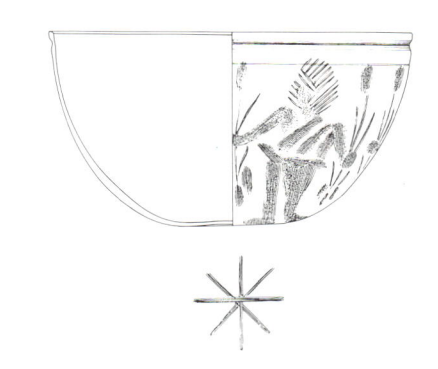

133 (1:2)

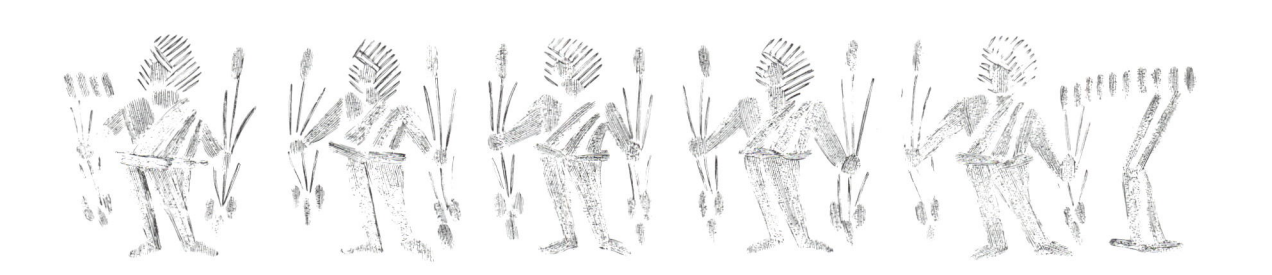

Bibl.: Niessen 1911, 32, n. 337, tav. 27; Binsfeld 1962-1963, 96-97, tav. 10,2; Fremersdorf 1967, 180-181, tav. 252.

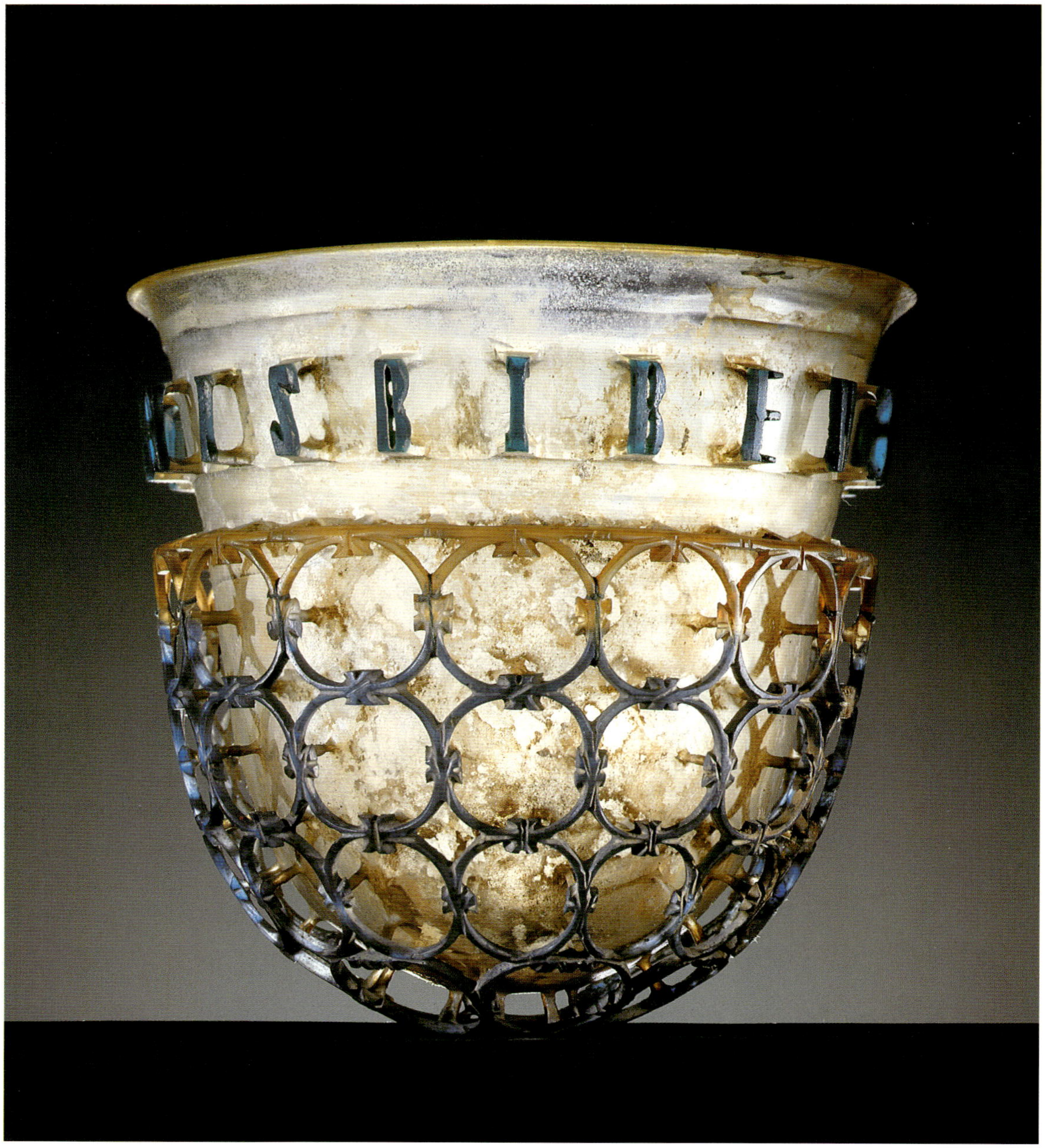

134

Coppa Trivulzio

Seconda metà del IV secolo d.C. Proveniente dal territorio novarese (Italia). Scoperta nel 1680 in un sarcofago. Già nelle collezioni di Everardo Visconti e di Carlo Trivulzio. Acquistata nel 1935 dal Comune di Milano. Milano, Civico Museo Archeologico, A. 2840.

Altezza cm 12; diametro cm 12,2.

Vetro madreperlaceo; reticolo e scritta in vetro color azzurro intenso. Il reticolo e l'iscrizione in lettere latine sono stati ottenuti attraverso un complesso lavoro d'intaglio "a giorno" realizzato sulla superficie esterna del vaso. Corpo profondo con bordo estroflesso sotto il quale si legge la scritta BIBE VIVAS MULTIS ANNIS in belle lettere intagliate. Fondo arrotondato privo di piede. Un raffinato reticolo avvolge la metà inferiore della coppa. Iridescenze. Lievi incrinature sul corpo della tazza.

La coppa è stata scoperta nel 1680 nei dintorni di Novara in un sarcofago insieme ad un recipiente fittile e ad un pettine d'avorio. Acquistata da Everardo Visconti, passò successivamente nella collezione dell'abate Carlo Trivulzio e nel 1935 fu acquistata dal Comune di Milano. La coppa Trivulzio è stata a lungo conosciuta sotto il nome di "Coppa di Nerone". J.J. Winckelmann (1717-1768) fu il primo a riconoscere che essa era stata realizzata mediante un lavoro d'intaglio su vaso grezzo: "Zuverlässig sind weder die Buchstaben noch das Netzwerk auf irgendeine Weise angelötet, sondern das Ganze ist mit dem Rade aus einer Masse Glas auf die Weise gearbeitet, wie es bei den Cameen geschieht. Die Spur des Rades gewahrt man deutlich" (Winckelmann 1847, III, 113f.). Ci sono voluti quasi due secoli perché questa spiegazione di Winckelmann fosse accettata da tutti, sulla scia dell'articolo di Fremersdorf (1930b) *Die Herstellung der Diatreta*. Sempre a Winckelmann dobbiamo la denominazione *vasa diatreta* per queste coppe.

La coppa Trivulzio per le caratteristiche della decorazione intagliata e per l'iscrizione conviviale ("Bevi, vivrai molti anni") presente sotto il bordo, che si ripete su molti esemplari a noi noti con minime varianti, appartiene ad una tipologia generalmente indicata col termine di "Kölner Typ E". È infatti nella Renania e soprattutto nel territorio di Colonia che si rileva una concentrazione maggiore di tali esemplari, tutti eccellenti per la raffinata esecuzione del complesso lavoro d'intaglio (Doppelfeld 1961, 421).

Il rinvenimento del pezzo novarese presenta analogie con altri ritrovamenti renani, fondamentali per precisare la cronologia. In particolare una diatreta a reticolo recuperata anch'essa all'interno di un sarcofago a Colonia, con la medesima iscrizione augurale sotto il bordo, era associata ad una moneta di Costanzo II, che induce a datare la coppa alla seconda metà del IV secolo d.C. (*À l'aube de la France* 1981, 68). La massima diffusione delle diatrete si rileva infatti nel IV secolo d.C. mentre l'inizio della produzione si può fissare intorno alla metà del III secolo d.C. in seguito al rinvenimento della coppa di Begram (Afghanistan), datata fra il 251 ed il 253, e di un esemplare in frammenti di tipo figurato recuperato ad Atene sotto le rovine di un edificio distrutto nel 267 d.C. (Weinberg 1964; Facchini 1979).   G.M.F.

Bibl.: Winckelmann, *Werke* 1847, III, 113-114; d'Adda 1870, 28; Kisa 1908, 607; Bertolone 1947-1948, 34, figg. 4-5; Fremersdorf 1959, 28; Harden e Toynbee 1959, 209, n. 6; Doppelfeld 1961, 421; Cassani 1962, 133 ss., fig. 24; Tamassia e Mirabella Roberti 1964, 16; Facchini 1979; Roffia 1981-1983, 55, fig. 3.

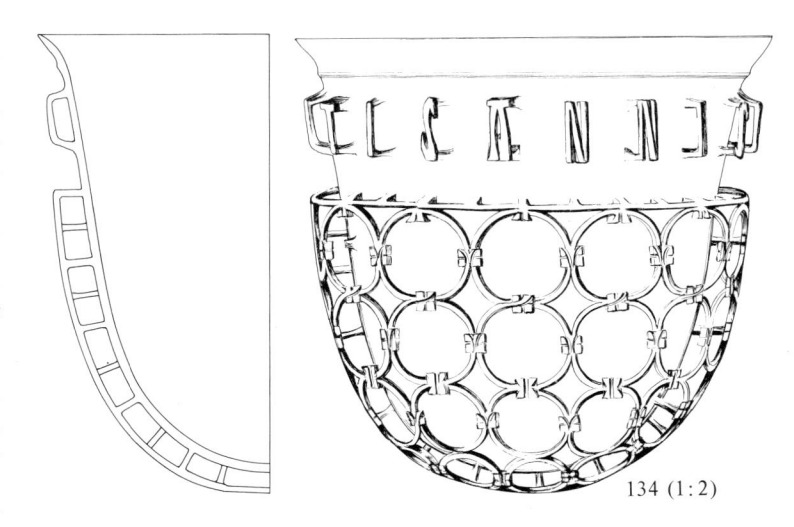

134 (1:2)

135

Coppa a gabbia da Colonia-Braunsfeld

Prima metà del IV secolo d.C. Rinvenuta nel 1960 a Colonia-Braunsfeld, dalla tomba n. 5 del cimitero familiare di una *villa rustica*. Donazione di Benno Wolff-Limper, Colonia. RGM 60.1.

Altezza cm 12,1; diametro della bocca cm 10,1.

Corpo in vetro incolore con gabbia in vetro rosso porpora scuro, giallo oro e verde smeraldo; ponticelli incolori. Colato in uno stampo; intagliato; orlo molato. Labbro svasato; corpo campaniforme apodo ricoperto da una lavorazione a rete che segue la forma del vaso. Decorazione in tre zone: a) iscrizione a traforo composta da diciassette lettere singole e un motivo ornamentale finale: ΠΙΕ ΖΗCΑΙC ΚΑΛѠC ΑΕΙ. ("Bevi, vivi bene, sempre"); b) un fregio pendulo a ovoli, la cui estremità a giorno è realizzata in giallo; c) una gabbia a rete composta da quattro file orizzontali di maglie circolari, con un'unica maglia sul fondo al centro che fa da sostegno al vaso; la parte superiore della gabbia è in giallo, il resto, fatta eccezione per una piccola striscia intermedia incolore, è in verde. Rinvenuta in frammenti e ricomposta; piccole lacune sul collo; mancano alcune parti della rete e dell'anello di sostegno.

La coppa è stata trovata in una tomba costituita da un semplice sarcofago di arenaria rossa deposto in una larga fossa rettangolare. Il corpo del defunto giaceva nel sarcofago con la testa in direzione ovest senza corredo. Questo, raccolto in due gruppi, era deposto fuori del sarcofago, in uno spazio ristretto nel lato occidentale della fossa. All'altezza del capo si trovavano i frammenti compressi della coppa e un piccolo dado; all'altezza del corpo un ricco insieme di oggetti: un coltello di ferro con manico d'osso, tre piccole brocche monoansate di terracotta, tre coppe emisferiche con sei costolature realizzate con una pinza in vetro verdino trasparente, un bicchiere conico di vetro con gocce verdi e blu, tre brocche cilindriche monoansate di vetro (due con decorazione intagliata), un grande piatto rotondo di vetro con ossa di pollo e un piccolo piatto ovale di vetro con orlo espanso. Il numero di oggetti trovati nella sepoltura non è affatto eccezionale per le ricche tombe di Colonia del periodo tardo-romano. Ciò che colpisce è la presenza di oggetti identici in gruppi di tre: tre brocche di terracotta, tre coppe, tre brocche di vetro. Corredi funerari di questo tipo, specialmente con tre semplici brocche di terracotta, sono frequenti nelle tombe romane di Colonia, ma il loro significato rituale è ancora sconosciuto. La diversa collocazione nella tomba degli oggetti fa pensare che la coppa a gabbia e il dado, separati dagli altri, fossero oggetti personali del morto, mentre il resto del corredo apparteneva al rituale tradizionale delle ricche sepolture. La coppa era probabilmente proprietà del morto da lungo tempo dato che la parte mancante del fondo (non trovata nella fossa) doveva essersi rotta quando l'uomo era ancora in vita.

Harden e Doppelfeld hanno riaperto con i loro studi la discussione sui *vasa diatreta*. Il numero complessivo di questo tipo di coppe, comprensivo degli esemplari integri e dei frammenti, è di circa cinquanta, che si possono suddividere in due classi principali: con decorazione figurata e con un semplice motivo a rete. Questa coppa è il terzo esemplare rinvenuto a Colonia (i primi due furono rinvenuti nel 1844 in due sarcofaghi nella Benesisstraße: uno, portato a Berlino, andò distrutto nel 1945, l'altro fu venduto a Monaco) ed è certamente la più pregevole tra quelle con semplice motivo a rete perché intagliata da una forma grezza con tre sovrapposizioni di colori diversi.

I numerosi frammenti venuti alla luce negli ultimi due decenni, soprattutto nel bacino del Mediterraneo, hanno aperto nuove prospettive alla discussione relativa al luogo di produzione. Non c'è alcun dubbio che, specialmente nella tarda antichità, i *vasa diatreta* fossero i recipienti in vetro più costosi e preziosi, non foss'altro per l'alto rischio di rottura durante la lavorazione. Gli stessi artigiani altamente specializzati (*diatretarii*) godevano di particolari privilegi come testimonia un frammento del giurista Ulpiano (*Digesto* IX, 2, 27, 29; Doppelfeld 1961, 410-417). I *diatretarii* erano vincolati alla loro professione e alla formazione delle nuove leve e quindi esentati da ogni imposizione fiscale (*munera*) sulle loro case e luoghi di lavoro (*Cod. Theod.* 13, 4, 2 = *Cod. Iust.* 10, 66, 1). Le botteghe degli intagliatori di vetro devono essere ricercate il più vicino possibile ai principali centri di produzione del vetro (sulla costa siriana, ad Alessandria, in Italia e a Colonia), ma forse anche nelle sedi imperiali tardo-romane dove si producevano e commerciavano oggetti di lusso.

Le coppe a gabbia furono prodotte a partire dal I secolo d.C.; tuttavia lo stato attuale delle nostre conoscenze, alla luce dei rinvenimenti, consente di indicare come periodo di massima produzione la fine del III e la prima metà del IV secolo.

H.H.

Bibl.: Doppelfeld 1960, 403-417, tavv. 55-58; Doppelfeld 1960-1961, 16-34; Doppelfeld 1961, 410-424, tavv. 15-18, 20; Harden 1963, 16-17; Röder 1964, 33-38, tavv. 11-13; Fremersdorf 1967, 64-65, tavv. 26-27.

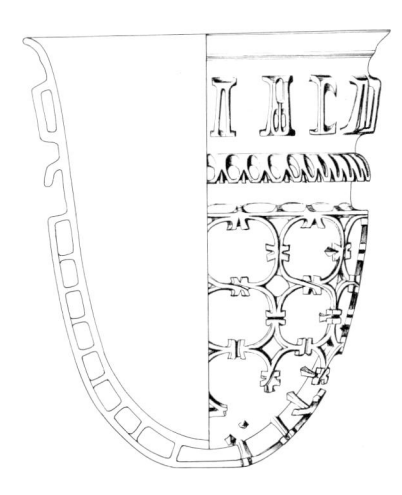

135 (1:2)

136 In mostra solo a Corning

Coppa Constable Maxwell

300 d.C. circa. Presumibilmente rinvenuta in Siria. Già nella collezione di Mr. e Mrs. Andrew Constable Maxwell. Prestito anonimo. CMG L 151.1.85.

Altezza cm 10; diametro cm 18,2.

Vetro incolore, soffiato o colato in uno stampo; intagliato alla ruota, molato. Coppa emisferica con fondo arrotondato; labbro svasato ricurvo; decorazione intagliata alla ruota. La decorazione è costituita da un collare alla base del labbro e da una gabbia che copre le pareti e il fondo; il collare consiste in una frangia a traforo con un motivo a ovolo; la gabbia è composta da una maglia centrale, probabilmente circolare, circondata da tre file concentriche di maglie: cuoriformi nell'anello inferiore composto di 7 maglie, circolari al centro e nell'anello esterno (14); nel punto di giunzione di ogni coppia un piccolo motivo cruciforme nasconde gli attacchi della gabbia alla coppa. Restaurata e in parte reintegrata; tre sezioni del labbro (cm 6,5, 7,5 e 8,5) fratturate e restaurate; piccolissime sbeccature sull'orlo; fessure filiformi nella parete; fessura a stella sul fondo; sbeccature sull'orlo della frangia del collare; della maglia centrale rimane solo un piccolo archetto; della fila centrale una sola maglia integra e frammenti di altre cinque; della fila mediana dieci maglie intatte e parti delle altre; fila superiore intatta. Alterazione superficiale opaca color miele con piccole chiazze brune, in parte mancanti, soprattutto all'interno. Poche bolle minute.

Harden e Toynbee (1959) hanno suddiviso i vetri intagliati tardo-romani in due gruppi: A) con decorazione figurata senza gabbia; B) con gabbia. Si conoscono solo sei coppe a gabbia complete o quasi complete, gli altri cinque esemplari sono bicchieri. Tuttavia i frammenti di un'altra coppa incolore, rinvenuta a Hohensülzen (Rheinhessen) nel 1869, probabilmente perduta durante la seconda guerra mondiale (Kisa 1908, 608, 621, fig. 222; Behrens 1925-1926, 76-77, fig. 29) sembrano simili a questa coppa. I rinvenimenti associati indicano che la coppa di Hohensülzen venne sepolta intorno al 300 d.C.

D.B.W.

Bibl.: Constable Maxwell 1979, 38-41, n. 41, ill.

137

Coppa Cagnola

Seconda metà del IV secolo d.C. Provenienza incerta: Sardegna? territorio di Alessandria (Piemonte)? Donata nel 1947 ai Musei Civici di Varese da G. Cagnola. Varese, Musei Civici di Villa Mirabello, inv. n. 1050.

Altezza cm 11,5; diametro cm 13,5.

Vetro incolore con riflessi dorati nella parte esterna. La coppa è stata ottenuta con un complesso procedimento tecnico comprendente due fasi: la prima consiste nella soffiatura del vetro dentro una forma, la seconda in un delicato e raffinato lavoro d'intaglio "a giorno" con trapano e ruota sulla superficie esterna, cosicché il rivestimento decorativo resta unito al corpo per mezzo di ponticelli. La differenza di tonalità fra la tazza e la parte esterna deriva dalla soffiatura di un vetro piuttosto spesso di due strati di colore diverso.
Corpo profondo con bordo estroflesso sottolineato da un listello rilevato; fondo arrotondato. La decorazione esterna è composta da quattro colonnine di cui due tortili e due scanalate, con capitelli corinzi, alternate a maschere sospese da festoni. Le maschere hanno occhi e bocca lavorati "a giorno" e le chiome incise. Nella parte superiore il rivestimento decorativo termina con un cerchio dentellato di raccordo; la parte inferiore sotto il fondo forma un anello ovale che assicura la stabilità senza ricorrere ad alcun supporto, indispensabile invece per la maggior parte delle diatrete. Iridescenze. Incrinature sul corpo della tazza e lacune nella decorazione esterna.

La coppa Cagnola o "coppa a maschere e colonne" fu pubblicata la prima volta nel 1870. Il luogo di rinvenimento è sconosciuto: Kisa (1908, 610) e altri autori dicono che sia stata trovata in Sardegna mentre Bertolone (1947-1948, 35, n. 5), citando don Guido Cagnola, dice che proviene dai dintorni di Alessandria (Piemonte). Cagnola la acquistò sul mercato antiquario e la donò nel 1947 ai Musei Civici di Varese.
La coppa Cagnola si inserisce nella produzione di diatrete a decorazione figurata che si distingue dall'altro gruppo di tazze a reticolo o "Kölner Typ E", così definito per la grande concentrazione di tali vasi in Renania, nelle vicinanze di Colonia. Non è possibile trovare confronti puntuali per questa coppa né per altri esemplari figurati, molto diversi fra loro (Harden 1966b, fig. 1293). La stessa incertezza riguarda l'identificazione del luogo di lavorazione di questi raffinati prodotti dell'arte vetraria per i quali è ipotizzabile la provenienza da una fabbrica aquileiese (Tamassia e Mirabelli Roberti 1964, 16), ipotesi fondata essenzialmente su una citazione di Ulpiano, che parla dell'esistenza di *diatretarii* ad Aquileia, sede fiorente di officine vetrarie e glittiche (*Digesto*, D.IX, 2, 27, 29). Altre ipotesi sono state avanzate nel corso degli anni da vari studiosi fra cui Albizzati, Bertolone e Kisa, che suggerisce l'attribuzione della coppa ad officine orientali. Ritengo comunque azzardato mantenere la distinzione dei due gruppi come provenienti ciascuno da centri di produzione differenti: è probabile che esistessero officine specializzate nel complesso lavoro d'intaglio su vetro, localizzabili ad Aquileia, a Colonia o in altre località orientali, ma non sembra possibile un'ulteriore differenziazione che si basi sui motivi decorativi (Facchini 1981-1983, 68 ss.). Cronologicamente la decorazione della coppa Cagnola si riferisce alla tradizione artistica classicistica tardo-antica e induce a datare l'esemplare nella seconda metà del IV secolo d.C.

G.M.F.

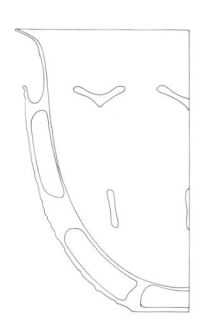

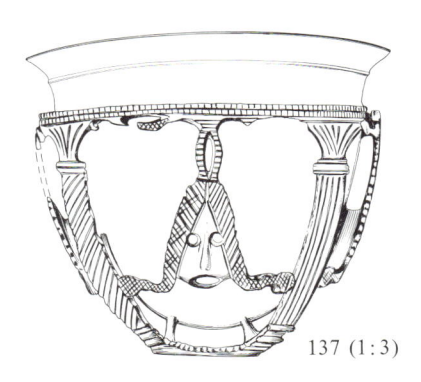

137 (1:3)

Bibl.: D'Adda 1870; Kisa 1908, 609-610, 629, fig. 228; Thorpe 1935, 33; Bertolone 1947-1948, 31-35; Fremersdorf 1956, 34, fig. 1; Harden e Toynbee 1959, 203-204, tav. LXVI a-b; Facchini 1981-1983, 68 ss.

138

Fiaschetta a gabbia frammentaria

Fine del III - inizi del IV secolo d.C. Rinvenuta a Roma nelle catacombe. Vaticano, Biblioteca Apostolica. inv. n. 154.

Altezza cm 8,5; diametro cm 3,8; spessore della parete cm 0,1-0,2; lunghezza dei ponticelli cm 0,8.

Vetro incolore con sfumatura giallina. Soffiato; intagliato alla ruota e molato. Stretto corpo ovoidale con parete convessa che si incurva leggermente verso l'alto e verso il fondo; del piede rimane un piccolo frammento conico. La decorazione della gabbia è costituita da elementi vegetali stilizzati posti simmetricamente. Alla parete esterna del vaso sono connessi, in posizione verticale ed equidistanti, mediante quattro sottili ponticelli, tre ramoscelli formati ciascuno da due grandi foglie suddivise in foglioline più piccole per mezzo di lunghe incisioni; lo stelo e la nervatura centrale sono evidenziati con piccoli tratti paralleli. La parte alta (perduta) del vaso era decorata con altri tre rametti simili (rimangono i frammenti di due) collocati negli intervalli degli altri in posizione opposta, cioè con le foglie rivolte verso l'alto. Manca la parte superiore del recipiente, parte della decorazione e il piede; alterazione superficiale bianco lattea.

La parete si incurva verso l'interno sia in alto che in basso; questa caratteristica e il piccolo diametro del recipiente, perduto per circa la metà, fanno pensare ad una piccola ampolla ovoidale, una forma chiusa e non un bicchiere come precedentemente riportato. Non si conoscono altri esemplari di vasi a forma chiusa con lavorazione "a gabbia".

Il tipo della lavorazione, in particolare della decorazione resa mediante incisioni rigide e profonde, il colore e la qualità del vetro, avvicinano strettamente il bicchiere ad un altro piccolo frammento di coppa "a gabbia", sempre da Roma, rinvenuto nel 1939 in via del Colosseo (Antiquarium Comunale, Pirzio Biroli Stefanelli 1984, 35-37, figg. 1-2). In questo caso la parete del vaso, di forma non ipotizzabile date le ridotte dimensioni del frammento, è decorata con la non inusuale, per questo tipo di recipiente, rappresentazione di una nave (Hackin 1954, 42-44, figg. 37-40). È possibile pertanto ipotizzare per entrambi la provenienza dalla stessa bottega, forse a Roma, secondo l'ipotesi di un centro di produzione qui avanzata da Harden e una datazione tra la fine del III e gli inizi del IV secolo d.C.

Per le caratteristiche citate il pezzo può essere confrontato anche con la coppa Cagnola (n. 137).

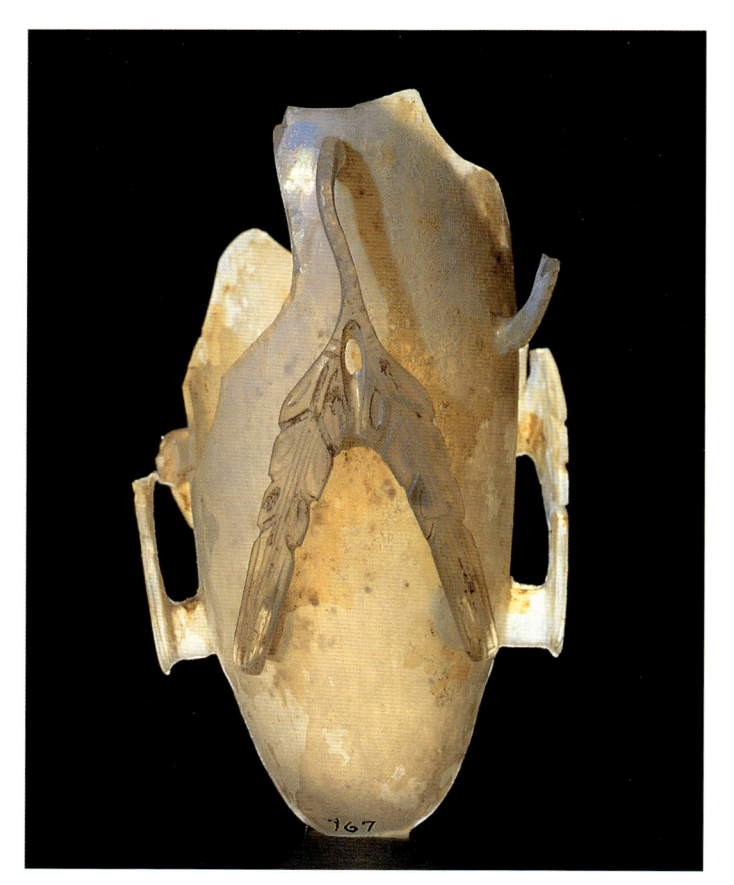

L.P.B.S.

138 (1:1)

Bibl.: Harden e Toynbee 1959, 206-207, A 10, tav. LXVI c; Fremersdorf 1975, 83, n. 805, tav. 41; Pirzio Biroli Stefanelli 1984, fig. 3.

139

Coppa di Licurgo

IV secolo d.C. Luogo di rinvenimento sconosciuto. Acquistata con il contributo del National Art-Collections Fund. Già nella collezione di Lord Rothschild. BM MLA 1958.12-2.1.

Altezza con l'orlo metallico cm 16,5; diametro esterno cm 13,2; diametro interno cm 12,2.

Vetro verde opaco che controluce diventa rosso traslucido. Intagliato e molato da un vetro dalla parete spessa realizzato probabilmente mediante la soffiatura in uno stampo; tracce di smerigliatura alla ruota; molatura a fuoco per ottenere la lucentezza della superficie. Corpo campaniforme; orlo nascosto dalla rifinitura moderna in metallo; la decorazione a traforo che copre il corpo è unita alla parete con piccoli ponticelli intagliati nel vetro grezzo; l'interno della coppa è scavato in corrispondenza delle quattro figure principali; il piede svasato si attacca al fondo della coppa con quattro foglie "a giorno". Il fregio lavorato a traforo rappresenta la morte del re Licurgo; quattro figure principali (un satiro, Licurgo, Pan e Dioniso) e due figure più piccole (Ambrosia e una pantera) sono così raffigurate da sinistra a destra: a) un satiro rivolto a destra, testa e gambe di profilo, torso di prospetto; capelli arruffati, orecchie a punta e bocca semiaperta; la mano destra dietro di lui nell'atto di lanciare una pietra; nella sinistra un *pedum* nodoso; nudo fatta eccezione per un perizoma allacciato sul davanti; in atteggiamento di corsa, il peso sul piede sinistro, gamba destra sollevata in parte nascosta dal tirso di Dioniso; b) Ambrosia seduta a terra verso destra, volto di profilo a destra con le labbra aperte, lunghi capelli scarmigliati con ciocche ricadenti su entrambe le spalle, il peso sul braccio destro, la mano sinistra sollevata in atto di supplica, torso nudo di prospetto, gambe in parte drappeggiate, la sinistra tesa, la destra ripiegata sotto di lei; da dietro il suo piede sinistro esce una pianta di vite che si avvinghia a Licurgo insieme con una seconda pianta, descritta più sotto; c) Licurgo in piedi in veduta frontale inclinato verso destra, le gambe girate di profilo a destra e a sinistra, folti capelli arruffati, baffi e barba, fronte rugosa, occhi spalancati e labbra aperte; braccio sinistro teso con le prime due dita dritte, con il gomito avvinghiato e il polso legato da un tralcio di vite; il braccio destro tenuto lontano dal corpo e piegato verso il basso all'altezza del gomito, con un altro tralcio di vite avvolto intorno alla parte superiore del braccio e al polso; nudo fatta eccezione per delle calzature che coprono lo stinco, la caviglia, il tallone e la maggior parte del piede, lasciando le dita scoperte; sotto il tallone destro, due tralci della seconda pianta di vite, uno dei quali avviluppa la sua gamba sinistra, il busto e il braccio sinistro, l'altro con tre grappoli si avvolge alla gamba e al braccio destro; sotto il piede sinistro la lama di un'ascia il cui manico è rivolto verso l'alto parallelo alla gamba, come se fosse caduto dalla mano sinistra; d) Pan di prospetto, la testa di profilo a destra ma saltellando verso sinistra, con le corna, capelli e barba irsuti, bocca aperta; un drappeggio svolazzante a destra intorno al braccio sinistro; braccio destro piegato e teso verso il basso a sinistra; cosce pelose, piede a zoccolo; gamba sinistra in parte nascosta dalla pantera; e) pantera in movimento di profilo a sinistra, macchie concave, coda eretta con la punta arrotolata sotto il tirso di Dioniso; f) Dioniso, corpo di tre quarti a sinistra e testa di profilo, in punta di piedi, capelli all'indietro, una mitra simile a una benda legata intorno alla testa con un nodo sopra la tempia sinistra e con un ramoscello sopra la fronte; bocca aperta; braccio destro sollevato nell'atto di indicare a sinistra; il braccio sinistro staccato dal corpo tiene il tirso in posizione orizzontale; la parte superiore del busto coperta da una tunica con una cintura all'altezza del diaframma; un mantello drappeggiato sul braccio, lungo il lato destro, di traverso sul basso addome e sulla gamba destra e sopra la spalla sinistra, intorno al braccio l'estremità svolazzante; calzature che lasciano libere le dita del piede. Fessure nella coppa interna; orlo in parte mancante così come la decorazione: parte della prima pianta di vite, il corno destro di Pan, le fauci della pantera, la gamba sinistra di Dioniso; lacuna nel corpo della pantera; piede frammentario. Nessuna alterazione superficiale. Molte piccole bolle e alcune impurità sotto forma di puntini neri.

Storia
La coppa di Licurgo è menzionata per la prima volta nel 1845 in una nota aggiunta da J. de Witte all'articolo *Lycurgue Furieux* (Roulez 1845, spec. 114): "... J'ai vu, il y a quelques années, entre les mains de M. Dubois, un vase de verre de couleur changeante. Ce vase de la forme d'un gobelet est d'une teinte verte opaque; présenté au jour, il devient transparent et d'un rouge éclatant. On y voit une composition de plusieurs figures en relief et adhérentes au corps du vase, au moyen de légers tenons. Lycurgue y paraît, les bras et les jambes embarrassés dans des ceps de vigne; la hache lui échappe des mains. Derrière lui est sa femme, en costume de bacchante, étendue par terre; elle semble implorer la protection de Bacchus. Le dieu armé de son thyrse et accompagné d'une panthère, arrive sur les lieux où le roi de Thrace exerçait sa fureur. Pan capripède, les bras couvert de sa chlamyde, précède le dieu des Lénées".
Si presume che la coppa sia stata acquistata dalla famiglia Rothschild poco dopo la nota di de Witte, ma si ignora quando. Era sicuramente di proprietà della famiglia nel 1862, quando il barone Lionel de Rothschild la prestò al South Kensington Museum (ora Victoria and Albert Museum) per una esposizione (Robinson 1862, n. 4957). Michaelis, tuttavia, quando scriveva nel 1872, non ne conosceva la ubicazio-

ne e citava solo la nota di de Witte del 1845. Kisa (1908, 612, nota 3) sapeva dove si trovava la coppa, benché egli dica, in contrasto con la documentazione del Victoria and Albert Museum, che il vetro era stato esposto a lungo nel South Kensington Museum. Kisa riferisce che ai suoi tempi la coppa era a casa Rothschild ma che non era disponibile per i suoi studi e pochi archeologi possono averla vista fino al 1950 quando Lord Rothschild si rivolse a Harden e Toynbee perché studiassero l'oggetto. I risultati furono esposti in un fondamentale articolo apparso nel 1959 in *Archaeologia*. Il testo era già in stampa e non poté essere modificato quando la coppa fu acquistata nel dicembre 1958 dal British Museum con un contributo del National Art-Collections Fund.

Tecnica
Il recipiente, come si presenta oggi, consiste di una coppa antica in vetro, non completamente conservata, con un orlo e un piede a calice in bronzo dorato di epoca più recente, probabilmente ottocentesco. Il bordo in metallo non è mai stato rimosso per paura di provocare delle crepe nel vetro che potrebbero causare ulteriori fessure o addirittura la rottura. Il piede invece è stato rimosso, dopo l'acquisto da parte del British Museum nel 1958, per permetterne la pulizia e un esame del fondo; i risultati sono stati pubblicati da Harden nel 1963. L'asportazione del piede ha rivelato l'esistenza di un frammento staccato della coppa che si è potuto analizzare (Chirnside e Proffitt 1965; Brill 1965) constatando così che il vetro presenta la usuale composizione del vetro romano (soda-calce-silicio). Contiene inoltre circa lo 0,5 per cento di componenti minori: 40 parti per milione di oro e 300 parti per milione di argento. La presenza dei colloidali oro e argento è la causa delle inusuali proprietà ottiche del vetro, mentre il manganese può contribuire al colore rosso-purpureo del corpo. Si conoscono altri cinque frammenti di vetro

pressappoco dello stesso periodo con le stesse proprietà e simili componenti chimici: 1) un frammento sfaccettato da Oxyrhynchus (Behnesa) in Egitto (Victoria and Albert Museum, n. 691-1905): color giallo-marrone, opalescente in superficie, bruno trasparente controluce (Harden e Toynbee 1959, 188; Brill 1965); 2) frammento di coppa a gabbia (British Museum, GRA 1953, 10-22.2; altezza cm 6,5; diametro cm 8): giallo-marrone opalescente in superficie, bruno trasparente controluce (Harden e Toynbee 1959, 188); 3) frammento di coppa intagliata tardo-romana da Sardis (n. G. 63-18; von Saldern 1962, 7, tav. 5; Brill 1965); 4) frammento di recipiente di forma non definibile, forse non finito, parte di un vaso con figure a rilievo, con una testa umana a rilievo tridimensionale piuttosto grezza ma con i capelli indicati sulla sommità della testa a partire dalle sopracciglia come nella figura di Ambrosia della coppa di Licurgo, i lati della testa e le guance piatte, senza orecchie (e senza capelli che possano nasconderle), dando l'impressione che l'intaglio in questa parte non sia stato iniziato; nessun dato sul luogo di rinvenimento o di acquisto (CMG n. 78.1.17; larghezza cm 6,5; profondità della testa cm 2,3; larghezza della testa cm 1,6); vetro verde oliva scuro che controluce diventa viola pallido traslucido; 5) un frammento da Soria, Spagna (Harden e Toynbee 1959, 210; Brill 1968, tab. 4).

La coppa è stata realizzata mediante soffiatura o colatura in uno stampo di un blocco grezzo, le superfici interne ed esterne sono state poi intagliate e molate lasciando le figure e il resto della decorazione liberi e connessi alla coppa interna solo con piccoli ponticelli. Il vaso differisce in parte dagli altri vetri di questo tipo in quanto le quattro figure principali presentano il corpo concavo all'interno della coppa, mentre le due figure più piccole, Ambrosia e la pantera, hanno una perforazione longitudinale chiusa ad una estremità. Alcuni studiosi hanno ritenuto che le cavità dietro le figure fossero originariamente soffiate in uno stampo. Se questo può essere vero per le figure, non lo può essere per le perforazioni delle figure più piccole e sembra più probabile che tutte queste cavità e perforazioni siano state eseguite con l'intaglio e la molatura. Per essere soffiate in uno stampo avrebbero dovuto essere fatte prima che le figure venissero intagliate, ma esse seguono il contorno delle rispettive figure così strettamente che sembra improbabile che possano essere state fatte prima che le figure esistessero. Inoltre, se si doveva fare un intaglio così elaborato, perché preoccuparsi di eseguire queste cavità rudimentali con un altro mezzo? Nessun'altra "coppa a gabbia" presenta cavità interne e sembra che qui siano state realizzate per un ripensamento dell'intagliatore dovuto alla peculiare colorazione del vetro, così da eliminare le parti del vetro particolarmente spesse che avrebbero reso il colore purpureo troppo irregolare quando il vaso fosse stato guardato in trasparenza.

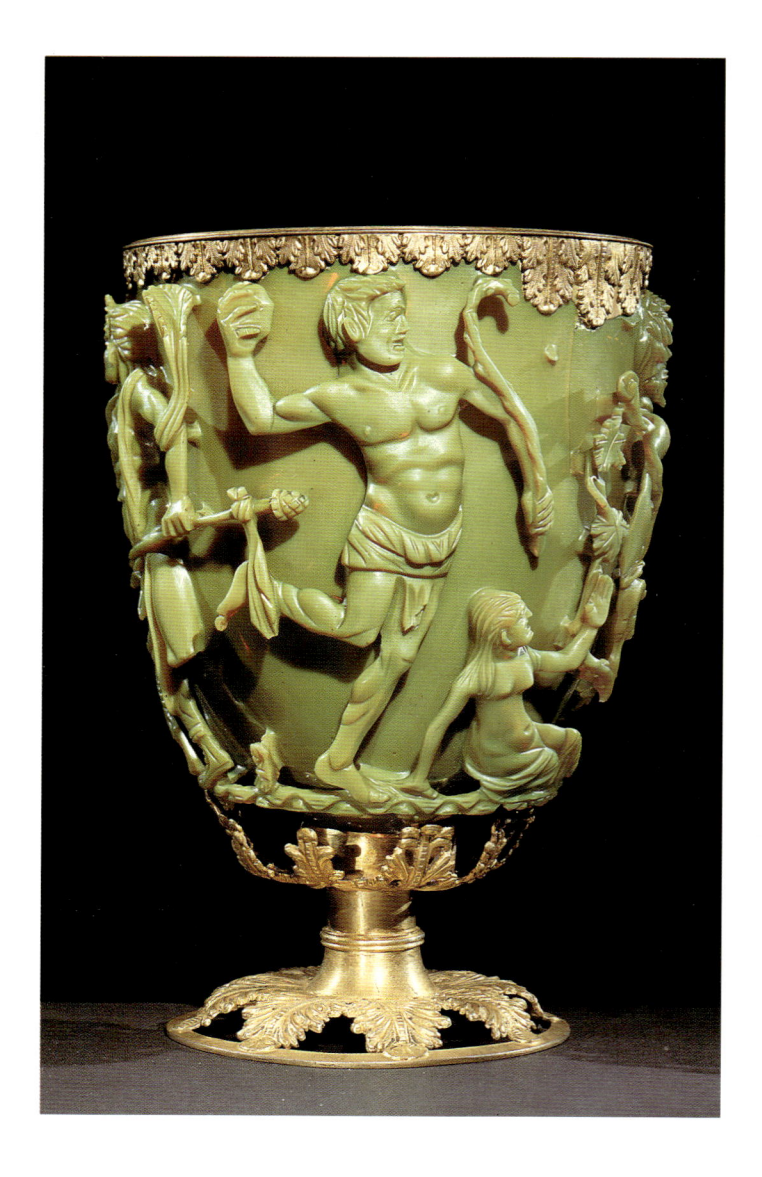

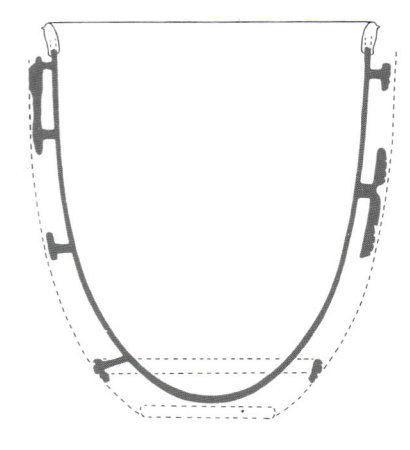

Un'altra differenza è costituita dalla forma dei ponticelli, ma fondamentalmente la tecnica è la stessa degli altri *vasa diatreta*, consiste cioè nell'intagliare la decorazione a traforo da un blocco non lavorato con pareti spesse. Tuttavia nelle altre coppe "a gabbia" una volta ultimato l'intaglio veniva tutt'al più eseguita una leggera molatura. La superficie della coppa di Licurgo invece presenta una rifinitura particolarmente lucente che difficilmente si sarebbe potuta realizzare con una molatura a rotazione e che deve essere stata eseguita a fuoco malgrado i rischi che il calore poteva comportare.

Iconografia e datazione

Nonno di Panopoli, nel V secolo d.C., ci dà la versione greca più recente del mito di Licurgo nelle sue *Dionisiache*: Licurgo, re dei traci Edoni, uomo dal temperamento selvaggio e violento, perseguitò il *thiasos* dionisiaco e sospinse Dioniso dentro al mare con un'accetta. Incoraggiato dal successo si precipitò nella foresta alla caccia delle Menadi. Una di queste, Ambrosia, in un impeto di follia afferrò una pietra e la lanciò contro Licurgo, togliendogli l'elmo. Il re reagì con una pietra ancora più grossa lanciandola contro la Menade e afferrandola per il busto per catturarla. Ma Ambrosia tenne duro e Licurgo fallì nel tentativo di spaccarle il cranio. Ambrosia riuscì a liberarsi dalla sua presa implorando la Madre Terra di salvarla. La Terra la udì, aprì un abisso e la accolse nel suo grembo. Ambrosia disparve, si tramutò in una pianta e divenne un tralcio di vite avvolgendosi intorno al collo del re nel tentativo di strangolarlo. La Terra per rendere un favore a Dioniso diede alla pianta la voce e Ambrosia cominciò a schernire Licurgo, giurando che lo avrebbe vinto e soffocato con i suoi viticci. Licurgo, catturato dalla vite, non riuscì a liberarsi. Urlò sfidando Dioniso, ma la sua voce era soffocata dai viticci mentre le Baccanti gli si accalcavano intorno tormentandolo.

La scena sulla coppa rappresenta tre momenti successivi dell'episodio, illustrati contemporaneamente. Ambrosia è ancora visibile nell'atto di supplicare la Madre Terra, ma la vite nella quale fu trasformata è già spuntata dal suolo e Licurgo è già avvolto dai suoi tralci; il *thiasos* dionisiaco qui composto non dalle Menadi ma da Dioniso stesso, la sua pantera, Pan e un satiro, è già arrivato e ha cominciato a reclamare la sua vendetta. È difficile trovare dei paralleli esatti per la combinazione delle figure e i motivi della coppa. L'artista ha scelto il momento in cui Licurgo si rende conto che la pianta si è impadronita di lui e lascia cadere l'accetta. Toynbee (Harden e Toynbee 1959, 197) ha trovato solo due altre rappresentazioni di questo momento del racconto, una su un mosaico del III secolo di Antiochia sull'Oronte, l'altra su due tipi monetali di bronzo di Antonino Pio del 156 d.C. circa. Ha inoltre passato in rassegna le altre rappresentazioni di Licurgo note fino al 1959 (per questa iconografia v. anche Coche de la Ferté 1956; Bruneau e Vatin 1966 e Turcan 1966), ma, alla luce dello stile del IV secolo della coppa di Licurgo e della datazione delle altre coppe "a gabbia", ha rivolto la sua attenzione in particolare al mosaico del triclinio di Piazza Armerina in Sicilia. L'episodio di Licurgo compare nel repertorio delle scene dionisiache usate nell'arte funeraria (Turcan 1966) ma la Toynbee conclude che la coppa di Licurgo e gli altri lussuosi recipienti in vetro e argento con scene dionisiache non erano prodotti direttamente a fini sepolcrali ma forse destinati ad un uso rituale nei circoli pagani come simboli di perfetta felicità nel paradiso bacchico e del trionfo ultraterreno degli iniziati e adoratori di Dioniso sopra le forze del male e della morte. Settis (1975, 990-994) tuttavia fa intravedere un'altra possibilità quando nel suo studio dei mosaici di Piazza Armerina rileva il legame tracio tra le scene nel *triclinium*, compresa quella con la rappresentazione di Licurgo e Ambrosia. Carandini (1982, 85), sulla base delle considerazioni di Settis e del proprio lavoro archeologico, ipotizza che i riferimenti traci siano deliberati riferimenti storici e politici alla sconfitta del male da parte del bene, in particolare di Licinio da parte di Costantino in Tracia nel 324 d.C. Wilson (1983, 99) fa giustamente notare come non si possa concludere altro se non che il proprietario della villa era un privato appartenente alla classe senatoria tra le cui caratteristiche vi era la credenza nella vecchia religione e nei valori pagani, riassunti nelle imprese di Ercole e Dioniso. Carandini ha certamente avuto molta immaginazione, giustamente, nel suggerire che il proprietario di Piazza Armerina potesse essere Proculus Populonius, primo governatore con il titolo di *consularis* di due province nella diocesi di Tracia immediatamente dopo la sconfitta di Licinio; ma è molto allettante l'idea che il trionfo di Dioniso su Licurgo possa simboleggiare la sconfitta di Licinio da parte di Costantino nel 324 d.C. Quale mezzo avrebbe mai potuto celebrare questa vittoria meglio del più spettacolare vetro decorato di quel periodo, rimasto finora insuperato?   K.S.P.

Bibl.: Roulez 1845, 114; de la Motte 1852, tav. 32; Robinson 1862, n. 4957; Michaelis 1872, 250, 257-258; Kisa 1908, 612, nota 3; Anon. 1954; Schenk zu Schweinsberg 1958; Coche de la Ferté 1956; Harden e Toynbee 1959; Harden 1963; Chirnside e Proffitt 1963; Chirnside e Proffitt 1965; Brill 1965; *Masterpieces* 1968, 77-79, n. 100, tav. II; Kondoleon 1979, figg. 16-18; Price 1983, 218, tav. 28.

140

Fiaschetta con colombe

Metà del III secolo d.C. Rinvenuta a Colonia, Aachener Straße. Acquistata nel 1896. RGM 674.

Altezza cm 24,5.

Vetro traslucido incolore soffiato a canna libera, con elementi applicati in vetro opaco blu e bianco. Piede, stelo e anse applicate. Orlo arrotondato; collo leggermente a forma di cono; corpo tra il circolare e l'ovale con quattro buchi circolari; largo stelo cavo; largo piede concavo con orlo ispessito e arrotondato. Anse, di misura leggermente diversa, a forma di orecchio, applicate nella parte alta del corpo e sul collo dove formano una sporgenza. Decorazione: filamento blu opaco sul collo; in ognuna delle quattro aperture del corpo una colomba bianca soffiata a canna libera in vetro bianco opaco con la testa blu opaco; sulla superficie esterna delle anse un filamento increspato blu opaco che si ripiega in alto a formare una presa; su entrambi i bordi esterni del corpo un filamento blu increspato tirato su fino all'attacco delle anse. Rotta in più frammenti e ricostruita; parte del piede e del corpo di restauro. Iridescenze.

Non esistono paralleli diretti di questa fiaschetta. La datazione si può soltanto desumere dall'associazione con vetri a decorazione serpentiforme con analoghi piedi a disco. Tecnicamente è affine al gruppo di vasi a quattro scomparti (cfr. n. 141). Il motivo decorativo fa intendere che questi vetri non venivano prodotti per contenere liquidi, ma erano oggetti artistici decorativi, come il "Capolavoro" (n. 56). H.H.

Bibl.: Kisa 1908, 350-351, fig. 80; Morin-Jean 1913, 185, fig. 246; Fremersdorf 1931b, col. 144, fig. 13; Fremersdorf 1959, 61-62, tavv. 80-81; Doppelfeld 1966, 51, tav. 91; Fremersdorf e Polónyi 1984, 100, n. 222.

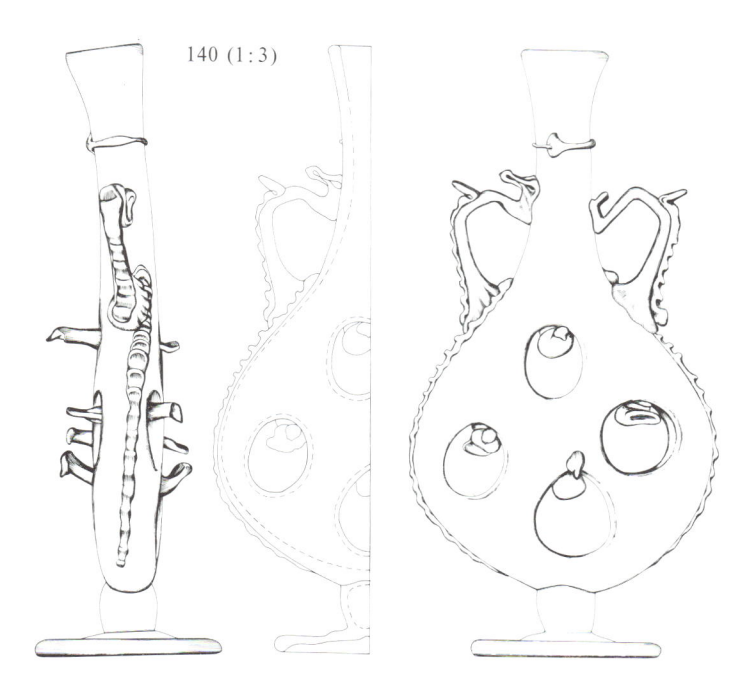

140 (1:3)

141

Bottiglia a tubetti

Ultimo quarto (?) del III secolo d.C. Rinvenuta nel 1929 a Colonia, Jacobstraße (nel cimitero romano lungo la Severinstraße) nella tomba 149. RGM 29.1819.

Altezza cm 26 circa (ricostruita).

Vetro incolore di aspetto lattiginoso con filamenti blu opachi e bianchi ed anche incolori. Soffiato; corpo lavorato con uno strumento; filamenti applicati; conchiglie a stampo. Orlo arrotondato; labbro svasato; collo conico che si allarga verso il corpo; spalla leggermente obliqua; corpo a quattro lati diviso in un compartimento superiore e uno inferiore uniti negli angoli da quattro tubetti; stelo spesso; piede perduto. Decorazione: filamento blu sull'orlo; filamento incolore avvolto due volte intorno al collo; sulla spalla filamento incolore; sui quattro tubetti filamenti arricciati alternati in vetro opaco blu e bianco con otto coppie di conchiglie a stampo, ognuna terminante con un occhiello centrale; stelo ispessito con filamento blu nel punto di congiunzione col piede (a meno che non sia anch'esso ricostruito come il piede). Ricomposta da numerosi frammenti, reintegrati in particolare su collo, corpo e tubi; piede perduto di restauro. Molte fessure da sforzo.

Questo vetro potrebbe avere contenuto un vasetto in miniatura come il vaso simile da Treviri, ma è rotto e ricostruito così che non ne rimane traccia. Si conoscono due altri vasi di questa forma, uno trovato a Colonia e uno a Treviri (Fremersdorf 1959, 62-65, tav. 83, una bottiglia a quattro scomparti già nella collezione vom Rath, ma distrutta a Berlino nel 1945; Goethert-Polaschek 1977, 184, tav. 63, n. 1143). La decorazione a coppie di conchiglie indica un'officina di Colonia. Fremersdorf (1931b, coll. 131 ss.) colloca questa bottiglia tra i *gutturnia* o bottigliette contagocce, ma l'apertura del collo è troppo larga per consentire la fuoriuscita del liquido goccia a goccia. La presenza del vasetto in miniatura, che doveva riempire lo spazio tra i tubetti, fa piuttosto propendere per un oggetto decorativo come la fiaschetta con colombe (n. 140).

Questo recipiente, trattandosi di un'offerta sepolcrale, andò distrutto nel cimitero romano e di conseguenza la tomba non può essere datata con esattezza. Tuttavia, tramite la stratigrafia e una moneta (*antoninianus*, Tetricus I per Tetricus II, coniato nel 272-274 d.C.: Nuber 1984, n. 1010, 18, 28), si può pensare ad una sepoltura verso la fine del III secolo.

H.H.

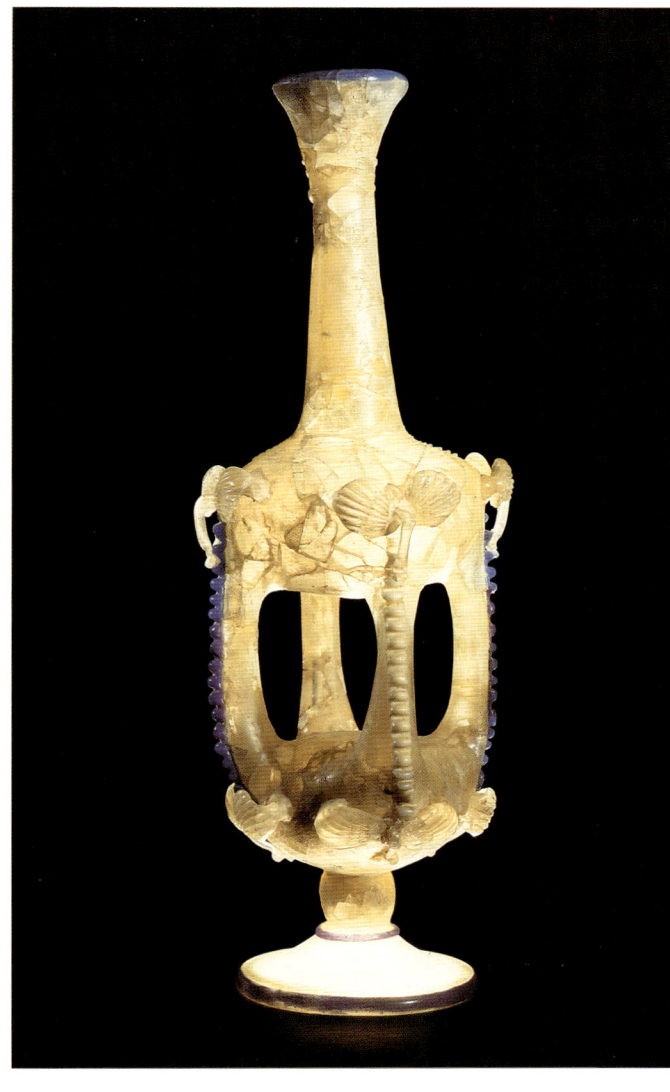

141 (1:3)

Bibl.: Fremersdorf 1931b, 141, fig. 12; Fremersdorf 1959, 62, tav. 82; Doppelfeld 1966, 51, tav. 92; Friedhoff 1986.

142

Calice con conchiglie

Fine del III secolo d.C. Rinvenuto nel 1969 a Colonia, Luxemburger Straße, in una tomba a cremazione, con altri nove recipienti di vetro. Acquistato. RGM 69.72.9.

Altezza cm 20,2-20,6; diametro della bocca cm 7 circa.

Vetro incolore. Soffiato; decorazione a filamenti e applicata. Orlo arrotondato e leggermente piegato verso l'interno; corpo con parete sottile, parte superiore verticale, quella inferiore si restringe gradualmente a formare un fondo arrotondato; spesso stelo deformato durante la lavorazione; piede ad anello applicato con l'orlo inferiore ispessito e arrotondato. Decorazione: un filamento blu sull'orlo; tre sottili filamenti colorati intorno alla parte superiore del corpo; sulla parte inferiore due filamenti orizzontali in alto e in basso racchiudono una zona decorata con filamenti opachi blu, gialli e bianchi in pannelli divisi da linee ondulate verticali; ogni pannello contiene due fiori stilizzati. La parte inferiore del vaso è poi racchiusa da una rete di otto strisce verticali attaccate in alto e in basso a due filamenti incolori: a) quattro strisce a forma di catena con conchiglie a stampo applicate e unite al corpo da piccole strisce; b) due strisce formate da filamenti spessi incolori e fissate alle due estremità; c) due strisce con un filamento arricciato sovrapposto e fissate alle due estremità. Ricomposto da numerosi frammenti con integrazioni nel piede e nella parete. Alterazione superficiale biancastra. Molte fessure da sforzo.

Il confronto più stretto è con un vetro incolore (RGM 59.56) lavorato nello stesso modo ma privo della decorazione a filamenti, trovato a Colonia in una tomba della Severinstraße con una moneta del tempo di Costantino I (Doppelfeld 1959, 156-157). Nella tomba della Luxemburger Straße sono stati rinvenuti anche una "bottiglia di Mercurio" quadrangolare

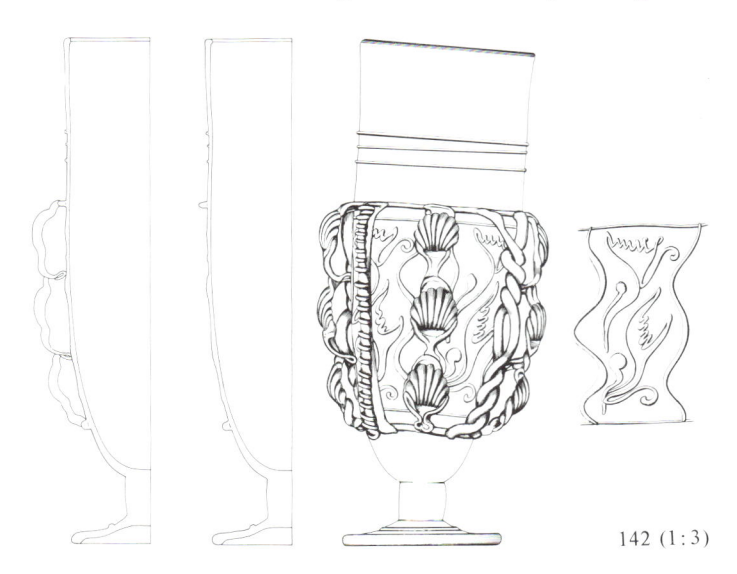

142 (1:3)

di vetro incolore con due galli sul fondo, la brocca e il piattino con il manico (n. 58; RGM 69.72.5-6) che indicano una datazione nel tardo III secolo.
La coppa ha numerosi punti di contatto con altri vetri di Colonia come la decorazione serpentiforme (cfr. nn. 62-66) e le conchiglie a stampo che richiamano i piatti biansati del Römisch-Germanisches Museum (L 217, 233), il Kantharos Disch (n. 143) e la bottiglia con i quattro tubetti (n. 141). I vetri di Colonia con conchiglie sono stati raccolti e studiati da Harden (1968b) nella pubblicazione dei frammenti di questo tipo dalla villa romana di Rapsley. L'uso di questo tipo di conchiglie sembra peculiare di Colonia ma non si può incondizionatamente dedurre l'esistenza di affinità di bottega molto strette. I filamenti incolori intrecciati e tutte le decorazioni a giorno sono in effetti molto vicini tecnicamente al Kantharos Disch (n. 143).

H.H.

Bibl.: Doppelfeld 1975, 17-23, fig. 1.

143

Kantharos Disch

Fine del III o inizi del IV secolo d.C. Si dice sia stato trovato nel 1866 a Colonia, Ursulagartenstraße. Già nelle collezioni Disch, Hoffmann e Sangiorgi. CMG 66.1.267.

Altezza (attuale) cm 13,8; diametro della coppa cm 7,6; diametro massimo della gabbia cm 11.

Vetro incolore con sfumatura verdina; soffiato con gabbia e anse applicate, decorazione dorata. Coppa biansata a stelo con piede conico cavo. Coppa conica che si incurva sul fondo. Breve stelo pieno con disco piatto; piede conico con un filamento sulla superficie superiore e orlo molato; manca il segno del pontello. La coppa è ingabbiata da sei filamenti orizzontali a zig-zag che formano un graticcio sferico, attaccato a un filamento sottile avvolto una volta e tre quarti in alto sulla parete e ad uno più spesso avvolto due volte alla parete vicino al fondo; due anse contrapposte (attaccate al primo e al sesto filamento dello zig-zag), formate da un filamento orizzontale a U che sostiene due *cardium* a stampo, un filamento orizzontale a M e presa per il pollice. Sulla superficie esterna della coppa decorazione dorata con i dettagli graffiti protetta dalla gabbia: un fregio di tre paffuti amorini alati, uno seduto su una collinetta, un altro in movimento verso di lui con le braccia tese; tra di loro fiori su stelo con foglie e altri fiori nel campo. Manca il labbro e la parte superiore della coppa; piccola parte del fondo di restauro; numerose fratture sulla coppa, sullo stelo, sul fondo, sulla gabbia e sulle anse. Doratura in parte perduta. Superficie opacizzata e con leggera traccia di iridescenza; inizio di "clivo" sul fondo della coppa e nella parte alta dello stelo.

Questa coppa e il suo parallelo già a Schloss Goluchow, Polonia (Froehner 1899, 164, n. 155, tavv. 21-22) si ritengono trovati a Colonia nel 1866. Kisa invece considerava il Kantharos Disch un lavoro veneziano del XVII o del XVIII secolo, in contrasto con Albizzati che in base allo stile la riteneva tardo-antica. Fremersdorf (1931a, 115ss. e 1959, 65) l'ha datata dapprima negli anni intorno al 200 d.C. e successivamente "probabilmente nella seconda metà del III secolo" (1967, 201-202). Nel 1966 R.H. Brill eseguì un esame della coppa al microscopio e concluse che le scorie brune sul piede erano di alterazione e che perciò il pezzo è antico. Analisi chimiche hanno mostrato che la composizione del vetro è compatibile con una datazione in età romana. D.B.W.

Bibl.: aus'm Weerth 1881, 121, tav. 6, n. 1356; Kisa 1908, II, 442-444, tav. 109; Albizzati 1926, 74, tavv. 3-4; Fremersdorf 1931a, 115 ss.; Fremersdorf 1959, 65, tavv. 84-85; Fremersdorf 1967, 201-202, tav. 282; *Masterpieces* 1968, 56, n. 20.

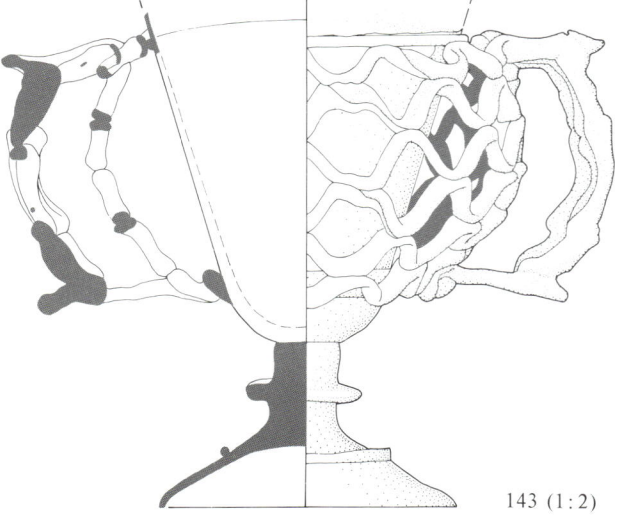

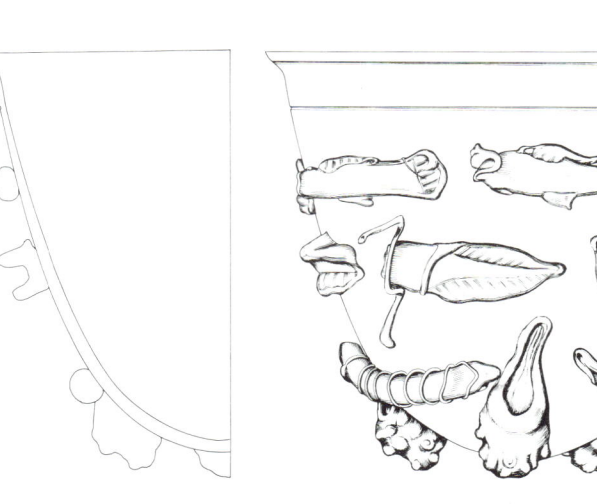

143 (1:2)

144 (1:2)

144

Bicchiere con animali marini

Prima metà del IV secolo d.C. Rinvenuto a Colonia, Kartäuserhof, intorno al 1959. Acquistato nel 1963. RGM 63.53.

Altezza cm 11,6; diametro della bocca cm 13,8; spessore della parete cm 4,6 alla base, 1,5 alla bocca.

Vetro verdino. Fuso in uno stampo con la forma dell'orlo già prevista; orlo arrotondato; elementi decorativi realizzati a parte e poi applicati. Labbro svasato; corpo campaniforme; apodo. Decorazione: una sottile linea intagliata alla ruota a cm 1,8 dall'orlo; sul corpo diciotto animali marini eseguiti separatamente e disposti in quattro file; dall'alto: sei pesci con la bocca aperta in movimento verso sinistra; due delfini, una seppia, un gambero, un pesce e due mitili; tre animali marini a forma di tubetto, con sottili filamenti, forse murene; tre animali globulari, forse ricci, che fanno da sostegno al vaso. Intatto. Numerose bolle fino a 1 mm di grandezza.

Questa coppa è stata probabilmente prodotta in un'officina di Colonia. Il prototipo però non è stato certamente ideato a Colonia ma molto più probabilmente in uno o più centri di produzione del vetro del bacino del Mediterraneo, in un'officina che è impossibile determinare. Si può supporre che gli animali marini venissero riprodotti da disegni ma non necessariamente da repertori; per le officine di Colonia come per quelle di altre regioni bastavano i vetri importati a fungere da modello, con il solo rischio che alcune rappresentazioni non venissero comprese nei dettagli. Oltre ad alcuni frammenti si conoscono cinque esemplari intatti o ricostruiti di coppe di questo tipo: tre da Colonia, uno da Treviri e uno da Roma (Fremersdorf 1961, 23-24, tav. 15, 26-27, tav. 21; Goethert-Polaschek 1977, 63-64, n. 241, 319, n. 252, tav. 24; Fremersdorf 1975, 72, n. 706, tav. 32). Fremersdorf e Doppelfeld hanno attribuito tutti gli esemplari a un'officina di Colonia, ma un esame più accurato ha mostrato che la coppa da Treviri e quella da Roma non sono così simili alle altre tre come essi sostengono. I dubbi sorgono non dalla forma o dalla tecnica di lavorazione ma dal confronto delle forme degli animali e della loro esecuzione. Per esempio la rappresentazione plastica degli animali marini nella coppa di Roma è qualitativamente più elevata che nella coppa di Colonia e i due pezzi non sono certamente della stessa mano.

Questo gruppo di coppe mostra una peculiarità osservabile anche in altri casi: la produzione di oggetti quasi identici nello stesso periodo in luoghi molto distanti. Il commercio di prodotti di alta qualità ha reso possibile la diffusione di nuove forme e ha consentito l'esecuzione di buone copie in diversi centri contemporaneamente. L'esempio della coppa con animali marini da Colonia evidenzia il problema che per vetri analoghi bisogna prevedere diversi centri di produzione attivi nello stesso periodo, in particolare in età tardo-romana e alto medioevale.

H.H.

Bibl.: Doppelfeld 1966, 61, tav. 143; Doppelfeld 1973, 281-283, figg. 1-3; Anderson 1979, 209-210, n. 185.

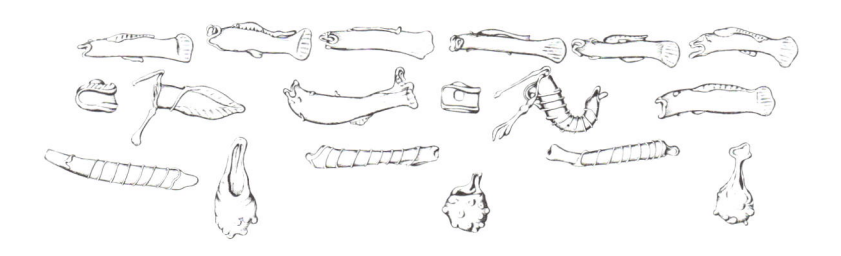

145

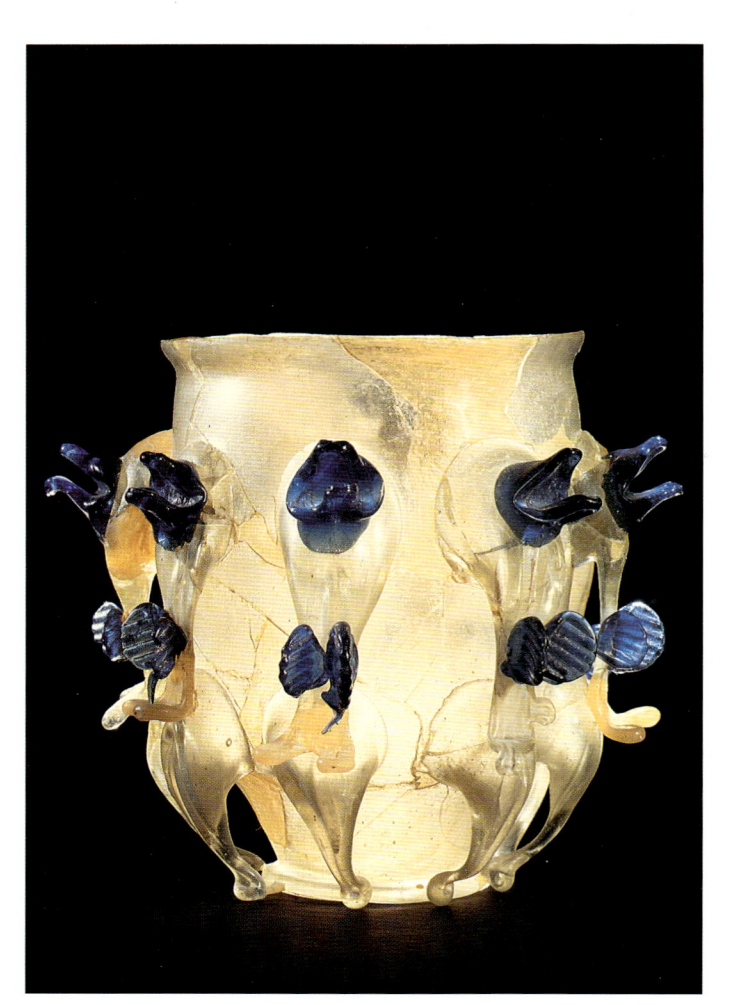

Coppa con delfini

Prima metà (?) del IV secolo d.C. Rinvenuta a Colonia, An der Eiche. Già nella collezione Niessen; acquistata nel 1934. RGM N 6082.

Altezza cm 14,7; diametro della bocca cm 9,3.

Vetro incolore trasparente, soffiato a canna libera, con applicazioni in vetro azzurro cupo trasparente. Orlo molato; labbro leggermente svasato; parte superiore del corpo verticale, parte inferiore piegata verso la base; fondo introflesso; piede ad anello. Decorazione costituita da otto delfini schematizzati applicati al corpo e così realizzati: a) sulla parte inferiore della parete è applicato a gocce del vetro bollente, tirato verso l'esterno insieme con il vetro della parete a formare una cavità all'interno, la punta tirata verso il basso e attaccata al piede; b) sulla parte superiore lo stesso procedimento, e l'estremità viene attaccata sugli elementi della fila inferiore già realizzata; c) le bocche blu vengono applicate in cima alla prima fila; d) le pinne blu all'estremità inferiore della prima fila. Ricostruita da numerosi frammenti con alcune integrazioni; iridescenza lattea.

Il vetro appartiene a un periodo in cui si sperimentavano nuovi modi della tecnica a filamenti. Il suo inizio sembra risalire alla fine del III secolo, per proseguire fino alla metà del IV. Il motivo del delfino sembra sia stato usato molto spesso in questo periodo. Questo vetro è particolarmente significativo perché riprende la tecnica consistente nel tirare il vetro fuori dalla parete del vaso. Precedenti se ne trovano già nel II e nel III secolo. Sembra tuttavia che questa coppa e un'altra con piede da Colonia, anch'essa con delfini applicati (Fremersdorf 1961, 23-24, tav. 15) siano i primi esemplari sui quali la tecnica è stata usata in larga scala. Questa tecnica costituisce la necessaria premessa alla produzione, posteriore di oltre un secolo, delle coppe franche "a proboscide" (cfr. n. 146). H.H.

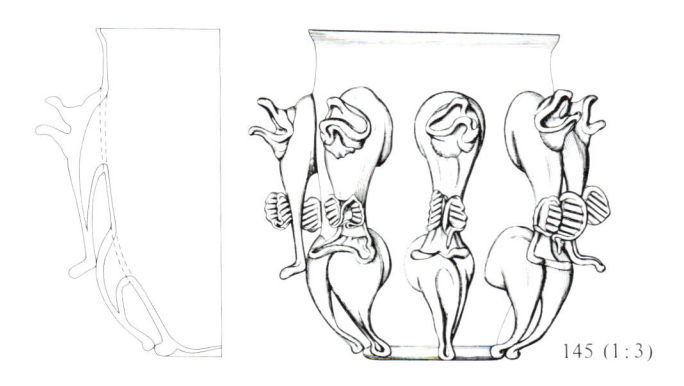

145 (1:3)

Bibl.: Fremersdorf 1933-1934, 9, fig. 2; Fremersdorf 1961, 24-25, tavv. 16-17; Rademacher 1942, 288-289, tav. 42; Doppelfeld 1966, 52, tavv. II e 100.

146

Bicchiere a proboscidi

Fine del IV - inizi del V secolo d.C. Dalla tomba 843 del sepolcreto sassone n. 2 a Mucking, Essex, Inghilterra. BM MLA Mucking 843.

Altezza cm 20,5; diametro dell'orlo cm 10,3; diametro del piede cm 10.

Vetro verde pallido; soffiato, con fili applicati e quattro serie di due proboscidi applicate una sopra l'altra e poi insufflate, la parte terminale piegata all'indietro sopra la superficie esterna delle proboscidi come fili; sul fondo della coppa è applicato un piede soffiato separatamente con l'orlo molato a fuoco. Alto bicchiere con il labbro leggermente ripiegato verso l'esterno; collo verticale; pareti rastremate verso il fondo curvo leggermente fuori centro e storto; grande piede concavo. Due fili orizzontali sul collo racchiudono un altro filo applicato a zig-zag; quattro fili verticali arricciati dividono la parete in quattro scomparti uguali, applicati al secondo filamento orizzontale e tirati verso il basso, ripiegati lisci su se stessi e terminanti in alto con un occhiello sporgente; in ogni scomparto due proboscidi cave, corte e tozze, applicate verticalmente, quella superiore termina sulla parte alta di quella inferiore; un filo arricciato, applicato sulla parte alta della proboscide superiore con un occhiello sporgente, prosegue poi fino al centro di due proboscidi; la fila inferiore di proboscidi pende sopra un terzo filo orizzontale che segna il limite inferiore dei filamenti verticali tra le proboscidi. Ricomposto da numerosi frammenti. Nessuna alterazione superficiale. Poche bolle a punta di spillo; bolle allungate più grandi nelle proboscidi che presentano anche alcune scoloriture a strisce.

I precedenti dei "Rüsselbecher", cioè dei bicchieri a proboscidi, erano i vetri romani "a delfini" (cfr. n. 145), ma fino alla scoperta di questo pezzo vi era una lacuna tra le forme romane di questo tipo e i bicchieri a proboscidi altomedioevali. Questo pezzo è stato trovato nel corso dello scavo del cimitero sassone n. 2 a Mucking, Essex, Inghilterra, con alcuni oggetti femminili, tra cui un paio di piccole spille tipo Kent a testa quadra, che indicano per la tomba una datazione non anteriore alla prima metà del VI secolo. Non può certamente essere questa la data di manifattura del bicchiere dato che la forma, la decorazione e la qualità del vetro indicano una produzione di tradizione tardo-romana quando erano in voga gli orli non rifiniti e la decorazione a pannelli con il bordo a zig-zag. Il più antico bicchiere a proboscidi pienamente germanico è stato rinvenuto nella tomba n. 43 del cimitero franco di Krefeld-Gellep in associazione con una spada con accessori, probabilmente fabbricata nella valle della Mosa, e con altri oggetti, tutti databili alla metà del V secolo. Il bicchiere da Mucking non è certamente posteriore al 400 circa e quindi doveva avere più di cento anni quando fu deposto nella tomba. K.S.P.

Bibl.: Evison 1974, 277-278, tav. LVI; Harden 1978, 4, tav. II a; Harden 1977-1980, 56, fig. 21; Evison 1982, 61, n. 1, tav. IV a, fig. 9 a.

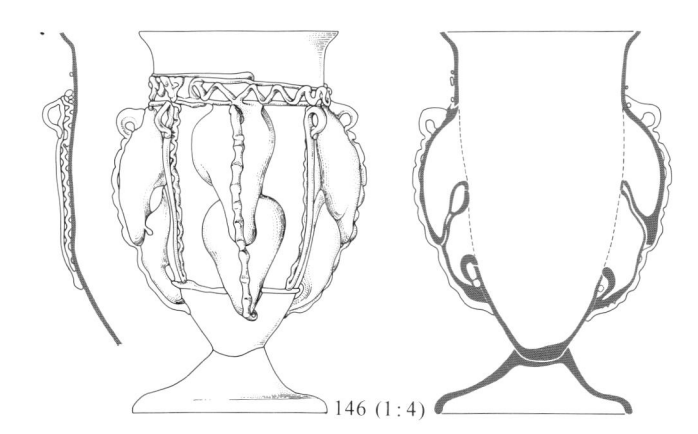

146 (1:4)

Gruppi J e K: Introduzione

Gruppo J: Vetri dipinti

Il vetro dipinto compare per la prima volta in Italia nel I secolo d.C.; è una delle tecniche introdotte da artigiani siriani nella Valle Padana e nell'area alpina. I vetri soffiati a stampo di Ennion, il più noto di questi artisti-artigiani, sono già stati descritti alle pagine 153, 164 e 166. I vetri dipinti provenienti dall'Italia settentrionale e dal bacino orientale del Mediterraneo non sono altrettanto conosciuti, ma sono altrettanto belli. I vetri dipinti più antichi sono qui rappresentati da una coppa dalla Grecia (n. 147). La parete è coperta con un motivo decorativo in rosso, rosso-bruno, azzurro, verde e bianco, rappresentante un'anitra che si muove tra la vegetazione verso una trappola; sul fondo una stella a otto punte con tracce di pittura rossa, all'interno di una fascia composta di sedici cerchi resi mediante abrasione. Appartiene ad un gruppo di coppe e "amphoriskoi" facilmente individuabili, studiati da Kisa, Morin-Jean e Silvestrini. Sono note coppe di questo tipo con la rappresentazione di pigmei e gru (Nîmes), di gladiatori (Algeri) e con uccelli ed elementi vegetali (Khamissa, Algeria; Muralto, nei pressi di Locarno; Torino; Fraillicourt, nei pressi di Reims; Puy-de-Dôme; Colchester; Kerč, due esemplari; Olbia e Cipro). Gli "amphoriskoi", per quanto mi consta, provengono solo da Cipro e da Kerč; sembra si tratti di una forma nella quale erano specializzate le botteghe orientali, e si possono perciò paragonare alle brocche e alle anfore di Ennion, che sono state tutte rinvenute in Oriente, mentre le sue coppe, come quelle dipinte appena menzionate, sono state per la maggior parte trovate in Occidente. La tecnica della loro manifattura e della loro decorazione è stata analizzata in dettaglio da Silvestrini (1938), il quale è giunto alla conclusione che i colori venivano applicati a mano libera, senza incidere i contorni di guida, e poi passati al fuoco. In questo egli si differenzia dall'opinione degli studiosi precedenti, come Kisa (1908, 814-815), che sostenevano che si incidesse prima il contorno. L'opinione di Silvestrini è stata confermata da studi successivi come quello relativo ad un frammento da Colchester[1]. Successivamente Harden (1970, 50) ha ipotizzato che queste coppe, che di solito hanno una rosetta dipinta sul fondo, siano state tutte realizzate da una stessa officina, se non da un solo artista. La coppa dalla Grecia (n. 147) tuttavia ha le linee di guida incise e forse alcune depressioni rese mediante abrasione sul fondo. Possono questi elementi far pensare a una seconda officina, forse anche questa nell'Italia settentrionale? Ulteriori studi dettagliati di questi recipienti potrebbero far capire meglio se si tratta di due gruppi distinti: un gruppo con decorazione dipinta a mano libera con linee di contorno incise e un altro con decorazione dipinta direttamente sul vetro.
Il coperchio del vasetto da Cipro (n. 148) è dipinto con una tecnica diversa da quella usata per la coppa con anitra n. 147. La figura dell'amorino vendemmiante è resa con un contorno nero su un fondo dipinto di bianco. Sia il bianco del fondo che il nero non

---

1. Harden 1947, 297.

sono stati passati a fuoco e così la decorazione è particolarmente fragile. Questo vaso appartiene ad un ben noto gruppo di recipienti che hanno tutti un coperchio decorato con figure dipinte a contorno su un fondo bianco, facendo uso di pigmenti non passati a fuoco. Quasi tutti i vasi dei quali conosciamo il luogo di rinvenimento provengono da Cipro. Oltre a quelli menzionati da Vessberg (1952), altri esemplari sono conservati a Cambridge (Inghilterra), Newark (New Jersey), Corning e New York[2].

La pittura con elementi non passati a fuoco è conosciuta anche per altri tipi di vetro. Una coppa già nella collezione Ray Winfield Smith[3] è dello stesso tipo del n. 147: la scena rappresenta un uccello acquatico con fogliame rosso e giallo dipinto sul bianco opaco del vetro con pigmenti non passati a fuoco. Nella stessa collezione vi è un frammento di placca[4] con una scena egittizzante dipinta con pigmenti non passati a fuoco su vetro blu opaco steso su una base verde. Due frammenti molto piccoli nella stessa tecnica e dello stesso periodo, I secolo d.C., sono stati trovati a Dura Europos[5].

Col tempo si potrebbe trovare il collegamento tra i vetri del I secolo d.C. e quelli dei gruppi più tardi che in Oriente cominciano alla fine del II secolo e in Occidente all'inizio del III[6]. Tuttavia al momento non abbiamo ancora trovato alcun collegamento ed è possibile che questa particolare tecnica, la pittura su vetro, sia ritornata in uso in Oriente alla fine del II secolo e che, come è accaduto già in altri casi, sia stata portata da artigiani orientali in Occidente.

Il gruppo occidentale, non rappresentato in questa mostra, è databile a partire dagli anni intorno al 200 d.C. fino al IV secolo avanzato. Alcuni pezzi mostrano combattimenti di animali feroci nell'arena, e almeno uno di gladiatori. Gli esemplari meglio conservati sono stati trovati fuori dei confini dell'impero in Danimarca e in Germania, ma devono essere di produzione renana.

Il gruppo di produzione orientale ha inizio nel tardo II secolo d.C., si sviluppa durante il III e continua nel IV. Le scene della decorazione differiscono da quelle del vasellame occidentale, ma è difficile giudicare se si tratta di una differenza di gusto o di tradizione o se la differenza debba essere attribuita all'artigiano o ai committenti. Ciò non di meno vari frammenti con motivi umani, animali e vegetali vengono dall'Egitto[7]. A questi si devono aggiungere due grandi bicchieri cilindrici blu scuro, della seconda metà del III secolo, trovati nella necropoli meroitica di Sedeinga, nella Nubia (Sudan)[8]. Sono entrambi dipinti e dorati con scene relative alla divinità egizia Osiride e un'iscrizione in lettere greche "Bevi, e vivi felice". Molti esemplari, alcuni quasi completi, altri frammentari, di coppe e di bicchieri, con scene mitologiche o figurate di genere, sono stati trovati a Begram, vicino a Kabul, in Afghanistan[9].

Molti dei reperti da Begram sono manufatti egiziani. Tra essi vi è un certo numero di vetri con scene figurate realizzate con colori non passati al fuoco, dipinte al rovescio su un lato della parete in modo da essere viste attraverso il vetro. Il piatto di Paride (n. 149) è dipinto allo stesso modo, benché lo si ritenga rinvenuto in Siria, a sud di Damasco, e sia stato probabilmente prodotto in quella zona. Smith, che aveva posseduto il piatto, ha così descritto il procedimento usato per la decorazione: "Avendo deciso di dipingere il fondo del piatto esternamente, l'artista ha dovuto usare una sorta di procedura rovesciata, perché egli doveva dare la lumeggiatura e gli altri eventuali dettagli sul vetro

---

2. *Glass from the Ancient World* 1957, 9, n. 167.
3. *Ibid.* 99, n. 170.
4. Corning: *ibid.*, n. 344; New York, Metropolitan Museum of Art, Gréau Collection, Froehner 1903, n. 1549, tav. 285.
5. Clairmont 1963, 12, nn. 24-25.
6. Fremersdorf 1967, 198-200; Harden 1970, 59.
7. Oasi Khargeh: Alexander 1937, 177, figg. 3-4; Karanis: Harden 1936, 122, nn. 326-327; Oxyrynchus: *ibid.* 100, fig. 2b, e 138; Egitto: *ibid.* 68, fig. 1h.
8. Leclant 1973, 56-68, figg. 5-15.
9. Hamelin 1953, 125 ss., tav. III; Id. 1954, 155 ss., tavv. XVII-XXX.

prima che questi fossero coperti da pigmenti. Così i contorni furono fatti per primi... Successivamente furono applicate le delicate sfumature delle tinte più pallide. Le lumeggiature sui corpi e le iscrizioni sono state dipinte dopo i contorni. Infine i colori di copertura sono stati applicati in modo che le linee di divisione tra due colori arrivassero al centro dei contorni neri... La sovrapposizione in alcuni punti di tre o quattro pigmenti liquidi è stata eseguita così abilmente che in nessun punto il colore ha sbavato o ha opacizzato la nitidezza di un dettaglio"[10].

La decorazione dipinta a rovescio o sulla superficie inferiore di un vetro era particolarmente protetta da eventuali danneggiamenti. Si poteva trovare sia nelle province occidentali sia in quelle orientali dell'impero romano. Un piatto trovato a Colonia, per esempio, presenta la testa e le spalle di una donna dipinte sulla superficie esterna[11]. Tuttavia nella maggior parte dei casi la decorazione, a causa della forma dei recipienti, non risultava protetta per il solo fatto di essere dipinta sulla superficie esterna. Questo vale sia per i vetri prodotti in Oriente, come la bottiglia da Sedeinga già menzionata, sia per quelli occidentali come la bottiglia di vetro purpureo trovata nel 1904 a Gut Duerffenthal bei Zülpich in Renania e decorata con un carro e con l'iscrizione PROVINCIA BELGIC(A), o la bottiglia "Prissia" da Colonia[12].

Esempi di questo tipo di pittura "esposta" sono i nn. 150-151, entrambi provenienti dalle regioni orientali dell'impero.

La brocca di Dafne (n. 150) è di vetro bianco quasi opaco simile a porcellana: la scena mitologica vi è dipinta mediante doratura e colori a smalto e le figure sono indicate con i loro nomi in caratteri greci. La brocca è stata trovata in una tomba a Kerč, Crimea, ed è strettamente connessa ai frammenti di un recipiente in vetro bianco opaco, con decorazione dipinta a freddo e dorato, rinvenuto a Dura Europos in Siria, sul quale è rappresentata la testa di Tetide[13]. I due vasi sono decorati in modo simile ma hanno forma diversa. Sono stati attribuiti entrambi alla stessa bottega, probabilmente attiva ad Antiochia sull'Oronte (Siria) nella prima metà del III secolo d.C., e questo potrebbe anche essere vero, benché le iscrizioni siano molto simili a quelle dei vetri alessandrini con scene mitologiche realizzate mediante intaglio a sfaccettature, come la coppa n. 107, con la storia di Artemide e Atteone[14].

Anche la bottiglia n. 151, come la brocca di Dafne e i frammenti di Dura Europos, è stata molto probabilmente eseguita e decorata in Siria. Tuttavia, a differenza di questi, la forma è analoga a quella dei recipienti prodotti e trovati in Occidente; in particolare può essere messa a confronto con la bottiglia da Zülpich, sopra citata. La forma è la stessa, con una strozzatura alla base del collo sul quale compare un analogo numero di linee intagliate alla ruota. Entrambi i pezzi devono a loro volta essere confrontati con due bottiglie di forma simile decorate su tutta la superficie con scene di caccia dipinte in combinazione con leggere incisioni, una da Colonia e una da Chiaramonte Gulfi in Sicilia[15].

Fremersdorf li attribuisce entrambi alla stessa bottega anche se la bottiglia di Colonia presenta una strozzatura alla base del collo che non compare su quella siciliana. Le iscrizioni greche su entrambe potrebbero suggerire una produzione orientale e una successiva esportazione.

Non vi è tuttavia alcun dubbio che in Occidente si producessero e decorassero bottiglie

---

10. Richter e Smith 1953, 187.
11. Fremersdorf 1967, 195-196, tavv. 276-277.
12. Zülpich: Rheinisches Landesmuseum Bonn, inv. 17303, Fremersdorf 1967, 196, tavv. 278 e 279; bottiglia di "Prissia": RGM, inv. 38. 612, *ibid.* 192-194, tav. 274; Harden e Green 1978, 167-168.
13. Clairmont 1963, 34-35, n. 126.
14. Harden 1970, 59.
15. Colonia: RGM Glas 645, Fremersdorf 1967, 189-190, tav. 271; Chiaramonte: Siracusa, Museo Archeologico Regionale, Id. 1967, 190, tav. 272; Harden e Green 1978, 167-168.

esattamente dello stesso tipo, dato che la bottiglia di Populonia (n. 116) e le altre della stessa serie sono di identica forma e devono provenire dalla stessa fonte o fonti. Sembra molto più probabile che queste bottiglie siano una ulteriore testimonianza della contemporanea attività di artigiani siriani nelle regioni orientali ed occidentali dell'impero. Harden (1970, 59) si è trovato a dover ipotizzare che, benché esista un nesso molto stretto nella tecnica tra i vetri dipinti tardo-romani orientali e occidentali, la differenza di forme possa indicare, in questo caso, la migrazione del decoratore e non di coloro che fabbricavano i recipienti.

L'acquisto nel 1978, da parte del Corning Museum of Glass, della bottiglia dorata e smaltata n. 151 ci ha consentito di ampliare e correggere le nostre conoscenze sui vetri dipinti e di poterli collocare nel medesimo quadro generale delle relazioni est-ovest ritenuto valido per altri tipi di vetro.

Gruppo K: Vetri dorati

Terzo secolo a.C. - secondo secolo d.C.

I più antichi vetri dorati risalgono al periodo ellenistico e in particolare alla fase più antica, cioè al III o forse addirittura alla fine del IV secolo a.C. Questa produzione nel suo insieme non può collocarsi in uno spazio di tempo troppo breve; molto probabilmente si diffuse per almeno un secolo e mezzo, forse dal 300-250 fino al 150-100 a.C. Gli esemplari più belli conservati e meglio conosciuti sono due recipienti provenienti da Canosa nell'Italia meridionale, che sono stati pubblicati in maniera esaustiva da Harden nel 1968[16]. Sono tra i più antichi della serie, che nel 1968 era composta da sedici esemplari, e sono databili nella prima metà del III secolo a.C.

Questi bellissimi recipienti presentano una lamina in foglia d'oro intagliata a formare un elaborato motivo, sigillata tra due strati di vetro trasparente. Benché la maggior parte di questi vetri sia stata trovata in Italia e solo un frammento possa essere ricondotto all'Egitto, essi presentano strette affinità stilistiche con recipienti alessandrini in metallo, ceramica e faïence. Inoltre probabilmente di questo tipo dovevano essere i due recipienti in vetro che erano stati portati in una grande processione in occasione di una festività egizia di Tolomeo II Filadelfo nel 274 a.C. Questi due elementi inducono ad attribuire ad Alessandria la manifattura dei vetri d'oro "a sandwich" di questo periodo. In questa mostra la tecnica consistente nel decorare il vetro con una foglia d'oro, protetta o no da un secondo strato di vetro, è illustrata principalmente con esemplari del III e IV secolo d.C. (nn. 152-161). Gli ultimi sono stati quasi tutti prodotti in Italia. Tuttavia non c'è dubbio che abbiano avuto i loro predecessori nei vetri "a sandwich" alessandrini del tipo di Canosa.

Alcuni tipi di vetri con decorazione dorata da collocarsi in questo intervallo di tempo sono presenti in altre sezioni, come ad esempio i vetri "a nastri d'oro" (nn. 17 e 18) del I secolo d.C.[17]. Alcuni tipi di vetro-mosaico presentano delle strisce costituite di una lamina di foglia d'oro tra due strati di vetro incolore. Grose (1982, 24-25) ha pubblicato i vetri dagli scavi di Morgantina in Sicilia, una città greca completamente decaduta alla fine del I secolo a.C. In questa località è stato trovato un frammento di striscia di vetro dorato di questo tipo in uno strato tardo-ellenistico con materiale anteriore al

---

16. Harden 1968a; van Ufford 1972; Auth 1983; Pollitt 1986, 256.
17. Per gli *alabastra* a nastri d'oro: Oliver 1967, 203; *Masterpieces* 1968, 34, n. 40. Per la produzione romano-italica a nastri d'oro di piccole pissidi, bottiglie globulari e carenate, coppe e piatti di varie forme e dimensioni: Berger e Jouve 1980; Grose 1983.

30 a.C. Il frammento appartiene ad un piatto poco profondo con parete e orlo svasati e fondo piatto, composto di nastri a serpentina di vari colori e uno con lamina d'oro pressati a stampo.

Nell'esaminare la produzione di vetri dorati a partire dal I secolo d.C. gli studiosi menzionano spesso i quattro dischi decorati in oro con eroti dalla Casa degli Amorini dorati di Pompei[18]. I dischi, con la doratura protetta da uno strato di vetro, erano inseriti nella decorazione parietale del *cubiculum* I, ma Sogliano non dice che la doratura fosse applicata su vetro e perciò esulano dal nostro contesto. Tuttavia a Pompei sono state trovate anche due strisce di vetro rettangolari decorate in oro con amorini, senza alcuna protezione[19].

Gli esemplari della seconda metà del I secolo d.C. non si limitano alle due piastrine; infatti nel British Museum è conservato anche il frammento di una coppa decorata a foglia d'oro con la rappresentazione di Ercole bambino che strangola i serpenti. I due esemplari di Pompei sono stati sepolti dall'eruzione del Vesuvio del 79 d.C. ma la tecnica della decorazione del vetro dorato continua nel II e III secolo; basta ricordare alcuni vetri che si trovavano nella collezione di Ray Winfield Smith[20].

Terzo e quarto secolo d.C.: vetri dorati dalla Renania

Il materiale fin qui illustrato documenta una tradizione ininterrotta nell'uso della decorazione in oro su vetro da parte degli artigiani a partire dal III secolo a.C. fino al II o agli inizi del III secolo d.C. Dopo il periodo ellenistico, tuttavia, non abbiamo alcuna documentazione di vetri decorati con oro di notevole qualità fino alla fine del III e al IV secolo d.C., epoca alla quale risalgono le due grandi produzioni a noi note, una con centro nella Renania e una a Roma.

Il gruppo renano differisce tecnicamente da quello romano in quanto la doratura è stata per lo più applicata come uno strato esterno, con il risultato che la decorazione è pochissimo conservata, mentre nel gruppo romano la doratura è quasi sempre protetta da un secondo strato di vetro. Questa affermazione non è tuttavia valida in assoluto né per l'uno né per l'altro dei due gruppi, ma la distinzione sta forse a indicare, nei due centri di produzione, la predilezione per tecniche diverse. Tuttavia l'argomento necessita ancora di ricerche accurate che potrebbero dimostrare illusoria questa semplice distinzione per ora in uso.

Il più antico recipiente di questo gruppo è il Kantharos Disch. Questa coppa (n. 143) biansata, con gabbia applicata, è inclusa tra i recipienti lavorati a giorno del Gruppo H ed è discussa in quella sede. Ne parliamo anche qui perché esternamente la coppa interna è decorata con un sottile strato di foglia d'oro. La decorazione non è protetta da un altro strato di vetro ma solamente dalla gabbia applicata. La scena, come sul solo altro confronto esistente, il Kantharos Goluchow (ora perduto; cfr. Fremersdorf 1967, 202-203), rappresenta tre amorini alati che raccolgono fiori. La coppa è datata in base alla forma, alla decorazione a rete fatta a filamenti e alle anse. Non sono note le circostanze del rinvenimento della coppa Goluchow; la notizia più antica di cui disponiamo[21] la dice proprietà della contessa Zealinska a Parigi, ma Fremersdorf ipotizza che possa essere stata trovata nella stessa tomba del Kantharos Disch e che ne fosse il pendant. Non ci è di aiuto per determinare una datazione precisa né il fatto che altri

---

18. V.A. Sogliano, *Notizie degli scavi* 1908, 34-36: "par chiaro che la rappresentanza su foglie d'oro e colore sia stata fissata su qualche materia che per ora ci sfugge, e poi protetta dal vetro".
19. Napoli, Museo Nazionale, inv. nn. 13634-13639; Sangiorgi 1914, 83; Morey 1959, nn. 193, 195; Faedo 1978, 1069.
20. *Glass from the Ancient World* 1957, nn. 348-352.
21. Vopel 1899, 5, n. 485.

vetri con una simile decorazione a rete sono stati trovati a Begram[22] né che analoghi gruppi di eroti si trovano dipinti sulle pareti della catacomba di Domitilla a Roma (riferimenti in Fremersdorf 1967, 202).

Del IV secolo è la coppa (n. 5) di vetro blu scuro colata a stampo e decorata con cerchi incisi contenenti scene dorate della vita di Giona, già esaminata (pp. 16, 25-27).

In antico, prima che la coppa fosse deposta nella tomba e perdesse la sua doratura, la decorazione d'oro sul fondo blu scuro doveva fare un ben diverso effetto. Fremersdorf fa notare che nel corso della lavorazione venne fatto un tentativo per fissare meglio l'oro: dopo la doratura si riscaldò di nuovo il vaso nella fornace per far legare la sottile foglia d'oro alla superficie esterna del vetro, e fu proprio questo riscaldamento a lasciare sul vetro le leggere tracce delle scene dorate originarie oggi visibili.

Un recipiente simile, in vetro blu con decorazione d'oro senza protezione – un bicchiere con iscrizione greca – era nella collezione von Gans[23], ma non aggiunge alcun dato utile per determinare l'eventuale luogo di produzione dei due pezzi.

La precedente ipotesi che la decorazione della coppa blu n. 5 presentasse i ritratti dei quattro figli di Costantino può aver indotto a ipotizzare che essa fosse stata prodotta in un grande centro del Mediterraneo centrale o orientale. Sembra che questa identificazione sia ormai da scartare (v. sopra pp. 25-26), ma la rassomiglianza dello schema decorativo con quello dei tessuti dell'Egitto e la presenza della mucca morta e del corvo nella scena con Noè portano ad ipotizzare che la coppa sia stata fatta in Siria o ad Alessandria. Tuttavia questo pezzo ha solo quattro confronti per la forma, tutti provenienti dalle regioni occidentali dell'impero romano. La prima è la coppa del Graal conservata a Valencia, Spagna[24]. La seconda è la cosiddetta coppa "di zaffiro" del Tesoro di Teodolinda conservato nel duomo di Monza[25], anch'essa in vetro blu scuro ma decorata solo con linee intagliate. Gli altri due recipienti paragonabili sono in vetro incolore e trasparente[26], sono decorati con quattro grandi medaglioni, come quelli della nostra coppa blu, e provengono entrambi da Colonia. Le figure sono tracciate con linee verticali parallele e questo conferma che sono stati prodotti in una bottega di Colonia (cfr. nn. 129-133, tra i vetri con decorazione intagliata). La rassomiglianza della decorazione della coppa blu con i tessuti orientali è notevole, ma forse sarebbe meno sorprendente se in Occidente si fosse conservato un maggior numero di tessuti. In assenza di questi, sono molto più importanti i confronti che si possono stabilire con altri vetri che in questo caso portano a concludere che anche la coppa blu è un prodotto di Colonia.

All'origine la coppa con la sua decorazione in oro (senza protezione) assomigliava certamente ai lavori a giorno in oro e argento dello stesso periodo che sono stati occasionalmente usati anche per racchiudere recipienti di vetro.

Anche altri vetri ricordano oggetti in metallo prezioso ma in modo diverso. Ad esempio alcuni frammenti di un piatto da Colonia[27] con la raffigurazione a foglia d'oro su vetro colorato di una architettura urbana, che ricorda immediatamente il medaglione centrale con una città marina del grande piatto del Tesoro di Kaiseraugst e gli altri piatti d'argento a questo collegati dove le raffigurazioni sono dorate in contrasto con il fondo

---

22. Begram: Hackin 1939, figg. 23.11 e 27.8, tav. 10. Catacomba di Domitilla: citazione in Fremersdorf 1967, 202.
23. Zahn 1922, 59, tav. 70.
24. Eisen 1927, fig. 282 in basso a destra.
25. Kisa 1908, fig. 34; Lipinski 1960, 155; Haevernick 1973, 103-105.
26. Coppa da Colonia, già collezione Disch n. 1364 e Gréau n. 1549, New York, Metropolitan Museum of Art, 17.194.318: Froehner 1903, tav. 285; Fremersdorf 1967, 182-183, tav. 235; bicchiere da Colonia-Rondorf, Rheinisches Landesmuseum Bonn, inv. 59.235: Fremersdorf 1967, 176-177, tavv. 240-241.
27. Frammento di un piatto da Colonia, Katharinengraben: Rheinisches Landesmuseum Bonn, inv. LXVIII, Fremersdorf 1967, 200-201, tav. 281; J. Bracker, "Zur Rekonstruktion und Deutung des Goldglastellers vom Katharinengraben in Köln", *Festschrift für W. Haberey* 1967, 5-8.

nero niellato[28]. Tuttavia non c'è una ragione particolare per ritenere questo piatto opera di una bottega di Colonia, non più del cofanetto di vetro dorato da Neuss in Renania[29], che è probabilmente anch'esso un'imitazione di un prototipo metallico e può essere ritenuto, sulla base dei confronti delle scene con quelle di sarcofagi da Roma, prodotto in questa città.

Il piatto dorato di S. Ursula[30] è così frammentario che è impossibile esporlo in una mostra. Lo stato in cui si trova deriva probabilmente dall'essere stato sottoposto a cremazione nel IV secolo; il fuoco ha frantumato il vetro e danneggiato la doratura priva di protezione che era stata arricchita con colori a smalto. A differenza del piatto citato e del cofanetto, si considera questo pezzo come il prodotto di una bottega renana[31]. Il modo in cui sono rappresentate le scene del Vecchio e del Nuovo Testamento è molto diverso dalle rappresentazioni simili usate dalle officine romane; Fremersdorf fa notare come in questo caso vi siano delle somiglianze con la rappresentazione di santa Tecla, caratteristica della Gallia e dell'Africa.

Con argomenti altrettanto validi è stata attribuita a Colonia la coppa di S. Severin (n. 154) che, a differenza degli altri pezzi fin qui esaminati, ha la decorazione dorata protetta dal vetro. Barag (1970a), in uno studio relativo a un medaglione di questo tipo con decorazione ebraica, ha tuttavia sottolineato che molti medaglioni simili a quelli inseriti in questa coppa sono stati trovati nelle catacombe romane, e che la maggior parte si trovava originariamente in coppe simili a quella di S. Severin. Esiste pertanto la possibilità che questo tipo di coppa non sia necessariamente un prodotto tipico della Renania, anche se certamente questa regione era uno dei maggiori centri di produzione delle coppe con bolle blu.

Terzo e quarto secolo d.C.: vetri dorati da Roma

Il termine "vetri dorati", "vetri d'oro", malgrado l'apparente continuità della tecnica a partire dal III secolo a.C., è stato comunemente usato dagli archeologi e dagli storici dell'arte per indicare l'ultimo importante gruppo di vetri qui presi in esame. Essi provengono quasi esclusivamente dalla zona di Roma, datano per lo più a partire dal IV secolo d.C., spesso, anche se non sempre, hanno soggetti cristiani e presentano la decorazione dorata protetta da uno strato di vetro trasparente. Sono qui rappresentati da sette pezzi, nn. 155-161.

Il tipo più comune ha i suoi precedenti in un gruppo più antico, qui esemplificato dai nn. 152-153. Questi sono eseguiti in modo simile, con il motivo decorativo inciso su una foglia d'oro applicata su vetro e poi coperta e protetta con un altro sottile strato di vetro. A differenza del gruppo di vetri dorati più tardi, non si tratta di decorazioni di recipienti ma di medaglioni fini a se stessi. Alcuni, come il n. 152, risalgono alla fine del II secolo o agli inizi del III, ma se ne trovano anche nel IV secolo. I soggetti sono costituiti da ritratti: nei nostri esemplari il busto di un giovane uomo barbato sul n. 152, quello di un giovane imberbe sul n. 153.

L'iscrizione sul n. 153 sembra indicare il nome del personaggio ritratto *Gennadios*. Un'iscrizione si trova anche su uno degli esemplari più belli di questa categoria, con la rappresentazione di un gruppo familiare, una madre con un figlio e una figlia[32].

---

28. E. Alföldi-Rosenbaum, in H.A. Cahn e A. Kaufmann-Heinimann (a cura di), *Der spätrömische Silberschatz von Kaiseraugst*, Derendingen 1984, 206-224.
29. Fremersdorf 1967, 207-213, figg. 54-58.
30. Trovato nel 1866 a Colonia, Ursulagartenstraße: Fremersdorf 1967, 215-217, tavv. 298-299.
31. Kisa 1908, 868, 877, 880; Fremersdorf 1967, 217.
32. Brescia, Museo Civico: de Mély 1926; Trowbridge 1928, 116.

Albizzati (1914, 253 ss.) riteneva che l'iscrizione BOYNNEPI KEPAMI (βουννέριος κεραμεύς) si riferisse al "pater familias"; mentre Morey (1942, 216) era sicuro che si trattasse della firma dell'artista e che il termine κεραμεύς, "vasaio", potesse indicare anche un vetraio. Questa ipotesi mette in dubbio se il nome "Gennadios" sul n. 153 si riferisca alla persona ritratta o all'artista. Tutti ad ogni modo concordano nel ritenere che le varianti grammaticali delle iscrizioni corrispondano al dialetto dei greci di Alessandria[33]. Questo particolare definisce senza ombra di dubbio l'origine degli artigiani e gli studiosi hanno inoltre proposto un'affinità di stile con quello dei ritratti trovati in Egitto posti sulle mummie durante il periodo romano. Nessuno di questi elementi tuttavia è determinante per stabilire che gli artigiani risiedessero in Egitto, e in effetti l'origine italiana dei medaglioni conservati suggerisce che gli artisti operassero in Italia, forse proprio a Roma.

La Pillinger si spinge anche oltre nel sostenere che gli iota terminali delle iscrizioni BOYNNEPI KEPAMI e ΓΕΝΝΑΔΙ ΧΡωΜΑΤΙ ΠΑΜΜΟΥCΙ siano una forma latina e non del greco di Alessandria. Ma non è necessario interpretarli come "genitivi latini" dato che i nomi in -ιος sono spesso abbreviati con uno iota finale nei manoscritti e nelle iscrizioni di quell'epoca. Inoltre BOYNNEPIOC non compare negli elenchi di nomi trovati sui papiri, e questo elemento depone a sfavore di una provenienza dall'Egitto. D'altra parte la Pillinger ha una qualche giustificazione nel mettere in relazione BOYNNEPI con il nome di una città illirica, βούννος, e KEPAMI con un *cognomen*, *Ceramus*. È evidente che essa riferisce l'iscrizione al ritratto, o all'artista o al proprietario. Non esiste certo più nessuna ragione per ritenere che KEPAMI serva a qualificare BOYNNEPI come un vetraio. Κεραμιος è attestato come nome in una iscrizione e perciò il nome in latino potrebbe essere stato *Vunnerius Ceramus*.

Tutte le parole che figurano nelle due iscrizioni possono essere considerate come nomi di persona senza un nesso particolare con Alessandria, così come non hanno necessariamente terminazioni latine o connessioni con l'Illiria. E questo significa che entrambi i medaglioni, che sono stati trovati in Italia, sono stati anche prodotti in Italia. La forma greca delle iscrizioni sta a indicare, anche in questo caso, che una nuova moda originaria del bacino orientale del Mediterraneo è stata inizialmente diffusa in Italia da artigiani orientali immigrati che avevano portato seco la loro abilità e avevano dato ai soggetti ritratti il nome in greco.

L'abilità di questi artisti è fuori di dubbio; essi praticavano una raffinata tecnica a spazzola con minutissime incisioni ottenendo un effetto di chiaroscuro simile a quello delle raffinate incisioni in acciaio. Col tempo la tecnica andò gradualmente perdendo la sua preziosità fino a produrre esemplari non molto migliori dei vetri dorati latini che vennero dopo. È probabile che siano stati proprio questi medaglioni ad essere imitati dagli artigiani dei due gruppi principali di medaglioni in vetro dorato destinati alla decorazione di recipienti del IV secolo d.C. Un gruppo, con piccoli medaglioni in vetro blu e verde a forma di goccia, è esemplificato dalla coppa di S. Severin a Colonia (n. 154) già esaminata; l'altro è quello descritto all'inizio di questa introduzione. In questo secondo caso si sono conservati solo i fondi dei recipienti, fissati nella calce di chiusura dei loculi delle catacombe dove parte della popolazione di Roma veniva sepolta, soprattutto nel corso del IV secolo.

Che questi vetri dorati siano dei fondi di recipienti non è sempre stato accettato da tutti[34]. Già nel 1878 aus'm Weerth ipotizzò che i "fondi d'oro", come vengono chiamati a volte dagli studiosi italiani, non fossero dei fondi ma medaglioni decorativi e che con tale intento fossero usati nelle catacombe. Questa tesi è stata ripresa dalla Haevernick nel 1962, la quale, pur convenendo che l'orlo è troppo irregolare per dei veri e propri

---

33. W.E. Crum, in Breck 1926-1927, 353-356; Pillinger 1979, 11; Pillinger 1984, 31-34.
34. Per un dettagliato esame dell'argomento v. Engemann 1968-1969, 7-8.

medaglioni, ritiene che l'artigiano non si sia preoccupato troppo di rifinirli dato che sarebbero rimasti nascosti dalla calce una volta inseriti nella lastra di chiusura dei loculi delle catacombe. Essa pensa che sia questo il motivo per cui a volte i "medaglioni" possono sembrare dei fondi di recipienti le cui pareti sono andate distrutte. Vopel (1899) dal canto suo ritiene che nella calce venissero inseriti dei recipienti completi che si riducevano poi nello stato in cui sono stati trovati per il passaggio dei corpi nelle gallerie sotterranee molto strette. Questa tesi è supportata dal fatto che molti dei vetri, compresi i nn. 156-161, conservano ancora intatti o in parte gli anelli di base, e inoltre uno dei primi scavatori settecenteschi ha riferito di aver trovato nella calce delle catacombe alcuni recipienti intatti frantumatisi poi nel tentativo di rimuoverli (Boldetti 1720). La Haevernick sostiene che i piedi ad anello costituiscono semplicemente la cornice della decorazione d'oro ma ignora il fatto che gli anelli di base sono in alcuni casi completi e hanno l'orlo accuratamente molato a fuoco, anche se, come lei pensa, questi orli erano destinati a rimanere per sempre nascosti e quindi meritavano un trattamento anche meno accurato che non le parti superiori. Vopel dal canto suo ha ignorato che molto spesso gli orli superiori dei vetri dorati indicano chiaramente di essere stati deliberatamente spezzettati.

Alla luce di tutto ciò l'ipotesi più probabile è la seguente. Non esiste alcun dubbio che originariamente i vetri dorati costituissero la decorazione del fondo di recipienti completi, come ad esempio la coppa del III secolo con iscrizione in filo d'oro, dal Portogallo, pubblicata nel 1968 da Alarcão; non c'è motivo di pensare che questi recipienti non venissero utilizzati per la tavola o che avessero soltanto una funzione decorativa, come altri oggetti di lusso; ma i medaglioni a noi pervenuti sono stati staccati dai loro recipienti e levigati, con maggiore o minor cura, per identificare, se non per decorare, sepolture individuali. Ci si può anche chiedere se questi recipienti siano stati utilizzati per un banchetto funebre o altri riti prima della chiusura del loculo, e se il frammento sia stato inserito ancora in ossequio alla tradizione pagana di depositare oggetti nella tomba in questo periodo di transizione al cristianesimo.

La tecnica di esecuzione di questi vetri dorati non è stata ancora esaurientemente studiata; certamente sbagliano quegli studiosi che suppongono che la decorazione d'oro venisse applicata sulla parte inferiore del fondo del recipiente e che il "paraison", che doveva fornire la protezione e formare l'anello del piede, fosse applicato sul retro[35]. È altamente improbabile che l'intaglio della foglia d'oro per realizzare il soggetto della decorazione potesse essere eseguito prima dell'applicazione della lamina su una delle due superfici. In tal caso sarebbe stata impossibile l'aggiunta dei dettagli colorati, come nei nn. 155 e 157, qualora l'oro fosse stato applicato sulla parte inferiore del fondo e la decorazione incisa sul dritto. Perciò il metodo usato era probabilmente più simile a quello descritto da d'Escurac-Doisy[36]. La foglia d'oro veniva applicata sulla superficie esterna di un "paraison" e poi intagliata nel motivo decorativo desiderato, con il risultato che alla fine l'osservatore badava agli intagli e non alle linee incise da dietro. I dettagli di alcune figure venivano poi evidenziati con il colore. Dato che l'oro è sensibile alle alte temperature, d'Escurac-Doisy presume che della polvere di vetro, che fonde ad una temperatura più bassa dell'oro, fosse poi spruzzata come protettivo sull'oro. Un secondo "paraison" dal quale veniva formato il corpo del vaso veniva poi pressato sopra il primo, facendolo aderire alla decorazione, e l'insieme veniva poi fuso insieme mediante riscaldamento in fornace. Le operazioni finali consistevano nel ritagliare e dare al primo "paraison" la forma di un piede ad anello e nel realizzare dal secondo il corpo del recipiente.

---

35. Auth 1979, 36.
36. d'Escurac-Doisy 1959, 60-62; citato anche da Alarcão 1968, 75.

I tecnici troveranno certamente delle difficoltà ad accettare alcuni punti di questo procedimento che però deve sicuramente essere corretto nelle sue linee fondamentali. Resta comunque il fatto che gli artigiani antichi avevano ideato un metodo e lo utilizzavano con successo.

Progressi per conoscere meglio le officine di questi vetri e la loro datazione devono venire dall'analisi del contenuto e dello stile della decorazione. Si era sperato che il catalogo di Morey della collezione di vetri d'oro della Biblioteca Vaticana avrebbe fornito questa analisi; ma egli è morto troppo presto e il catalogo pubblicato postumo nel 1959 fornisce solo alcune tracce delle idee che l'autore andava sviluppando. Egli aveva preliminarmente distinto alcune botteghe, designandole come: "the square border group" (gruppo del bordo quadrato), "the Dignitas amicorum group" (gruppo della Dignitas amicorum), "the reciprocal border group" (gruppo del bordo reciproco), "the three-ply group" (gruppo delle tre pieghe). Questi nomi sono rimasti nella letteratura dei vetri dorati, ma non sono stati accettati da studiosi come Zanchi Roppo (1967) e Faedo (1978) che hanno avuto l'opportunità di classificare il materiale in maniera più esauriente sulla base dello stile, dell'iconografia e della tecnica. Nello stesso tempo è sempre basilare la catalogazione dei soggetti ad opera di Leclercq[37], che dà un'idea esauriente della loro gamma: 1) soggetti biblici; 2) Cristo e santi; 3) varie leggende; 4) iscrizioni; 5) divinità pagane; 6) soggetti profani; 7) ritratti maschili; 8) ritratti femminili; 9) ritratti di coppie o famiglie; 10) animali; 11) soggetti ebraici.

I primi tre vetri del Gruppo K (nn. 155-157) sono ritratti di coniugi posti sotto la protezione di Ercole, Eros e Cristo. Questi recipienti, con le loro iscrizioni augurali, sono stati probabilmente fatti in occasione di matrimoni o per anniversari di nozze. L'uso dei vetri d'oro in occasioni importanti è stato dimostrato da Noll (1973) che cita due vetri, entrambi con la rappresentazione di un auriga vittorioso con un cavallo, che corrispondono esattamente al diritto di alcuni medaglioni di bronzo del tardo IV secolo, noti come *contorniates*, che venivano emessi come doni per le celebrazioni del nuovo anno romano. A prima vista i matrimoni delle tre coppie possono apparire più come occasioni private, ma, se l'identificazione di "Orfitus" sul n. 155 con l'aristocratico prefetto di Roma Memmius Vitrasius Orfitus è corretta, le nozze potrebbero essere state effettivamente un avvenimento pubblico. Doni consistenti in lussuosi recipienti con decorazione dorata destinati ad ospiti e amici, già loro stessi così ricchi da avere tutto, potevano adattarsi bene alla circostanza.

I nn. 158-161 rappresentano, rispettivamente, la figura giovanile di Cristo, Cristo e santi, Pietro e Paolo incoronati da Cristo e un pastore che presumibilmente raffigura Cristo. Le festività religiose dell'anno così come quelle profane e pagane erano certamente occasione di celebrazioni.

La rappresentazione di Pietro e Paolo con Cristo al centro (n. 160) ricorda le coppie di coniugi dei nn. 155-157, anche se i due santi sono di profilo e non di prospetto; questo elemento indica la possibilità che il vetro sia stato fatto per la festa dei due santi.

Il n. 159 con Cristo e santi può essere messo in relazione con un numero piuttosto grande di santi martiri le cui festività erano celebrate a Roma a partire dal IV secolo, e poteva pertanto essere utilizzato in un numero di festività altrettanto grande.

La rappresentazione di Cristo sul n. 158 e forse il pastore del n. 161 possono far sorgere la domanda se questi vetri possano in realtà essere stati usati in cerimonie liturgiche cristiane.

D'altra parte, mentre i soggetti di molti dei vetri dorati sono adatti a dei doni, la fragilità del vetro dei recipienti, che non ne avrebbe certo consentito la conservazione di un numero così elevato se non fosse stato per la pratica curiosa di usarli come elemento

---

37. Cabrol e Leclercq 1903-1953, s.v. *Fonds de coupes*.

per l'identificazione delle tombe, è un indizio abbastanza evidente di un uso decorativo e non pratico.

I nn. 160-161, oltre alla raffigurazione di temi cristiani, presentano anche iscrizioni che fanno allusione al beneficiario come "dignitas amicorum", "orgoglio dei [tuoi] amici". Il gruppo dei vetri con questa frase è uno dei pochi a poter essere attribuito, con una certa sicurezza, ad un'unica bottega. Le iscrizioni coincidono non solo per le parole usate e per lo stile ma anche per la caratteristica rappresentazione dei volti con grandi occhi sbarrati, narici ricurve e bocca arcuata. La perfezione tecnica dei recipienti e della loro decorazione dimostra il persistere dell'abilità degli artigiani del vetro nel tardo impero romano. Il contenuto cristiano della decorazione ci rammenta inoltre che l'industria del vetro e la sua committenza, come gli imperatori, sono sopravvissuti adattandosi alle esigenze e ai valori di un mondo in trasformazione.

K.S.P.

Gruppo J: Vetri dipinti

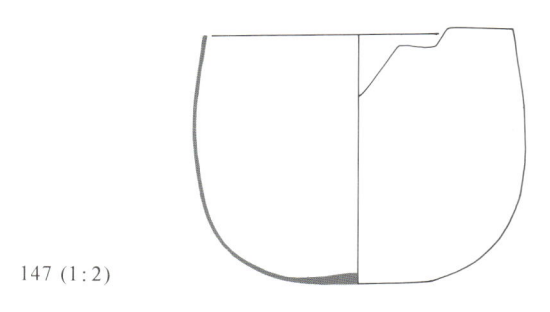

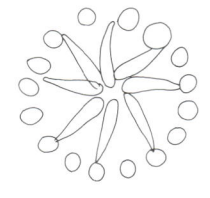

147

Coppa con anitra

Terzo quarto del I secolo d.C. Dalla Grecia. Acquistata da J.P. Lambros, Atene. BM GR 1905.11-7.2.

Altezza cm 7; diametro massimo cm 8,7.

Vetro incolore con sfumatura verdina con pittura rossa, rosso-bruna, azzurra, verde e bianca. Soffiato; orlo molato; decorazione dipinta a smalto sulla superficie esterna. Pareti leggermente convesse, fondo piatto. Leggero solco inciso alla ruota lungo l'orlo; la decorazione dipinta è costituita da: a) un fregio di vegetazione lussureggiante nel quale un'anitra bianca e blu con zampe rosse, con il capo rivolto all'indietro, forse verso una fonte di pericolo, si muove verso una rete rosso-bruna, probabilmente una trappola; b) sul fondo una stella a otto punte all'interno di un cerchio di puntini. I colori conservati sono: rosso (vegetazione, zampe dell'anitra), rosso-bruno (rete), azzurro (testa dell'anitra, ala), verde (elementi vegetali), bianco (petto dell'anitra e sfondo). Frammentata con alcune lacune; alcune fessure da pressione. Pellicola tipo smalto blu che in parte si sfalda; iridescenza su entrambe le superfici, butterature su quella esterna. Bolle a punta di spillo, alcune inclusioni.

Questa coppa appartiene a un gruppo prodotto nella Valle Padana e nell'area alpina nel I secolo d.C. (Silvestrini 1938; Harden 1947, 297; Isings 1957, 30, forma 12; Harden 1970, 49-50). Le officine vetrarie di questa zona predilessero sin dall'inizio i vetri di stile siriano soffiati sia a canna libera sia in uno stampo. Questo fatto è così evidente che bisogna ritenere che siano state fondate da artigiani siriaci, in particolare dallo stesso grande Ennion. Altri tipi particolarmente caratteristici, oltre ai prodotti di Ennion e alle coppe dipinte come questa, sono le piccole bottiglie portaunguenti di pietrisco e metallo finemente colorato (prodotte probabilmente anche in Campania); brocche, anforischi e altre forme con decorazione a gocce marmorizzate; e coppe soffiate molto sottili con costolature e filamenti applicati. Affini alle coppe dipinte come questa che è decorata con motivi floreali e animali, sono due anforischi, uno da Kerč e uno da Cipro. Le coppe normalmente, se non sempre, hanno una rosetta dipinta sul fondo, forse il marchio di fabbrica o dell'artista, e sono state trovate prevalentemente in Occidente. Questo fatto ricorda la produzione di Ennion, le cui brocche ed anforischi vengono prevalentemente da siti orientali, mentre la maggior parte delle sue coppe è stata trovata nel Nord Italia. Come Ennion, anche il "maestro delle coppe dipinte" può aver avuto una bottega in entrambe le zone (Harden 1935: Id. 1946; Id. 1947, 297, 299; Id. 1970, 49-50).   K.S.P./C.S.L.

147 (1:2)

Bibl.: Silvestrini 1938; *Masterpieces* 1968, 57, n. 68; Harden 1970, 50, tav. 1F.

148

Vasetto con coperchio dipinto

II secolo d.C. Da Cipro. Dono del Committee of the Cyprus Exploration Fund. BM GR 1888.11-12.1.

Altezza totale cm 6,7; altezza del vasetto cm 6,5; diametro del coperchio cm 7,4; diametro massimo cm 7,9.

Vetro incolore; soffiato; coperchio soffiato e poi ritagliato. Olletta: corpo globulare; orlo ripiegato verso l'esterno; fondo leggermente concavo; coperchio: orlo ripiegato verso il basso. Decorazione sul coperchio: figura alata resa mediante una linea nera, in movimento verso destra, lo sguardo verso sinistra, con un grappolo d'uva e alcune foglie di vite nella mano sinistra e un gancio nella destra, le ali riempinono la parte sinistra della rappresentazione; tre zig-zag disegnati a mano libera rappresentano il terreno. Intatta. Sull'olletta una pellicola tipo smalto che si sfalda e iridescenza; sul coperchio alcune incrostazioni soprattutto sulla parte inferiore. Bolle a punta di spillo.

È un esemplare di produzione orientale appartenente al gruppo discusso nel n. 147. Due esemplari simili sono a Cambridge nel Fitzwilliam Museum, un altro con analoga decorazione è nel Newark Museum (*JGS* 16, 1974, 125, n. 6). Sono anche da ricordare due frammenti dello stesso tipo e periodo rinvenuto a Dura Europos (Clairmont 1963, 12, nn. 24-25). K.S.P./C.S.L.

Bibl.: Dillon 1907, 47; Harden 1936, 282, n. 2; *Masterpieces* 1968, 57, n. 69.

148 (1:2)

272

149 In mostra solo a Corning

Piatto di Paride

III-IV secolo d.C. Si ritiene sia stato ritrovato a al-Yaqussah, nel sud della Siria. Già nella collezione Ray Winfield Smith (RWS 688). CMG 55.1.85.

Altezza massima cm 3,6; diametro massimo dell'orlo cm 21.

Vetro incolore; dipinto esternamente con il Giudizio di Paride in nero, bianco e ombreggiature di grigio, giallo, bruno e violetto, su fondo rosso. Soffiato; il rovescio dipinto a freddo. Coppa poco profonda con pareti sottili; orlo arrotondato con successivo riscaldamento e leggermente svasato; pareti curve a formare un fondo convesso. Decorazione: a) a sinistra Paride seduto in abbigliamento orientale con un bastone da pastore nella mano destra guarda verso lo spettatore con fare indeciso; b) vicino a lui in piedi Hermes (identificato dall'iscrizione in lettere greche, nudo fatta eccezione per la clamide allacciata sulla spalla destra e drappeggiata sul braccio sinistro; sul capo due piccole ali con in mezzo una foglia di loto o qualcosa di simile; dietro al capo un *nimbus*; è rivolto verso Paride, indicando le dee con l'asta dell'araldo; c) Afrodite, al centro della scena, con la parte inferiore del corpo coperta da un chitone, un manto dietro la schiena con un'estremità avvolta intorno all'avambraccio sinistro, l'altra tenuta da (d) Eros nudo (qui come Pothos, Desiderio) in volo verso di lei; e) accanto ad Afrodite siede Era con indosso un peplo ripiegato in vita, mantello dietro la testa, diadema e calzature, in mano uno scettro; è rappresentata nell'atto di allontanare lo sguardo da Afrodite e da Paride; sulla destra della scena è Atena (f) seduta, con un piede poggiante su una roccia, con indosso un peplo ripiegato, elmo, calzature, una lancia nella mano destra, la sinistra poggiante sullo scudo con *gorgoneion* al centro; in primo piano, due pecore del gregge di Paride nel prato con un corso d'acqua o stagno alle pendici del monte Ida. La superficie, soprattutto interna, è alterata e butterata; tracce di iridescenza; la decorazione dipinta si è sfaldata in molti punti, in particolare lungo l'orlo (Eros, Atena, veste di Afrodite e Era, la pecora di sinistra; rimane solo una tenue traccia del bordo di sinistra) e lungo l'asse centrale (parte sinistra di Paride, clamide di Hermes, parte inferiore di Afrodite e Era, Atena). Restauri color terra sulla superficie esterna. Piccole bolle.

Secondo Abdul-Hak (1966, 26), il piatto di Paride è stato trovato nel 1943 a al-Yaqussah nella regione di az-Zaouiyeh nel sud della Siria. Fu acquistato dal mercante di Damasco A. Dahdad che lo danneggiò parecchio nel tentativo di ripulire con un acido la superficie dipinta. Dahdad tentò, senza successo, di vendere la coppa al Museo Nazionale di Damasco; in seguito fu acquistato da un altro mercante, M.E. Boutros, che lo vendette a Ray Winfield Smith.
Secondo la mitologia greca Eris, la discordia, furiosa per non essere stata invitata al matrimonio di Peleo e Tetide, gettò tra gli ospiti una mela d'oro con l'iscrizione "Per la più bella", subito contesa da Era, Atena e Afrodite. Zeus si rifiutò di prendere la difficile decisione e affidò l'incarico a Paride che, benché fosse figlio di Priamo re di Troia, trascorreva la sua giovinezza come un pastore, sul monte Ida. Ognuna delle tre dee, condotte da Hermes presso Paride, offrì qualcosa di speciale se fosse stata scelta come vincitrice. Paride diede la mela ad Afrodite che gli aveva promesso la donna più bella del mondo, Elena, moglie di Menelao re di Sparta. Elena fuggì con Paride a Troia provocando così la guerra. Come ha fatto notare Hanfmann (1956, 5) il punto focale della scena è l'abbagliante rivelazione della seminuda Afrodite. Il pittore della coppa segue evidentemente la versione del mito giunta a noi attraverso il poema *Il ratto di Elena* di Colluto (500 d.C. circa) secondo il quale Zeus aveva decretato che le tre dee dovevano essere giudicate solo dal loro volto. Afrodite al contrario si denudò il petto e vinse il premio. Per altre versioni della scena si veda Clairmont (1951). D.B.W.

Bibl.: Richter e Smith 1953, 180-187, fig. 1 (con bibliografia); Hanfmann 1956, 3-7; *Glass from the Ancient World* 1957, n. 351; Abdul-Hak 1966.

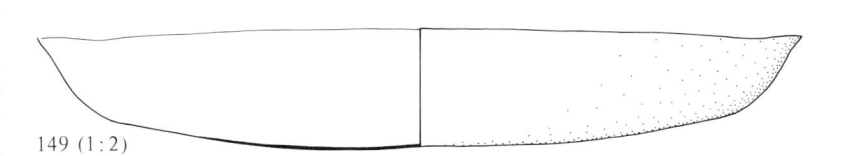

149 (1:2)

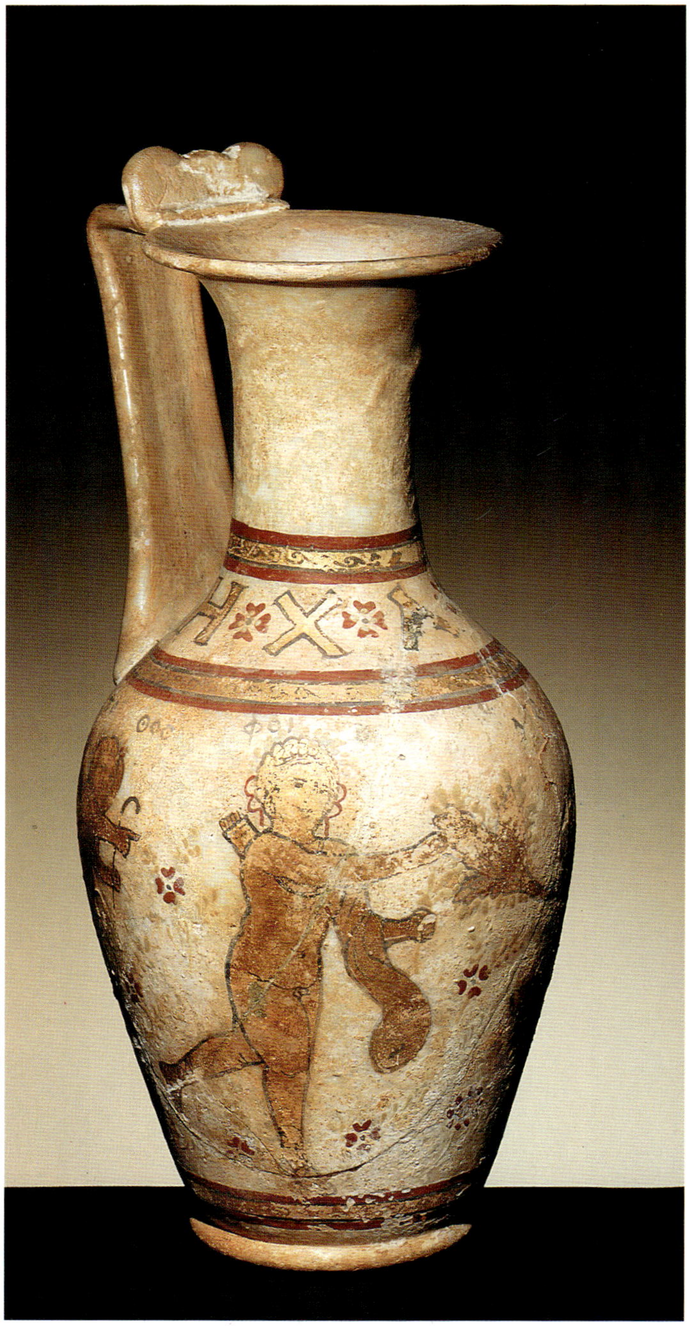

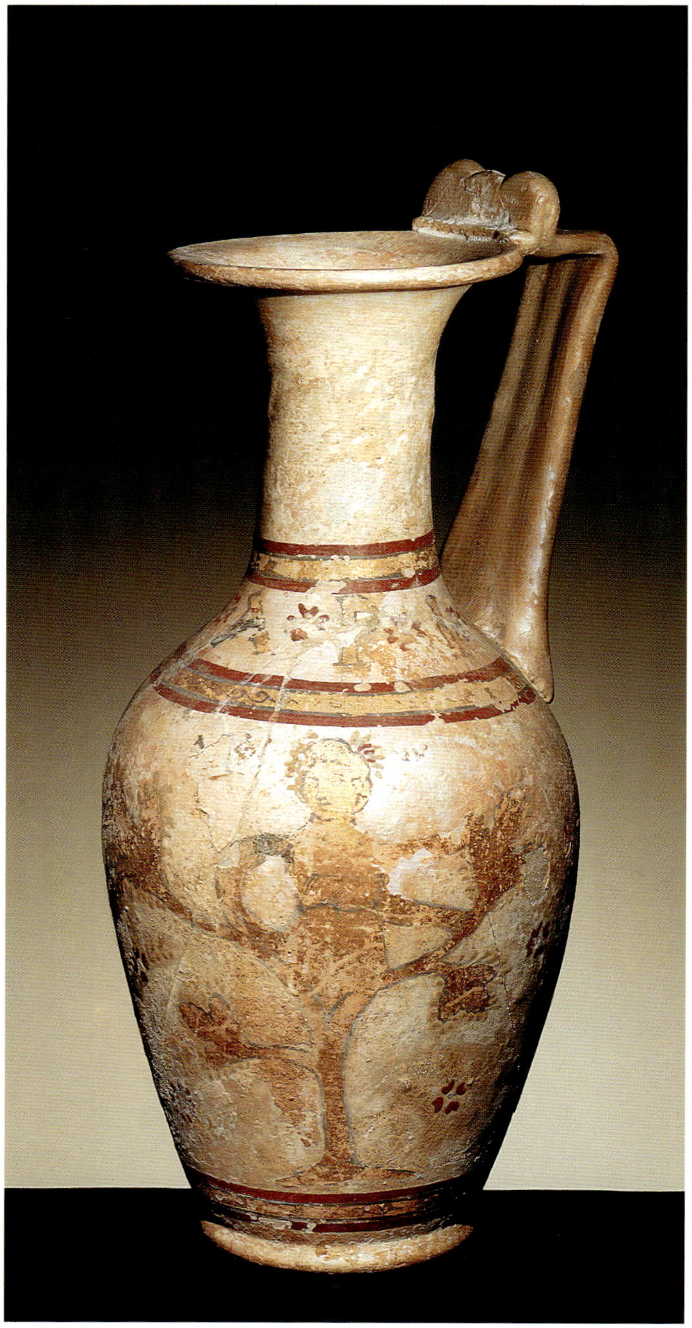

150 In mostra solo a Corning

Brocca di Dafne

Fine del II - inizi del III secolo d.C. Rinvenuta a Kerč, probabilmente prima del 1895. Acquistata da J.P. Morgan nel 1908, all'asta da Ray Winfield Smith nel 1949; già anche nelle collezioni I.K. Surutschan, Kishinev (vicino a Odessa) e Pierre Mavrogordato. CMG 55.1.86.

Altezza alla presa cm 22,2; altezza all'orlo cm 20,6; diametro dell'orlo cm 7,1; diametro della spalla cm 9,5; diametro della base cm 5,7.

Vetro traslucido e bianco opaco. Soffiato, dipinto a freddo e dorato. Corpo ovoidale, labbro rovesciato, collo cilindrico che si allarga nel punto di congiunzione col corpo, piccolo anello di base (dello stesso "paraison"). Ansa costolata, pinzata all'estremità superiore a formare una presa, attaccata al labbro e alla spalla. Parte inferiore del collo, corpo e fondo decorati. La decorazione del collo e del corpo è divisa in due registri da tre fasce identiche consistenti in una linea continua di volute grigie su fondo dorato racchiusa tra due linee grigie e due fasce rosso scuro; il registro superiore più stretto contiene un'iscrizione in lettere maiuscole greche, H XAPIC ("Grazia"), la prima e l'ultima lettera separate da una rosetta a ruota con motivi grigi a destra e a sinistra, tutte le altre lettere separate da un quadrifoglio rosso con il centro grigio; nel registro inferiore sono dipinte quattro figure dorate con i contorni e i dettagli in grigio e nel campo alcuni quadrifogli; Cupido identificato in greco come ΠΟΘΟC ("Desiderio"), incita Apollo, ΦOIBOC ("lo splendente") che, nudo eccetto che per il mantello e i sandali e con la faretra e le frecce sulla spalla, corre verso destra all'inseguimento di Dafne (identificata dal nome); Dafne è rappresentata nel momento in cui si trasforma in alloro; suo padre Ladone (anch'egli identificato dal nome) assiste alla scena seduto su una roccia reggendo una conchiglia. Corpo del vaso frammentato e restaurato con piccole integrazioni; opacizzato da concrezioni; la doratura e la pittura si squamano in alcuni punti, molte delle lettere dei nomi sono illeggibili.

La brocca è stata trovata in una tomba a Kerč in Crimea da Terletzky ed è stata data a Sch. Hochmann probabilmente prima del 1895. La scena dipinta narra la storia di Dafne (alloro) che nella mitologia greca era ritenuta figlia di Ladone o di Peneo (Ovidio, *Metamorfosi* I, 452); ma Filarco e Diodoro di Elea la dicono figlia di Amicle, eponimo della città di Amicle (Partenio 15). Apollo si innamorò di lei che non ne voleva sapere, e la inseguì; alle sue preghiere di aiuto fu trasformata in una pianta che prese il suo nome.

La brocca è strettamente connessa ai frammenti di un vaso in vetro bianco opaco, con decorazione dipinta a freddo e dorata, rinvenuto a Dura Europos, con la rappresentazione della testa di Tetide, identificata da un'iscrizione in greco (Clairmont 1963, 34-35). È stato ipotizzato che il vaso di Dura rappresentasse il mito di Tetide e le Nereidi che recavano le armi ad Achille (Baur 1933, 252); ma se così fosse, la composizione doveva essere molto diversa da quella sulla *lekythos* a figure rosse del Pittore di Eretria (ora a New York nel Metropolitan Museum) che Baur ritiene essere il prototipo, se si considera che la forma del vaso di Dura era simile alla brocca di Dafne che ha solo quattro figure. Clairmont (1963, 34) propone un confronto migliore: la testa di Tetide con diadema e velo sul mosaico della Casa dei portici ad Antiochia sull'Oronte (Levi 1957, I, 110-115, e indice *s.v.* "Thetis", II, tavv. XVIII-XIX); la scena del vaso poteva rappresentare un tema simile a quello postulato per il mosaico. Non c'è alcun dubbio, al di là dell'esatta forma e scena, che il vaso di Dura e la brocca di Dafne fossero molto simili e che provengano dalla stessa bottega, probabilmente attiva ad Antiochia sull'Oronte nella prima metà del III secolo d.C. Clairmont è inoltre dell'opinione che, anche se non in modo così stretto, la brocca di Dafne e i frammenti da Dura siano apparentati ad alcuni vasi dipinti da Begram (Hackin 1954, 254-259, nn. 27, 54, 59-60, 154); egli nota in particolare che i disegni dipinti e dorati non sono protetti da alcuno strato di vetro trasparente come nel caso dei vetri dorati del IV secolo per lo più cristiani, provenienti dall'Italia. Egli ha naturalmente ragione nel sostenere che tutto il gruppo presenta questa differenza tecnica sostanziale rispetto ai vetri dorati. Harden (1970, 58-59) tuttavia ritiene che la brocca di Dafne sia un caso isolato; i pezzi da Begram e numerosi frammenti dall'Egitto, con motivi umani, animali e vegetali, sembrano per la maggior parte prodotti in Egitto.

D.B.W.

Bibl.: Poppelreuter 1908; Sangiorgi 1914, 79, ill.; Rostovtzeff 1914; Morin-Jean 1917; Zahn 1921, 60; Zahn 1926, 81; Fremersdorf 1930a, 298, n. 32, B 1; Baur 1933, 252-254; Grohmann 1951; Hamelin 1952, 15; Richter e Smith 1953, 87, 184; Faider-Feytmans 1954; Fogg Art Museum 1954, n. 360, tav. XCVI; *Mariemont* 1954, n. 123, tavv. IV-V; Hanfmann 1956, 6, figg. 5-6; Harden 1956, tav. 27; *Glass from the Ancient World* 1957, n. 342; Charleston 1980, 47, n. 15.

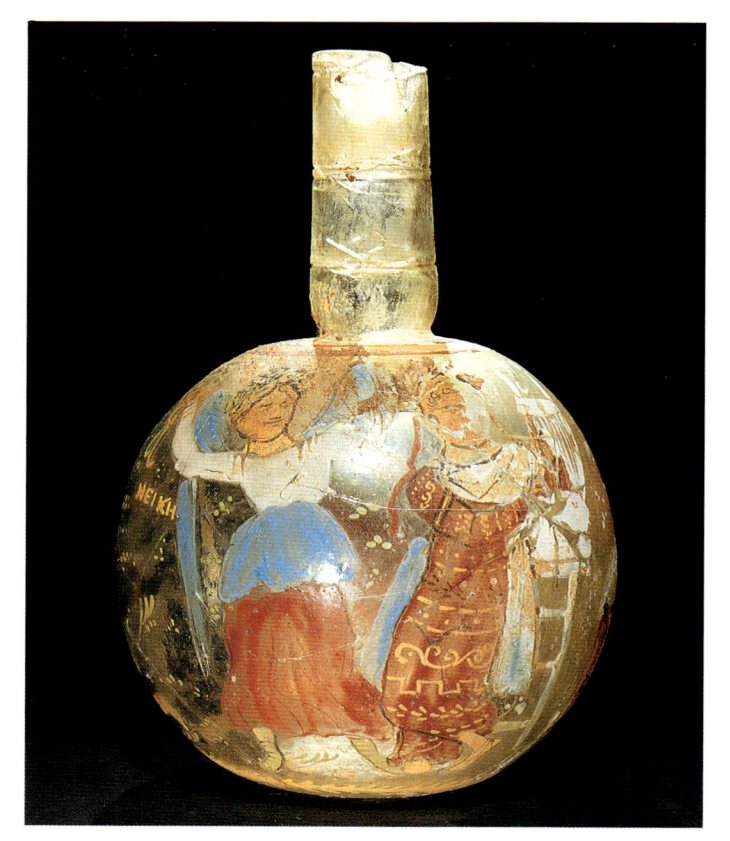

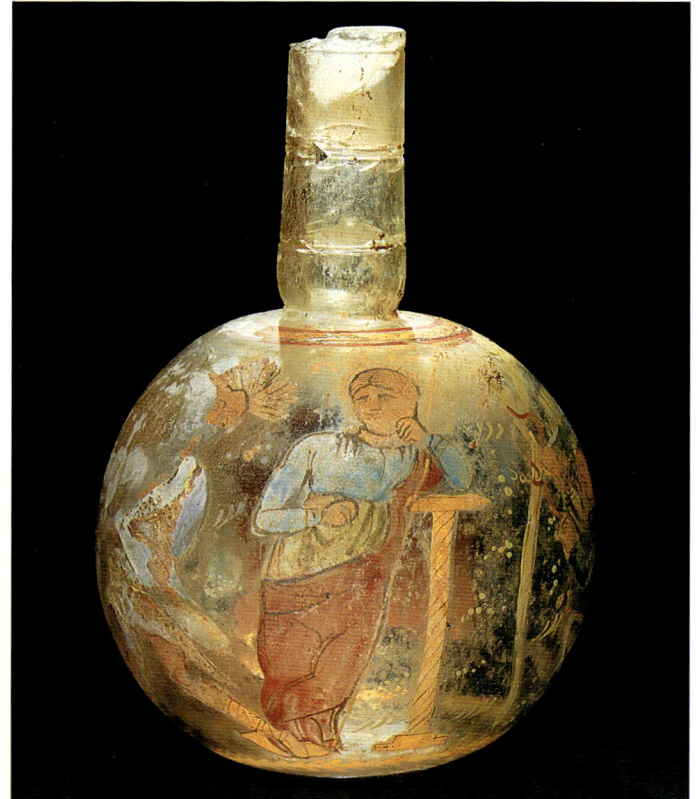

151

Bottiglia dorata e smaltata

III-IV secolo d.C. Luogo di rinvenimento sconosciuto. CMG 78.1.1.

Altezza cm 14,6; diametro cm 10.

Vetro incolore con sfumatura verdina, decorazione policroma. Soffiato, smaltato e dorato. Bottiglia con collo cilindrico e corpo globulare; orlo liscio, molato a fuoco, collo cilindrico leggermente svasato verso il basso e con strozzatura all'attacco col corpo; corpo sferico con piccolo fondo leggermente concavo; manca il segno del pontello. Decorazione: a) quattro linee incise sul collo, una lungo l'orlo, due ravvicinate circa a metà e una sopra la strozzatura; b) il corpo è quasi completamente ricoperto da un'unica scena, delimitata in alto e in basso da una bordura; anche il fondo è decorato; la fascia decorata è realizzata in smalto bianco, giallo brillante, rosso, blu chiaro, giallo-verde e nero con dorature; la bordura superiore consiste in una spirale nera su fondo giallo tra due sottili bordi rossi, quella inferiore in un motivo continuo giallo a spina di pesce; c) il fondo ha un anello concentrico di dieci petali rossi circondati da puntini gialli. La scena principale rappresenta la gara tra Apollo e Marsia; cinque figure sono delineate in nero con le parti nude in foglia d'oro.

Nike (indicata con un'iscrizione in lettere greche, Neike), alata, si avvicina ad Apollo (Phibos [sic]), con una corona di alloro, un chitone con un'ampia piega e calze, la parte superiore del chitone è bianca, la piega blu, la parte inferiore rossa, le calze verdi. Nike solleva il braccio destro a reggere la ghirlanda del vincitore e tocca Apollo con la mano sinistra. Il dio, anch'egli con corona di alloro, è rappresentato appoggiato a un supporto sul quale tiene la lira; indossa una clamide blu, un abito con maniche lungo fino ai piedi, rosso con strisce decorative gialle, e sandali. A sinistra è una tavola coperta con un drappo rosso. Dietro è Marsia, i capelli dritti, come in uno stato di terrore, con indosso una pelle, sandali o stivali allacciati intorno al polpaccio. Accanto a Marsia Atena (Pollis [sic], per Pallas), vestita come Nike con un chitone a manica lunga con una larga piega, tiene una bacchetta, il gomito sinistro appoggiato ad una piccola colonna; il chitone è blu, verde e rosso. Sulla destra, una figura maschile, in abbigliamento orientale, attacca delle cinghie a un alberello.

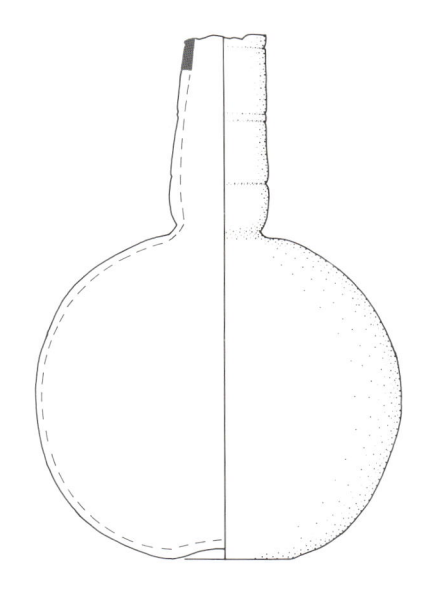

Nel campo gruppi di puntini e tralci a foglia, tutto in verde pallido. Rotto in vari frammenti e ricomposto; mancano due terzi del collo e numerose schegge nel corpo; fessure sul collo. Superficie opaca con chiazze di alterazione bruna sottile e concrezioni; decorazione a smalto in parte perduta, in particolare sulla figura di Marsia.

La mitologia greca narra che Atena inventò il flauto, ma lo gettò perché distorceva i lineamenti di chi lo suonava. Marsia trovò il flauto, e dopo aver acquisito grande abilità nel suonarlo, sfidò Apollo a gareggiare con la sua lira. In una versione del mito Mida, re della Frigia, chiamato a fare da giudice, dichiarò vincitore Marsia e fu punito da Apollo che gli trasformò le orecchie in quelle di un asino. Nella versione illustrata sulla bottiglia, invece, le Muse diedero la vittoria ad Apollo che punì Marsia per la sua temerarietà legandolo ad un albero e scuoiandolo vivo. Per una forma analoga si veda Isings 1957, 122, forma 103.

Si tratta di un altro notevole vaso del gruppo di vetri dipinti con scene mitologiche che comprende la brocca di Dafne (n. 150) ed i frammenti da Dura Europos. Anche questa bottiglia può essere stata fatta e decorata in Siria. Tuttavia è importante il fatto che il confronto più stretto è con una bottiglia di vetro purpureo trovata nel 1904 a Gut Duerffenthal bei Zülpich (già nella collezione Merkens, Colonia; ora nel Rheinisches Landesmuseum Bonn, n. 17303; Kisa 1908, 817, fig. 345; Fremersdorf 1967, 196, tavv. 278-279). La forma delle due bottiglie è la stessa, con una strozzatura alla base del collo e un analogo numero di linee incise alla ruota sul collo stesso. Entrambe le bottiglie sono dipinte senza protezione sulla pittura e in entrambi i casi una scena copre quasi tutto il corpo del vaso. Non c'è tuttavia alcun dubbio che la bottiglia di Zülpich sia stata prodotta in Occidente perché non solo presenta un carro da corsa ma anche l'iscrizione PROVINCIA BELGIC(A). La bottiglia del Corning Museum di produzione siriana e quella di Zülpich rappresentano perciò una nuova conferma dell'opinione di Harden (1970, 59) che ci sia una stretta relazione nella tecnica tra i vetri dipinti tardo-romani orientali e occidentali. Dato che le forme dei recipienti differiscono, egli ipotizza che in questo caso si sia spostato il pittore e non il vetraio. La testimonianza fornita da queste due bottiglie suggerisce che si debba ora modificare questo aspetto del problema. I vetri tardi dipinti sono infatti ancora un'altra prova della continuità dei contatti est-ovest e della migrazione in epoca romana degli artigiani orientali verso ovest.

D.B.W.

Inedita.

Gruppo K: Vetri dorati

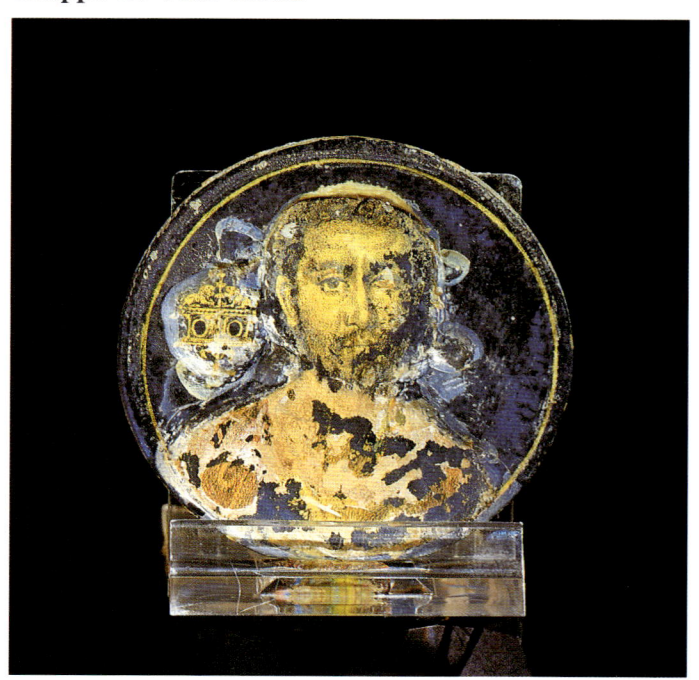

152

Medaglione con ritratto

Fine del II - inizi del III secolo d.C. Luogo di rinvenimento sconosciuto. Acquistato dal conte di Carlisle. BM GR 1890.9-11.

Diametro cm 5,2; spessore cm 0,3.

Vetro blu, colato e molato; foglia d'oro racchiusa tra due strati di vetro. Circolare, piatto, con spigolo smussato. Decorazione a foglia d'oro: una linea d'oro lungo l'orlo; al centro un busto di prospetto di un giovane con capelli corti e ricci, baffi e corta barba, un mantello con piega sulla spalla destra; a sinistra un oggetto, probabilmente un vessillo, con due cerchi in una cornice, sormontato da due leoni affrontati, poggiante su una base orizzontale. Completo, con lo strato superiore del vetro tagliato via in corrispondenza del volto, del busto e del vessillo. Alterazione calcarea sulla superficie posteriore e sullo spigolo, per lo più a squame su quella superiore; iridescenze e pellicola lattea sul volto. Bolle a punta di spillo in entrambi gli strati.

L'oggetto rappresentato nel medaglione assomiglia moltissimo, per la forma e la decorazione, ad alcuni vessilli di bronzo trovati in diverse regioni dell'impero (Arce 1984; Faider-Feytmans 1984). Tutti presentano grandi cerchi vuoti (*orbiculi*), uno vicino all'altro, in una cornice di bronzo elaborata, e due esemplari ben conservati, da Atene e da Flabecq, Belgio, hanno dei leoni rampanti nella parte superiore della cornice. Si ritiene che non si tratti di *signa* militari ma di vessilli usati nelle processioni e in altre cerimonie civili dai *collegia* o associazioni professionali. In particolare, sembra che possano appartenere ai *collegia Iuvenum*, associazioni sportive per giovani nati liberi con sede nelle città dell'Italia e delle province. Il giovane ritratto sul medaglione forse apparteneva ad uno di questi circoli.

K.S.P./C.S.L.

Inedito.

153

Medaglione con il ritratto di Gennadios

III secolo d.C. Luogo di rinvenimento sconosciuto. Già nella collezione Fabiani. New York, Metropolitan Museum of Art, Fletcher Fund, 1926, 26.258.

Diametro cm 4,2; spessore del disco superiore cm 0,2; spessore del disco inferiore cm 0,7.

Disco inferiore in vetro traslucido blu-zaffiro intenso, disco superiore incolore; colato e molato, foglia d'oro racchiusa tra i due strati di vetro poi saldati tra loro. Superficie superiore piatta, il dietro leggermente concavo, spigolo smussato. Decorazione eseguita con una punta sottile sulla foglia d'oro: linea d'oro lungo l'orlo; al centro ritratto di un giovane imberbe con capelli ricci, che guarda a destra; parte di un abito sulla spalla sinistra; iscrizione in greco ai lati del volto e sotto il busto. Completo; superficie superiore con abrasioni e due scheggiature; lo strato di vetro incolore è quasi privo di alterazione superficiale con alcuni punti butterati e iridescenti soprattutto vicino allo spigolo. La superficie del vetro blu presenta striature blu grigiastre e in alcuni punti una pellicola bruna opaca.

Il medaglione appartiene al gruppo dei vetri a foglia d'oro che, a differenza di quelli ricavati dal fondo di piatti, sono fatti per essere montati come pendenti. Si è pensato che l'iscrizione greca come le altre dello stesso tipo fosse redatta nel dialetto di Alessandria e perciò che questi oggetti fossero di origine alessandrina. Ma la Pillinger non concorda e interpreta gli iota finali come genitivi latini. Essa inoltre considera moderna la parte inferiore del busto. Anche se è vero che il busto di tre quarti e la resa della parte inferiore non si trovano su altri vetri di questo tipo, lo stile del disegno e l'iscrizione sembrano antichi. La prova è data dall'alterazione superficiale dell'oggetto. Analisi hanno rilevato che essa può essere datata ad epoca romana, anche se con un restauro piuttosto pesante è stata eliminata quasi totalmente dalla faccia superiore del medaglione. Per dimostrare che il pezzo è un falso bisogna anche spiegare come è stato possibile creare un'alterazione antica. L'iscrizione è stata tradotta (Breckenridge) come "Gennadios assai provetto nell'arte della musica" ma, come ha puntualizzato la Pillinger, non è stato tradotto ΧΡѠΜΑΤΙ. ΧΡѠΜΑΤΙΟS è in effetti ben attestato nel IV secolo, essendo il nome di un vescovo di Aquileia dal 387 al 406, di due martiri romani e di Caecilius Cromatius Ecdicius Triumphalis, *sacerdotalis provinciae Numidiae* tra il 388 e il 392 (Jones, Martindale e Morris 1971, 923). Anche ΠΑΜΜΟΥCΙΟC (citato in Liddell Scott come un aggettivo che significa "tutto musicale") può essere un nome. Perciò le tre parole sono forse il nome dell'artista o del proprietario. D.B.W.

Bibl.: de Mély 1926; Breck 1926-1927, 353-356; Morey 1959, 74, n. 454; Ostioa 1969, n. 2; Breckenridge, in Weitzmann 1979, 287, n. 264; Pillinger 1979; Pillinger 1984, 34.

154

Frammenti di coppa

Seconda metà del IV secolo d.C. Trovati nella prima metà del XIX secolo a Colonia nel cimitero romano presso S. Severin. Già nelle collezioni Pepys e Disch, Colonia; acquistati da Sir A.W. Franks a Colonia il 16 maggio 1881 all'asta della collezione Disch, n. 1357. BM MLA 1881.6-24.1.

Frammento più piccolo cm 10; frammento più grande cm 16,8; diametro massimo ricostruito cm 21 circa.

Vetro incolore con gocce blu-verdi e blu. Soffiato e intagliato alla ruota sulla superficie esterna; foglia d'oro applicata sulla superficie esterna della coppa, le gocce colorate sono pressate nella parete sopra la foglia d'oro; alcune non coprono completamente la decorazione d'oro che rimane così senza protezione. La parete della coppa in alto si incurva leggermente verso l'interno e forma una curva continua sul fondo. Sul frammento più piccolo in alto due linee orizzontali intagliate alla ruota; cinque gocce (quattro blu-verdi e una blu), due con rosetta e otto petali, tre con medaglioni; sul frammento più grande in alto due coppie di linee orizzontali intagliate alla ruota e sedici gocce (otto in verde-blu e otto blu) e il bordo di un'altra goccia verde-blu; la decorazione a foglia d'oro consiste in sette rosette a otto petali e nove medaglioni. I medaglioni sono disposti in tre cerchi concentrici, le rosette sono collocate negli spazi tra i medaglioni; ogni medaglione ha un soggetto figurato all'interno di un bordo circolare; del cerchio esterno rimangono tre medaglioni; sul frammento più piccolo: a) una donna velata che indossa una lunga tunica con cintura e un mantello, stante in posizione frontale tra due alberi, con le mani in atto di preghiera; può essere identificata con Susanna; sul frammento più grande: b) un uomo, leggermente volto verso sinistra, imberbe e con i capelli corti, con tunica e mantello, regge nella mano destra tesa un bastone o un'asticella; ai due lati due ramoscelli; potrebbe trattarsi di Mosè o di Cristo nell'atto di compiere un miracolo; c) un uomo e una donna nudi ai lati di un albero intorno al quale è avvolto il serpente; la testa del serpente è rivolta verso la donna che con la mano sinistra coglie il frutto sulla sommità dell'albero mentre con la destra copre la sua nudità; l'uomo compie lo stesso atto con entrambe le mani. Si tratta chiaramente di Adamo ed Eva. Del cerchio intermedio rimangono cinque medaglioni; sul frammento più piccolo: d) una figura giovanile in brache, camicia con maniche lunghe e cintura, berretto frigio con i sottogola svolazzanti, le mani in attitudine di preghiera come la figura a; fiamme stilizzate tutto intorno; la figura può essere identificata come uno dei tre figli di Babilonia nella fornace ardente; sul frammento maggiore: e) una figura nuda imberbe con i muscoli del busto ben evidenziati, stante di prospetto tra quelli che potrebbero essere due cespugli con foglie e altri ramoscelli più piccoli, nell'atto di pregare; potrebbe trattarsi del profeta Daniele; f) un uomo nudo sdraiato su un terreno roccioso sotto una pianta di cucurbitacee, il braccio sinistro sollevato sopra la testa, il peso del corpo sul braccio e sul fianco destro, la gamba sinistra piegata; potrebbe essere il profeta Giona; g) una barca sul mare con cinque remi e quattro rematori, sopra un delfino; h) un uomo barbato con una corta tunica con cintura, volto leggermente verso sinistra ma con lo sguardo rivolto sopra la spalla sinistra a una mano che scende dall'alto; nella mano destra brandisce un grosso coltello mentre con la sinistra di traverso afferra i capelli di un giovane in ginocchio a sinistra; il giovane è nudo con le mani legate dietro la schiena e le gambe tese dietro l'uomo più vecchio; in alto sulla sinistra un piccolo altare; a destra la parte anteriore dell'ariete volto verso destra ma con la testa girata verso la mano; la scena rappresenta Abramo e il sacrificio di Isacco. Rimangono quattro medaglioni del cerchio più interno; sul frammento più piccolo: i) una figura vestita e nel medesimo atteggiamento di quella del medaglione d, circondata dalle stesse fiamme; è un altro dei figli di Babilonia nella fornace ardente; sul frammento più grande: j) un leone seduto verso sinistra; k) un uomo nudo e imberbe nell'atto di essere sputato da un mostro marino; la scena rappresenta Giona e la Balena; l) lo stesso mostro mentre ingoia Giona del quale sono visibili solo le gambe.

Frammentario; due pezzi separati, rotti e ricomposti; il pezzo più piccolo è composto di tre frammenti, quello più grande di quattro; numerose fessure sulla foglia d'oro; leggera butteratura in alcuni punti; alcune incrostazioni; alterazione superficiale lattea e inizio di iridescenza. Numerose bolle.

La coppa appartiene al gruppo dei recipienti con decorazione a gocce blu prodotti dalla metà del III secolo agli inizi del V (Fremersdorf 1962, 14-15). È in particolare da collegare con le coppe policrome, come il n. 46, databili a partire dalla metà del IV secolo. Sarebbe naturalmente ovvio supporre che questa coppa sia da mettere in relazione con il gruppo di coppe della Renania, ma Barag (1970a), in uno studio relativo a un medaglione di questo tipo con decorazione ebraica, rileva che molti medaglioni simili sono stati trovati nelle catacombe romane e che per la maggior parte erano in origine elementi decorativi per coppe simili a quella di S. Severin. Esiste pertanto la possibilità che le coppe di questo tipo non fossero necessariamente prodotte nella Renania e che la coppa di S. Severin sia stata importata nell'area renana dove fabbriche locali producevano vasellame con decorazione a gocce blu, così come aus'm Weerth (1881, 12) aveva già ipotizzato. Il fatto che la coppa sia stata trovata in una tomba non implica uno specifico uso funerario; appare più probabile che sia stata in origine un semplice dono per una ricorrenza successivamente riutilizzato come corredo funerario. Non è chiara la sistemazione dei medaglioni sulla parete della coppa, e non è neppure corretto vedervi una particolare influenza ebraica, malgrado la preponderanza di scene tratte dal Vecchio Testamento, dato che, come si vede nelle catacombe, sono frequenti nell'arte paleocristiana. L'interpretazione delle figure, a partire dalla pubblicazione della coppa da parte di aus'm Weerth, è stata generalmente concorde. Solo recentemente Nauerth e Warns hanno pensato che la figura e non sia maschile ma femminile e si debba identificare non con Daniele ma con santa Tecla, discepola di san Paolo. Un nostro riesame della coppa ci conferma che la figura è maschile e l'interpretazione tradizionale rimane per il momento valida.

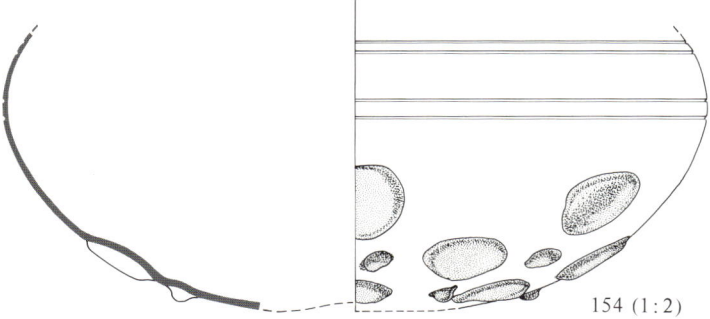

Aus'm Weerth (1881, 123) riferisce che Karl Disch nel 1860 gli aveva donato un medaglione sciolto. La dott. A.B. Follmann-Schulz del Rheinisches Landesmuseum Bonn ci informa che questo medaglione è nella collezione del Verein der Altertumsfreunde im Rheinland col numero di inventario A 139 ed è così catalogato: "un piccolo medaglione di vetro dalla coppa Disch, descritto nel fascicolo XXXVI" (il riferimento è ad aus'm Weerth in *Bonner Jahrbücher* 36, 1864). Nella mostra *Römer am Rhein* (Colonia 1967) il medaglione (catalogo n. D 106, p. 276) era esposto insieme con i frammenti del British Museum (catalogo n. D 102, p. 275); esso, largo cm 2,4, rappresenta una figura giovanile che compie un miracolo. Non c'è motivo di dubitare delle informazioni di aus'm Weerth.

Il disegno che qui sopra si pubblica ipotizza la forma originale del vaso; il disegno precedentemente pubblicato da Barag (1970a; il solo che si conosca) è simile ma differisce per quanto concerne il fondo che noi riteniamo, sulla base di una piccola porzione di usura sulla parte inferiore, non fosse piatto ma leggermente introflesso.

K.S.P.

Bibl.: aus'm Weerth 1864, 121-128; Garrucci 1876, 113-114, tav. 170,1; aus'm Weerth 1878, 124; aus'm Weerth 1881, 121, 129; Dalton 1901, 126, n. 629; Morey 1959, 58-59, n. 349; Fremersdorf 1962, 34, tav. 48; Fremersdorf 1967, 217-218, tavv. 300-303 (figure in parte invertite); *Masterpieces* 1968, 67-68, n. 88; Barag 1970a, 101-102.

155

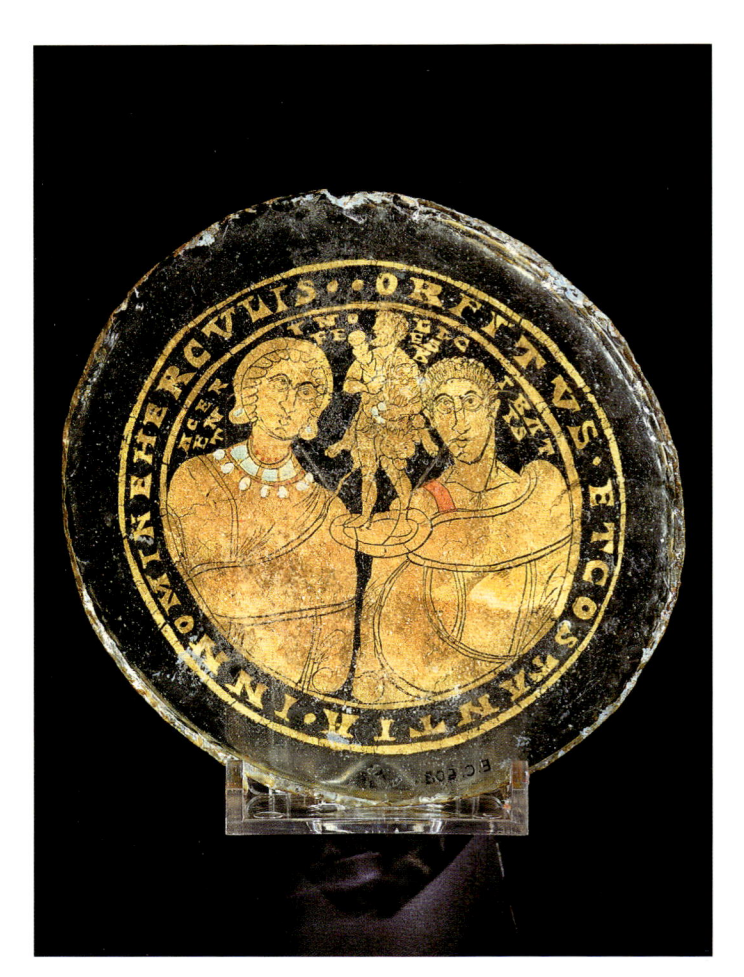

Frammento di coppa: coppia di sposi con Ercole

IV secolo d.C. Luogo di rinvenimento sconosciuto. Acquistato dal Signor Mosca; già nella collezione del conte Matarozzi di Urbania. BM MLA 1863.7-27.3.

Lunghezza cm 10,8; larghezza cm 10,1.

Vetro incolore, soffiato, con il disco di base fatto separatamente; foglia d'oro ritagliata e incisa applicata alla superficie superiore del disco di base prima di essere fissato al fondo del piatto. Piatto e ovale; orlo del disco di base inclinato verso l'esterno a formare un anello di base. Decorazione a foglia d'oro con dettagli sovradipinti; in una fascia ovale formata da due linee l'iscrizione: ORFITUS ET COSTANTIA IN NOMINE HERCULIS; prosegue in lettere più piccole all'interno della fascia in alto tra le figure: ACERENTINO FELICES BIBATIS; due busti a tre quarti; a destra un uomo imberbe con i capelli corti, che indossa una tunica con una striscia rossa dipinta sulla spalla destra e una *toga contabulata*; a sinistra una donna con il volto incorniciato da riccioli trattenuti da un diadema con perle e gemme dipinte alle due estremità e una collana a quattro fili, due di piccole pietre rosse, una di placchette oblunghe dipinte e verso il basso una fila di pendenti dipinti, forse perle; indossa una tunica e un abito dello stesso stile della toga del marito; tra le due figure, all'altezza delle spalle, su un piedistallo a disco si trova una piccola figurina di Ercole barbato con la pelle di leone e la clava nella mano destra, nella sinistra tre mele dipinte. Frammento di piatto; la parete del vaso è stata ritagliata lungo il disco di base che è intatto; alcune fessure nella foglia d'oro. Alcune iridescenze sulla superficie superiore del disco di base e lungo l'orlo ritagliato del fondo. Poche bolle.

Si tratta probabilmente di un'unica iscrizione con "bibatis" al posto di "vivatis" e "acerentino" una svista per "acerentini" da leggersi: *Orfitus et Co(n)stantia in nomine Herculis Acerentini felices vivatis*: "Orfitus e Costanza, vivete felici in nome di Ercole, conquistatore degli inferi". Il piatto era probabilmente un dono di nozze per la coppia ritratta, come si può dedurre dall'iscrizione e dal fatto che Ercole sia rappresentato con i pomi delle Esperidi che erano il suo dono di nozze per Giove e Giunone. Si può identificare Orfitus, anche se non con certezza, con Memmius Vitrasius Orfitus, un aristocratico pagano, prefetto di Roma a metà del IV secolo (*PLRE* s.v. *Orfitus* 3: 651-653).   K.S.P.

Bibl.: Garrucci 1864, 186-189; Iozzi 1900, 28-30; Dalton 1901, 119-120, n. 608; Morey 1959, 54, n. 316; *Masterpieces* 1968, 69, n. 90.

156

Frammento di coppa: coppia di sposi con Eros

IV secolo d.C. Luogo di rinvenimento sconosciuto. Acquistato dal Signor Mosca. Già nella collezione del conte Matarozzi di Urbania. BM MLA 1863.7-27.11.

Diametro del disco di base cm 7; spessore del fondo cm 0,215; spessore del fondo con la base cm 0,31.

Vetro incolore con sfumatura verdina. Soffiato, con il disco di base eseguito separatamente; foglia d'oro ritagliata e incisa applicata sulla superficie superiore del disco di base prima di fissarlo al fondo del piatto. Fondo leggermente concavo; disco di base con spigolo arrotondato curvo verso l'interno a formare un anello di base. Decorazione a foglia d'oro: due busti all'interno di una fascia circolare; a destra un uomo imberbe con capelli corti e ricci con indosso una tunica e una *toga contabulata* che regge un rotolo con entrambe le mani, le prime due dita della mano destra tese; a sinistra, in parte nascosta dal braccio destro dell'uomo, una donna con un abito riccamente ornato, i capelli ricci sulla fronte, trattenuti da un sottile diadema, intrecciati intorno al capo e racchiusi in una rete sulla sommità; regge un rotolo con entrambe le mani, sempre con le dita della mano destra tese; due rametti fioriti ai lati della coppia; al centro un piccolo erote alato nudo, con le gambe incrociate e le mani aperte dietro alla testa dei due personaggi; in alto lungo il bordo, sopra le figure:]NE (punto a cuore) TZVCINVS. BIBITE (due foglie di vite ai lati). Fratturato e ricomposto; manca parte del lato sinistro del disco; spigolo ritagliato sommariamente; molte fessure sottili sulla foglia d'oro. Superficie superiore opacizzata e iridescente; alterazione superficiale a chiazze sul lato inferiore del disco di base; alcune scoloriture sul lato inferiore del fondo del piatto tra i due strati di vetro, che in parte nascondono la decorazione. Bolle a punta di spillo.

BIBITE, "bevete", può essere letto anche come VIVITE, "vivete", sottintendendo "a lungo" o "felicemente", come sarebbe più appropriato se il recipiente completo fosse stato un dono di nozze per la coppia. Il nome della donna è perduto, rimane solo quello del marito. Tzucinus è un nome non romano, raro. Walter (1979, 84) nota che è stato ipotizzato che questi vetri siano serviti da modello per il tema cristiano di Cristo che incorona gli sposi, ma aggiunge che i vetri come questo, sul quale un putto è rappresentato nell'atto di incoronare, sono molto più rari (Garrucci 1876, 181-182, tav. 197, 6) e si chiede se non sia il contrario, cioè che i vetri cristiani siano serviti da modello a quelli pagani. Walter collega tali vetri "pagani" con altre opere del "Rinascimento pagano", come ad esempio il dittico di Brescia (Volbach 1952, 43, n. 66) sul quale un putto è in piedi tra Diana e Endimione, reggendo delle corone sulle loro teste, e con il cammeo Rothschild (Coche de la Ferté 1957) del 335 d.C. circa dove sono rappresentati Costanzo e sua moglie con corone che Delbrueck (1929, 258-260, tav. 66; 1933, 206, tav. 105; ma sostenendo che l'imperatore è Onorio e il cammeo è del 398 d.C. circa) ritiene trattarsi non di diademi imperiali ma di corone nuziali.

K.S.P.

Bibl.: Garrucci 1876, 181-182, tav. 197,6; Iozzi 1900, 24-25; Dalton 1901, 121, n. 612; Morey 1959, 53, n. 311; Walter 1979, 84.

157

Frammento di coppa: coppia di sposi con Cristo

IV secolo d.C. Luogo di rinvenimento sconosciuto. Già nella collezione Tyszkiewicz. BM MLA 1898.7-19.1.

Diametro cm 5,6.

Vetro incolore, soffiato, con disco di base eseguito separatamente; foglia d'oro ritagliata e incisa applicata alla superficie superiore del disco di base prima di fissarlo al fondo del recipiente. Fondo concavo; disco di base con l'orlo ripiegato verso il basso a formare un piede con l'orlo molato a fuoco. Decorazione a foglia d'oro con dettagli sovradipinti: due busti all'interno di un largo bordo circolare; a destra un uomo imberbe con capelli corti e ricci che indossa una *toga contabulata* con una striscia colorata sulla spalla destra; a sinistra una donna con i capelli intrecciati e raccolti in una rete sulla sommità del capo e una fila di ricci sulla fronte, orecchini e collana ravvivati da gemme colorate o perle, abbigliata con un abito riccamente decorato. Tra le due teste una figura giovanile imberbe con capelli corti che indossa un mantello e una tunica con una striscia colorata sulla spalla destra e tiene sulle due teste due piccole corone in parte colorate. Lungo il bordo l'iscrizione DULCIS ANIMA VIVAS ("Amore, possa tu vivere [a lungo]"). Frammento; fessure per sforzo nel disco di base con l'orlo ritagliato sommariamente. Scoloritura e bolle tra i due strati di vetro, che ricoprono in parte la decorazione d'oro.

La figura più piccola è identificata con Cristo dal confronto con esemplari iscritti col suo nome e può essere confrontata con le figure di Ercole, Eros, Concordia o Juno Pronuba di altri esemplari. Cristo può in questo caso anche sottintendere le figure della Vittoria dell'iconografia imperiale; ma Walter presume che, come per il n. 156, l'influenza sia in senso inverso, che le corone cioè siano corone nuziali, che questa iconografia sia un'invenzione cristiana e sia stata imitata da immagini simili civili o pagane. Lo scambio di idee può tuttavia essere ancora più complesso di quanto Walter ipotizzi.

K.S.P.

Bibl.: Froehner 1898, 35, n. 102; Dalton 1901, 121, n. 613; Morey 1959, 53, n. 310; Engemann 1968-1969, 23-25; Walter 1979, 84.

158

Frammento di coppa: Cristo giovane

IV secolo d.C. Luogo di rinvenimento sconosciuto. Acquistato dal Signor Mosca. Già nella collezione del conte Matarozzi di Urbania. BM MLA 1863.7-27.6.

Altezza cm 7,8; larghezza cm 9.

Vetro incolore con sfumatura verdina. Soffiato, con disco di base eseguito separatamente; foglia d'oro ritagliata e incisa applicata alla superficie superiore del disco di base. Fondo di recipiente, spesso e leggermente concavo; sottile disco di base con piede ad anello. Decorazione a foglia d'oro; cornice quadrata tra quattro triangoli dorati; entro la cornice è inscritto un quadrato con il busto di un giovane uomo imberbe, che indossa una tunica e un mantello con un medaglione sul petto appeso ad un nastro; capelli tagliati corti sulla fronte ma in riccioli lunghi fino alle spalle ai lati del volto; negli angoli quattro busti quasi identici di uomini imberbi con capelli corti, che indossano tuniche e mantelli; ai lati di ogni busto due cerchietti. Intorno al busto centrale due cerchi più grandi e tre più piccoli e l'iscrizione CRISTVS. Frammento con appena una traccia del piede ad anello; orlo del fondo del recipiente ritagliato sommariamente; numerose fessure sottili nella foglia d'oro. Scaglie e iridescenze sulla superficie superiore; alterazione superficiale lattea e iridescenza sugli spigoli e sulla faccia inferiore del disco di base; chiazze scure e iridescenti tra i due strati di vetro in alto. Numerose bolle a punta di spillo.

K.S.P.

Bibl.: Garrucci 1876, 158-159, tav. 187, 1; Iozzi 1900, 22; Dalton 1901, 127, n. 630; Morey 1959, 52, n. 305; *Masterpieces* 1968, 69, n. 91.

159

Frammento di coppa: Cristo e santi

IV secolo d.C. Luogo di rinvenimento sconosciuto. Acquistato dal Signor Mosca. Già nella collezione del conte Matarozzi di Urbania. BM MLA 1863.7-27.9.

Diametro del disco di base cm 9,1; spessore del fondo cm 0,38; spessore della base cm 0,15.

Vetro incolore con sfumatura verdina. Soffiato, con disco di base eseguito separatamente; foglia d'oro applicata alla superficie superiore del disco di base prima di fissarlo al fondo del piatto. Fondo leggermente concavo di piatto poco profondo; disco di base ripiegato verso il basso a formare un piede ad anello con spigolo molato a fuoco. Decorazione a foglia d'oro: all'interno di un bordo circolare il campo è diviso in due da una sottile linea orizzontale; nella parte superiore quattro figure maschili imberbi con tunica e mantello; le tre a destra in veduta frontale ma con la testa leggermente volta a sinistra; la figura di sinistra volta a destra; tutte e quattro sembrano guardare verso il basso alle tre figure del campo inferiore, tengono un rotolo nella mano sinistra e lo indicano con le prime due dita stese della mano destra; tra le figure tre colonne tortili su basi lisce e con capitelli corinzi, collegate da un drappeggio a ghirlanda; in alto l'iscrizione PIE ZESES; ai lati delle figure i loro nomi: PAVLVS, SISTVS e LAVRENTIVS; nella parte inferiore del medaglione tre busti, al centro un uomo più anziano di prospetto con barba e fronte calva, che indossa una tunica e un mantello, indica con due dita tese della mano destra un rotolo che tiene nella sinistra; un'iscrizione a sinistra della sua testa lo identifica come CRISTVS. Ai lati due figure maschili di profilo verso di lui con indosso una tunica e un mantello dal quale sporgono le dita della mano, identificate dalle iscrizioni a sinistra della testa: IPPOLITVS e TIMOTEVS; a destra della testa di Timoteo un rotolo. Frammento; alcune fessure interne per deformazione; spigolo del fondo ritagliato sommariamente dove non è rotto; rimane la maggior parte dell'anello di base; numerose fessure sottili nella foglia d'oro. Leggera iridescenza sulle due superfici; uno spesso strato di alterazione superficiale bruna rimane nell'angolo inferiore formato dal fondo e dal piede; tra i due strati di vetro alterazione nerastra che nasconde la decorazione dove il disco di base è rotto e fessurato. Numerose bolle a punta di spillo.

La figura in alto a sinistra potrebbe essere san Pietro. Sono rappresentati i santi martiri le cui festività venivano celebrate a Roma a partire dal IV secolo. Il disco potrebbe, pertanto, essere considerato un dono commemorativo. K.S.P.

159 (1:1)

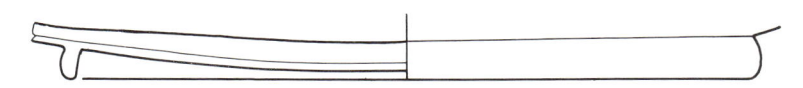

Bibl.: Garrucci 1876, 156-157, tav. 186, 2; Iozzi 1900, 21-22; Dalton 1901, 127-128, n. 632; Morey 1959, 57, n. 344; *Masterpieces* 1968, 69, n. 92.

160

Frammento di coppa: Pietro e Paolo

IV secolo d.C. Luogo di rinvenimento sconosciuto. Acquistato dal Signor Mosca. Già nella collezione del conte Matarozzi di Urbania. BM MLA 1863.7-27.4.

Diametro del disco di base cm 8,9; spessore del fondo cm 0,31; spessore del fondo con la base cm 0,405.

Vetro incolore con sfumatura verdina. Soffiato, con base ad anello eseguita separatamente; foglia d'oro ritagliata e incisa applicata alla superficie superiore del disco di base prima di fissarlo al fondo del piatto. Fondo leggermente concavo; disco di base con piede ad anello verticale. Decorazione a foglia d'oro; bordo costituito da due circonferenze con iscrizione all'interno: .BICVLIVS. DIGN(itas a)MICORVM VIVAS PIE ZESES; al centro due busti maschili affrontati, teste di profilo con barbe a punta e fronte calva, con indosso una tunica e un mantello e un grosso medaglione sul petto appeso a un nastro. Il busto della figura di sinistra è leggermente nascosto da quella di destra. Sono identificati dalle iscrizioni PETRVS e PAVLVS; tra le due teste una piccola figura di prospetto con tunica e mantello, le braccia tese, due corone nelle mani; è imberbe, capelli con scriminatura centrale e lunghi fino alle spalle. Frammento, rimane la maggior parte del disco di base; la foglia d'oro è ben conservata fatta eccezione per alcune sottili fessure. Iridescenza su entrambe le facce; alcune scoloriture tra i due strati di vetro. Numerose bolle a punta di spillo.

L'iscrizione circolare può essere tradotta come "Biculius, orgoglio dei (tuoi) amici, evviva, bevi e vivi". La piccola figura centrale può essere identificata con Cristo. Rappresentazioni di Pietro e Paolo sono comuni sui vetri d'oro ma qui gli apostoli (cfr. Morey 1959, nn. 37 e 241) non hanno i tratti caratteristici usati generalmente. Questo non consente di attribuire il pezzo ad una particolare bottega. I medaglioni con busti affrontati richiamano i vetri nuziali come i nn. 155-157 e come questi si riallacciano ai tipi monetali della *concordia Augustorum*. Non è chiaro perché gli apostoli siano ritratti di profilo e non di prospetto come le coppie di sposi. È possibile che questi vetri celebrassero la festa dei due santi che cade il 29 giugno. K.S.P.

Bibl.: Garrucci 1876, 151, tav. 181, 4; Dalton 1901, 128 ss., n. 636; Morey 1959, 54, n. 314; Walter 1979, 84.

161

Frammento di coppa: pastore col gregge

IV secolo d.C. Luogo di rinvenimento sconosciuto. Già nella collezione Sangiorgi. CMG 66.1.37.

Diametro cm 9,7; spessore del fondo cm 0,2; spessore della base cm 0,3.

Vetro verde pallido. Soffiato, con anello di base eseguito separatamente; foglia d'oro applicata alla superficie superiore del disco di base prima di fissarlo al fondo del recipiente. Fondo leggermente concavo; disco di base piegato verso il basso a formare un piede ad anello con spigolo molato a fuoco. Decorazione a foglia d'oro: scena pastorale all'interno di una fascia costituita da un'iscrizione tra due circonferenze; a destra un pastore stante di prospetto, imberbe con i capelli corti, con indosso una tunica con cintura e gambali, tiene una coppa con entrambe le mani, il bastone appoggiato al ginocchio destro; alla sua sinistra un albero cimato con un ramo fronzuto; alla sua destra un'anfora globulare e tre montoni dal vello folto, due ritti verso sinistra (ma con la testa volta a destra), un terzo accovacciato verso destra; nel campo puntini e cinque pianticelle; iscrizione a lettere larghe con la A senza taglio e la S in diagonale: DIGNITAS. AMICORUM.PIE.ZESES VIVAS (segno d'interpunzione a foglia): "Orgoglio dei tuoi amici, bevi e vivi; evviva". Intatto ma scheggiato lungo lo spigolo. Superficie opacizzata e leggermente iridescente; chiazze di alterazione superficiale tra i due strati e sulla coscia destra del pastore; tracce di alterazione tra il piede e lo spigolo. Piccolissime bolle.

Questo vetro appartiene al gruppo detto della "Dignitas Amicorum" caratterizzato dai grandi occhi sbarrati, la bocca e le narici ben disegnate, un'iscrizione, che comprende spesso, ma non sempre, le parole *dignitas amicorum*, tra due cornici circolari concentriche. Il gruppo può essere attribuito ad un'unica bottega di Roma. L'iscrizione è apposta come un'esortazione cristiana e può essere considerata tale data la sua associazione con un soggetto cristiano.   D.B.W.

Bibl.: Sangiorgi 1914, n. 306, tav. LIX; Morey 1959, 42, n. 236, tav. XXV; Yoshimizu 1983, 97.

Bibliografia e indici

Abbreviazioni

AA	*Archäologischer Anzeiger*
ActaArch	*Acta Archaeologica*
AIHV	*Association Internationale pour l'Histoire du Verre*
AJ	*The Archaeological Journal*
AJA	*American Journal of Archaeology*
AnnPisa	*Annali della Scuola normale superiore di Pisa*
AntJ	*The Antiquaries Journal*
ArchCl	*Archeologia classica*
BABesch	*Bulletin antieke beschaving*
BAR	*British Archaeological Reports*
BerRGK	*Bericht der Römisch-Germanischen Kommission*
BJb	*Bonner Jahrbücher* (früher *Jahrbücher des Vereins von Altertumsfreunden im Rheinlande*)
BollMC	*Bollettino dei Musei Comunali di Roma*
BullCom	*Bullettino della Commissione Archeologica Comunale di Roma*
CIL	*Corpus Inscriptionum Latinarum*
EAA	*Enciclopedia dell'arte antica classica e orientale*
ESA	*Eurasia Septentrionalis Antiqua*
IsrExplJ	*Israel Exploration Journal*
JbAChr	*Jahrbuch für Antike und Christentum*
JbZMusMainz	*Jahrbuch des Römisch-Germanischen Zentralmuseums, Mainz*
JdI	*Jahrbuch des Deutschen Archäologischen Instituts*
JGS	*Journal of Glass Studies*
JHS	*Journal of Hellenic Studies*
JRS	*Journal of Roman Studies*
KJb	*Kölner Jahrbuch für Vor- und Frühgeschichte*
LIMC	*Lexicon Iconographicum Mythologiae Classicae*
MEFRA	*Mélanges de l'Ecole Française de Rome, Antiquité*
MemAccLinc	*Memorie. Atti della Accademia nazionale dei Lincei, Classe di scienze morali, storiche e filologiche*
MüJb	*Münchner Jahrbuch der bildenden Kunst*
OudhMeded	*Oudheidkundige mededelingen uit het Rijksmuseum van oudheden te Leiden*
PLRE I	A.H.M. Jones, J.R. Martindale, J. Morris, *The Prosopography of the Later Roman Empire*, Bd. I (260-395 n. Chr.), Cambridge 1975
RA	*Revue archéologique*
RM	*Mitteilungen des Deutschen Archäologischen Instituts, Römische Abteilung*

Bibliografia

Abdul-Hak 1965
S. Abdul-Hak, Contribution d'une découverte archéologique récente à l'étude de la verrerie syrienne à l'époque romaine, *JGS* 7, 1965, 26-34.

Abdul-Hak 1966
S. Abdul-Hak, Les verres peints de l'époque gréco-romaine conservés au Musée National de Damas, in: *Annales de l'AIHV* 3, (Damasco 1964), Liegi 1966, 25-36.

Alarcão 1968
J. Alarcão, Une coupe à fond d'or découverte à Fanobo, Portugal, *JGS* 10, 1968, 71-79.

À l'aube de la France 1981
À l'aube de la France. La Gaule de Constantin à Childéric, Parigi 1981.

Albizzati 1914
C. Albizzati, Vetri dorati del terzo secolo d. Cr., *RM* 29, 1914, 240-259, tav. 15.

Albizzati 1923
C. Albizzati, Quattro vasi romani nel tesoro di S. Marco, *Atti della Pontificia Accademia Romana di Archeologia, Memorie* 1.1, 1923, 37-62.

Albizzati 1926
C. Albizzati, Il Kantharos Disch, *JdI* 41, 1926, 74-80, tavv. 3-4.

Alexander 1937
C. Alexander, Accessions of Greek and Roman Antiquities, *Bulletin of the Metropolitan Museum of Art* 32, 1937, 175-177.

Alföldi 1951
A. Alföldi, Römische Porträtsmedaillons aus Glas, *Ur-Schweiz* 15, 1951, 66-80.

Allentown Art Museum 1966
Allentown Art Museum, *Treasures in Glass*, prefazione di Richard Hirsch, introduzione di P.N. Perrot, Allentown 1966.

Altmann 1905
W. Altmann, *Die römischen Grabaltäre der Kaiserzeit*, Berlino 1905.

Anderson 1979
J.C. Anderson, in: Weitzmann 1979, 209-210.

Annibaldi 1959
G. Annibaldi, Ampolla di vetro con scena di circo nel Museo Oliveriano di Pesaro, *Studi Oliveriana* 7, 1959, 35-39.

Anonimo 1954
Anonimo, *The Lycurgus Cup,* ed. privata, Cambridge 1954.

Anonimo 1985
Anonimo, Acquisitions in 1984, *The J. Paul Getty Museum Journal* 13, 1985, 161-258.

Arce 1984
J. Arce, A Roman bronze standard from Pollentia (Mallorca) and the *Collegia Iuvenum*, in: *Toreutik und figürliche Bronzen römischer Zeit. Akten der 6. Tagung über antike Bronzen*, Berlino 1984, 33-40.

Arveiller-Dulong 1985
V. Arveiller-Dulong e J. Arveiller, *Le verre d'époque romaine au Musée Archéologique de Strasbourg*. Notes et documents des Musées de France 10, Parigi 1985.

Ashmole 1967
B. Ashmole, A new Interpretation of the Portland Vase, *JHS* 87, 1967, 1-17.

Auth 1976
S.H. Auth, *Ancient Glass at the Newark Museum*, Newark 1976.

Auth 1979
S.H. Auth, A Fragmentary Christian Gold-Glass at the Newark Museum, *JGS* 21, 1979, 35-38.

Auth 1983
S.H. Auth, Luxury Glasses with Alexandrian Motifs, *JGS* 25, 1983, 39-44.

Avigad 1962
N. Avigad, Expedition A - Nahal David, in:The Expedition to the Jordan Desert, *IsrExplJ* 12, 1962, 169-183.

Avigad 1972
N. Avigad, Excavations in the Jewish Quarter of the Old City of Jerusalem, 1971 (Third Preliminary Report), *IsrExplJ* 22, 1972, 193-200.

Avigad 1976
N. Avigad, *Archaeological Discoveries in the Jewish Quarter of Jerusalem*, Gerusalemme 1976.

Avigad 1983
N. Avigad, *Discovering Jerusalem*, Nashville, Tennessee 1983.

Barag 1967
D.P. Barag, 'Flower and bird' and snake-thread glass vessels, in: *Annales de l'AIHV* 4, (Ravenna/Venezia 1967), Liegi 1969, 55-66.

Barag 1970a
D.P. Barag, A Jewish Gold-Glass Medallion from Rome, *IsrExplJ* 20, 1970, 99-103.

Barag 1970b
D.P. Barag, Glass Pilgrim Vessels from Jerusalem. Parte I, *JGS* 12, 1970, 35-63.

Barag 1971
D.P. Barag, Glass Pilgrim Vessels from Jerusalem. Parte II e III, *JGS* 13, 1971, 45-63.

Barag 1981
D.P. Barag, Towards a Chronology of Syro-Palestinian Glass, in: *Annales de l'AIHV* 8, (Londra/Liverpool 1979), Liegi 1981, 73-81.

Barag 1983
D.P. Barag, Two Masterpieces of late antique Glass, *The Israel Museum Journal* 5.2, 1983, 35-38.

Barag 1985
D.P. Barag, Finds from a Tomb of the Byzantine Period at Ma'in, *Liber Annuus* 35, 1985, 365-374.

Barrelet 1953
J. Barrelet, *La verrerie en France de l'époque gallo-romaine à nos jours*, Parigi 1953.

Bastet 1966
F.L. Bastet, Feldherr mit Hund auf der Augustusstatue von Prima Porta, *BABesch* 41, 1966, 77-90.

Bastet 1967
F.L. Bastet, De Portlandvaas, *Nederlands Kunsthistorisch Jaarboek* 17, 1967, 1-29.

Baur 1933
P.V.C. Baur, *The Excavation of Dura Europos* 4, New Haven 1933.

Becatti 1967
G. Becatti, Recensione di H. Möbius, Die Reliefs der Portlandvase und das antike Dreifigurenbild, *ArchCl* 19.1, 1967, 207-213.

Behrens 1925-1926
G. Behrens, Römische Gläser aus Rheinhessen, *Mainzer Zeitschrift* 20-21, 1925-1926, 62-77, fig. 29.

Berger 1960
L. Berger, *Römische Gläser aus Vindonissa*. Veröffentlichungen der Gesellschaft Pro Vindonissa 4, Basilea 1960, 2ª ed. riv. 1980.

Berger e Jouve 1980
L. Berger e M. Jouve, Un fragment du verre à ruban d'or découvert à Béthisy-Saint-Martin (Oise), *Revue Archéologique de l'Oise* 18, 1980, 9-13.

Berliner Museum 1951
Berliner Museum 1, 1951, n. 3-4.

Bertacchi 1967
L. Bertacchi, Due vetri paleocristiani di Aquileia, *Aquileia Nostra* 38, 1967, 141-150.

Berti 1983
F. Berti, Vetri incisi, in: *Ravenna e il porto di Classe. Vent'anni di ricerche archeologiche tra Ravenna e Classe*, Imola 1983, 171-175.

Bertolone 1947-1948
M. Bertolone, La tazza vitrea diatreta Cagnola, *Rivista archeologica della antica Provincia e Diocesi di Como* 128-129, 1947-1948, 31-35, figg. 1-5.

Bianchi Bandinelli 1970
R. Bianchi Bandinelli, *Rom. Das Zentrum der Macht. Römische Kunst von den Anfängen bis zur Zeit Marc Aurels*, Monaco 1970.

Bimson e Freestone 1983
M. Bimson e I.C. Freestone, An Analytical Study of the Relationship between the Portland Vase and other Roman Cameo Glasses, *JGS* 25, 1983, 55-64.

Binsfeld 1962-1963
W. Binsfeld, Neuere Funde aus dem vierten Jahrhundert in Köln, *KJb* 6, 1962-1963, 89-97, tavv. 10-11.

Biosse-Duplan 1972
K. Biosse-Duplan, in: *The Age of Neo-Classicism*. The Fourteenth Exhibition of the Council of Europe, Londra 1972.

Blüher 1985
J. Blüher, Die Oinochoe von Besançon. Ästhetische und konservatorische Überlegungen zur Restaurierung, in: *Annales de l'AIHV* 9, (Nancy 1983), Liegi 1985, 89-95, v. anche M.-C. Depassiot, Note sur la restauration des verres antiques, ivi. 95-97 (pubblicato in appendice a Blüher).

Bohn 1901
O. Bohn (a cura di), O. Hirschfeld e C. Zangemeister, *Corpus Inscriptionum Latinarum*, XIII, 1, *Inscriptiones trium Galliarum et Germaniarum Latinae: Instrumentum Domesticum*, Berlino 1901.

Boldetti 1720
M. Boldetti, *Osservazioni sopra i cimiteri de' Santi martiri ed antichi cristiani di Roma*, Roma 1720.

Boon 1985
G.C. Boon, A new Roman relief-cut vessel from Caerwent, *JGS* 27, 1985, 11-17.

Boosen 1984
M. Boosen, *Antike Gläser*. Kataloge der Staatlichen Kunstsammlungen Kassel 2, Kassel 1984.

Boschung 1987
D. Boschung, Römisch Glasphalerae mit Porträtbüsten, *BJb* 187, 1987, 193-258.

von Boeselager 1981
D. von Boeselager, Römische Gläser mit Fadenauflage aus Köln, in: Kunz 1981, 109-111.

Bracker 1965-1966
J. Bracker, Zur Ikonographie Constantins und seiner Söhne, *KJb* 8, 1965-1966, 12-23, tavv. 7-9.

Bracker 1972
J. Bracker, Das Frauengrab Köln, Severinstrasse 129, *Gymnasium* 79, 1972, 389-394, tavv. 6-14.

Brailsford 1964
J.W. Brailsford, *Guide to the Antiquities of Roman Britain*, Londra 1964.

Breck 1926-1927
J. Breck, The Ficoroni Medallion and some other gilded glasses in the Metropolitan Museum of Art, *Art Bulletin* 9, 1926-1927, 353-356.

Brill 1965
R.H. Brill, The Chemistry of the Lycurgus Cup, in: *Proceedings of the 7th International Congress on Glass, Comptes Rendus* 2, Bruxelles 1965, Paper 223, 1-13.

Brill 1968
R.H. Brill, The Scientific Investigation of Ancient Glasses, in: *Proceedings of the 8th International Congress on Glass*, 1968, 47-68.

Brown 1970
E.L. Brown, The Portland Vase, *AJA* 74, 1970, 189.

Brown 1972
E.L. Brown, Achilles and Deidemia on the Portland Vase, *AJA* 76, 1972, 379-391.

Bruneau e Vatin 1966
P. Bruneau e C. Vatin, Lycurgue et Ambrosia sur la nouvelle mosaïque de Délos, *Bulletin de Correspondance Hellénique* 90, 1966, 391-427.

Bruzza 1882
L. Bruzza, Frammento di un disco di vetro che rappresenta i Vicennali di Diocleziano, *BullCom* 10, 1882, 180-190, tav. 10.

Buonarroti 1698
F. Buonarroti, *Osservazioni istoriche sopra alcuni medaglioni antichi*, Roma 1698.

Cabrol e Leclercq 1903-1953
F. Cabrol e H. Leclercq, *Dictionnaire d'archéologie chrétienne et de liturgie*, Parigi 1903-1953.

Caetani Lovatelli 1884
E. Caetani Lovatelli, Intorno a un balsamario vitreo con figure in rilievo rappresentanti una scena relativa al culto dionisiaco, *Mem AccLinc* 13, 1884, 591 ss.

Cagiano de Azevedo 1942
M. Cagiano de Azevedo, *Un sarcofago di Villa Medici con scena d'iniziazione bacchica*. Opere d'arte a cura del R. Istituto d'Archeologia e Storia dell'Arte 13, Roma 1942.

Calvi 1965
M.C. Calvi, La coppa vitrea di Aristeas nella collezione Strada, *JGS* 7, 1965, 9-16.

Calvi 1966
M.C. Calvi, The Roman glass of northern Italy, *Bulletin of the Museum Haaretz, Tel Aviv* 8, 1966, 55-64.

Calvi 1968
M.C. Calvi, *I vetri romani del Museo di Aquileia*, Aquileia 1968.

Campus 1982
L. Campus, I vetri del Museo Nazionale Romano e la produzione del vetro a Roma nella tarda repubblica, in: *Roma repubblicana fra il 509 e il 270 a.C.*, Roma 1982, 125-128.

Carabella 1879
T. Carabella, Fouilles de Cyzique. La Tombe d'un Athlète et les Jeux Gymniques à Péramo, *RA* 37, 1879, 204-215, tav. 7.

Carandini e al. 1982
A. Carandini, A. Ricci e M. de Vos, *Filosofiana, The Villa of Piazza Armerina*, Palermo 1982.

Caruso 1923
Illustrated Catalogue of the Rare and Beautiful Antique Art Treasures. ...the property of the late Enrico Caruso, The American Art Galleries, Sale Catalogue, 5-8 marzo, New York 1923.

Cassani 1962
L. Cassani, *Repertorio di antichità preromane e romane rinvenute nella provincia di Novara*, Novara 1962.

Castellani Catalogue 1884
Catalogue des objets d'art, antiques, du moyen âge et de la Renaissance dépendant de la succession Alessandro Castellani et dont la vente aura lieu à Paris, Hôtel Drouot..., 12-16 mai, Parigi 1884.

Chambon 1955
R. Chambon, *L'histoire de la verrerie en Belgique du IIme siècle à nos jours*, Bruxelles 1955.

Charleston 1980
R.J. Charleston, *Masterpieces of Glass. A World History from the Corning Museum of Glass*, New York 1980.

Chirnside e Proffitt 1963
R.C. Chirnside e P.M.C. Proffitt, The Rothschild Lycurgus Cup: an analytical investigation, *JGS* 5, 1963, 18-23.

Chirnside e Proffitt 1965
R.C. Chirnside e P.M.C. Proffitt, The Rothschild Lycurgus Cup: an analytical investigation, *JGS* 7, 1965, 139-140.

Christie, Manson and Woods 1869
Italo-Greek, Roman, and Venetian Glass, formed by Signor Castellani of Rome and Naples, Sale Catalogue, 8 giugno, Londra 1869.

Christie, Manson and Woods 1984
Fine Antiquities, Sale Catalogue, 11 luglio, Londra 1984.

Christie, Manson and Woods 1985
Ancient Glass Forming the Kofler-Truniger Collection, Sale Catalogue, 5-6 marzo, Londra 1985.

Clairmont 1951
C.W. Clairmont, *Das Parisurteil in der antiken Kunst*, Zurigo 1951.

Clairmont 1963
C.W. Clairmont, in: A. Perkins (a cura di), *The Excavations at Dura-Europos*, Final Report 4, part 5, *The Glass Vessels*, New Haven 1963.

Clairmont 1968
C.W. Clairmont, A Note on the Portland Vase, *AJA* 72, 1968, 280-281.

Coche de la Ferté 1956
E. Coche de la Ferté, Le verre de Lycurgue, *Monuments et Mémoires Fondation E. Piot* 48.2, 1956, 131-162.

Coche de la Ferté 1957
E. Coche de la Ferté, *Le camée Rothschild, un chef-d'oeuvre du 4ème siècle après J.C.*, Parigi 1957.

Coche de la Ferté 1958
E. Coche de la Ferté, *L'Antiquité Chrétienne au Musée du Louvre*, Parigi 1958.

Colini 1929
A.M. Colini, *Antiquarium, Descrizione delle collezioni dell'Antiquarium Comunale ampliato e riordinato*, Roma 1929.

Colonna-Ceccaldi 1875
G. Colonna-Ceccaldi, Nouvelles inscriptions grecques de Chypre, *RA* N.F. 29, 1875, 95-101.

Comarmond 1851
Catalogue by Dr. Comarmond of the Collection of Antiquities Purchased from him in 1851 (manoscritto, British Museum).

Constable Maxwell 1979
The Constable Maxwell Collection of Ancient Glass, Sotheby Parker Burnet Sale Catalogue, 4-5 giugno, Londra 1979.

Conti 1983
G. Conti, Disegni dall'antico agli Uffizi 'Architettura 6975-7135', *Rivista dell'Istituto Nazionale d'Archeologia e Storia dell'Arte* 5, 1982 (1983).

Conton 1906
L. Conton, I più insigni monumenti di Ennione, *Ateneo Veneto* 29, 1906, 1-29.

Cooney 1960
J.D. Cooney, Glass Sculpture in Ancient Egypt, *JGS* 2, 1960, 11-43.

Cooney 1976
J.D. Cooney, *Catalogue of Egyptian Antiquities in the British Museum, IV, Glass*, Londra 1976.

Cummings 1980
K. Cummings, *The Art of Glass Forming*, Londra 1980.

D'Adda 1870
G. D'Adda, *Ricerche sulle arti e sull'industria romana. Vasa vitrea diatreta*, Milano 1870.

Dalton 1901
O.M. Dalton, *Catalogue of early Christian Antiquities and Objects from the Christian East in the Department of British and Medieval Antiquities and Ethnography of the British Museum*, Londra 1901.

Daremberg e Saglio 1877-1919
C. Daremberg e E. Saglio (a cura di), *Dictionnaire des Antiquités grecques et romaines*, Parigi 1877-1919.

Davidson 1952
Gladys R. Davidson, *Corinth XII, The Minor Objects*, Princeton 1952.

Dawson 1984
A. Dawson, *Masterpieces of Wedgwood in the British Museum*, Londra 1984.

De Franciscis 1963
A. De Franciscis, *Il Museo Nazionale di Napoli*, Napoli 1963.

De Franciscis 1967
A. De Franciscis, Underwater discoveries around the Bay of Naples, *Archaeology* 20, 1967, 209-216.

Delbrueck 1929
R. Delbrueck, *Die Consulardiptychen und verwandte Denkmäler*, Berlino/Lipsia 1929.

Delbrueck 1933
R. Delbrueck, *Spätantike Kaiserporträts*, Berlino/Lipsia 1933.

De Rossi 1884
G.B. De Rossi, Due vetri lavorati ad intaglio e la foggia dei miliarii, *Bullettino di Archeologia Cristiana* 4ª serie, 3, 1884, 86-94, tavv. 5-6.

De Rossi 1885
G.B. De Rossi, Frammento di bicchiere vitreo adorno di immagini bibliche lavorate ad intaglio, *BullCom* 13, 1885, 54-62, tavv. 7-8.

De Ruggiero 1878
E. De Ruggiero, *Catalogo del Museo Kircheriano* 1, Roma 1878.

Deville 1873
A. Deville, *Histoire de l'art de la verrerie dans l'antiquité*, Parigi 1873.

Dillon 1907
E. Dillon, *Glass*, Londra 1907.

Disch Catalogue 1881
Catalogue de la Collection de Feu Monsieur Charles Damian Disch (Propriétaire de l'Hôtel Disch) à Cologne, Auktionskatalog J.M. Heberle, Colonia 1881.

Di Vita 1951
A. Di Vita, Vetro romano con scena di caccia da Chiaramonte Gulfi, *Siculorum Gymnasium* 4.1, 1951, 1-5.

Dolez 1980
A. Dolez, Le nouveau musée du verre à Corning, *L'Oeil* 298, maggio 1980, 52-59.

Doppelfeld 1959
O. Doppelfeld, Der Muschelpokal von Köln, *BJb* 159, 1959, 152-166, tavv. 28-30.

Doppelfeld 1960
O. Doppelfeld, Das neue Kölner Diatretglas, *Germania* 38, 1960, 403-417, tavv. 55-58.

Doppelfeld 1960-1961
O. Doppelfeld, Das Diatretglas aus dem Gräberbezirk des römischen Gutshofs von Köln-Braunsfeld, *KJb* 5, 1960-1961, 7-35, tavv. 1-10.

Doppelfeld 1961
O. Doppelfeld, Das Kölner Diatretglas und die anderen Netz-Diatrete, *Gymnasium* 68, 1961, 410-424, tavv. 15-20.

Doppelfeld 1965-1966
O. Doppelfeld, Das neue Augustus-Porträt aus Glas im Kölner Museum, *KJb* 8, 1965-1966, 7-11, tavv. 1-6.

Doppelfeld 1966
O. Doppelfeld, *Römisches und fränkisches Glas in Köln*, Colonia 1966.

Doppelfeld 1973
O. Doppelfeld, Kölner Konchylienbecher, in: *Archeologie en Historie, Festschrift H. Brunsting*, Bussum 1973, 281-294.

Doppelfeld 1975
O. Doppelfeld, Ein farbiger Muschelpokal aus Köln, in: *Festschrift für Gert von der Osten*, Colonia 1975, 17-23.

Doppelfeld 1976
O. Doppelfeld, Der neue Kölner Konchylienbecher, in: Haevernick e von Saldern 1976, 23-28, tavv. 8-10.

Dragendorff 1895
H. Dragendorff, Terra Sigillata. Ein Beitrag zur Geschichte der griechischen und römischen Keramik, *BJb* 96, 1895, 18-155.

Dusenbery 1964
E.B. Dusenbery, Two Fragments of a Roman Cameo Glass Cup, *JGS* 6, 1964, 31-33.

Edgar 1905
C.C. Edgar, *Graeco-Egyptian Glass, Catalogue général des antiquités égyptiennes du Musée du Caire*, Il Cairo 1905.

Eggers 1951
H.J. Eggers, *Der römische Import im freien Germanien*, Amburgo 1951.

Eisen 1927
G.A. Eisen, con F. Kouchakji, *Glass. Its Origin, History, Chronology, Technic and Classification to the Sixteenth Century*, York 1927.

Ekholm 1936
G. Ekholm, Orientalische Glasgefäße in Skandinavien, *ESA* 10, 1936, 61-64.

Elbern 1966
V.H. Elbern, Eine Gruppe spätrömischer Glasbecher aus Köln und ihr Fortwirken im frühen Mittelalter, *JGS* 8, 1966, 65-69.

Engemann 1968-1969
J. Engemann, Bemerkungen zu spätrömischen Gläsern mit Goldfoliendekor, *JbAChr* 11/12, 1968-1969, 7-25, tavv. 1-7.

Engemann 1972
J. Engemann, Anmerkungen zu spätantiken Geräten des Alltagslebens mit christlichen Bildern, Symbolen und Inschriften, *JbAChr* 15, 1972, 154-173, tavv. 3-13.

d'Escurac-Doisy 1959
H. d'Escurac-Doisy, La verrerie chrétienne découverte à Timgad, *Libyca* 7, 1959, 59-79.

Evison 1974
V.I. Evison, An Anglo-Saxon Glass Claw-Beaker from Mucking, Essex, *AntJ* 54.2, 1974, 277-278, tav. 56.

Evison 1982
V.I. Evison, Anglo-Saxon Glass Claw-Beakers, *Archaeologia* 107, 1982, 43-76.

Facchini 1979
G.M. Facchini, *La Diatreta Trivulzio*. Civico Museo Archeologico di Milano, Scheda 11, Milano 1979.

Facchini 1981-1983
G.M. Facchini, Le verre en Italie; Région: Lombardia, Varese, *Bulletin de l'AIHV* 9, 1981-1983, 68ss.

Faedo 1978
L. Faedo, Per una classificazione preliminare dei vetri dorati tardoromani, *AnnPisa*. Classe di Lettere e Filosofia, serie 3, vol. 8.3, 1978, 1025-1070.

Faider-Feytmans 1952
A.G. Faider-Feytmans, Les Verreries du Tumulus de Fritzet, in: *Études Namuroises offertes à F. Courtoy*, 1952, 71ss.

Faider-Feytmans 1954
A.G. Faider-Feytmans, Verreries antiques, *La Revue Française* 6.60, settembre 1954.

Faider-Feytmans 1984
G.M. Faider-Feytmans, Statuettes de bronze fixées sur des enseignes de *collegia Iuvenum*, in: *Toreutik und figürliche Bronzen römischer Zeit. Akten der 6. Tagung über antike Bronzen*, Berlino 1984, 111-117.

Felletti Maj 1953
B. Felletti Maj, *Museo Nazionale Romano. I Ritratti*, Roma 1953.

Felten 1987
F. Felten, Neuerlich zur Portland Vase, in: *Römische Mitteilungen* 94, 1987, 205-222, tavv. 108-111.

Fillon 1864
B. Fillon, *L'art de la terre chez les Poitevins*, Niort 1864.

Fiorelli 1862
G. Fiorelli, *Pompeianarum Antiquitatum Historia*, 2 voll., Napoli 1860-1862.

Floriani Squarciapino 1976
M. Floriani Squarciapino, Il riscatto del corpo di Ettore in un vetro portuense, in: L. Guerrini (a cura di), *Scritti in Memoria di Giovanni Becatti*, Studi Miscellanei 22, 1974-1975 (1976), 74-83.

Fogg Art Museum 1954
Ancient Art in American Private Collections, Fogg Art Museum of Harvard University, Cambridge, Mass. 1954.

Follmann-Schulz 1986
A.B. Follmann-Schulz, Trinke und lebt glücklich, *Das Rheinische Landesmuseum Bonn. Berichte aus der Arbeit des Museums* 2, 1986, 22-24.

Forbes 1957
R.J. Forbes, Glass, *Studies in Ancient Technology* 5, Leida 1957, 110-231.

Forster 1886
W.E.A. Forster, *Anzeiger für Kunst der deutschen Vorzeit*, 1886.

Frazer 1964
A. Frazer, The Cologne Circus Bowl: Basileus Helios and the Cosmic Hippodrome, in: L.F. Sandler (a cura di), *Essays in Memory of Karl Lehmann*, New York 1964, 105-113.

Fremersdorf 1924
F. Fremersdorf, Aus dem Wallraf-Richartz-Museum in Köln. Ein neues Glas des Meisters mit dem Schlangenfaden, *Germania* 8, 1924, 88-90.

Fremersdorf 1928
F. Fremersdorf, Spätrömische geschliffene Glasschale, ein neuer Fund der Römischen Abteilung des Wallraf-Richartz-Museums Köln, in: *Festschrift Karl Koetschau*, Düsseldorf 1928, 1-8.

Fremersdorf 1930a
F. Fremersdorf, Ein bisher verkanntes römisches Goldglas mit christlichen Wunderszenen in der Römischen Abteilung des Wallraf-Richartz-Museums Köln, *Wallraf-Richartz-Jahrbuch* N.F. 1, 1930, 282-304.

Fremersdorf 1930b
F. Fremersdorf, Die Herstellung der Diatreta, in: *Festschrift K. Schuhmacher*, Magonza 1930, 295-300, fig. a p. 296.

Fremersdorf 1931a
F. Fremersdorf, Zum Kantharos Disch-Sangiorgi, *AA* 46, 1931, coll. 115-132.

Fremersdorf 1931b
F. Fremersdorf, Der römische Guttrolf, *AA* 46, 1931, coll. 133-152.

Fremersdorf 1932
F. Fremersdorf, Alexandrinisches Buntglas aus einer Grabummauerung in Köln, *Germania* 16, 1932, 278-286.

Fremersdorf 1933
F. Fremersdorf, *Der römische Gutshof in Köln-Müngersdorf*. Römisch-Germanische Forschungen 6, Berlino/Lipsia 1933.

Fremersdorf 1933-1934
F. Fremersdorf, Zur Geschichte des fränkischen Rüsselbecher, *Wallraf-Richartz-Jahrbuch* N.F. 2/3, 1933-1934, 7-30, figg. 1-31.

Fremersdorf 1937
F. Fremersdorf, Inschriften auf römischem Kleingerät aus Köln, *BerRGK* 27, 1937, 32-50.

Fremersdorf 1938a
F. Fremersdorf, Römische Gläser mit buntgefleckter Oberfläche, in: *Festschrift für August Oxé*, Darmstadt 1938, 116-121.

Fremersdorf 1938b
F. Fremersdorf, Die Henkelkanne von Cortil-Noirmont im Brüsseler Museum, eine kölnische Arbeit, *L'Antiquité Classique* 7, 1938, 201-214, tavv. 12-19.

Fremersdorf 1951
F. Fremersdorf, *Figürlich geschliffene Gläser, eine Kölner Werkstatt des 3. Jahrhunderts*. Römisch-Germanische Forschungen 19, Berlino 1951.

Fremersdorf 1952a
F. Fremersdorf, Christliche Leibwächter auf einem geschliffenen Kölner Glasbecher des 4. Jahrhunderts, in: *Festschrift für Rudolf Egger* 1, Klagenfurt 1952, 66-83.

Fremersdorf 1952b
F. Fremersdorf, Ein Bergkristall-Becher der frühesten Kaiserzeit in Köln, in: *Festschrift Andreas Rumpf*, Krefeld 1952, 76-81, tavv. 17-18.

Fremersdorf 1956
F. Fremersdorf, Wie wurden die römischen Diatretgläser hergestellt? Eine Entgegnung, *KJb* 2, 1956, 27-40, tavv. 21-25.

Fremersdorf 1958a
F. Fremersdorf, *Römisches Buntglas in Köln*. Die Denkmäler des Römischen Köln 3, Colonia 1958.

Fremersdorf 1958b
F. Fremersdorf, *Das naturfarbene sogenannte blaugrüne Glas in Köln*. Die Denkmäler des Römischen Köln 4, Colonia 1958.

Fremersdorf 1959
F. Fremersdorf, *Römische Gläser mit Fadenauflage in Köln. Schlangenfadengläser und Verwandtes*. Die Denkmäler des Römischen Köln 5, Colonia 1959.

Fremersdorf 1961
F. Fremersdorf, *Römisches geformtes Glas in Köln*. Die Denkmäler des Römischen Köln 6, Colonia 1961.

Fremersdorf 1962
F. Fremersdorf, *Die römischen Gläser mit aufgelegten Nuppen*. Die Denkmäler des Römischen Köln 7, Colonia 1962.

Fremersdorf 1967
F. Fremersdorf, *Die römischen Gläser mit Schliff, Bemalung und Goldauflagen aus Köln*. Die Denkmäler des Römischen Köln 8, Colonia 1967.

Fremersdorf 1975
F. Fremersdorf, *Antikes, islamisches und mittelalterliches Glas sowie kleinere Arbeiten aus Stein, Gagat und verwandten Stoffen in den Vatikanischen Sammlungen Roms*. Catalogo del Museo Sacro della Biblioteca Apostolica Vaticana 5, Città del Vaticano 1975.

Fremersdorf e Polónyi 1984
F. Fremersdorf e E. Polónyi-Fremersdorf, *Die farblosen Gläser der Frühzeit in Köln, 2. und 3. Jahrhundert*. Die Denkmäler des Römischen Köln 9, Colonia 1984.

Friedhoff 1986
U. Friedhoff, *Das römische Gräberfeld an der Jakobstrasse in Köln* (manoscritto, 1986).

Froehner 1879
W. Froehner, *La verrerie antique; description de la collection Charvet*, Le Pecq 1879.

Froehner 1898
W. Froehner, *La Collection du Comte Michel Tyszkiewicz, Choix de Monuments*, Parigi 1898.

Froehner 1899
W. Froehner, *Collections du Château de Goluchow. Verres chrétiens à figures d'or*, Parigi 1899.

Froehner 1903
W. Froehner, *Collection Julien Gréau, verrerie antique, émaillerie et poterie appartenant à M. John Pierpont Morgan*, Parigi 1903.

Froning 1981
H. Froning, *Marmor-Schmuckreliefs mit griechischen Mythen im 1. Jh. v. Chr.* Schriften zur antiken Mythologie 5, Magonza 1981.

Fuhrmann 1939
H. Fuhrmann, Studien zu den Consulardiptychen verwandten Denkmäler I: Eine Glasschale von der Vicennalienfeier Constantins des Grossen zu Rom im Jahre 326 n.Chr., *RM* 54, 1939, 161-175, figg. 1-6, tav. 36.

Gage 1834
J. Gage, A letter from John Gage, Esquire, Director, to Hudson Gurney, Esq., Vice President, &c. accompanying a Plan of Barrows called the Bartlow Hills, in the Parish of Ashdon, in Essex, with an account of Roman sepulchral relics recently discovered in the lesser Barrows, *Archaeologia* 25, 1834, 1-23.

Galerie Nefer 1985
Galerie Nefer, Zurigo, *Nefer* 3, 1985.

Gallien in der Spätantike 1980
: *Gallien in der Spätantike. Von Kaiser Constantin zu Frankenkönig Childerich*, catalogo della mostra, Magonza 1980.

Garrucci 1858
: R. Garrucci, *Vetri ornati di figure in oro trovati nei cimiteri dei Cristiani primitivi di Roma*, Roma 1858, 2ª ed. 1864.

Garrucci 1876
: R. Garrucci, *Storia dell'arte cristiana nei primi otto secoli della chiesa, III, Pitture non cimiteriali*, Prato 1876.

Gasparri 1979
: C. Gasparri, Vasi antichi in pietra dura a Firenze e a Roma, *Prospettiva* 19, 1979, 4-13.

Gasparri 1986
: C. Gasparri, Dionysos/Bacchus, in: *LIMC* 3, 1986, 540-566.

Ginsburg 1941
: M. Ginsburg, *Hunting Scenes on Roman Glass in the Rhineland*, Lincoln, Nebraska 1941.

Giuliano 1962
: A. Giuliano, Osservazioni sul sarcofago con Achille nel Museo Capitolino, *ArchCl* 14, 1962, 240-243.

Glaskunst 1981
: M. Kunz (a cura di), *3000 Jahre Glaskunst von der Antike bis zum Jugendstil*, catalogo della mostra, Lucerna 1981.

Glass from the Ancient World 1957
: *Glass from the Ancient World, The Ray Winfield Smith Collection*, con introduzione di Ray Winfield Smith, Corning 1957.

Goethert-Polaschek 1977
: K. Goethert-Polaschek, *Katalog der römischen Gläser des Rheinischen Landesmuseums Trier*. Trierer Grabungen und Forschungen 9, Magonza 1977.

Goldstein 1979
: S.M. Goldstein, *Pre-Roman and Early Roman Glass in The Corning Museum of Glass*, Corning 1979.

Goldstein e al. 1982
: S.M. Goldstein, L.S. Rakow e J.K. Rakow, *Cameo Glass. Masterpieces from 2000 Years of Glassmaking*, Corning 1982.

Gorecki 1975
: J. Gorecki, Studien zur Sitte der Münzbeigabe in römerzeitlichen Körpergräben zwischen Rhein, Mosel und Somme, *BerRGK* 56, 1975, 179-467.

Göttlicher 1978
: A. Göttlicher, *Materialien für ein Corpus der Schiffsmodelle im Altertum*, Magonza 1978.

Greifenhagen 1965
: A. Greifenhagen, Zwei Motive pompejanischer Wandgemälde auf Goldglas und Tonlampen, *MüJb* 163.3, 1965, 47-54.

Grimm 1984
: G. Grimm, in: *Trier, Augustusstadt der Treverer*, catalogo della mostra, Magonza 1984.

Grohmann 1951
: W. Grohmann, Das Märchen von einem Glase aus Antiochia, *Neue Zeitung*, Berlino, 26 agosto 1951.

Grose 1974
: D.F. Grose, Roman Glass of the First Century A.D. A Dated Deposit of Glassware from Cosa, Italy, in: *Annales de l'AIHV* 6, (Colonia 1973), Liegi 1974, 31-52.

Grose 1977
: D.F. Grose, Early Blown Glass: The Western Evidence, *JGS* 19, 1977, 9-29.

Grose 1982
: D.F. Grose, The Hellenistic and Early Roman Glass from Morgantina (Serva Orlando), Sicily, *JGS* 24, 1982, 20-29.

Grose 1983
: D.F. Grose, The formation of the Roman glass industry, *Archaeology* 36.4, 1983, 38-45.

Grose 1984a
: D.F. Grose, Glass forming methods in Classical Antiquity: some considerations, *JGS* 26, 1984, 25-34.

Grose 1984b
: D.F. Grose, The Origins and Early History of Glass, in: Klein e Lloyd 1984, 8-37.

Grose 1985
: D.F. Grose, Roman vessels with double-line Greek inscriptions: a new inventory, *Archaeological News* 14, 1985, 23-28.

Gudiol Ricart e de Artinano 1935
: J. Gudiol Ricart e P.M. de Artinano, *Vidrio: Resumen de la Historia del Vidrio; Catálogo de la Colección Alfonso Macaya*, Barcellona 1935.

Gunneweg e al. 1983
: J. Gunneweg, I. Perlman e J. Yellin, *The Provenience, Typology and Chronology of Eastern Terra Sigillata*, Gerusalemme 1983.

Gutmann 1977
: J. Gutmann, Noah's Raven in Early Christian and Byzantine Art, *Cahiers Archéologiques* 26, 1977, 63-71.

Haberey 1941
: W. Haberey, Kretz (Kreis Mayen), *BJb* 146, 1941, 343-350.

Haberey 1942
: W. Haberey, Spätantike Gläser aus Gräbern von Mayen, *BJb* 147, 1942, 249-284, tavv. 28-40.

Haberey 1961
: W. Haberey, Ein Mädchengrab römischer Zeit aus der Josefstrasse in Bonn, *BJb* 161, 1961, 319-332, tavv. 57-63.

Haberey 1962
: W. Haberey, Spätrömische Gräber in Brühl, *BJb* 162, 1962, 397-406, tavv. 34-38.

Haberey 1965
: W. Haberey, Frühchristliche Gläser aus dem Rheinland, in: *Proceedings of the 7th International Congress of Glass*, Bruxelles 1965, Paper 249, 1-7.

Haberey e Röder 1961
: W. Haberey e J. Röder, Das frühchristliche Frauengrab von St. Aldegund, *Germania* 39, 1961, 128-142.

Hackin 1939
: J. Hackin, *Recherches archéologiques à Bégram*. Mémoires de la Délégation Archéologique Française en Afghanistan 9, Parigi 1939.

Hackin 1954
: J. Hackin, *Nouvelles recherches archéologiques à Bégram, ancienne Kâpicî (1939-1940)*. Mémoires de la Délégation Archéologique Française en Afghanistan 11, Parigi 1954.

Haevernick 1960
: T.E. Haevernick, Beiträge zur Geschichte des antiken Glases IV: Gefäße mit vier Masken, *JbZMusMainz* 7, 1960, 53-56, tavv. 8-10.

Haevernick 1962
: T.E. Haevernick, Zu den Goldgläsern (Fondi d'oro), *JbZMusMainz* 9, 1962, 58-61.

Haevernick 1973
: T.E. Haevernick, Zu einigen antiken Gläsern in Kirchschätzen, *Trierer Zeitschrift* 36, 1973, 103-117.

Haevernick 1980
T.E. Haevernick, Gläserne Schiffsmodelle der Römerzeit, *Deutsches Schiffahrtsarchiv* 3, 1980, 15-20.

Haevernick e von Saldern 1976
T.E. Haevernick e A. von Saldern (a cura di), *Festschrift für Waldemar Haberey*, Magonza 1976.

Hagen 1906
J. Hagen, Ausgewählte römische Gräber aus Köln, *BJb* 114/115, 1906, 379-434, tavv. 21-26.

Hahnloser 1971
Il Tesoro di San Marco, opera diretta da H.R. Hahnloser, testi di W.F. Volbach, A. Grabar, K. Erdmann, E. Steingräber, G. Mariacher, R. Pallucchini, A. Frolow, e al., II, *Il Tesoro e il Museo*, Firenze 1971.

Hamelin 1952
P. Hamelin, Sur quelques verreries de Bégram, *Cahiers de Byrsa* 2, 1952, 11-25.

Hamelin 1953
P. Hamelin, Matériaux pour servir à l'étude des verreries de Bégram, *Cahiers de Byrsa* 3, 1953, 121-128.

Hamelin 1954
P. Hamelin, Matériaux pour servir à l'étude des verreries de Bégram (suite), *Cahiers de Byrsa* 4, 1954, 153-183.

Hanfmann 1956
G.M.A. Hanfmann, A masterpiece of late Roman glass painting, *Archaeology* 9, 1956, 3-7.

Harden 1933
D.B. Harden, Ancient Glass, *Antiquity* 7, 1933, 419-428.

Harden 1934
D.B. Harden, Snake-Thread Glass Found in the East, *JRS* 24, 1934, 50-55.

Harden 1935
D.B. Harden, Romano-Syrian Glasses with Mould-blown Inscriptions, *JRS* 25, 1935, 163-186.

Harden 1936
D.B. Harden, *Roman Glass from Karanis found by the University of Michigan Archaeological Expedition in Egypt 1924-29*. Univ. of Michigan Studies, Humanistic Series 41, Ann Arbor, Michigan 1936.

Harden 1940
D.B. Harden, Roman Mould-blown Glasses, *The Connoisseur* 106, 1940, 102-105.

Harden 1944-1945
D.B. Harden, Two Tomb Groups of First Century Date from Yahmour, Syria, and a Supplement to the list of Romano-Syrian Glasses with Mould-blown Inscriptions, *Syria* 24, 1944-1945, 81-95, 291-292.

Harden 1945
D.B. Harden, Glass, in: H.E. O'Neil, The Roman Villa at Park Street, near St. Albans, Hertfordshire: Report on the Excavations of 1943-45, *AJ* 102, 1945, 68-72.

Harden 1947
D.B. Harden, The Glass, in: C.F.C. Hawkes e M.R. Hull, *Camulodunum, First Report on the Excavations at Colchester 1930-1939*. Reports of the Research Committee of the Society of Antiquaries 14, Londra 1947, 287-307.

Harden 1956
D.B. Harden, Glass and Glazes, in: C. Singer e al., *A History of Technology* 2, Oxford 1956, 311-346.

Harden 1958a
D.B. Harden, Glass, in: Hull 1958, 157.

Harden 1958b
D.B. Harden, A Roman Sports Cup, *Archaeology* 11, 1958, 2-5.

Harden 1960a
D.B. Harden, The Wint Hill Hunting Bowl and Related Glasses, *JGS* 2, 1960, 44-81.

Harden 1960b
D.B. Harden, Glass-making centers and the spread of Glass-making from the First to the Fourth Century A.D., in: *Annales de l'AIHV* 1, (Liegi 1958), Liegi 1960, 47-62.

Harden 1963
D.B. Harden, The Rothschild Lycurgus Cup: Addenda and Corrigenda, *JGS* 5, 1963, 9-17.

Harden 1966a
D.B. Harden, Some Tomb Groups of Late Roman Date in the Amman Museum, in: *Annales de l'AIHV* 3, (Damasco 1964), Liegi 1966, 48-55.

Harden 1966b
D.B. Harden, Vetro, *EAA*, vol. VII, Roma 1966, 1150-1157.

Harden 1967
D.B. Harden, The Glass Jug, in: M. Biddle, Two Flavian Burials from Grange Road, Winchester, *AntJ* 47, 1967, 238-240, tavv. 43.

Harden 1967-1968
D.B. Harden, Late Roman Wheel-inscribed Glasses with Double-line Letters, *KJb* 9, 1967-1968, 43-55, tavv. 11-12.

Harden 1968a
D.B. Harden, The Canosa Group of Hellenistic Glasses in the British Museum, *JGS* 10, 1968, 21-47.

Harden 1968b
D.B. Harden, The Glass, in: R. Hanworth, The Roman Villa at Rapsley, Ewhurst, *Surrey Archaeological Collections* 65, 1968, 64-69.

Harden 1969
D.B. Harden, Ancient Glass, I: Pre-Roman, *AJ* 125, 1969, 46-72.

Harden 1970
D.B. Harden, Ancient Glass, II: Roman, *AJ* 126, 1970, 44-77.

Harden 1972
D.B. Harden, A Julio-Claudian Glass Phalera, *AntJ* 52, 1972, 350-353.

Harden 1977-1980
D.B. Harden, Early Medieval Glass, *Bulletin de l'AIHV* 8, 1977-1980, 53-64.

Harden 1978
D.B. Harden, Roman and Frankish Glass from France in the British Museum, in: *Actes du Colloque International d'Archéologie, Centenaire de l'Abbé Cochet*, Rouen 1978, 301-312.

Harden 1982
D.B. Harden, New Light on Mold-blown Glass Sports Cups of the First Century A.D. bearing both Chariot Races in Bigae and Gladiatorial Combats, *JGS* 24, 1982, 30-43.

Harden 1983
D.B. Harden, New Light on the History and Technique of the Portland and Auldjo Cameo Vessels, *JGS* 25, 1983, 45-54.

Harden e Green 1978
D.B. Harden e C. Green, A Late Roman Grave-Group from the Minories, Aldgate, in: J. Bird, H. Chapman e J. Clark (a cura di), *Collectanea Londoniensia: Studies in London Archaeology and History Presented to Ralph Merrifield*. London and Middlesex Archaeological Society, special paper no. 2, Londra 1978, 163-176.

Harden e Price 1971
D.B. Harden e A.J. Price, The Glass, in: B. Cunliffe (a cura di), *Excavations at Fishbourne 1961-1969*, II, *The Finds*. Report of the Research Committee of the Society of Antiquaries 27, Londra 1971, 317-368.

Harden e Toynbee 1959
D.B. Harden e J.M.C. Toynbee, The Rothschild Lycurgus Cup, *Archaeologia* 97, 1959, 179-212, tavv. 59-75.

Harrison 1976
E.B. Harrison, The Portland Vase: Thinking it over, in: L. Bonfante e H. von Heintze (a cura di), *Essays in Archaeology and the Humanities In Memoriam Otto J. Brendel*, Magonza 1976, 131-142.

Haupt 1973
D. Haupt, Spätrömische Grab mit Waffenbeigabe aus Bonn, in: *Archeologie en Historie, Festschrift H. Brunsting*, Bussum 1973, 315-326.

Haupt 1976
D. Haupt, Blauer Glaskrater aus Bonn, in: Haevernick e von Saldern 1976, 51-57, tav. a colori A, tavv. 14-17.

Hausmann 1981
U. Hausmann, Zur Typologie und Ideologie des Augustusporträts, in: *Aufstieg und Niedergang der Römischen Welt II, Principat*, vol. 12.2, Berlino 1981, 513-598.

Hayes 1928
W.C. Hayes, An Engraved Glass Bowl in the Museo Cristiano of the Vatican Library, *AJA* 32, 1928, 23-32.

Hayes 1975
J.W. Hayes, *Roman and Pre-Roman Glass in the Royal Ontario Museum*, Toronto 1975.

Haynes 1964
D.E.L. Haynes, *The Portland Vase*, Londra 1964.

Haynes 1966
D.E.L. Haynes, Rezension: H. Möbius, Die Reliefs der Portlandvase und das antike Dreifigurenbild, *Gnomon* 38, 1966, 730-732.

Haynes 1968
D.E.L. Haynes, The Portland Vase Again, *JHS* 88, 1968, 58-72.

Haynes 1975
D.E.L. Haynes, *The Portland Vase*, Londra 1975.

Haynes 1959
E.B. Haynes, *Glass through the Ages*, Harmondsworth 1959.

Haywood 1958
R.M. Haywood, Let's Run Down to Baiae, *Archaeology* 11, 1958, 200-205.

Heilmeyer 1975
W.-D. Heilmeyer, Titus vor Jerusalem, *RM* 82, 1975, 299-314, tavv. 103-105.

Heimberg 1980
U. Heimberg, in: *Gallien in der Spätantike* 1980, 129-130.

von Heintze 1983
H. von Heintze, Sol Invictus, in: *Spätantike und frühes Christentum* 1983, 145-146.

Hilgers 1969
W. Hilgers, *Lateinische Gefäßnamen*, Düsseldorf 1969.

Hind 1979
J.G.F. Hind, Greek and Roman epic scenes on the Portland Vase, *JHS* 99, 1979, 20-25.

Honey 1946
W.B. Honey, *Glass. A Handbook*, Londra 1946.

Hull 1958
M.R. Hull, *Roman Colchester*. Reports of the Research Committee of the Society of Antiquaries of London 20, Londra 1958.

Humphrey 1986
J.H. Humphrey, *Roman Circuses. Arenas for Chariot Racing*, Londra 1986.

Hurst Vose 1984
R. Hurst Vose, From the Dark Ages to the Fall of Constantinople, in: Klein e Lloyd 1984, 38-65.

Huskinson 1982
J.M. Huskinson, *Concordia Apostolorum. Christian propaganda at Rome in the fourth and fifth centuries. A study in early Christian iconography and iconology*. BAR International Series 148, Oxford 1982.

Iozzi 1900
O. Iozzi, *Vetri cimiteriali con figure in oro conservati nel Museo Britannico*, Roma 1900.

Isings 1957
C. Isings, *Roman Glass from Dated Finds*, Groningen/Giacarta 1957.

Isings 1964
C. Isings, A Fourth Century Glass Jar with Applied Masks, *JGS* 6, 1964, 59-63.

Isings 1969
C. Isings, Snake Thread Glass with Applied Shells from Stein (Dutch Limburg), *JGS* 11, 1969, 27-30.

Israeli 1964
Y. Israeli, Sidonian Mold-blown Glass Vessels in the Museum Haaretz, *JGS* 6, 1964, 34-41.

Israeli 1983
Y. Israeli, Ennion in Jerusalem, *JGS* 25, 1983, 65-69.

Jackson 1985
P.R. Jackson, Restoration of the Auldjo Jug, in: *Annales de l'AIHV* 9, (Nancy 1983), Liegi 1985, 77-87.

Jucker 1965
H. Jucker, 'Promenade archéologique' durch die Ausstellung der Sammlung Kofler im Kunsthaus Zürich, *Antike Kunst* 8, 1965, 40-55.

Jucker 1980
I. Jucker, Hahnenopfer auf einen späthellenistischen Relief, *ActaArch* 3, 1980, 440-476.

Kaiser-Minn 1981
H. Kaiser-Minn, Die Erschaffung des Menschen auf den spätantiken Monumenten des 3. und 4. Jahrhunderts, *JbAC*, Ergänzungsband 6, Münster 1981.

Kern 1957
J.H.C. Kern, Une pyxide en verre moulé du 1er siècle de notre ère, *Bulletin des Musées Lyonnais* 2.2, 1957, 31-38.

Kidd e Haith
D. Kidd e C. Haith, *Barbarian Europe in the Early Middle Ages. A Summary Catalogue of Continental Antiquities in the British Museum* (in preparazione).

Kisa 1896
A. Kisa, Römische Ausgrabungen an der Luxemburgerstrasse in Köln, *BJb* 99, 1896, 21-53, tavv. 1-3.

Kisa 1899
A. Kisa, *Die antiken Gläser der Frau Maria vom Rath geb. Stein zu Köln*, Bonn 1899.

Kisa 1903
A. Kisa, Vasa Murrina und Vasa Diatreta, *Kunst und Kunsthandwerk* 9, 1903.

Kisa 1908
A. Kisa, *Das Glas im Altertume*, 3 voll., Lipsia 1908.

de Kisch 1979
Y. de Kisch, Note sur un fragment de verre à cube de chars trouvé à Vaison-la-Romaine, *Revue Archéologique de Narbonnaise* 12, 1979, 273-278.

Klein e Lloyd 1984
D. Klein e W. Lloyd (a cura di), *The History of Glass*, Londra 1984.

Kockel 1983
V. Kockel, *Die Grabbauten vor dem Herculaner Tor in Pompeji*, Magonza 1983.

Kondoleon 1979
C. Kondoleon, An Openwork Gold Cup, *JGS* 21, 1979, 39-50.

Kötzsche 1979
L. Kötzsche, in: Weitzmann 1979.

Kouchakji Collection 1927
Kouchakji Collection Sale Catalogue, Anderson Galleries, 25-26 gennaio, New York 1927.

Kraft 1950-1951
K. Kraft, Eine spätantike Glaspasta, *Jahrbuch für Numismatik und Geldgeschichte* 2, 1950-1951, 36-42.

Kraskovská 1981
L. Kraskovská, Roman Glass Vessels from Slovakia, *JGS* 23, 1981, 11-17.

Krüger 1929
E. Krüger, Der Telephos-Stein aus Arlon, *Trierer Zeitschrift* 4, 1929, 103-106.

Kunina 1973
N. Kunina, Syrian mould-blown glass vessels from the necropolis of Panticapaeum, in: K.S. Gorbunova (a cura di), *Monuments of Ancient Applied Art*, Leningrado 1973, 101-150.

Künzl 1983
E. Künzl, Zwei silberne Tetrachenporträts im Römisch-Germanischen Zentralmuseum Mainz und die römischen Kaiserbildnisse aus Gold und Silber, *JbZMusMainz* 30, 1983, 381-402.

La Baume 1960
P. La Baume, Neue Funde römischer Sarkophage in Köln, in: *Mouseion, Studien aus Kunst und Geschichte für Otto H. Förster*, Colonia 1960, 80-86, fig. 54.

La Baume 1960-1961
P. La Baume, Die Sarkophage von der Königin-Luise-Schule, *KJb* 5, 1960-1961, 85-88.

La Baume 1965
P. La Baume, Frühchristliche Kleinkunst, in: *Frühchristliches Köln*. Schriftenreihe der Archäologischen Gesellschaft Köln 12, 1965, 65-93, tavv. 9-16.

La Baume 1967-1968
P. La Baume, Zwei neuere Funde römischer Trinkhörner in Köln, *KJb* 9, 1967-1968, 56-57.

La Baume 1971
P. La Baume, Römisches Kunstgewerbe, in: *Rom am Dom. Ausgrabungen des Römisch-Germanischen Museums*. Schriftenreihe der Archäologischen Gesellschaft Colonia 16, 1971, 26-29.

La Baume 1973a
P. La Baume, *Glas der antiken Welt 1*. Wissenschaftliche Kataloge des Römisch-Germanischen Museums 1, Colonia 1973.

La Baume 1973b
P. La Baume, in: *Antiken aus Rheinischem Privatbesitz*. Kunst und Altertum am Rhein 48, Bonn 1973.

La Baume 1976
P. La Baume, Glas, in: P. La Baume e J.W. Salomonson, *Römische Kleinkunst, Sammlung Karl Löffler*. Wissenschaftliche Kataloge des Römisch-Germanischen Museums 3, Colonia 1976, 23-76, tavv. 1-39.

La Baume e Nuber 1971
P. La Baume e E. Nuber, Das Achatgefäß von Köln, *KJb* 12, 1971, 80-93, tavv. 14-15.

Lajos 1894
B. Lajos, Diceus Poliara, *Archaeologiai Ertesitö* 14.5, 1894, 392.

Lanciani 1884
R. Lanciani, *Notizie degli scavi di antichità del comm. Fiorelli*, Roma 1884.

Leclant 1973
J. Leclant, Glass from the Meroitic necropolis of Sedeinga (Sudanese Nubia), *JGS* 15, 1973, 52-68.

Lehrer 1979
G. Lehrer, *Ennion – a first century Glassmaker*, Gerusalemme 1979.

Lémant 1980
J.-P. Lémant, Das Gräberfeld von St. Julien bei Charleville-Mézières, in: *Gallien in der Spätantike* 1980, 131-133.

Lempertz Auktion 1905
Auktionskatalog Lempertz, 87, Colonia 1905.

Lempertz Auktion 1923
Auktionskatalog Lempertz, 217, Colonia 1923.

Lempertz Auktion 1965
Auktionskatalog Lempertz, Colonia 1965.

Lenormant 1865
F. Lenormant, Vase antique de verre représentant des combats de gladiateurs, *RA* 12, 1865, 305-310.

Leroux 1913
G. Leroux, *Lagynos, recherches sur la céramique et l'art ornamental hellénistique*, Parigi 1913.

Levi 1957
D. Levi, *Antioch Mosaic Pavements*, 2 voll., Princeton/Londra/L'Aia 1957.

Lipinsky 1960
A. Lipinsky, Der Theodolindenschatz im Dom zu Monza, *Das Münster, Zeitschrift für christliche Kunst und Kunstwissenschaft* 5-8, 1960, 146-173.

van Lith 1978-1979
S.M.E. van Lith, Römisches Glas aus Valkenburg Z.H., *OudhMeded* 59-60, 1978-1979, 1-150, tavv. 1-25.

Loudmer e Kevorkian 1985
G. Loudmer e A.-M. Kevorkian, *Verres Antiques et de l'Islam. Ancienne collection de Monsieur D.*, catalogo d'asta, 3-4 giugno, Parigi 1985.

Louis 1938
R. Louis, Les thermes gallo-romains de Fontaines-Salées à Saint-Père-sous-Vézelay (Yonne). Quatrième campagne de fouilles, 11 août - 19 septembre 1937, *RA* 11, 1938, 233-318.

Lozar 1935
R. Lozar, Ein Glasbecher mit Götterfiguren aus Crnelo, *Glasnik* 16, 1935, 97-105.

Lund Hansen 1987
U. Lund Hansen, *Römisch Import im Norden*, Copenaghen 1987.

Maaskant-Kleibrink 1978
M. Maaskant-Kleibrink, *Catalogue of the Engraved Gems in the Royal Coin Cabinet, The Hague*, L'Aia 1978.

MacPherson 1857
D. MacPherson, *Antiquities of Kertch*, Londra 1857.

Maiuri 1961
A. Maiuri, Due pannelli vitrei figurati da Pompei, *Bollettino d'Arte* 46, 1961, 18-23.

Maiuri 1962
A. Maiuri, Aspetti ignoti o poco noti di Pompei, *Studi Romani*, 1962, 638.

Maiuri 1957
B. Maiuri, *Il Museo Nazionale di Napoli*, Novara 1957.

Mariemont 1954
Catalogue des Verres Antiques de la Collection Ray Winfield Smith, 8 maggio - 15 settembre, Mariemont 1954.

Masterpieces 1968
D.B. Harden, K.S. Painter, R.H. Pinder-Wilson e H. Tait, *Masterpieces of Glass*, Londra 1968.

Matheson 1980
S.B. Matheson, *Ancient Glass in the Yale University Art Gallery*, New Haven 1980.

Matz 1969
F. Matz, *Die antiken Sarkophagreliefs, IV: Die Dionysischen Sarkophage* 3, Berlino 1969.

Mau 1899
A. Mau, *Pompeii. Its Life and Art*, New York/Londra 1899.

Mazar e Dunayevsky 1964
B. Mazar e I. Dunayevsky, En-Gedi: the Third Season of Excavations (Preliminary Report), *IsrExplJ* 14, 1964, 121-157.

Meconcelli Notarianni 1979
G. Meconcelli Notarianni, *Vetri antichi nelle collezioni del Museo Civico Archeologico di Bologna*, Sala Bolognese 1979.

de Mély 1926
F. de Mély, Le Médaillon de la Croix du Musée Chrétien de Brescia, *Aréthuse* 3, 1926, 6.

Michaelis 1872
A. Michaelis, Licurgo furente sopra anfora di marmo, *Annali dell'Instituto di corrispondenza archeologica* 44, 1872, 248-269.

Minutoli Auktionskatalog 1875
Kunst- und Gewerbe-Museum Minutoli. Spezial-Verzeichnis der im Auktions-Kataloge vom 25. October 1875 unter Nummer 1242-2241 aufgeführten Glas-Sammlung, J.M. Heberle, Colonia 1875.

Möbius 1964
H. Möbius, Recensione di D.E.L. Haynes, The Portland Vase, *Gnomon* 36, 1964, 636-637.

Möbius 1965
H. Möbius, Die Reliefs der Portlandvase und das antike Dreifigurenbild, in: *Bayerische Akademie der Wissenschaften. Philosophisch-historische Klasse, Abhandlungen*, N. F. 61, 1965, 6-31, tavv. 1-5.

Möbius 1967-1968
H. Möbius, Bemerkungen zu Kameen und Kameogläsern, *KJb* 9, 1967-1968, 23-27, tavv. 1-3.

Möbius 1985
H. Möbius, Zweck und Typen der römischen Kaiserkameen, in: *Aufstieg und Niedergang der Römischen Welt II, Principat*, vol. 12. 3, Berlino 1985, 32-88.

Morey 1942
C.R. Morey, *Early Christian Art*, Princeton 1942.

Morey 1959
C.R. Morey, (a cura di G. Ferrari), *The Gold-Glass Collection of the Vatican Library*, with additional catalogues of the other gold-glass collections. Catalogo del Museo Sacro della Biblioteca Apostolica Vaticana 4, Città del Vaticano 1959.

Morin-Jean 1913
J. Morin-Jean, *La verrerie en Gaule sous l'Empire Romain*, Parigi 1913.

Morin-Jean 1917
J. Morin-Jean, Traduzione di Rostovtzeff 1914, *RA* 5, 1917.

de la Motte 1852
P.H. de la Motte, *Choice Examples of Art Workmanship*, Londra 1852.

Mowat 1882
R. Mowat, Exemples de gravure antique en verre à propos de quelques fragments du Monténégro, *RA* 2, 1882, 280-300.

Museo Poldi Pezzoli 1983
E. Roffia e G. Mariacher, *Musei e Gallerie di Milano: Museo Poldi Pezzoli, ceramiche-vetri mobili e arredi*, Milano 1983.

Mylius Catalogue 1879
Catalogue d'objets d'art et de curiosité formant la Galérie de Mr. Mylius de Gènes, Roma 1879.

Nantes Museum 1872
Exposition des beaux-arts: archéologie et peinture ancienne, Nantes 1872.

Nauerth e Warns 1981
C. Nauerth e R. Warns, *Thekla. Ihre Bilder in der frühchristlichen Kunst*. Göttinger Orientforschungen II, vol. 3, Wiesbaden 1981, 22-24, n. 19, figg. 8, 9.

Neuburg 1949
F. Neuburg, *Glass in Antiquity*, Londra 1949.

Neuburg 1962
F. Neuburg, *Antikes Glas*, Darmstadt 1962.

Newman 1977
H. Newman, *An Illustrated Dictionary of Glass*, Londra 1977.

Niessen 1911
S. Loeschcke e H. Willers, *Beschreibung Römischer Altertümer gesammelt von C.A. Niessen*, 2 voll., Colonia 1911.

Noelke 1979
P. Noelke, in: H. Keller (ed.), *Kunst Kultur Köln* 2, Colonia 1979.

Noelke 1984
P. Noelke, Reiche Gräber von einem römischen Gutshof in Köln, *Germania* 62.2, 1984, 373-423.

Noelke 1985
P. Noelke, in: A. Legner (a cura di), *Ornamenta Ecclesiae. Kunst und Künstler der Romanik* 3, catalogo della mostra, Colonia 1985, 8-9.

Noll 1973
R. Noll, An Instance of Motif Identity in Two Gold Glasses, *JGS* 15, 1973, 31-34.

Noorian 1942
Noorian Sale Catalogue, Parke-Bernet galleries, 4-6 novembre, New York 1942.

Nordenfalk 1938
C. Nordenfalk, *Die spätantiken Kanontafeln*, Göteborg 1938.

Norling-Christensen 1968
H. Norling-Christensen, Hohe Glasbecher vom Pompeji-Typ, in: *Provincialia: Festschrift für R. Laur-Belart* 1968, 410-427.

Nuber 1973
H.U. Nuber, Kanne und Griffschale. Ihr Gebrauch im täglichen Leben und die Beigabe in Gräbern der römischen Kaiserzeit, *BerRGK* 53, 1972, Berlino 1973, 1-232.

Nuber 1984
E. Nuber, *Stadt Köln*. Die Fundmünzen der Römischen Zeit in Deutschland Abt. VI, Nordrhein-Westfalen, vol. 1.1, Berlino 1984.

Oldfather 1926
W.A. Oldfather, Ketameus of a Worker in Glass, *Journal of the American Ceramic Society* 9, 1926, 663.

Oliver 1967
A. Oliver Jr., Late Hellenistic Glass in the Metropolitan Museum, *JGS* 9, 1967, 13-33.

Oliver 1968
A. Oliver Jr., Millefiori Glass in Classical Antiquity, *JGS* 10, 1968, 48-70.

Oliver 1972
A. Oliver Jr., Glass Lagynoi, *JGS* 14, 1972, 17-22.

Oliver 1975
A. Oliver Jr., Tapestry in Glass, *JGS* 17, 1975, 68-70.

Oliver 1977
A. Oliver Jr., *Silver for the Gods. 800 Years of Greek and Roman Silver*, The Toledo Museum of Art, Toledo, Ohio 1977.

Oliver 1984
A. Oliver Jr., Early Roman Faceted Glass, *JGS* 26, 1984, 35-58.

Ostoia 1969
V. Ostoia, *The Middle Ages: Treasures from the Cloisters and the Metropolitan Museum of Art*, Los Angeles 1969.

Ostrow 1981
S. Ostrow, The Topography of Puteoli and Baiae on the Eight Glass Flasks, *Puteoli* 3, 1979 (1981), 77-140.

Overbeck 1884
J. Overbeck e A. Mau, *Pompeji in seinen Gebäuden, Alterthümern und Kunstwerken*, Lipsia 1884.

Painter 1971
K.S. Painter, Six Roman Glasses with Cut Decoration from Amiens, *British Museum Quarterly* 36.1-2, 1971, 41-50.

Painter 1975
K.S. Painter, Roman Flasks with Scenes of Baiae and Puteoli, *JGS* 17, 1975, 54-67.

Palma di Cesnola 1877
L. Palma di Cesnola, *Cyprus, its Cities, Tombs and Temples*, Londra 1877.

Pasini 1885-1886
A. Pasini, *Il Tesoro di S. Marco in Venezia*, 2 voll., Venezia 1885-1886.

von Petrikovits 1978
H. von Petrikovits, Germania (Romana), *Reallexikon für Antike und Christentum* 10, 1978, coll. 548-648.

von Pfeffer 1976
W. von Pfeffer, Ein Konchylienbecher in Schlangenfadentechnik aus Worms, in: Haevernick e von Saldern 1976, 95-99, tavv. 27-28.

von Pfeffer e Haevernick 1958
W. von Pfeffer und T.E. Haevernick, Zarte Rippenschalen, *Saalburg Jahrbuch* 17, 1958, 76-91 (con un'appendice sull'indagine spettrografica di P. Hahn-Weinheimer).

Philippe 1970
J. Philippe, *Le monde byzantin dans l'histoire de la verrerie*. Istituto di Antichità ravennate e bizantina dell'Università di Bologna, Bologna 1970.

Picard 1959
C. Picard, Pozzoles et le paysage portuaire, *Latomus* 18, 1959, 23-51.

Pierce e Tyler 1932
H. Pierce e R. Tyler, *L'Art byzantin* 1, Parigi 1932.

Pillinger 1979
R. Pillinger, Römische Zwischengoldgläser, *Antike Welt* 10.1, 1979, 11-15.

Pillinger 1984
R. Pillinger, *Studien zu römischen Zwischengoldgläsern 1: Geschichte der Technik und das Problem der Authentizität*. Denkschriften der phil. hist. Klasse der Österreichischen Akademie der Wissenschaften 110, Vienna 1984.

Pirling 1974
R. Pirling, *Das römisch-fränkische Gräberfeld von Krefeld-Gellep 1960-1963*. Germanische Denkmäler der Völkerwanderungszeit, Serie B, Die Fränkischen Altertümer des Rheinlandes 8, Berlino 1974.

Pirling 1976
R. Pirling, Klothos Kunkel, in: Haevernick e von Saldern 1976, 101-109, tav. 29.

Pirzio Biroli Stefanelli 1981-1983
L. Pirzio Biroli Stefanelli, Due vetri inediti dell'Antiquarium Comunale, *BollMC* 28-30, 1981-1983, 3-11, figg. 1-4.

Pirzio Biroli Stefanelli 1984
L. Pirzio Biroli Stefanelli, Vasa diatreta: frammenti da Roma, *Bull Com* 89.1, 1984, 35-40.

Platz-Horster 1976
G. Platz-Horster, *Antike Gläser. Antikenmuseum Berlin*, Berlino 1976.

Plenderleith 1962
H.J. Plenderleith e A.E.A. Werner, *The Conservation of Antiquities and Works of Art. Treatment, repair and restoration*, Londra 1962.

Polacco 1958
L. Polacco, Osservazioni intorno al vaso Portland, *Athenaeum* 36, 1958, 123-141.

Polacco 1984
L. Polacco, Il Vaso Portland, venti anni dopo, in: *Alessandria e il mondo ellenistico romano. Studi in onore di Achille Adriani*, Roma 1984, 729-743.

Pollitt 1986
J.J. Pollitt, *Art in the Hellenistic Age*, Cambridge 1986.

Poppelreuter 1908
J. Poppelreuter, Fund eines altchristlichen Glases in Köln, *Zeitschrift für christliche Kunst* 21, 1908, 67-75.

Poppelreuter 1911
J. Poppelreuter, Geschliffene Glasschale mit Darstellung eines Zirkusrennens, in: *Wallraf-Richartz-Museum: der Stadt Köln 1861-1911* (Festschrift), Colonia 1911, 114-117.

Price 1974
J. Price, Some Roman Glass from Spain, in: *Annales de l'AIHV* 6, (Colonia 1973), Liegi 1974, 65-84.

Price 1976
J. Price, Glass, in: D. Strong e D. Brown (a cura di), *Roman Crafts*, Londra 1976, 111-125.

Price 1983
J. Price, Glass, in: M. Henig (a cura di), *A Handbook of Roman Art*, Oxford 1983, 205-219.

Price 1985
J. Price, Early Roman vessel glass from burial in Tripolitania, in: D.J. Buck e D.J. Mattingly (a cura di), *Town and Country in Roman Tripolitania*, Oxford 1985, 67-106.

Rademacher 1942
F. Rademacher, Fränkische Gläser aus dem Rheinland, *BJb* 147, 1942, 285-344, tavv. 41-72.

Rakow e Rakow 1971
L.S. Rakow e J.K. Rakow, New Facts on the Portland Vase and the Wedgwood Portlands, in: *16th Wedgwood International Seminar* 1971, 214.

Rakow e Rakow 1982
L.S. Rakow e J.K. Rakow, The Glass Replicas of the Portland Vase, *JGS* 24, 1982, 49-56.

Rashleigh 1803
P. Rashleigh, Account of a further Discovery of Antiquities at Southfleet in Kent, *Archaeologia* 14, 1803, 221-223.

Reinach 1912a
S. Reinach, *Répertoire de reliefs grecs et romains*, 3, Parigi 1912.

Reinach 1912b
S. Reinach, Une coupe de verre à 64.000 francs, *RA* 20, 4ª serie, 1912, 172-173.

Reusch 1965
W. Reusch (a cura di), *Frühchristliche Zeugnisse im Einzugsgebiet von Rhein und Mosel*, Treviri 1965.

Richter 1956
G.M.A. Richter, *Catalogue of Engraved Gems, Greek, Etruscan, Roman*, Roma 1956.

Richter e Smith 1953
G.M.A. Richter e R.W. Smith, A Glass Bowl with the 'Judgement of Paris', *Burlington Magazine* 95, giugno 1953, 180-187.

de Ridder 1924
A. de Ridder, *Catalogue sommaire des bijoux antiques*, Musée National du Louvre. Département des antiquités grecques et romaines, Parigi 1924.

Righetti 1955
R. Righetti, *Le opere di glittica dei Musei annessi alla Biblioteca Vaticana*. Atti della Pontificia Accademia Romana di Archeologia. Rendiconti 28, 1955, 279-348, tavv. A-R, 1-18.

Righetti e Pirzio Biroli Stefanelli 1981-1983
P. Righetti e L. Pirzio Biroli Stefanelli, Le verre en Italie. Région: Lazio, Roma, *Bulletin de l'AIHV* 9, 1981-1983, 152-155.

Righi 1975
R. Righi, in: *Per la storia dell'Isola Sacra*. Mostra dei rinvenimenti, Catalogo, Soprintendenza alle Antichità di Ostia, Roma 1975, 20-23.

Robinson 1862
J.C. Robinson (a cura di), *Catalogue of a Special Exhibition of Works of Art of the Mediaeval, Renaissance, and more recent periods, on loan at the South Kensington Museum, June, 1862*, Londra 1862.

Roffia 1981-1983
E. Roffia, Le verre en Italie; Région: Lombardia, Milano, *Bulletin de l'AIHV* 9, 1981-1983, 55, fig. 3.

Röder 1964
J. Röder, Das Diatret von Köln-Braunsfeld. Optische Untersuchungen an Netzfragmenten, *KJb* 7, 1964, 33-38, tavv. 11-13.

Römer am Rhein 1967
Römer am Rhein. Römisch-Germanisches Museum Köln, catalogo della mostra, Colonia 1967.

Rooses e Ruelens 1909
M. Rooses e C. Ruelens, *Correspondance de Rubens et documents épistolaires concernant sa vie et ses oeuvres: Codex Diplomaticus Rubenianus* 6, Anversa 1909.

Rostovtzeff 1914
M. Rostovtzeff, Late Hellenistic painted glass vases and the history of decorative painting, *Isvestija*. Commissione archeologica imperiale, 54, 1914, 1-26 (in russo).

Rostovtzeff 1941
M. Rostovtzeff, *The Social and Economic History of the Hellenistic World*, 2 voll., Oxford 1941.

Roulez 1845
J. Roulez, Lycurgue Furieux, *Annali dell'Instituto di Corrispondenza Archeologica* 17, 1845, 111-131.

Ruesch 1908
A. Ruesch (a cura di), *Guida illustrata del Museo Nazionale di Napoli*, Napoli 1908.

Rütti 1981
B. Rütti, Römisches Glas, in: *Glaskunst* 1981, 59-60.

von Saldern 1968
A. von Saldern, *Ancient Glass in the Museum of Fine Arts Boston*, Meriden 1968.

von Saldern 1969
A. von Saldern, The so-called Byzantine glass in the Treasury of San Marco, in: *Annales de l'AIHV* 4, (Ravenna/Venezia 1967), Liegi 1969, 124-132.

von Saldern 1974
A. von Saldern, in: A. von Saldern, B. Nolte, P. La Baume, T.E. Haevernick, *Gläser der Antike. Sammlung Erwin Oppenländer*, catalogo della mostra, Amburgo 1974.

von Saldern 1976
A. von Saldern, Glasrhyta, in: Haevernick e von Saldern 1976, 121-126, tavv. 32-34.

von Saldern 1980
A. von Saldern, *Glass 500 B.C. to A.D. 1900. The Hans Cohn Collection. Los Angeles/Cal.*, Magonza 1980.

von Saldern 1985
A. von Saldern, Römische Hochschliffgläser, *Jahrbuch des Museums für Kunst und Gewerbe Hamburg* 4, 1985, 27-42.

Salomonson 1973
J.W. Salomonson, Kunstgeschichtliche und ikonographische Untersuchungen zu einem Tonfragment der Sammlung Benaki in Athen, *BABesch* 48, 1973, 5-82, figg. 1-63.

Salomonson 1979
J.W. Salomonson, *Voluptatem spectandi non perdat sed mutet. Observations sur l'iconographie du martyre en Afrique Romaine*, Amsterdam/Oxford/New York 1979.

Sangiorgi 1914
G. Sangiorgi, *Collezione di vetri antichi dalle origini al V sec. d. Cr.*, Milano/Roma 1914.

Scatozza Höricht 1986
L.A. Scatozza Höricht, *I Vetri Romani di Ercolano*, Roma 1986.

Schenk zu Schweinsberg 1958
E. Freiherr Schenk zu Schweinsberg, Der Becher des Lykurg, *Glastechnische Berichte* 31, 1958, 470-472.

Schneider 1976
B. Schneider, *Studien zu den kleinformatigen Kaiserporträts von der Anfängen der Kaiserzeit bis ins dritte Jahrhundert*, tesi, Monaco 1976.

Schüler 1966
I. Schüler, A Note on Jewish Gold Glasses, *JGS* 8, 1966, 48-61.

Schüler e Schüler 1970
F. Schüler e L. Schüler, *Glassforming. Glassmaking for the Craftsman*, Filadelfia 1970.

Schulz 1838
H.W. Schulz, Rapporto intorno gli scavi pompeiani negli ultimi quattro anni, *Annali dell'Instituto di corrispondenza archeologica* 10, 1838, 148-201.

Schulz 1839
H.W. Schulz, Anforina di vetro con bassorilievi, rinvenuta in Pompei, *Annali dell'Instituto di corrispondenza archeologica* 11, 1839, 84-100 (con *Monumenti inediti pubblicati dall'Instituto di corrispondenza archeologica* 3, 1839, tav. v).

Schulz 1953
W. Schulz, *Leuna. Ein germanischer Bestattungsplatz der spätrömischen Kaiserzeit*. Deutsche Akademie der Wissenschaften zu Berlin, Schriften der Sektion für Vor- und Frühgeschichte I, Berlino 1953.

Schulz e Zahn 1933
W. Schulz e R. Zahn, *Das Fürstengrab von Hassleben*. Römisch-Germanische Forschungen 7, Berlino e Lipsia 1933.

Sennequier 1979
G. Sennequier, Nouveaux aperçus sur deux verres gallo-romains du Musée des Antiquités de Rouen: une Coupe à course de chars et un Gobelet à gladiateurs, in: *Annales de l'AIHV* 7, (Berlino/Lipsia 1977), Liegi 1979, 67-94.

Sennequier 1985
  G. Sennequier, *Verrerie d'époque Romaine*. Collections des Musées Départementaux de Seine-Maritime, Rouen 1985.

Settis 1975
  S. Settis, Per l'interpretazione di Piazza Armerina, *MEFRA* 87, 1975, 873-994.

Shelton 1979
  K.J. Shelton, in: Weitzmann 1979.

Sherlock 1976
  D. Sherlock, Silver and Silversmithing, in: D. Strong e D. Brown (a cura di), *Roman Crafts*, Londra 1976, 10-23.

Silvestrini 1938
  D. Silvestrini, La coppa vitrea greca-alessandrina di Locarno, *Bollettino d'Arte* 31, 1938, 430-443.

Simon 1957
  E. Simon, *Die Portlandvase*, Magonza 1957.

Simon 1964
  E. Simon, Drei antike Gefäße aus Kameoglas in Corning, Florenz und Besançon, *JGS* 6, 1964, 13-30.

Simon 1982
  E. Simon, Augustus und Antonia Minor in Kurashiki/Japan, *AA*, 1982, 332-343.

Simon 1986
  E. Simon, *Augustus - Kunst und Leben in Rom um die Zeitenwende*, Monaco 1986.

Simonett 1941
  C. Simonett, *Tessiner Gräberfelder. Ausgrabungen des archäologischen Arbeitsdienstes in Solduno, Locarno-Muralto, Minusio und Stabio, 1936 und 1937*, Basilea 1941.

Skilbeck 1923
  C.O. Skilbeck, Notes on the Discovery of a Roman Burial at Radnage, Bucks, *AntJ* 3, 1923, 334-337.

Slade Catalogue 1871
  Catalogue of the Collection of Glass Formed by Felix Slade, Londra 1871.

Smart 1984
  J.D. Smart, The Portland Vase Again, *JHS* 104, 1984, 186.

Smith 1955
  D. Smith, Masterpieces of Glass from the Corning Museum, *Ceramic Age* 66, 1955.

Smith 1922
  R.A. Smith, *Guide to the Antiquities of Roman Britain*, Londra 1922.

Smith 1923
  R.A. Smith, *A Guide to the Anglo-Saxon and Foreign Teutonic Antiquities in the Department of British and Mediaeval Antiquities*, Londra 1923.

Smith 1949
  R.W. Smith, The Significance of Roman Glass, *Metropolitan Museum of Art Bulletin* 8, 1949, 49-60.

Smith 1954
  R.W. Smith, The Challenge of Ancient Glass to the Modern Glass Industry, in: *Atti del III Congresso Internazionale del Vetro*, 1954, 690-701.

Sobernheim Collection 1952
  The Sobernheim Collection of Ancient Glass. Stack's Galleries Sale Catalogue, 19 aprile 1952, New York 1952.

Soprintendenza alle Antichità di Ostia 1972
  Soprintendenza alle Antichità di Ostia, *Mostra di rinvenimenti da scavi in corso*. 15ª Settimana dei Musei Italiani, 15-22 ottobre 1972, Roma 1972.

Spätantike und frühes Christentum 1983
  H. Beck e P.C. Bol (a cura di), *Spätantike und frühes Christentum*, catalogo della mostra, Francoforte 1983.

Spinazzola 1928
  V. Spinazzola, *Le arti decorative in Pompei e nel Museo Nazionale di Napoli*, Milano 1928.

Stern 1976
  E.M. Stern, A small glass bottle on three pinched feet, *Festeon Opgedragen aan A.N. Zadoks-Josephus Jitta bij haar aeventigste verjaardag*, Groningen/Bussum 1976, 528-538.

Stern 1977
  E.M. Stern, A glass bowl Isings' Form 2, from the tomb of an Ethiopian *Candace*, *OudMeded* 58, 1977, 63-72.

Stout 1986
  A.M. Stout, *Mosaic Glass Face Beads: Their Significance in Northern Europe During the Later Roman Empire*, Dissertation, University of Minnesota 1986.

Strong 1929
  E. Strong, *Art in Ancient Rome*, Londra 1929.

Strong 1966
  D.E. Strong, *Greek and Roman Gold and Silver Plate*, Londra 1966.

Stutzinger 1983
  D. Stutzinger, in: *Spätantike und frühes Christentum* 1983.

Süssenbach 1983
  D. Süssenbach, Die 'konstantinischen Prinzen' des Goldglases von Köln-Braunsfeld, *Wallraf-Richartz-Jahrbuch* 44, 1983, 11-28.

Tamassia e Mirabella Roberti 1964
  A.M. Tamassia e M. Mirabella Roberti, *Mostra dei vetri romani in Lombardia*, catalogo, Milano 1964.

Thiébault-Sisson 1902
  F. Thiébault-Sisson, Verres antiques. La Collection Durighello, *Revue des Arts Décoratifs*, 1902, 49-54.

Thill 1975
  G. Thill, Frühkaiserzeitliche Grabbeigaben von Hellingen (G.H. Luxemburg), *Archäologisches Korrespondenzblatt* 5, 1975, 69-79.

Thorpe 1935
  W.A. Thorpe, *English Glass*, Londra 1935, 3ª ed. Londra 1961.

Thorpe 1938
  W.A. Thorpe, The prelude to European cut glass, *Transactions of the Society for Glass Technology* 22, 1938, 5-37.

Toynbee 1955
  J.M.C. Toynbee, Some notes on Roman art at Colchester, no. VIII, The Glass Medallion, *Transactions of the Essex Archaeological Society* 25, 1955, 17-23.

Toynbee 1962
  J.M.C. Toynbee, *Art in Roman Britain*, Londra 1962.

Toynbee 1964
  J.M.C. Toynbee, *Art in Britain under the Romans*, Oxford 1964.

Toynbee e Painter 1986
  J.M.C. Toynbee e K.S. Painter, Silver Picture Plates of Late Antiquity: A.D. 300 to 700, *Archaeologia* 108, 1986, 15-65.

Trowbridge 1928
  M.L. Trowbridge, *Philological Studies in Ancient Glass*. University of Illinois Studies in Language and Literature 13, n. 3-4, Urbana 1928.

Turcan 1966
  R. Turcan, *Les sarcophages romains à représentations dionysiaques*, Parigi 1966.

van Ufford 1970
  L. Byvanck-Quarles van Ufford, Les bols hellénistiques en verre doré, *BABesch* 45, 1970, 129-141.

van Ufford 1972
L. Byvanck-Quarles van Ufford, Le bol hellénistique en verre doré au Corning Museum of Glass, *BABesch* 47, 1972, 46-49.

Vanderhoeven 1961
M. Vanderhoeven, *Verres romains (Ier-IIIme siècles) des Musées Curtius et du Verre à Liège*, Liegi 1961.

Veloccia Rinaldi e Testini 1975
M.L. Veloccia Rinaldi e P. Testini, *Il Pons Matidiae, Ricerche archeologiche nell'Isola Sacra*. Istituto Nazionale d'Archeologia e Storia dell'Arte, Roma 1975, 13-39.

Vermeule 1958
C.C. Vermeule III, The Portland Vase before 1650. The evidence of certain dal Pozzo-Albani Drawings at Windsor Castle and in the British Museum, in: *The Third Annual Wedgwood International Seminar*, Boston 1958, 59-70.

Vessberg 1952
O. Vessberg, Roman Glass in Cyprus, *Opuscula Archaeologica* 7, 1952, 109-165.

Vierneisel e Zanker 1979
K. Vierneisel e P. Zanker (a cura di), *Die Bildnisse des Augustus, Herrscherbild und Politik im kaiserlichen Rom*, catalogo della mostra, Monaco 1979.

Vigil Pascual 1969
M. Vigil Pascual, *El vidrio en el mundo antiguo*. Instituto Español de Arqueología, Bibliotheca Archaeologica 7, Madrid 1969.

de Villefosse 1874
H. de Villefosse, Verres antiques trouvés en Algérie, *RA* 27, 1874, 281-289, tavv. 8-9.

Vogell 1908
Griechische Altertümer Südrussischen Fundorts aus dem Besitz des Herrn A. Vogell, Karlsruhe, Kassel 1908.

Volbach 1952
W.F. Volbach, *Elfenbeinarbeiten der Spätantike und des frühen Mittelalters*, Magonza 1952, 2ª ed. 1976.

Vopel 1899
H. Vopel, *Die altchristlichen Goldgläser*, Friburgo 1899.

Walker e Burnett 1981
S. Walker e A. Burnett, *Augustus*. Handlist of the exhibition and supplementary studies, British Museum Occasional Paper 16, Londra 1981.

Walter 1979
C. Walter, Marriage crowns in Byzantine iconography, *Zograph* 10, 1979, 83-91.

Walters 1926
H.B. Walters, *Catalogue of the engraved Gems and Cameos, Greek, Etruscan and Roman, in the British Museum*, Londra 1926.

aus'm Weerth 1864
E. aus'm Weerth, Römische Glasgefäße aus der Sammlung des Herrn Carl Disch zu Cöln, *BJb* 36, 1864, 119-128, tav. 3.1-3.

aus'm Weerth 1866
E. aus'm Weerth, Zwei römische Glasgefäße der Sammlung des Herrn Carl Disch zu Cöln, *BJb* 41, 1866, 142-145, tavv. 3-4.

aus'm Weerth 1878
E. aus'm Weerth, Römische Gläser, *BJb* 64, 1878, 119-129.

aus'm Weerth 1881
E. aus'm Weerth, Zur Erinnerung an die Disch'sche Sammlung römischer Gläser, *BJb* 71, 1881, 119-133, tavv. 5-7.

aus'm Weerth 1882
E. aus'm Weerth, Römische Gläser, *BJb* 74, 1882, 57-58, tav. 6.

Weinberg 1961
G. Davidson Weinberg, Hellenistic Glass Vessels from the Athenian Agora, *Hesperia* 30, 1961, 380-392, tavv. 91-95.

Weinberg 1962
G. Davidson Weinberg, An inlaid glass plate in Athens, *JGS* 4, 1962, 28-36.

Weinberg 1964
G. Davidson Weinberg, Vasa Diatreta in Greece, *JGS* 6, 1964, 47-55.

Weinberg 1965
G. Davidson Weinberg, The Glass Vessels, in: Weinberg e al. 1965, 30-39.

Weinberg 1972
G. Davidson Weinberg, Mold-blown Beakers with Mythological Scenes, *JGS* 14, 1972, 26-47.

Weinberg e al. 1965
G. Davidson Weinberg e al., The Antikythera shipwreck reconsidered, *Transactions of the American Philosophical Society* N.S. 55, 1965.

Weitzmann 1979
K. Weitzmann (a cura di), *Age of Spirituality*, catalogo della mostra, New York 1979.

Weizinger 1918
F.X. Weizinger, *Katalog der Sammlungen L. Marx, Mainz und A. Sieck, München*, Auktionskatalog, Monaco 1918.

Wills 1979
G. Wills, Sir William Hamilton and the Portland Vase, *Apollo* 110, 1979, 195-201.

Wilson 1983
R.J.A. Wilson, *Piazza Armerina*, Londra 1983.

Winckelmann 1767
J.J. Winckelmann, *Anmerkungen über die Geschichte der Kunst des Alterthums*, Dresda 1767 (ristampa: J.J. Winckelmann, *Kunsttheoretische Schriften VI, Studien zur Deutschen Kunstgeschichte* vol. 344, Baden-Baden/Strasburgo 1966).

Yoshimizu 1983
T. Yoshimizu, *Garasu nyūmon*, Tokio 1983.

Zahn 1921
R. Zahn, *Galerie Bachstitz. II, Die Sammlung Friedrich L. von Gans*, Berlino 1921.

Zahn 1926
R. Zahn, Nachwort, ad Albizzati 1926, *JdI* 41, 1926, 81.

Zanchi Roppo 1967
F. Zanchi Roppo, *Vetri paleocristiani a figure d'oro*, Ravenna 1967.

Zanchi Roppo 1969
F. Zanchi Roppo, *Vetri paleocristiani a figure d'oro conservati in Italia*, Bologna 1969.

Zanker 1987
P. Zanker, *Augustus und die Macht der Bilder*, Monaco 1987.

Ziviello 1981-1983
C. Ziviello, Le verre en Italie; Région: Campania. Napoli, Museo Archeologico Nazionale, *Bulletin de l'AIHV* 9, 1981-1983, 159-164.

Concordanze

Colonia:		*Corning:*		*Londra:*		*Città del Vaticano:*	
Römisch-Germanisches Museum		*The Corning Museum of Glass*		*British Museum*		*Biblioteca Apostolica*	

1	64.33	*3*	59.1.85	*2*	PRB 1870.2-24.2	*125*	328
4	N 157	*7*	55.1.84	*6*	GR 1814.7-4.1191	*138*	154
5	991	*8*	66.1.236	*20*	GR 1901.4-13.3188		
40	N 1099	*9*	61.1.6	*21*	GR 1910.6-19.3	*Malibu:*	
42	1044	*10*	66.1.215	*22*	GR 1873.8-20.427	*The J. Paul Getty Museum*	
47	N 133	*11*	86.1.1	*24*	GR 1868.5-1.153		
48	N 150	*12*	55.1.81	*27*	PRB 1923.6-5.1	*31*	84.AF.85
49	65.5	*13*	71.1.18	*29*	GR 1945.9-27.1	*36*	85.AF.84
51	912	*14*	70.1.29	*30*	GR 1945.9-27.2		
55	670	*15*	66.1.217	*34*	GR 1840.12-15.41	*Milano: Civico Museo Archeologico*	
56	541	*16*	66.1.214		GR 1859.2-16.1		
57	N 126	*17*	59.1.87	*38*	PRB 1836.2-13.18	*134*	A 2840
58	69.72.5	*18*	55.1.3 a, b	*43*	GR 1869.6-24.30		
	69.72.6	*19*	55.1.82	*44*	GR 1851.8-13.524	*Napoli:*	
59	23.480	*23*	66.1.237	*46*	GR 1871.10-4.3	*Museo Archeologico Nazionale*	
64	L 62	*25*	67.1.1	*52*	GR 1856.12-26.1142		
66	74.1	*26*	55.1.77	*53*	GR 1887.6-13.8	*32*	153651, 153652
	74.2	*28*	67.1.21	*54*	GR 1881.6-26.1	*33*	13521
70	N 5947	*35*	52.1.93	*60*	GR 1871.1-23.1	*102*	12250
72	38.6	*37*	66.1.223	*61*	GR 1984.7-16.1		
79	1018	*39*	66.1.241	*63*	GR 1881.6-24.2	*New York:*	
84	KL 38	*41*	53.1.108	*68*	PRB 1923.6-5.2	*The Metropolitan Museum of Art*	
91	1027	*45*	59.1.88	*73*	GR 1890.11-15.1		
93	N 296	*50*	66.1.41	*74*	GR 1856.10-4.1	*153*	1926, 26.258
94	292	*62*	55.1.90	*75*	GR 1900.10-15.1		
95	56.408	*65*	65.1.14	*78*	GR 1870.9-1.2	*Ostia: Museo Ostiense*	
99	68.59.16	*67*	82.1.1	*80*	GR 1893.10-16.1		
101	967	*69*	85.1.6	*82*	GR 1876.11-14.3	*120*	18867
108	295	*71*	59.1.149	*83*	GR 1913.5-22.17		
111	N 399	*76*	64.1.18	*89*	PRB 1870.2-24.3	*Roma: Antiquarium Comunale*	
112	63.1102	*77*	54.1.100	*103*	GR 1856.12-26.1203		
113	24.311	*81*	55.1.70 a, b	*104*	PRB 1868.5-1.171	*100*	279
114	N 324	*85*	68.1.9	*106*	MLA 1868.5-1.321	*118*	7235
117	1002	*86*	66.1.36	*107*	MLA 1868.5-1.320	*124*	7233
126	29.1083	*87*	59.1.76	*109*	GR 1868.5-1.919		
127	N 339	*88*	57.1.4	*110*	GR 1877.7-14.1	*Roma: Museo Nazionale Romano*	
128	N 340	*90*	54.1.84	*121*	GR 1967.11-22.1		
131	N 326	*92*	66.1.39	*129*	GR 1886.5-12.3	*119*	MNR 62578
133	N 6085	*96*	59.1.150	*130*	MLA 1872.3-20.1		
135	60.1	*97*	66.1.230	*132*	GR 1886.5-12.2	*Varese:*	
140	674	*98*	50.1.34	*139*	MLA 1958.12-2.1	*Musei Civici di Villa Mirabello*	
141	29.1819	*105*	59.1.129	*146*	MLA Mucking 843		
142	69.72.9	*115*	55.1.1	*147*	GR 1905.11-7.2	*137*	1050
144	63.53	*116*	62.1.31	*148*	GR 1888.11-12.1		
145	N 6082	*123*	66.1.38	*152*	GR 1890.9-1.1	*Venezia: Tesoro di San Marco*	
		136	L151.1.85	*154*	MLA 1881.6-24.1		
		143	66.1.267	*155*	MLA 1863.7-27.3	*122*	123
		149	55.1.85	*156*	MLA 1863.7-27.11		
		150	55.1.86	*157*	MLA 1898.7-19.1		
		151	78.1.1	*158*	MLA 1863.7-27.6		
		161	66.1.37	*159*	MLA 1863.7-27.9		
				160	MLA 1863.7-27.4		

Indice dei luoghi di rinvenimento e delle collezioni

Luoghi di rinvenimento

Adria (Italia) *15, 16*
Albintimilium v. Ventimiglia
Apameia Kibotos (Dinar, Frigia, Turchia) *112*
Arles (Francia) *44*
Barnwell (Inghilterra) *104*
Beirut (Libano) *83*
Bonn (Germania) *40, 131*
Brindisi (Italia) *78*
Chavagnes-en-Paillers (Francia) *90*
Coblenza (Germania) *61*
Colchester (Inghilterra) *2, 89*
Colonia (Germania) *54, 70, 91, 108, 133*; Aachener Straße *140*; Achterstraße *49*; An der Eiche *145*; Auf dem Berlich/Zeughausstraße *4*; Bonner Straße *42, 51, 101*; Genter Straße *59*; Jakobstraße *126, 141*; Kartäuserhof *144*; Landsberger Straße *49*; Luxemburger Straße *48, 56, 57, 58, 64, 111, 127, 128, 142*; Magnusstraße *94*; Neusser Straße *47, 93*; Severinstraße *66, 114*; S. Severin *63, 130, 154*; Ursulagartenstraße *143*; Waidmarkt *95*; Weyerstraße *55*
Colonia-Braunsfeld (Germania) *5, 117, 135*
Colonia-Lindenthal (Germania) *99*
Cuma (Italia) *52*
Dali v. Idalio
Dinar v. *Apameia Kibotos*
Egitto *41*
Eraclea Pontica (Ereğli, Turchia) *35*
Ereğli v. Eraclea Pontica
Eskişehir (Turchia) *36*
Faiyûm (Egitto) *11*
Flamersheim (Germania) *39*
Francia *129, 132*
Grecia *147*
Gurob (Egitto) *73*
Horrem (Germania) *113*
Idalio (Dali, Cipro) *60, 82*
Iran *31*
Italia *21, 78, 137*
Kerč (*Pantikapaion*, Urss) *74, 150*
Leuna (Germania) *106, 107*
Maharraka (Nubia, Sudan) *110*
Mayen (Germania) *72*
Mucking (Inghilterra) *146*
Novara (Italia) *134*
Ostia (Italia) *120*
Pantikapaion v. Kerč
Pompei (Italia) *24, 32, 33, 34, 102*; Casa di Fabius Rufus *32*; Casa del Fauno *34*; Casa delle colonne a mosaico *33*
Populonia (Italia) *116*
Pozzuoli (Italia) *43*
Radnage (Inghilterra) *27, 68*
Roma (Italia) *8, 22, 30*; Catacombe *123, 125, 138, 162*; Esquilino *100, 118*; Foro Romano *124*; Monte del Grano *29*
Scarbantia v. Sopron
Sidone (Libano) *80*
Siria *75, 79, 136*
Sopron (*Scarbantia*, Ungheria) *88*
Southfleet (Inghilterra) *38*
Vaison (Francia) *20*
Ventimiglia (*Albintimilium*, Italia) *53*
Worms (Germania) *67*
al-Yaqussah (Siria) *149*

Collezioni

Cagnola *137*, 243
Carlisle *152*, 278
Caruso *96, 175*
Castellani *22, 43, 46, 110*
Cohn 142
Comarmond *44, 20, 111, 120*
Constable Maxwell *136, 153, 186, 187, 242*
von Cramer *88, 167*
del Balzo *102*, 192
Demeulenaere *69, 141*
Disch *54, 63, 94, 143, 154*, 5, 122, 134, 136, 170, 173, 233, 253-254, 279
Durighello *35, 80, 83*, 80-82, 158, 161
Evans *129, 132*, 230-231, 235-236
Fabiani *153*, 279
von Gans 18, 264
Garragh *110*, 201
Gourraud *90*, 169
Greven *42*, 109
Guigoz *13*, 37
Hackl *14*, 38
Hambeuchen *14*, 38
Hamilton 4
Herstatt 5
Hoffmann *143*, 253-254
Hubin *90*, 169
Junkin *28*, 52
Kofler-Truniger *36, 55, 83-84, 175*
Kouchakji *96, 175*
Liebig *71*, 143
Löffler *67, 84, 139, 162-163*
Martinetti *8, 10*, 30, 32-33
Marx *72*, 144
Matarozzi *155, 156, 158, 159, 160*, 282, 283, 285, 286, 287
Mavrogordato *150*, 275
Merkens *101*, 170, 191, 277
Minutoli *12, 26*, 35, 50
Morel 20, 44
Morgan *35, 77, 98, 150*, 80-82, 149-150, 177, 275
Mylius *50*, 118
Niessen *4, 40, 47, 48, 57, 70, 93, 111, 114, 127, 128, 131, 133, 145*, 5, 6, 15, 24, 94, 98, 108, 114, 115, 123, 127, 142, 172, 202, 205, 206, 228, 229-230, 234-235, 236-237, 256
de Noël *108*, 198
Noorian *96, 175*
Oppenländer 46, 120, 171
Palma di Cesnola 46, 60, 82, 102, 113, 131, 160
Pepys *130, 154*, 5, 233, 279
Pollexfen *2, 89*, 22, 168
vom Rath *5*, 251
Reimbold *42*, 109
Rothschild *139, 186*, 245-249
Sangiorgi *8, 10, 15, 16, 23, 37, 50, 86, 92, 97, 123, 143, 161*, 6, 30, 32-33, 39, 40, 47, 95, 104, 118, 164, 171, 176, 185, 222, 253-254, 288
Schiller 18
Slade, eredi *43, 46, 60, 78, 89, 130*, 110, 113, 131, 156, 168, 233
Slade, Lascito *24, 104, 106, 107, 109*, 4, 48, 194, 196, 197-198, 200
Sloane 4
Smith *3, 7, 9, 12, 17, 18, 19, 26, 45, 62, 71, 81, 87, 90, 96, 105, 115, 116, 149, 150*, 6, 23, 29, 31, 35, 41, 42, 43, 50, 107, 112, 133, 143, 159, 166, 169, 175, 182, 195, 207, 208-209, 260, 263, 273, 275
Sobernheim *41*, 99
Surutschan *150*, 275
Temple *52, 103*, 46, 104, 120, 193
Townley *6*, 4, 28
Trautvetter *101*, 191
Trivulzio *134*, 239
Tyszkiewicz *157*, 284
Vogell *14, 18*, 38
Werther *59*, 130
Zettl *88, 167*

307

Indice dei nomi

Abdul-Hak, S. 273
Acilio Severo 16, 184, 223s.
Adamo e Eva, 185, 229, 233, 279
Afghanistan 2; Begram 186, 190, 239, 260, 263, 275
Albizzati, C. 243, 254, 266
Alessandro Magno 3, 62, 82
Algeria: Algeri 259; Khamissa 259
Apsley Pellatt Jr. 20
Aristeas 90, 153
Artas 89, 91
Ashmole, B. 57, 62, 63
Auth, S.H. 133
Avigad, N. 88s.
Axtell, J.H.W. 62

Barag, D. 107, 155, 176, 177, 265, 280s.
Barberini, Donna C. 60
Barberini, cardinale F. 60, 64
Bartoli, P.S. 62, 64
Bastet, F. 62, 63
Becatti, G. 63
Belgio: Blehen 141; Bruxelles 152; Cortil-Noirmont 125; Flabecq 278; Frésin 152; Fritzet 141
Berger, L. 109, 163, 164
Berthouville, Tesoro di 217
Bertolone, M. 243
Blake, W. 65
Boschung, D. 22, 24
Bracker, J. 15, 24
Brill, R. 38, 247s., 254
Brown, D.E.L. 62
Bruzza, L. 224
Byres, J. 60, 67

Calvi, M.C. 164
Carandini, A. 249
Caravaggio 64
Carlotta, regina d'Inghilterra 64
Cartagine 63
Catullo 63
Cecoslovacchia: Bratislava 190
Charleston, R.J. 53, 54
Cicerone 72
Cipro 3, 102, 161, 259s., 270; Idalio (Dali) 106, 108, 131; Marion 108
Clairmont, C.W. 62, 106, 133, 171, 199, 271, 273, 275
Colluto 273
Colonia (Germania) 94, 103, 126, 127, 130, 134, 136, 138, 181, 211, 212, 235, 236, 239, 255, 256, 259, 261, 265; Aachener Straße 5, 132; Apostelnkloster 205; Benesisstraße 239, 241; Bonner Straße 104; -Braunsfeld 27, 142, 212, 217, 240s., Genter Straße 108; Jakobstraße 5; Luxemburger Straße 5, 108, 123, 144, 170; 252; -Müngersdorf 99, 114, 212, 217; Neusser Straße 132; Severinstraße 233, 252; S. Severin 5, 8, 103, 233, 265, 266, 279; Ursulagartenstraße 254; S. Ursula 265; Weyerstraße 123; -Worringen 233, 235, 236
Cooney, J.D. 54, 81
Cristo 184, 222, 233, 268, 279-281, 284, 285, 286, 287
Cummings, K. 50

Dal Pozzo, C. 64
Daniele 26, 184, 213, 279-281
Danimarca: Varpelev 156
Dario III 3
Darwin, E. 65
Delbrueck, R. 26, 283
del Monte, cardinale F. 60, 64
Diodoro di Elea 275
Dione Crisostomo 219
Disch, K. 281
Doppelfeld, O. 5, 16, 122, 142, 183, 186, 241, 243, 252, 255
Doubleday, J. 60, 62
Dusenbery, E.B. 78, 201

Egitto 2, 3, 55, 84, 94, 99, 120, 173, 183, 199, 201, 262; Alessandria 3, 34, 190, 224, 261, 266; Eliopoli 28, 84; Faiyûm 182; Il Cairo 84, 217; Karanis 94, 102, 183; Nilo 84, 201; Oxyrhynchos (*Behnesa*) 247
Eisen, G.A. 35, 50, 157
Ekholm, G. 192
Ennion 90s., 151-153, 158, 159, 161, 164, 166, 259, 270
Erode 88
Erodoto 84
Eschilo 217
Esiodo 219
d'Escurac-Doisy, H. 267
Eugenes 160

Felten, F. 62
Ferdinando II, re delle Due Sicilie 75
Festo 136
Filarco 275
Fitzwilliam 122
Francia 106; Alésia 17; Boulogne 233; Fraillicourt 259; Les Bruyères 120; Nîmes 259; Parigi 289; Puy-de-Dôme 259; Sens 221; St. Julien 142; Strasburgo 233; Vaison 20
Franks, Sir A.W. 122
Fremersdorf, F. 5, 15, 24, 33, 90, 101-103, 106-108, 111, 112, 114, 122, 125, 136, 138, 154, 170, 172, 187, 198, 201, 206, 212, 213, 215, 222, 224, 225, 233, 235, 239, 251, 254-256, 261, 263-265, 277, 280
Froning, H. 71, 72
Fuhrmann, H. 224

Galilei, G. 64
Gennadios 266, 279

Germania 106, 190; Andernach 233; Berlino 239, 241, 251; Bonn 114, 199, 236, 277; Brühl 116, 189; Coblenza 132; Hohensülzen 242; Krefeld-Gellep 233, 237, 258; Kretz 141; Lauersfort 22; Leuna 186, 196, 198s.; Magonza 221, 233; Mayen 114, 144; Monaco 241; Neuss 265; Rheinbach-Flerzheim 189; Treviri 173, 211, 251, 255; Worms 108, 174; Zülpich 189, 261, 277; v. anche Colonia
Gerusalemme 88, 89, 152, 155, 166, 176
Giona 7, 26, 279-281
Giorgio III, re d'Inghilterra 64
Giulio Cesare 18
Goethert-Polaschek, K. 191, 206, 212, 251, 255
Goldstein, S. 37, 38, 41, 50, 53, 56
Gordon, duchessa di 60
Grecia 107, 259; Atene 67, 187, 239, 278; Corinto 107, 184, 187, 219; Kenchreai 34
Grose, D. 39, 41, 90, 91, 101, 263
Guglielmina di Orange 65

Haberey, W. 144, 199, 236
Haevernick, T.E. 267
Hamilton, Sir W. 60, 64, 65
Hanfmann, G.M.A. 273
Harden, D.B. 37, 41, 51, 60, 67, 81, 84, 99, 120, 130, 133, 141, 161, 164, 166, 169, 171, 190, 199, 203, 213, 221, 231, 239, 241, 242, 243, 244, 246-249, 253, 259, 262, 270, 275, 277
Harrison, E.B. 62, 63
Hayes, J.W. 50, 113, 150, 193, 201, 215
Haynes, D.E.L. 54, 62, 63
Hind, J.F.C. 62, 63
Humphrey, J.H. 168, 211s.

Imperatori e loro congiunti: Agrippina 63; Alessandro Severo, 62, 63; Antonia 22; Arcadio 224; Azia 62, 81; Augusto 1, 15, 21, 28, 62, 63, 73, 81, 84, 91, 168; Claudio 15, 22; Costantino il Grande 15, 16, 24, 26, 184, 224, 249, 264; Costanzo II 15, 16, 24, 224; Diocleziano 23, 224; Gaio Cesare 63; Galerio 23; Giustiniano 15; Licinio 23, 249; Lucio Cesare 63; Marcello 62, 63; Massenzio 15, 23; Massimiano 23; Nerone 112; Onorio 283; Ottavia 22; Teodosio 224; Tiberio 15, 28; Valentiniano II 224
Inghilterra 188; Barnwell 104; Bartlow Hills 97, 141; Bayford 142; Birmingham 65, 113; Cambridge 260, 271; Castlesteads 198; Colchester 97, 259; Colliton Park, Dorchester 231; Fishbourne 181, 190; Huntingdon 141; Isola di Wight 198; Londra 65, 181, 201; Mildenhall 221; Mucking 188, 258; Radnage 20; Rapsley 253; Southfleet 93; Woburn Abbey 217
Irak: Nimrud 179
Iran 55

Isacco 213, 279-281
Isings, C. 50, 81, 82, 95, 97, 109, 111, 112, 118, 126, 141, 157, 190, 195, 206, 270, 277
Israele: Ein Gedi 88, 151; Masada 164; v. anche Gerusalemme
Italia 3, 19, 22, 39, 46, 55, 78, 84, 91, 111, 118, 144, 157, 163, 184, 222, 259, 262, 278; *Albintimilium* (Ventimiglia) 105, 110; Aquileia 111, 164, 213, 215; Bagnolo 164; Baia 84, 209; Bologna 110; Brindisi 156; Campania 19, 91, 104, 201; Canosa 17s., 262; Cavarzere 153, 164; Chiaramonte Gulfi 261; Cosa 90; Cuma 46; Ercolano 16, 111, 157; Etruria 84; Este 153; Firenze 64; Genova 118; Gravellona 111; Milano 239; Monza 264; Morgantina 90, 262; Muralto 259; Napoli 190, 192; Novara 239; Ostia 106, 184, 216, 222; Pesaro 212; Piazza Armerina 249; Populonia 208s.; Porto 216; Portogruaro 213; Pozzuoli 46, 209; Sant'Arpino 104; Sardegna 28, 228, 243; Torino 111, 259; Toscana 33; Val di Chiane 73; Varese 157; Venezia 164, 221; Vesuvio 157; v. anche Pompei e Roma.

Jason 89
Jucker, H. 84
Jugoslavia: Crnelo 164; Lubiana 111; Potgoritza 213

Kaiseraugst, Tesoro di 264
Kisa A. 4, 5, 75, 106, 161, 173, 242, 243, 246, 254, 277

La Baume, P. 27, 126, 144, 236
Lazzaro 233
Libano 102, 108; Beirut 136; Sidone 153, 158; Tiro 159, 217
Loeschke, S. 15
Lunar Society 64
Lussemburgo: Hellange 18

Maiuri, A. 71-73
Mallowan, Sir M. 179
Matheson, S.B. 131, 158, 159, 161, 171, 176
Meges 89
Mildenhall, Tesoro di 221, 231
Möbius, H. 62, 63
Montfaucon, B. de 64
Morey, C.R. 222, 225, 266, 268, 287
Morin-Jean 174, 259
Mosè 26, 233, 279-281

Neikon 89
Newman, H. 201
Noè 26
Nonno di Panopoli 248
Northwood, J. 65

Olimpia 82
Oliver, A. 35, 37, 55, 190, 195, 196, 224
Omero 217
Ovidio 198

Paesi Bassi 106; Cuyck 141; L'Aia 60, 73; Maastricht-Belford 97; Noviomagus (Nijmegen) 126, 233; Valkenburg 109
Painter, K.S. 184, 186, 219, 224, 231, 235
Palestina 91

Paolo, san 281, 286, 287
Paolo Diacono 136
Pausania 219
Peiresc, N.-C.F. de 60, 64, 67
Personaggi mitologici, divinità ed eroi: Achille 62, 63, 217, 275; Afrodite 29, 62, 67, 219, 273, v. anche Venere; Aion 78; Amazzoni 219; Ambrosia 245, 247, 249; Amicle 275; Anchise 60; Anfitrite 62; Apollo 60, 184, 228, 229, 275, 276, 277; Arianna 62, 69, 70, 71, 72; Artemide 184, 197, 198, 261, v. anche Diana; Asclepio 81; Atena 67, 273; Aton-Rê 84; Atteone 182, 197, 198, 261; Bacco 171, v. anche Dioniso; Bellerofonte 184, 219; Chimera 219; Crono 78; Dafne 261, 275; Danao 198; Deidameia 275; Diana 164, 228, 229, 283, v. anche Artemide; Didone 63; Dioniso 62, 69, 70, 80, 184, 220, 230, 231, 245, 248, 249, v. anche Bacco; Doride 62; Eaco 62; Ecuba 217; Elena 62, 273; Endimione 69, 283; Enea 63; Era 67, 273, v. anche Giunone; Ercole 164, 249, 263, 268, 282, 284; Eris 273; Eros 59, 273, 284; Ettore 184, 217; Giove 282, v. anche Zeus; Giunone 63, 282, v. anche Era; Hermes 62, 67, 273, v. anche Mercurio; Horus 84; Ifigenia 62; Imene 164; Ipermnestra 198; Ippolito 182; Iside 84, 182, 201; Ladone 275; Latona 228; Licurgo 245-249; Linceo 198, 199; Marsia 276, 277; Menelao 273; Mercurio 164, 173, v. anche Hermes; Mida 277; Minia 220; Nereidi 275; Nereo 62; Nike 277; Niobe 228; Oceano 62; Oreste 182; Osiride 260; Pan 72, 171, 184, 245, 249; Paride 56, 67, 273; Pegaso 184, 219; Peirene 184, 219; Peleo 56, 62, 63, 67, 273; Peneo 275; Poseidone 63; Pothos 198, 273, 275; Priamo 67, 184, 217, 273; Priapo 80; Quirino 78; Rea Silvia 69; Sileno 80, 171; Sole 84, 211, 212; Sol Invictus 211; Teseo 62s.; Tetide 56, 62s., 67, 217, 261, 273, 275; Thot 83, 84; Veiove 78; Venere 16, 29, 60, 63, v. anche Afrodite; Zeus 217, 228, 273, v. anche Giove.
Philippos 89
Pichler, J. 60, 67
Pietro, san 286, 287
Pindaro 219
Plinio il Giovane 33, 117
Plinio il Vecchio 18, 28, 72, 88, 116
Polacco, L. 62, 63
Polonia: Schloß Goluchow 254
Pompei 48, 67, 73, 102, 111, 118, 157, 167, 181, 192, 263, 290; Casa degli Amorini dorati 263; Casa del Criptoportico 72; Casa delle colonne a mosaico 77; Casa del poeta tragico 73, 77; Casa di Fabio Rufo 71; Villa dei Misteri 69, 72; Porta Marina 71; Via dei Sepolcri 75, 77
Poppelreuter, J. 5
Portland, duca di 4, 60, 62, 65
Portogallo 267
Price, A.J. 181, 190

Reynolds, Sir J. 65
Rodi 3
Roma 19, 64, 90, 91, 118, 184s., 190, 201, 213, 215, 222, 224, 244, 255, 269, 282, 286, 288; Campo di Marte 84; Catacombe di san Callisto 33; Catacombe di Domitilla 264; Circo Massimo 84, 184, 211s.; Monte del Grano 60, 62; Tempio della Concordia 28; Tomba dei Pancrazi 67; Via del Colosseo 244; Villa di Livia, Primaporta 33
Rubens, P.P. 60, 64, 67

von Saldern, A. 50, 116, 120, 131, 142, 148, 163, 171, 175, 179, 191, 193, 247
Seiano 28
Sennequier, G. 167, 169
Settis, L. 249
Silvestrini, D. 259, 270
Simeone Stilita, san 155, 176
Simon, E. 54, 60, 62, 63, 78, 81, 84
Siria 106-108, 136, 155, 163, 176, 260; al-Yaqussah 273; Antiochia sull'Oronte 249, 261, 275; Dura Europos 107, 171, 198, 199, 260, 261, 271, 275, 277
Sloane, H. 4
Smith, C.R. 20
Smith, R.W. 6, 108, 182, 273
Sogliano, V.A. 263
Spagna: Beas 49; Emerita 224; Soria 248; Valencia 264
Stazio 219
Strabone 84, 88, 219
Strong, D.E. 18, 147
Sudan: Karanòg 183; Sedeinga, Nubia 261
Susanna 279-281
Svetonio 169
Svizzera: Ginevra 219, 235; Locarno 102; Vindonissa 102, 109, 119, 164, 181, 192

Tassie, J. 60, 67
Tecla, santa 265
Teodolinda, Tesoro di 264
Teodosio 224
Teti, G. 62-64
Tolomeo II Filadelfo 262
Tommaso, san 16, 34
Tutmosi III 3
Toynbee, J.M.C. 167, 186, 219, 221, 224, 231, 235, 239, 242, 244, 246-249
Trivulzio, C. 239
Turchia 164; Amasia 88; Apameia Kibotos (Dinar) 183; Cizico 164; Eskişehir 83; Sardis 247

Ungheria: Budapest 188; Szekszárd 188
Unione sovietica: Kerč 91, 259, 270, 275; Leningrado 213; Olbia 259

Vaticano 23
Vercingetorige 18
Vierneisel, K. 22
Visconti, E. 239

Walpole, H. 65
Walter, C. 283, 284
Wedgwood, J. 60, 65
aus'm Weerth, E. 173, 233, 267, 281
Weinberg, G. Davidson 107, 164, 187, 239
Whitehouse, D.B. 38
Wilson, R.J.A. 249
Winckelmann, J.J. 62, 239

Zahn, R. 106
Zanker, P. 21

Finito di stampare nell'ottobre 1988
Stabilimento Grafico Scotti S.p.A., Milano
Fotolito: A. De Pedrini, Milano